Roger McNamee • Die Facebook-Gefahr

ROGER McNAMEE

DIE
facebook
GEFAHR

Wie Mark Zuckerbergs Schöpfung die Demokratie bedroht

PLASSEN
VERLAG

Die Originalausgabe erschien unter dem Titel
ZUCKED – Waking Up to the Facebook Catastrophe
ISBN 978-0-0083-1899-4

Copyright der Originalausgabe 2019:
Copyright© 2019, Roger McNamee.
All rights reserved.
Published by HarperCollins*Publishers*.

Copyright der deutschen Ausgabe 2019:
© Börsenmedien AG, Kulmbach

Übersetzung: Matthias Schulz
Gestaltung, Satz und Herstellung: Daniela Freitag
Lektorat: Sebastian Politz
Druck: GGP Media GmbH, Pößneck

ISBN 978-3-86470-662-2

Alle Rechte der Verbreitung, auch die des auszugsweisen Nachdrucks,
der fotomechanischen Wiedergabe und der Verwertung durch Datenbanken
oder ähnlichen Einrichtungen vorbehalten.

Bibliografische Information der Deutschen Nationalbibliothek:
Die Deutsche Nationalbibliothek verzeichnet diese Publikation in der
Deutschen Nationalbibliografie; detaillierte bibliografische Daten
sind im Internet über <http://dnb.d-nb.de> abrufbar.

Postfach 1449 • 95305 Kulmbach
Tel: +49 9221 9051-0 • Fax: +49 9221 9051-4444
E-Mail: buecher@boersenmedien.de
www.plassen.de
www.facebook.com/plassenverlag

Für Ann, die mich jeden Tag inspiriert.

Technik ist weder gut noch böse;
sie ist auch nicht neutral.
– Das Erste Kranzbergsche Gesetz

Probleme kann man niemals mit derselben
Denkweise lösen, durch die sie entstanden sind.
– Albert Einstein

Letztlich geht es der Technologiebranche darum,
die Zukunft einzuläuten. Dabei verbindet sie
allerdings technologischen Fortschritt
mit gesellschaftlichem Fortschritt.
– Jenna Wortham

INHALT

	Prolog	11
1	Das seltsamste Meeting aller Zeiten	27
2	Das Silicon Valley vor Facebook	49
3	Move Fast and Break Things	75
4	Foggs Kinder	109
5	Mr. Harris und Mr. McNamee gehen nach Washington	147
6	Der Kongress macht ernst	159
7	Die Facebook-Methode	175
8	Facebook stellt sich stur	193
9	Der Meinungsforscher	209
10	Cambridge Analytica verändert alles	223
11	Tage der Abrechnung	249
12	Erfolg?	267
13	Die Zukunft der Gesellschaft	301
14	Die Zukunft des Einzelnen	333
	Epilog	345
	Danksagung	359
	Anhang 1: Memo an Zuck und Sheryl: Entwurf Gastbeitrag für *Recode*	369
	Anhang 2: „Zum jetzigen Zeitpunkt in der Geschichte", Rede von George Soros	375
	Bibliografischer Essay	389

PROLOG

*„Technologie ist ein nützlicher Diener,
aber ein gefährlicher Herr"* – Christian Lous Lange

9. November 2016
„Die Russen haben mithilfe von Facebook die Wahlen gekippt!"
 Das war am Tag nach den Präsidentschaftswahlen mein erstes Gesprächsthema. Ich unterhielt mich mit Dan Rose, der bei Facebook die Abteilung für Medienpartnerschaften leitete. Sollte Rose über das Ausmaß meiner Empörung verwundert gewesen sein, hat er es gut verbergen können. Aber treten wir noch einmal einen Schritt zurück. Ich bin seit vielen Jahren Technologieinvestor und Evangelist. Die Technologiebranche war mein Beruf und meine Leidenschaft gewesen, aber 2016 dachte ich darüber nach, das Investieren als Vollzeitbeschäftigung aufzugeben und mich zur Ruhe zu setzen. In Facebooks Frühphase habe ich den Gründer Mark Zuckerberg beraten – „Zuck", wie ihn viele Kollegen und Freunde nennen – und war einer der ersten Investoren bei Facebook. Ein Jahrzehnt lang war ich ein wahrer Gläubiger gewesen. Selbst jetzt besitze ich weiterhin Facebook-Aktien. Was meine eng gesteckten Eigeninteressen anging, hatte ich keinen Anlass, den Facebook-Ast abzusägen, auf dem ich saß. Ich – ein Anti-Facebook-Aktivist? Das wäre mir niemals in den Sinn gekommen. Mir erging es eher so wie Jimmy Stewart in *Fenster zum Hof*: Er kümmert sich um seine Angelegenheiten, genießt den

Ausblick aus seinem Wohnzimmerfenster, beobachtet, wie scheinbar gerade ein Verbrechen begangen wird, und steht dann vor der Frage: „Was soll ich jetzt tun?" In meinem Fall war es so, dass ich praktisch einen Beruf daraus gemacht hatte, aus bruchstückhaften Informationen kluge Schlussfolgerungen abzuleiten, und Anfang 2016 beobachtete ich eines Tages erstmals Vorgänge bei Facebook, die mir nicht richtig erschienen. Ich begann, Nachforschungen anzustellen und stieß dabei auf eine Katastrophe. Anfangs war Facebook bei dieser Sache für mich das Opfer und ich wollte bloß meine Freunde warnen, doch was ich in den folgenden Monaten herausfand, schockierte und enttäuschte mich. Wie ich erfahren musste, war das Vertrauen, das ich in Facebook gesetzt hatte, nicht gerechtfertigt gewesen.

In diesem Buch schildere ich, wie ich zu der Überzeugung gelangte, dass Facebook zwar dem Großteil seiner Nutzer eine faszinierende Erfahrung bietet, das soziale Netzwerk aber für Amerika dennoch furchtbar ist und daher geändert werden muss oder sich ändern sollte. Außerdem erkläre ich, was ich deswegen unternommen habe. Ich hoffe, die Geschichte, wie ich zu meiner neuen Haltung gefunden habe, hilft anderen zu erkennen, mit was für einer Bedrohung wir es zu tun haben. Parallel dazu erläutere ich, mithilfe welcher Technologien Internetplattformen wie Facebook die Aufmerksamkeit manipulieren. Ich werde darlegen, wie negative Elemente Facebook und andere Plattformen dazu nutzen, Unschuldigen Schaden zuzufügen oder sie sogar zu töten. Wie die Demokratie untergraben wurde durch Designentscheidungen und wirtschaftliche Beschlüsse der Internetfirmen, die jegliche Verantwortung für die Folgen ihres Handelns ablehnen. Wie die Kultur dieser Unternehmen Mitarbeiter dazu verleitet, gleichgültig über die negativen Nebenwirkungen ihres Erfolgs hinwegzusehen. Zum jetzigen Zeitpunkt gibt es nichts, was dieser Entwicklung einen Riegel vorschieben könnte.

Bei dieser Geschichte geht es um Vertrauen. Technologieplattformen wie Facebook und Google sind die Nutznießer des Vertrauens und des guten Willens, den frühere Generationen von Technologiefirmen über 50 Jahre hinweg angesammelt haben. Sie haben unser

Vertrauen ausgenutzt und mithilfe ausgeklügelter Technologie die Schwächen der menschlichen Psyche manipuliert, damit sie persönliche Informationen sammeln, mit diesen Daten arbeiten und damit sie Geschäftsmodelle entwickeln konnten, die ihre Nutzer nicht vor Schaden bewahren. Die Nutzer müssen lernen, den Produkten, die sie lieben, mit Skepsis entgegenzutreten, sie müssen ihr Onlineverhalten ändern und sie müssen darauf beharren, dass die Plattformen für die Folgen ihrer Entscheidungen einstehen. Und sie müssen die politischen Entscheider dazu drängen, zum Schutz des öffentlichen Interesses die Plattformen zu regulieren.

Bei dieser Geschichte geht es um Privilegien. Sie zeigt, dass hypererfolgreiche Personen so sehr auf ihre eigenen Ziele fokussiert sein können, dass sie darüber vergessen, dass auch andere Menschen Rechte und Privilegien haben. Welche Erklärung gibt es sonst dafür, dass ansonsten so brillante Menschen die Tatsache aus den Augen verlieren, dass ihre Nutzer das Recht auf eigenständige Entscheidungen besitzen? Dass Erfolg zu einer derartigen Vermessenheit führt, dass man sich sogar gegen konstruktives Feedback der eigenen Freunde sperrt und komplett immun gegen Kritik ist. Dass einige der am härtesten arbeitenden und produktivsten Menschen auf diesem Planeten so blind sein können, wenn es um die Folgen ihrer Handlungen geht, dass sie zum Schutz ihrer Privilegien bereit sind, die Demokratie zu gefährden.

Bei dieser Geschichte geht es auch um Macht. Sie zeigt, wie etwas furchtbar schiefgehen kann, obwohl es sich um die besten Ideen in den Händen von Menschen mit guten Absichten handelt. Stellen Sie sich eine Gemengelage aus unreguliertem Kapitalismus, süchtig machender Technologie und autoritären Werten vor, gepaart mit der Unerbittlichkeit und dem Größenwahn des Silicon Valleys. Und dieses Gemisch wird auf Milliarden Nutzer losgelassen, die nichts Böses ahnen. Ich glaube, der Tag wird kommen – und zwar früher, als ich es vor gerade einmal zwei Jahren geahnt hätte –, an dem die Welt erkennt, welchen Wert die Nutzer von der von Facebook dominierten Soziale-Medien-und-Aufmerksamkeits-Wirtschaft haben ... dass dahinter nämlich eine absolute Katastrophe für unsere Demokratie lauert, für die öffentliche Gesundheit, für die Privatsphäre und für die Wirtschaft. So weit hätte es nicht kommen müssen. Jetzt wird eine umfassende Anstrengung erforderlich sein, um die Dinge wieder ins Lot zu bekommen.

Wenn die Historiker ihre Betrachtungen zu diesem Abschnitt der Geschichte abschließen, werden sie Facebook vermutlich einige schlechte Entscheidungen nachsehen, die Zuck, Sheryl Sandberg und ihr gemeinsames Team während der Wachstumsphase des Unternehmens getroffen haben. Mir jedenfalls ergeht es so. Fehler zu begehen gehört zum Leben dazu und es ist eine unfassbar große Herausforderung, ein Start-up-Unternehmen in ein globales Schwergewicht zu verwandeln. Wo ich Facebook einen Vorwurf mache – und wo ich glaube, dass es auch die Geschichte tun wird –, ist bei der Art und Weise, wie das Unternehmen mit Kritik und Beweisen umging. Die Facebook-Leute hätten in ihrer eigenen Geschichte zu Helden werden können, indem sie Verantwortung für ihre Entscheidungen und für die katastrophalen Folgen dieser Entscheidungen übernehmen. Doch Zuck und Sheryl entschieden sich für einen anderen Weg.

Diese Geschichte ist noch immer in vollem Gang. Ich habe dieses Buch als Warnung geschrieben. Ich möchte die Leserschaft auf eine Krise hinweisen, ich möchte ihr begreifen helfen, wie und warum es zu dieser Krise kam, und ich möchte einen Lösungsvorschlag für diese Krise unterbreiten. Wenn ich mit diesem Buch nur eine einzige Sache erreiche, dann hoffentlich die, dass Sie erkennen, wie Sie zur Lösung beitragen können. Ich hoffe, Sie alle werden diese Möglichkeit beim Schopfe packen.

Möglicherweise liegt der Höhepunkt dessen, was Facebook und die anderen Internetplattformen an Schäden anrichten, bereits hinter uns, aber ich würde darauf kein Geld verwetten. Am wahrscheinlichsten ist es, dass das Technologiemodell und das Geschäftsmodell von Facebook und anderen auch weiterhin die Demokratie untergraben, die öffentliche Gesundheit, die Privatsphäre und die Innovation, und zwar so lange, bis eine Gegenbewegung einen Wandel erzwingt, sei es durch die Intervention der Regierung oder durch den Protest der Nutzer.

ZEHN TAGE VOR DER Wahl im November 2016 wandte ich mich formell an Mark Zuckerberg und Facebooks Chief Operating Officer Sheryl Sandberg, zwei Menschen, die ich als Freunde erachtete. Ich wandte mich an sie, um meine Sorge mit ihnen zu teilen, dass negative Elemente die Architektur und das Geschäftsmodell von Facebook dafür nutzen, Unschuldigen Schaden zuzufügen, und dass das Unternehmen sein Potenzial, Gutes für die Gesellschaft zu bewirken, nicht ausschöpft. In einem zweiseitigen Memo führte ich Fälle auf, in denen jemand zu Schaden gekommen war. Keiner der Fälle war von Facebook-Mitarbeitern begangen worden, aber sie alle wurden durch die Algorithmen, das Werbemodell, die Automatisierung, die Kultur und das Wertesystem des Unternehmens begünstigt. Weiter führte ich Beispiele dafür an, wie Kultur und Prioritäten des Unternehmens Mitarbeitern und Nutzern Schaden zugefügt hatten. Sie können dieses Memo im Anhang nachlesen.

Zuck hatte Facebook erschaffen, um die Welt zusammenzubringen. Eines wusste ich nicht, als ich ihn kennenlernte, sollte es aber im Laufe der Zeit herausfinden: Sein Idealismus wurde nicht durch Begriffe wie Realismus oder Empathie eingeschränkt. Er scheint angenommen zu haben, dass jeder Facebook so sehen und nutzen würde wie er, und er konnte sich nicht vorstellen, wie leicht die Plattform ausgenutzt werden konnte, um Schaden anzurichten. Er glaubte nicht an Datenschutz und tat alles in seiner Macht Stehende, um die Offenlegung und das Teilen von Daten zu maximieren. Er führte das Unternehmen, als ob sich jedes Problem durch noch mehr oder noch besseren Softwarecode lösen ließe. Er war für umfassende Überwachung, das uneingeschränkte Teilen privater Daten und für Verhaltensanpassung zum Erreichen beispielloser Größe und beispiellosen Einflusses. Überwachung, das Teilen von Nutzerdaten und Verhaltensanpassung sind die Grundsteine des Erfolgs von Facebook. Nutzer sind Treibstoff für Facebooks Wachstum und in einigen Fällen die Opfer.

Als ich Zuck und Sheryl kontaktierte, hatte ich nichts außer einer Theorie, wonach negative Elemente Facebook nutzten, um Schaden zu verursachen. Die von mir beobachteten Beispiele sprachen aus meiner Sicht für Schwachstellen im Design der Plattform und der Unternehmenskultur. Die Gefahr für die Präsidentschaftswahlen habe ich nicht betont, denn damals hätte ich mir nicht vorstellen können, dass ein Missbrauch Facebooks Einfluss auf das Ergebnis haben würde, außerdem wollte ich nicht, dass das Unternehmen, wenn Hillary Clinton wie allgemein erwartet gewonnen hatte, meine Sorgen einfach abtun konnte. Facebook müsse die Fehler aus der Welt schaffen, ansonsten gefährde das Unternehmen seine Marke und laufe Gefahr, das Vertrauen der Nutzer zu verlieren, warnte ich. Direkt hatte Facebook hatte keine Schäden verursacht, aber es wurde als Waffe missbraucht und die Nutzer hatten das Recht, vom Unternehmen zu erwarten, dass es sie schützt.

Das Memo war der Entwurf eines Kommentars, den ich auf Einladung des Technologieblogs *Recode* geschrieben hatte. Im Verlauf des Jahres 2016 hatte meine Besorgnis zugenommen, ihren Höhepunkt erreichte sie mit der Meldung, die Russen würden versuchen, sich in die Präsidentschaftswahlen einzumischen. Was ich gesehen hatte, beunruhigte mich mehr und mehr, und das schlug sich auch im Tonfall der Kolumne nieder. Meine Frau Ann gab mir den guten Ratschlag, vor der Veröffentlichung des Artikels Zuck und Sheryl noch einmal drüberschauen zu lassen. In der Frühzeit von Facebook hatte ich zu Zucks großer Beraterschar gehört und ich hatte dazu beigetragen, dass Sheryl als Chief Operating Officer zum Unternehmen kam. Seit 2009 hatte ich nichts mehr direkt mit dem Unternehmen zu tun, war aber noch immer ein großer Fan. Das Wenige, das ich zum Erfolg eines der größten Silicon-Valley-Unternehmens aller Zeiten beigetragen habe, war eines der absoluten Highlights meiner 34-jährigen Karriere. Mittels eines Gastkommentars zu kommunizieren, könne eine unerwünschte Reaktion der Presse nach sich ziehen, sagte Ann, und das würde es Facebook erschweren, meine Bedenken zu akzeptieren. Mir ging es nicht darum, jemanden bloßzustellen, ich wollte die Probleme bei Facebook aus der Welt schaffen. Dass Zuck und Sheryl vorsätzlich irgendetwas falsch gemacht haben könnten, konnte ich mir nicht vorstellen. Es war vermutlich eher so, dass gut gemeinte Strategien zu unbeabsichtigten Folgen geführt hatten. Während der vergangenen sieben Jahre hatte ich bis auf eine Handvoll E-Mail-Konversationen keinen Kontakt zu Zuck gehabt, mich aber gelegentlich mit Sheryl ausgetauscht. Früher einmal war ich ihnen sehr von Nutzen gewesen, insofern war es nicht absurd zu erwarten, dass sie meine Bedenken ernst nehmen würden. Mein Ziel bestand darin, Zuck und Sheryl dazu zu bewegen, der Sache auf den Grund zu gehen und angemessen zu reagieren. Die Veröffentlichung meines Kommentars konnte gut und gerne noch ein paar Tage warten.

Zuck und Sheryl reagierten beide innerhalb weniger Stunden auf meine E-Mail. Ihre Antworten waren höflich, aber wenig ermutigend. Bei den von mir angesprochenen Problemen handele es sich um Anomalien, mit denen sich das Unternehmen bereits befasst habe, schrieben sie und boten mir an, mich in Kontakt mit einem ranghohen Manager zu bringen, damit wir weiter über das Thema sprechen könnten. Als Ansprechpartner wählten sie Dan Rose aus, der zum inneren Kreis gehörte und mit dem ich befreundet war. Mit Dan habe ich vor der Wahl mindestens zwei Mal gesprochen. Jedes Mal hörte er mir geduldig zu und wiederholte, was Zuck und Sheryl gesagt hatten, ergänzt um einen wichtigen Zusatz: Er unterstrich, dass es sich bei Facebook rein technisch betrachtet um eine Plattform handele, nicht um ein Medienunternehmen, insofern sei man für das Handeln Dritter also nicht verantwortlich. Bei ihm klang es, als würde das ausreichen, das Thema abzuschließen.

Dan Rose ist ein sehr cleverer Mann, aber er ist bei Facebook nicht für die Politik zuständig. Das ist Zucks Aufgabe. Dans Aufgabe ist es, Zucks Anweisungen umzusetzen. Es wäre besser gewesen, mit

Zuck zu sprechen, aber das stand nicht zur Debatte, also nahm ich, was ich kriegen konnte. Natürlich wollte Facebook nicht, dass ich mit meinen Bedenken an die Öffentlichkeit ging, und ich dachte, indem ich die Gespräche in einem privaten Rahmen führe, würde ich viel eher mein Ziel erreichen und sie davon überzeugen können, den Themen, die mir Sorge bereiteten, nachzugehen. Als ich am Tag nach der Wahl mit Dan sprach, war es ganz offensichtlich, dass er meiner Perspektive nicht wirklich objektiv gegenüberstand. Er schien das ganze Thema vielmehr als ein PR-Problem anzugehen. Seine Aufgabe war es, mich zu beruhigen und meine Bedenken zu zerstreuen. Das gelang ihm nicht, allerdings konnte er einen Erfolg für sich verbuchen – ich habe den Kommentar niemals veröffentlicht. In meiner optimistischen Art setzte ich darauf, dass ich nur weiterhin private Gespräche würde führen müssen, dann würde Facebook das Thema früher oder später schon ernst nehmen.

Ich rief Dan weiterhin an und schickte ihm noch weitere E-Mails, weil ich hoffte, Facebook dazu zu bewegen, eine interne Untersuchung in die Wege zu leiten. Damals verfügte Facebook über 1,7 Milliarden aktive Nutzer. Der Erfolg des Unternehmens hing vom Vertrauen seiner Nutzer ab. Sollten die Nutzer der Meinung sein, Facebook sei für die von Dritten verursachten Schäden verantwortlich, dann würde die Marke Schaden nehmen, da würde dem Unternehmen auch kein Verweis auf juristische Aspekte helfen. Das Unternehmen setzte alles auf Spiel. Ich sagte, Facebook habe noch Handlungsspielraum. Man könne es wie Johnson & Johnson machen. Als 1982 in Chicago jemand vergiftete Tylenol-Tabletten in Umlauf brachte, rief das Unternehmen sofort sämtliche Tylenol-Packungen aus jedem Geschäft im Land zurück und brachte das Schmerzmittel erst wieder auf den Markt, als die Verpackung nicht mehr unbemerkt manipuliert werden konnte. Der Konzerngewinn litt kurzfristig, aber dafür stieg das Vertrauen der Verbraucher immens an. Es war nicht Johnson & Johnson gewesen, das Gift in die Verpackungen geschmuggelt hatte, insofern hätte das Unternehmen das Problem auch als die Tat eines Verrückten abtun können. Stattdessen übernahm es die Verantwortung für den Schutz seiner Kunden und entschied sich für den Weg, der das größtmögliche Maß an Sicherheit bot. Facebook würde eine mögliche Katastrophe in einen Sieg umwandeln können, indem es dieselbe Strategie verfolgte, daran glaubte ich.

Damals stand ich vor einem Problem: Ich hatte keine Daten, mit denen ich meinen Standpunkt unterfüttern konnte. Was ich hatte, war ein ganz besonders feines Gespür, das ich während einer langen Laufbahn als professioneller Investor im IT-Sektor trainiert hatte.

Erstmals ernsthaft besorgt wegen Facebook war ich im Februar 2016 geworden. Damals waren gerade die Vorwahlen im amerikanischen Präsidentschaftswahlkampf im Gange und als Politik-Junkie las ich jeden Tag ein paar Stunden lang die Nachrichten und verbrachte außerdem nicht wenig Zeit auf Facebook. Dabei fiel mir auf, dass meine Freunde auf Facebook deutlich mehr beunruhigende Bilder teilten, die aus Facebook-Gruppen kamen, die scheinbar hinter Bernie Sanders standen. Bei den Bildern handelte es sich um zutiefst frauenfeindliche Darstellungen Hillary Clintons und ich konnte mir um nichts in der Welt vorstellen, dass Bernies Wahlkampfteam derartige Bilder durchgehen lassen würde. Noch beunruhigender war, dass sich diese Bilder viral verbreiteten. Viele meiner Freunde teilten sie. Und jeden Tag kamen neue Bilder dazu.

Ich weiß sehr viel darüber, wie sich Nachrichten auf Facebook ausbreiten. Zum einen bin ich in meinem zweiten Leben Musiker in einer Band namens Moonalice und habe lange die bei den Fans sehr beliebte Facebook-Seite der Band betreut. Die Geschwindigkeit, mit der sich die Bilder von diesen Seiten aus dem Sanders-Umfeld ausbreiteten, erschien mir unnatürlich. Wie fanden diese Seiten meine Freunde? Wie fanden meine Freunde diese Seiten? Auf Facebook entstehen nicht über Nacht ausgewachsene Gruppen. Ich stellte die These auf, dass jemand Geld in die Hand nahm und Werbung betrieb, um die Menschen, die ich kannte, dazu zu bringen, den Facebook-Gruppen beizutreten, die diese Bilder weiterverbreiteten. Wer würde so etwas tun? Ich wusste es nicht. Die Flut unangemessener Bilder setzte sich fort und das Thema nagte weiter an mir.

Weitere beunruhigende Phänomene weckten mein Interesse. Im März 2016 zum Beispiel sah ich in den Nachrichten einen Bericht über eine Gruppe, die mithilfe eines Programmiertools auf Facebook Daten über Nutzer sammelte, die ein Interesse an Black Lives Matter zeigten. Diese Daten wurden dann an Polizeibehörden verkauft, was mir als absolut falsch vorkam. Facebook verbannte die Gruppe, aber zu diesem Zeitpunkt war bereits irreparabler Schaden angerichtet. Auch hier hatten negative Elemente Facebooks Möglichkeiten dazu genutzt, Unschuldigen Schaden zuzufügen.

Im Juni 2016 stimmte das Vereinigte Königreich dafür, die Europäische Union zu verlassen. Das Ergebnis der Brexit-Abstimmung war ein riesiger Schock. Den Meinungsforschern zufolge hätte das „Remain"-Lager mit ungefähr vier Punkten Vorsprung gewinnen sollen, aber es trat genau das Gegenteil ein. Niemand konnte erklären, woher dieser gewaltige Umschwung kam. Mir kam eine mögliche Erklärung in den Sinn: Was, wenn das „Leave"-Lager von Facebooks Architektur profitiert hatte? Das „Remain"-Lager galt als ausgemachter Sieger, weil Großbritannien eine hübsche Abmachung mit der Europäischen Union getroffen hatte: Die Briten genossen alle Annehmlichkeiten der Mitgliedschaft, bewahrten sich aber ihre eigene Währung. London war die unangefochtene Finanzhauptstadt Europas und die britischen Bürger konnten die offenen Grenzen des Kontinents uneingeschränkt zum Handeln und Reisen nutzen. „Weiter wie bisher" war die Botschaft des „Remain"-Lagers und die wirtschaftlichen Überlegungen dahinter waren durchdacht, aber emotionsarm. Die „Leave"-Befürworter dagegen setzten auf zwei intensive emotionale Appelle: Der ethnische Nationalismus wurde angesprochen, indem man den Zuwanderern die Schuld an den Problemen des Landes gab, echten wie auch eingebildeten. Außerdem wurde versprochen, dass ein Brexit gewaltige Einsparungen bringen würde – Geld, das dazu dienen würde, den Nationalen Gesundheitsdienst zu verbessern. Diese Idee erlaubte es den Wählern, einem ansonsten eindeutig fremdenfeindlichen Vorschlag einen Hauch von Selbstlosigkeit abzugewinnen.

Das verblüffende Ergebnis der Brexit-Abstimmung war Ursprung einer Hypothese: Bei Wahlen war Facebook für die Kampagnen, die auf Furcht oder Wut setzten, möglicherweise im Vorteil gegenüber solchen, die mit neutralen oder positiven Emotionen arbeiteten. Der Grund dafür ist der, dass Facebooks Anzeigengeschäft auf Nutzeraktivität basiert und die lässt sich am besten ankurbeln, indem man an unsere niedrigsten Emotionen appelliert. Was ich damals nicht wusste: Freude funktioniert zwar auch – deshalb sind Videos von Welpen und Katzenbabys und Babybilder auch so beliebt –, aber nicht alle Menschen reagieren auf fröhliche Inhalte gleich. So werden manche Menschen eifersüchtig. Bei Emotionen des „Reptilienhirns", Gefühlen wie Furcht und Wut, sind die Reaktionen der Menschen einheitlicher und verbreiten sich bei einem Massenpublikum viraler. Aufgebrachte Nutzer konsumieren und teilen mehr Inhalte. Leidenschaftslose Nutzer dagegen sind von vergleichsweise geringem Nutzen für Facebook, das alles in seiner Macht Stehende tut, um das Reptilienhirn zu aktivieren. Facebook hat per Überwachung für jeden Nutzer ein riesiges Profil angelegt und liefert jedem Nutzer seine eigene *Truman Show*, wie in dem Spielfilm mit Jim Carrey über eine Person, die ihr gesamtes Leben als Hauptrolle ihrer eigenen Fernsehsendung verbringt.

Facebook beginnt damit, den Nutzern das zu geben, „was sie wollen", aber die Algorithmen sind darauf ausgelegt, die Aufmerksamkeit der Nutzer dorthin zu lenken, wo Facebook sie haben möchte. Die Algorithmen wählen Beiträge aus, die auf der emotionalen Klaviatur spielen sollen, denn wenn man Nutzern Angst macht oder sie aufstachelt, verbringen sie mehr Zeit auf der Webseite. Passen Nutzer auf, nennt Facebook das Beteiligung, aber das Ziel ist eine Verhaltensänderung, die Anzeigen wertvoller macht. Ich wünschte, ich hätte das 2016 begriffen. Während ich dies schreibe, ist Facebook das viertwertvollste Unternehmen in Amerika, obwohl es gerade einmal 15 Jahre alt ist. Sein Wert hat seine Ursache in dem meisterhaften Umgang mit Überwachung und verhaltensbedingten Veränderungen.

Haben wir es zum ersten Mal mit neuer Technologie zu tun, dann überrascht sie uns und verblüfft uns wie ein Zaubertrick. Wir räumen ihr einen ganz speziellen Platz ein und behandeln sie wie das Produkt-Gegenstück zu einem Neugeborenen. Die erfolgreichsten technischen Produkte integrieren sich Schritt für Schritt in unser Leben und schon bald haben wir vergessen, wie das Leben davor gewesen ist. Fast alle von uns führen heutzutage diese Art von Beziehung mit Smartphones und mit Internetplattformen wie Facebook und Google. Ihr Nutzen liegt so deutlich auf der Hand, dass wir uns nicht vorstellen können, auf sie zu verzichten.

Nicht ganz so augenscheinlich sind die Wege, wie die technischen Produkte uns verändern. Seit der Erfindung des Telefons hat sich dieser Prozess Generation um Generation wiederholt, sei es durch das Radio, das Fernsehen oder den Computer. Positiv daran ist, dass die Technologie die Welt geöffnet hat und Zugang zu Wissen erlaubte, das in früheren Generationen unzugänglich war. Dank Technologie sind wir imstande, Erstaunliches zu erschaffen und zu tun.

Aber all diese Werte haben ihren Preis. Beginnend mit dem Fernsehen hat Technologie die Art und Weise verändert, wie wir mit der Gesellschaft umgehen. Passives Konsumieren von Inhalten und Ideen löste das bürgerschaftliche Engagement ab und digitale Kommunikation ersetzte das Gespräch. Auf subtile und hartnäckige Weise trug die Technologie dazu bei, aus Bürgern Verbraucher zu machen. Bürger zu sein ist etwas Aktives, Verbraucher zu sein etwas Passives. Eine Umwandlung, die 50 Jahre lang gemächlich vonstattengegangen war, nahm mit der Einführung von Internetplattformen dramatisch an Fahrt auf. Wir waren darauf eingestellt, den Nutzen zu genießen, aber wir waren nicht auf die dunkle Seite vorbereitet. Dasselbe lässt sich leider über die Anführer im Silicon Valley sagen, deren Innovationen die Transformation erst ermöglichen.

Wenn Sie – wie ich – ein Fan der Demokratie sind, dann sollte Ihnen das Angst machen. In den meisten demokratischen Staaten ist Facebook eine zentrale Nachrichtenquelle geworden. Facebook ist in erstaunlichem Ausmaß zum öffentlichen Raum geworden, in dem Länder Ideen teilen, sich Meinungen bilden und Themen außerhalb der Wahlurnen erörtern. Aber Facebook ist mehr als nur ein öffentliches Forum – es ist ein auf Gewinnmaximierung ausgerichtetes Unternehmen, das von einer einzigen Person kontrolliert wird. Es ist eine gewaltige künstliche Intelligenz, die jeden Aspekt der Nutzeraktivität beeinflusst, sei er politisch oder anders ausgerichtet. Selbst die allerkleinsten Entscheidungen Facebooks hallen wider im öffentlichen Raum, den das Unternehmen erschaffen hat, und sie haben Folgen für jeden, der mit Facebook in Kontakt kommt. Dass die Nutzer sich des Einflusses von Facebook nicht bewusst sind, verstärkt die Wirkung noch. Sollte Facebook aufrührerische Kampagnen begünstigen, leidet darunter die Demokratie.

Im August 2016 wurde eine Reihe verblüffender Enthüllungen öffentlich. Presseberichte bestätigten, dass es Russen gewesen seien, die sich in die Server des Democratic National Committee (DNC) und des Democratic Congressional Campaign Committee (DCCC) gehackt hatten. Die beim DNC gestohlenen E-Mails machte WikiLeaks publik und sie fügten dem Wahlkampf von Hillary Clinton beträchtlichen Schaden zu. Der DCCC-Vorsitzende bat die Republikaner, die gestohlenen Informationen nicht im Wahlkampf für den Kongress einzusetzen. Ich fragte mich, ob die Russen auch bei den Facebook-Themen, die mich so beunruhigt hatten, ihre Finger im Spiel hatten.

Kurz bevor ich mich hinsetzte und den Gastkommentar schrieb, enthüllte ProPublica, dass Immobilienbesitzer mithilfe von Facebooks Werbetools unter Verstoß gegen das Gesetz (Fair Housing Act) nach Rassekriterien diskriminieren konnten. Das Ministerium für Wohnungsbau und Stadtentwicklung leitete eine Ermittlung ein, die später eingestellt und dann im April 2018 neu aufgenommen wurde. Auch hier ermöglichten es Facebooks Architektur und

Geschäftsmodell negativen Elementen, Unschuldigen Schaden zuzufügen.

Es ging mir wie Jimmy Stewart in dem Film: Ich besaß nicht ausreichend Informationen oder Erkenntnisse, um alles zu begreifen, was ich gesehen hatte, also machte ich mich daran, mehr in Erfahrung zu bringen. Während ich das in den Tagen und Wochen nach der Wahl tat, legte Dan Rose mir gegenüber eine unglaubliche Geduld an den Tag. Er ermutigte mich, ihm weitere Beispiele für Fälle zu schicken, in denen jemand zu Schaden gekommen war, was ich auch tat. Nichts veränderte sich. Dan blieb unbeirrt. Im Februar 2017, also mehr als drei Monate nach der Wahl, gelangte ich schließlich zu der Überzeugung, Dan und seine Kollegen nicht überzeugen zu können. Ich musste einen anderen Ansatz wählen. Facebook blieb eine klare und allgegenwärtige Gefahr für die Demokratie. Exakt die Werkzeuge, die Facebook zu einer derart großartigen Plattform für Werbetreibende machte, ließen sich dazu nutzen, Schaden anzurichten. Mit jedem Tag wurde Facebook mächtiger und mächtiger. Seine künstliche Intelligenz brachte jeden Tag mehr und mehr über jeden einzelnen Nutzer in Erfahrung und die Algorithmen wurden immer besser darin, die emotionalen Knöpfe der Nutzer zu drücken. Auch die Werkzeuge für Werbetreibende wurden ständig besser. Sollte Facebook in die falschen Hände gelangen, wäre es eine immer mächtiger werdende Waffe … und die nächsten Wahlen in den USA, die Zwischenwahlen von 2018, rückten rasch näher.

Doch von den Personen an den Schalthebeln der Macht schien niemand die Bedrohung zu realisieren. Zu Beginn des Jahres 2017 wurden umfangreiche Kontakte zwischen offiziellen Vertretern des Wahlkampflagers von Donald Trump und Personen aus dem Umfeld der russischen Regierung publik. Es tauchten Details auf zu einem Treffen vom Juni 2016 im Trump Tower, wo sich Mitglieder aus dem inneren Kreis des Wahlkampflagers mit Personen trafen, denen Verbindungen zu russischen Geheimdiensten nachgesagt werden. Der Geheimdienstausschuss des amerikanischen Kongresses rief Untersuchungen ins Leben, die sich mit diesem Treffen befassten.

Und trotzdem gab es von offizieller Seite keinerlei Bedenken, was die Rolle anbelangte, die die sozialen Medien und insbesondere Facebook bei der Wahl von 2016 gespielt hatten. Jeder Tag ohne Ermittlungen erhöhte die Wahrscheinlichkeit, dass die Einmischung weiterhin Bestand haben würde. Wenn niemand rasch handelte, liefen unsere demokratischen Prozesse Gefahr, von externen Kräften überwältigt zu werden. Die Zwischenwahlen 2018 würden vermutlich zur Zielscheibe von Einmischung werden, möglicherweise stärker noch, als es 2016 zu beobachten gewesen war. Unsere Verfassung hatte viele mögliche Probleme vorweggenommen, aber nicht die Möglichkeit, dass sich eine fremde Macht in unsere Wahlen einmischt und dieses Handeln folgenlos bleibt. Ich konnte mich nicht einfach zurücklehnen und die Hände in den Schoß legen. Ich benötigte Hilfe und ich benötigte einen Plan. Nicht notwendigerweise in dieser Reihenfolge.

1

DAS SELTSAMSTE MEETING ALLER ZEITEN

Neue Technologie ist für sich genommen weder gut noch böse. Es geht einzig darum, wie sich die Menschen entscheiden, sie einzusetzen. – David Wong

Vielleicht sollte ich zunächst einmal erläutern, wie sich meine Wege mit denen von Facebook überhaupt kreuzten. 2006 erhielt ich eine E-Mail von Chris Kelly, Facebooks Chief Privacy Officer: Sein Boss leide an einer existenziellen Krise und brauche den Rat einer unvoreingenommenen Person. Ob ich wohl bereit wäre, mich mit Mark Zuckerberg zu treffen?

Facebook war damals zwei Jahre alt, Zuck 22 und ich 50. Die Plattform war beschränkt auf Collegestudenten, auf Absolventen mit einer Ehemaligenadresse und auf Highschool-Schüler. News Feed, das zentrale Element der Facebook-Nutzererfahrung, stand noch nicht zur Verfügung. Das Unternehmen hatte im Vorjahr gerade einmal 9 Millionen Dollar Umsatz erzielt, doch schon damals war abzusehen, dass Facebook gewaltiges Potenzial besaß, also nutzte ich sehr gerne die Gelegenheit, den Firmengründer kennenzulernen.

Zuck tauchte in meinem Büro bei Elevation Partners auf der Sand Hill Road im kalifornischen Menlo Park auf. Er war leger gekleidet und hatte eine Kuriertasche über die Schulter geschlungen. Bono, der Sänger von U2, und ich hatten Elevation 2004 gegründet, und zwar gemeinsam mit dem ehemaligen Apple-Finanzvorstand Fred Anderson, dem ehemaligen Electronic-Arts-President John Riccitiello und den beiden professionellen Investoren Bret Pearlman und Marc Bodnick. Einen unserer Konferenzräume hatten wir in ein Wohnzimmer inklusive großer Videospielanlage verwandelt und dort traf ich mich mit Zuck. Wir schlossen die Tür und ließen uns knapp einen Meter voneinander entfernt auf bequemen Stühlen nieder. Sonst war niemand im Raum.

Es war unser erstes Treffen, deshalb wollte ich etwas sagen, bevor mir Zuck von seiner Existenzkrise erzählte:

„Mark, falls es noch nicht geschehen ist – entweder wird Microsoft eine Milliarde Dollar für Facebook bieten oder Yahoo. Deine Eltern, dein Board of Directors, dein Managementteam und deine Mitarbeiter werden dir dazu raten, das Angebot anzunehmen. Sie werden dir sagen, dass du mit deinem Anteil der Erlöse – 650 Millionen Dollar – die Welt wirst verändern können. Dein Leadinvestor wird dir versprechen, dich bei deinem nächsten Unternehmen zu unterstützen, damit du es noch einmal machen kannst."

„Es ist dein Unternehmen, aber ich finde, du solltest nicht verkaufen. Ein großes Unternehmen wird Facebook kaputtmachen. Meiner Meinung nach baust du das wichtigste Unternehmen seit Google auf und es wird nicht lange dauern und du bist größer, als Google es heute ist. Du hast zwei gewaltige Vorteile gegenüber früheren sozialen Medien: Du bestehst auf Klarnamen und du gibst den Verbrauchern die Kontrolle über die Einstellungen zu ihrer Privatsphäre."

„Letztlich wird Facebook aus meiner Sicht viel wertvoller für Eltern und Großeltern sein als für College-Studenten und Leute, die gerade ihren Abschluss gemacht haben. Menschen, die nicht viel Zeit haben, werden Facebook lieben, vor allem dann, wenn Familien die Möglichkeit bekommen, Fotos von Kindern und Enkelkindern zu teilen."

„Dein Board of Directors, das Managementteam und die Belegschaft haben sich alle deiner Vision verschrieben. Sofern du immer noch an deine Vision glaubst, musst du dafür sorgen, dass Facebook unabhängig bleibt. Alle werden irgendwann froh sein, dass du es getan hast."

Diese kleine Ansprache dauerte ungefähr zwei Minuten. Was folgte, war die längste Pause, die ich bei einem Treffen zwischen zwei Personen jemals erlebt habe. Es waren vielleicht vier oder fünf Minuten, aber es kam mir vor wie eine Ewigkeit. Zuck war völlig gedankenverloren und stellte Rodins Denker in verschiedenen Posen nach. Etwas Ähnliches habe ich zuvor oder danach nie wieder gesehen. Es war schmerzhaft. Ich merkte, wie sich meine Finger gegen meinen Willen in die Lehne meines Stuhls gruben, die Knöchel weiß anliefen und die Spannung auf einen Siedepunkt zusteuerte. Nach drei Minuten war ich kurz davor zu schreien. Zuck war das völlig egal. Ich stellte mir Sprechblasen über seinem Kopf vor, durch die im Eiltempo Text scrollte. Wie lange sollte das so weitergehen? Offensichtlich wog er ab, ob er mich für vertrauenswürdig hielt. Wie lange würde das dauern? Wie lange würde ich noch sitzenbleiben können?

Schließlich entspannte sich Zuck und schaute mich an. Er sagte: „Das wirst du nicht glauben."

„Lass hören", erwiderte ich.

„Eines von den zwei Unternehmen, die du erwähnt hast, will Facebook für 1 Milliarde Dollar kaufen. So ziemlich alle haben genauso reagiert, wie du es vorausgesagt hast. Sie finden, ich sollte das Angebot annehmen. Woher wusstest du das?"

„Das wusste ich nicht, aber nach 24 Jahren weiß ich, wie das Silicon Valley tickt. Ich kenne deinen Leadinvestor. Ich kenne Yahoo und Microsoft. So laufen die Dinge hier."

„Willst du denn verkaufen?", fragte ich ihn und er erwiderte: „Ich möchte nicht alle enttäuschen."

„Das kann ich verstehen, aber das ist hier nicht das Thema. Alle haben unterschrieben, weil sie an deine Vision für Facebook glauben. Wenn du an deine Vision glaubst, muss Facebook unabhängig bleiben. Yahoo und Microsoft werden das Ding an die Wand fahren. Nicht mit Absicht, aber genau das wird geschehen. Was willst du?"

„Ich will unabhängig bleiben."

Ich bat Zuck, mir die Regeln zu erläutern, nach denen die Facebook-Aktionäre abstimmten. Wie sich herausstellte, besaß er eine „goldene Aktie", was bedeutete, das Unternehmen würde immer das tun, was er beschloss. Es dauerte nur einige Minuten, das herauszubekommen. Das gesamte Treffen dauerte höchstens eine halbe Stunde. Zuck verließ mein Büro und teilte Yahoo kurz darauf mit, dass Facebook nicht zum Verkauf stehe. Es sollte noch weitere Angebote für Facebook geben – unter anderem ein weiteres von Yahoo –, aber auch die lehnte er ab.

Das war der Auftakt eines Mentorats, das drei Jahre währen sollte. Bei einer Erfolgsgeschichte mit mindestens tausend Vätern spielte ich eine winzige Rolle, hatte aber bei zwei Gelegenheiten, die für den frühen Erfolg von Facebook wichtig waren, etwas beizusteuern – beim Yahoo-Deal und bei der Entscheidung für Sheryl. Zuck hatte auch andere Mentoren, aber wenn er das Gefühl hatte, ich könne etwas beisteuern, rief er mich an. Das geschah so häufig, dass ich einige Jahre lang regelmäßig den Facebook-Firmensitz besuchte. Unsere Beziehung war rein geschäftlicher Natur. Zuck war schon in frühen Jahren unglaublich talentiert und er nutzte mich sehr effektiv. Es begann, als Facebook ein kleines Start-up-Unternehmen mit großen Plänen und unbegrenzter Energie war. Zuck hatte eine idealistische Vision davon, die Menschen in Kontakt miteinander zu bringen und sie zu verbinden. Die Vision inspirierte mich, aber das Magische daran war Zuck selbst. Der offenkundig geniale Zuck verfügte über eine Reihe Charaktereigenschaften, die ihn vom typischen Silicon-Valley-Unternehmer unterschieden – den Willen zu lernen, die Bereitschaft zuzuhören und vor allem eine stille Zuversicht. Viele Technologie-Gründer stiefeln sehr breitbeinig durchs Leben, aber die besten – und dazu zählen die Gründer von Google und Amazon – sind reserviert, nachdenklich, ernst. Auf mich wirkte Facebook wie das „Next Big Thing", das die Welt durch Technologie zu einem besseren Ort machen würde. Ich sah einen Weg voraus, der ungehindert zu 100 Millionen Nutzern führen würde, was einem gewaltigen Erfolg gleichkäme. Dass dieser Erfolg nicht nur Glück mit sich bringen könnte, kam mir niemals in den Sinn.

Zum damaligen Zeitpunkt war ich ausschließlich emotional involviert. Ich war seit über 20 Jahren ein Insider im Silicon Valley, meine Fingerabdrücke fanden sich auf Dutzenden großer Unternehmen und ich hoffte, Facebook werde eines Tages dazugehören. Für mich war das ein absoluter Selbstgänger. Mir war damals nicht klar, dass die Technologie des Silicon Valleys in unerschlossene Regionen vorgedrungen war und dass ich nicht länger als gegeben hinnehmen konnte, dass diese Technologie die Welt stets in einen besseren Ort verwandeln würde. Ich bin mir ziemlich sicher, dass Zuck ähnlich unterwegs war. Damals jedenfalls hegte ich keinerlei Zweifel an Zucks Idealismus.

Das Silicon Valley hatte seinen Anteil übler Zeitgenossen erlebt, aber die Grenzen der Technologie hatten im Großen und Ganzen verhindert, dass es zu weitreichenden Schäden kam. Facebook entstand zu einer Zeit, als es das erste Mal möglich war, Technologiekonzerne zu erschaffen, die so mächtig waren, dass sich kein Land ihrem Einfluss entziehen konnte. Keinem, den ich kannte, kam je in den Sinn, dass der Erfolg auch eine Schattenseite haben würde. Von Anfang an war Facebook ein Unternehmen von Menschen mit guten Absichten. Während der Jahre, in denen ich die Truppe bei Facebook am besten kannte, konzentrierten sich die Leute darauf, das größtmögliche Publikum anzulocken, nicht darauf, möglichst viel Geld zu verdienen. Persuasive Technologie und Manipulation waren kein Thema. Es drehte sich alles um Babys und Welpen und darum, mit Freunden etwas zu teilen.

Wann Facebook das erste Mal persuasive Technologien einsetzte, kann ich nicht genau sagen, aber ich kann mir vorstellen, dass die Entscheidung nicht kontrovers diskutiert wurde, schließlich arbeiteten Werbetreibende und Medienunternehmen seit Jahrzehnten mit ähnlichen Techniken. Pädagogen und Psychologen beschwerten sich über das Fernsehen, aber hartnäckige Klagen über die persuasiven Techniken der Netzwerke und der Werbetreibenden gab es nur sehr wenige. Für politische Entscheider und die Öffentlichkeit handelte es sich um legitime Business-Tools. Auf dem PC waren diese Werkzeuge nicht schädlicher als im Fernsehen. Dann kamen die Smartphones und veränderten alles völlig. Die Nutzerzahlen und die Nutzung explodierten, ebenso die Durchschlagskraft persuasiver Technologien, was eine weitverbreitete Abhängigkeit ermöglichte. Und hier verstieß Facebook gegen das Gesetz der unerwünschten Konsequenzen: Zuck und sein Team erwarteten nicht, dass Designentscheidungen, durch die sie Facebook für die Nutzer so überzeugend machten, einer breiten Spanne unerwünschter Verhaltensmuster Tür und Tor öffnen würden. Als diese Verhaltensmuster nach der Präsidentschaftswahl von 2016 augenscheinlich wurden, bestritt Facebook zunächst ihre Existenz und lehnte dann die Verantwortung dafür ab. Vielleicht war es eine reflexhafte Handlung des Unternehmens, aber in jedem Fall ließen Zuck, Sheryl, das Facebook-Team und das Board of Directors eine Gelegenheit verstreichen, bei Nutzern und politischen Entscheidern neues Vertrauen aufzubauen. Auch diejenigen von uns, die Zuck berieten und vom Erfolg Facebooks profitierten, tragen einige Verantwortung für das, was später bekannt wurde. Wir litten unter einem Mangel an Fantasie. Die Vorstellung, der enorme Erfolg eines Technologie-Start-ups könne die Gesellschaft und die Demokratie aushöhlen, kam mir und meines Wissens auch sonst niemandem aus unserer Gemeinschaft in den Sinn. Jetzt muss die ganze Welt den Preis dafür bezahlen.

Im zweiten Jahr unserer Beziehung eröffnete Zuck Elevation die Möglichkeit, als Investor einzusteigen. Ich stellte die Idee meinen Partnern vor und betonte meine Hoffnung, dass sich Facebook zu einem Unternehmen in der Größenordnung von Google entwickeln werde. Das Schwierige an Zucks Angebot: Wir würden durch eine komplizierte virtuelle Anleihe indirekt in Facebook investieren. Drei unserer Partner gefiel der Aufbau dieses Investments nicht, aber sie ermutigten uns andere, doch persönlich zu investieren. Also investierten Bono, Marc Bodnick und ich. Zwei Jahre später ergab sich für Elevation die Möglichkeit, Facebook-Anteile zu erwerben, und meine Partner schlugen sofort zu.

ALS CHRIS KELLY MICH kontaktierte, kannte er mich nicht persönlich, er kannte nur meinen Ruf. Seit dem Sommer 1982 investierte ich in Technologie. Am besten erzähle ich Ihnen vielleicht ein wenig über meine Geschichte, damit deutlicher wird, was für ein Mensch ich war, als ich das erste Mal in Zucks Orbit geriet.

Aufgewachsen bin ich in Albany, New York, als zweitjüngstes Kind einer großen und liebevollen Familie. Meine Eltern hatten sechs eigene Kinder und adoptierten zusätzlich drei meiner Cousins und Cousinen, als deren Eltern gesundheitliche Probleme bekamen. Eine meiner Schwestern starb ganz plötzlich mit zweieinhalb Jahren, als meine Mutter mit mir schwanger war, und dieses Ereignis hatte sehr starke Auswirkungen auf meine Mutter. Im Alter von zwei Jahren entwickelte ich eine sehr ernste Verdauungsstörung und die Ärzte erklärten meinen Eltern, ich dürfe kein Getreide zu mir nehmen. Später verschwand diese Störung wieder, aber bis ich zehn Jahre alt war, waren Kekse, Kuchen und Brot für mich tabu, wenn ich nicht furchtbare Nebenwirkungen riskieren wollte. Das verlangte mir viel Selbstdisziplin ab, was sich als hervorragende Vorbereitung auf das Leben erwies, für das ich mich entschied.

Meine Eltern waren in der Politik und der Bürgerrechtsbewegung sehr aktiv. Sie lehrten mich, zu Franklin D. Roosevelt und Jackie Robinson aufzuschauen, und ließen mich mit vier Jahren das erste Mal politisch aktiv werden, als ich Flugblätter für John F. Kennedy verteilte. Mein Vater war in unserer Stadt Präsident der Urban League, was Mitte der 1960er-Jahre, als Präsident Lyndon B. Johnson den *Civil Rights Act* und den *Voting Rights Act** durch den Kongress

---

* Anm. d. Übersetzers: Der *Civil Rights Act* von 1964 und der *Voting Rights Act* zählen zu den wichtigsten Gesetzen, was die rechtliche Gleichstellung der Afroamerikaner und anderer Minderheiten in den USA anbelangt.

drückte, eine große Sache war. Als ich etwa neun Jahre alt war, nahm mich meine Mutter zu einer Bürgerrechtsversammlung mit, damit ich meinen Helden Jackie Robinson kennenlernen konnte.

In dem Jahr, in dem ich zehn wurde, schickten meine Eltern mich ins Ferienlager. In der letzten Woche stürzte ich bei einer Schatzsuche schwer. Die Betreuer brachten mich auf die Krankenstation, aber drei Tage lang konnte ich weder feste Nahrung noch Wasser bei mir behalten und anschließend hatte ich sehr hohes Fieber. Sie brachten mich in ein nahegelegenes Bezirkskrankenhaus, wo mir ein ehemaliger Feldarzt mit einer Notoperation das Leben rettete. Ein Blutgerinnsel hatte meinen Darm völlig verstopft. Bis ich wieder auf den Beinen war, dauerte es sechs Monate, wodurch ich ein halbes Schuljahr verpasste. Der ganze Vorfall hatte einen tief greifenden Einfluss auf mich und mein weiteres Leben. Dass ich eine Nahtoderfahrung überstanden hatte, verlieh mir Mut und die Genesungsphase verstärkte meine Fähigkeit, auch außerhalb des Mainstreams glücklich zu sein. Beide Wesenszüge sollten sich im Investmentgeschäft als sehr wertvoll erweisen.

Um unsere große Familie durchzubringen, arbeitete mein Vater unglaublich hart und er machte das sehr gut. Wir lebten ein Leben der oberen Mittelschicht, obwohl meine Eltern jeden Cent zweimal umdrehen mussten. Als ich in der Grundschule war, gingen meine älteren Geschwister aufs College, wodurch die finanzielle Situation einige Jahre lang doch recht angespannt war. Als zweitjüngstes Kind einer sehr großen Familie konnte ich sehr entspannt zusehen, wie es den Größeren erging. Gesundheitliche Probleme verstärkten meine ruhige, eher beobachtende Art. Meine Mutter nutzte mich als ihre persönliche „Find My iPhone"-App, wenn sie wieder einmal ihre Brille, die Schlüssel oder sonst etwas verlegt hatte. Aus irgendeinem Grund wusste ich stets, wo alles lag.

Ehrgeizig war ich als Kind nicht. Mannschaftssportarten beispielsweise spielten in meinem Leben keine große Rolle. Wir schrieben die 1960er-Jahre, also stürzte ich mich mit etwa mit zwölf Jahren erstmals in die Friedensbewegung und die Bürgerrechtsbewegung.

Ich nahm Klavierunterricht und sang im Kirchenchor, aber meine Liebe zur Musik nahm erst richtig Fahrt auf, als ich als älterer Teenager die Gitarre für mich entdeckte. Meine Eltern haben mich ermutigt, aber nie gedrängt. Sie waren Leitbilder, die es wichtig fanden, eine gute Bildung genossen zu haben und gute Bürger zu sein, aber sie mischten sich nicht ein, sondern erwarteten von meinen Geschwistern und mir, dass wir gute Entscheidungen treffen. Während meiner Teenagerzeit ging ich – abgesehen von der Politik – an sämtliche Themen mit großer Vorsicht heran, was leicht mit Zögerlichkeit verwechselt werden konnte. Hätten Sie mich damals kennengelernt, hätten Sie durchaus denken können: „Der Junge wird niemals etwas auf die Beine stellen."

Die Jahre an der Highschool waren auf eine andere Weise anstrengend für mich. Ich war ein guter, aber kein herausragender Schüler. Schule machte mir Spaß, aber meine Interessen unterschieden sich komplett von denen meiner Mitschüler. In meiner Freizeit war ich nicht sportlich aktiv, sondern widmete mich der Politik. Der Vietnamkrieg war weiterhin das größte Thema im Land und einer meiner älteren Brüder war bereits eingezogen worden. Es war möglich, dass noch Krieg herrschen würde, wenn ich alt genug für die Wehrpflicht wurde. Meiner Ansicht nach bestand die logische Schlussfolgerung darin, auf ein Ende des Kriegs hinzuarbeiten. Im Oktober 1971, zu Beginn meines zehnten Schuljahrs, meldete ich mich freiwillig für den „McGovern for President"-Wahlkampf. Fortan verbrachte ich nahezu jeden Tag bis zur Präsidentschaftswahl dreizehn Monate später entweder in New Hampshire im Wahlkampfbüro oder im Hinterland des Bundesstaats New York. Damals verliebte ich mich in die Hippie-Musik aus San Francisco – die Grateful Dead, Jefferson Airplane, Quicksilver Messenger Service, Big Brother & the Holding Company und Santana.

Meine Schule mochte ich nicht, also bewarb ich mich nach dem Ende des McGovern-Wahlkampfs für ein Auslandsjahr im französischen Rennes. Das war eine fantastische Erfahrung. Nicht nur lernte ich fließend Französisch, ich ging auch mit Menschen zur

Schule, die mir viel mehr ähnelten als alle anderen Klassenkameraden davor. Die Erfahrung veränderte mich. Ich bewarb mich in Yale und wurde zu meinem Erstaunen tatsächlich angenommen.

Nach meinem ersten Jahr in Yale erhielt ich den Zuschlag für ein Praktikum bei meinem örtlichen Kongressabgeordneten. Er bot mir nach wenigen Wochen eine feste Stelle als parlamentarischer Assistent an. Die Stelle hätte ein höheres Gehalt und alle Vorteile einer Vollzeitstelle mit sich gebracht, aber ich lehnte ab. Ich fand es verrückt, dass der Abgeordnete mich, einen 19-Jährigen, befördern wollte, aber ich mochte ihn, deshalb arbeitete ich noch zwei weitere Sommer lang für ihn.

Ein Jahr später, im Sommer 1976, nahm ich mir eine einjährige Auszeit und ging mit meiner Freundin nach San Francisco. In meinen Träumen war ich auf dem Weg in die Stadt des Summer of Love, doch als ich dort eintraf, war es die Stadt von Dirty Harry, mehr *Noir* als Flower-Power. Fast unmittelbar im Anschluss wurde bei meinem Vater inoperabler Prostatakrebs diagnostiziert. Mein Vater, ein ausgebildeter Anwalt, hatte ein Brokerunternehmen ins Leben gerufen, das mittlerweile ein Dutzend Niederlassungen betrieb. In einer Branche, die gerade einen gewaltigen Wandel durchlief, war seine Firma zu klein. Mein Vater starb im Herbst 1977, zu einem Zeitpunkt, der für das Geschäft ganz besonders schwierig war. Meine Mutter stand nun da mit einem Haus und sonst nichts. Es fehlte das Geld, um mich wieder an die Uni schicken zu können.

Ich war auf mich gestellt und ohne Uni-Abschluss. Ich hatte aber noch immer meine Gitarre und übte jeden Tag mehrere Stunden. Als ich das erste Mal nach San Francisco kam, hatte ich 400 Dollar in der Tasche. Mein Traum, ein Reporter wie Woodward und Bernstein zu werden, platzte nach ungefähr einem halben Tag. Drei Telefonate reichten aus, um zu erkennen, dass auf einen Studienabbrecher wie mich keine Reporterstellen warteten. Was jede Zeitung allerdings benötigte, waren Leute für den Anzeigenverkauf. Für den traditionellen Verkauf war ich eigentlich viel zu introvertiert, aber das war für mich kein Hinderungsgrund. Ich stieß auf eine 14-tägig erscheinende französischsprachige Zeitung, bei der ich die Arbeit der kompletten Anzeigenabteilung leisten würde. Das bedeutete, ich würde nicht nur Anzeigen verkaufen, sondern auch die Außenstände bei den Anzeigenkunden eintreiben. Wenn man nur danach bezahlt wird, was man eintreibt, lernt man, die Menschen, an die man etwas verkauft, gut einzuschätzen. Funktionierten die Anzeigen nicht, zahlten die Kunden nicht. Ich fand heraus, dass ich meine Zeit besser nutzen und deutlich mehr Geld pro Ausgabe verdienen konnte, wenn ich mich darauf konzentrierte, von Großkunden wie Autohäusern, Fluggesellschaften und der Telefongesellschaft Anzeigen für mehrere Ausgaben am Stück zu beschaffen. Ein Sozialleben hatte ich nicht, aber ich fing an, mir Erspartes zurückzulegen. Zweieinhalb Jahre verbrachte ich in San Francisco und in der Zeit verdiente ich genügend Geld, um nach Yale zurückkehren zu können, wo das Studium damals gerade einmal zehn Prozent von dem kostete, was es heute verschlingt.

In San Francisco sah ich werktags morgens im Fernsehen immer eine örtlich produzierte Börsensendung, die von Stuart Varney moderiert wurde, der viele Jahre bei *CNN* und *Fox Business Network* arbeiten sollte. Nachdem ich die Sendung sechs Monate lang gesehen hatte, die Anlegerzeitschrift *Barron's* durchgelesen und einen Stapel Jahresberichte studiert hatte, nahm ich all meinen Mut zusammen und kaufte mir 100 Aktien von Beech Aircraft. Innerhalb der ersten Woche gewann die Aktie 30 Prozent an Wert und ich war angefixt. Wie ich feststellte, war Investieren wie ein Spiel, wie Monopoly, nur mit richtigem Geld. Dieser geistige Wettstreit sprach mich an. Niemals hätte ich mir damals träumen lassen, dass ich aus dem Investieren einen Beruf machen würde. Im Herbst 1978 bewarb ich mich erneut in Yale. Ich wurde wieder aufgenommen, kurz bevor mich zwei herzzerreißende Ereignisse aus San Francisco vertrieben – zum einen der Massensuizid von Hunderten Menschen aus San Francisco in Jonestown, zum anderen die Ermordung von San Franciscos Ex-Bürgermeister und damaligen Stadtrat Harvey Milk durch einen anderen Stadtrat.

Erstmals seit 1975 feierte ich Weihnachten wieder zu Hause und dort erhielt ich ein Geschenk, das mein Leben verändern sollte. Mein zehn Jahre älterer Bruder George schenkte mir einen Texas Instruments Speak & Spell. Dieses Kinderspielzeug war erst seit wenigen Monaten auf dem Markt und besaß eine Tastatur, ein einzeiliges alphanumerisches Display, einen Sprachprozessor und ein klein wenig Speicherkapazität. Das Gerät sollte Grundschülern die richtige Schreibweise und Aussprache bestimmter Wörter beibringen, aber mein Bruder sah etwas ganz Anderes darin – die Zukunft des Computerwesens. „Das bedeutet, in einigen Jahren wird es tragbare Geräte geben, die sämtliche persönlichen Informationen abspeichern können", sagte er.

Diese Äußerung von ihm stammt aus dem Jahr 1978. Gerade einmal ein Jahr zuvor war der Apple II auf den Markt gekommen, bis zum IBM PC sollten noch fast drei Jahre vergehen. Der PalmPilot war sogar noch über 18 Jahre entfernt. Aber mein Bruder sah die Zukunft und ich nahm mir seine Worte zu Herzen. Ich ging mit dem Hauptfach Geschichte zurück an die Uni, war aber entschlossen, so viele Kurse in Elektrotechnik zu belegen, dass ich den ersten Terminplaner würde entwerfen können. Schon bald stellte ich fest, dass man für Elektrotechnik Integralrechnung benötigte, einen Kurs, den ich nie belegt hatte. Ich überzeugte den Professor, die Prüfung für den Anfängerkurs dennoch ablegen zu dürfen. Er sagte, wenn ich bis auf Mathematik alles richtig hätte, würde er mir für meinen Mut eine 2 geben. Ich akzeptierte und er gab mir jede Woche Nachhilfe. Ich belegte noch einen zweiten, einfacheren Kurs, in dem ich Ausführungen zur Akustik und zum Maschinenbau lernte. Ich bekam Kataloge und Handbücher und versuchte, einen übergroßen Machbarkeitsbeweis zu entwerfen, doch er wollte und wollte nicht funktionieren.

Ein echtes Highlight meiner zweiten Phase in Yale war die Band namens Guff, in der ich spielte. Drei Jungs aus meinem Wohnheim hatten sie ins Leben gerufen, aber sie benötigten noch einen Gitarristen. Guff schrieb seine eigenen Songs und richtete sich musikalisch irgendwo an der Schnittstelle zwischen Grateful Dead, Frank Zappa und Punkrock ein. Wir spielten jede Menge Konzerte, aber das Studium war vorüber, bevor die Band sich soweit einen Namen erarbeitet hatte, dass wir über eine Karriere in der Musik nachdenken konnten.

Mit der Band machten wir ein wenig Geld, aber ich musste ausreichend verdienen, um die Studiengebühren bezahlen zu können. Der Anzeigenverkauf war deutlich besser bezahlt als die meisten Studentenjobs, also überzeugte ich die Yale Law School Film Society, mich ein magazinartiges Programm für deren Filmreihe entwerfen zu lassen. Ich entwickelte ein Programm für beide Semester der Abschlussklasse und verdiente damit nahezu genug, um ein Jahr Graduiertenschule davon bezahlen zu können.

Doch zuvor schrieb ich mich im Herbst meines Abschlussjahrs in „Einführung zu Musiktheorie" ein, einem knallharten Zwei-Semester-Kurs für Studenten, die Musik als Hauptfach belegten. Bewaffnet mit einem Grundwissen der Musiktheorie, so meine Überzeugung, würde ich bessere Songs für meine Band schreiben können. Ich wurde nach dem Zufallsprinzip einem von einem Dutzend Gruppen à 15 Studenten zugeteilt, die jeweils von Graduierten unterrichtet wurden. Die erste Klassenstunde war die beste Unterrichtseinheit, die ich je erlebt hatte, also sagte ich meinem Mitbewohner, er solle aus seiner Gruppe in meine wechseln. Offenbar hatten noch andere die Idee gehabt, denn am zweiten Tag tauchten 40 Leute auf. Dieser Kurs war mein Lieblingskurs in Yale. Die Graduierte, die den Unterricht leitete, hieß Ann Kosakowski. Im zweiten Semester unterrichtete sie nicht, aber zu Beginn des Semesters lief sie mir über den Weg, als sie gerade aus der Sporthalle gegenüber von meinem Wohnheim kam. Sie war frustriert, denn sie hatte gerade eine Partie Squash gegen den Leiter des Fachbereichs Musik ganz knapp im fünften Spiel verloren. Ich bot ihr an, am nächsten Tag gegen sie zu spielen. Drei Tage hintereinander spielten wir Squash und ich gewann nicht einen einzigen Punkt. Nicht einen. Aber das war völlig belanglos. Ich hatte noch nie Squash gespielt und das Ergebnis war mir ganz egal. Ann war fantastisch, ich wollte sie besser kennenlernen. Ich lud sie einen Tag nach dem Valentinstag auf ein Konzert der Jerry Garcia Band ein. Ann, ganz die angehende Doktorin der Musiktheorie, fragte: „Was für ein Instrument spielt denn Herr Garcia?" Vielleicht hielt sie ihn für einen Cellisten. Wie auch immer, Ann und ich stehen kurz davor, den 39. Jahrestag dieses Dates zu feiern.

Ann und ich machten unsere Abschlüsse zusammen – sie als sehr junge Doktorin, ich als alter Bachelor. Sie ergatterte eine heiß begehrte Festanstellung am Swarthmore College außerhalb Philadelphias. Ich konnte in Philadelphia nichts Passendes finden, also schrieb ich mich an der Tuck School of Business at Dartmouth in Hanover, New Hampshire, ein. Es war der Auftakt einer 21 Jahre währenden, Bundesstaaten übergreifenden Fernbeziehung.

Meine erste Anstellung nach der Business School war bei T. Rowe Price in Baltimore. Baltimore liegt im Vergleich zu Hanover deutlich näher an Philadelphia, aber es war immer noch zu weit weg, um täglich pendeln zu können. Dann kamen gleich zwei glückliche Faktoren zum Tragen, die alles verändern sollten: mein Eintrittsdatum und mein Zuständigkeitsbereich. Ich begann meine neue Anstellung während der ersten Tage des Bullenmarkts von 1982 und man beauftragte mich, Technologieaktien zu analysieren. Zur damaligen Zeit gab es keinerlei reine Technologiefonds. T. Rowe Price war Marktführer bei der jungen Wachstumskategorie der offenen Investmentfonds und insofern konzentrierte das Unternehmen sich stärker als die Konkurrenz auf Technologie. Ich dachte mir: „Möglicherweise wirst du nicht imstande sein, den ersten Terminkalender zu erstellen, aber du wirst in ihn investieren können, sobald er auftaucht." Beim Investieren heißt es, das alles Entscheidende sei der richtige Zeitpunkt. Indem sie mich zum Auftakt eines gigantischen Bullenmarkts darauf ansetzten, über die Technologiebranche zu berichten, gaben mir die Leute bei T. Rowe Price im Grunde eine Starthilfe, die mir meine gesamte Karriere über Schub verlieh. Lassen sich alle günstigen Entwicklungen meiner beruflichen Karriere auf diese Ausgangssituation zurückführen? Das kann ich nicht mit letzter Gewissheit sagen, aber ausschließen möchte ich es auch nicht. Es war ein Bullenmarkt, also legten die meisten Aktienkurse zu. In den ersten Tagen musste ich einfach nur Berichte erstellen, die dafür sorgten, dass die Portfoliomanager Vertrauen in mein Urteilsvermögen entwickelten. Ich konnte nicht den für einen Analysten typischen Stammbaum vorweisen, also dachte ich darüber nach, wie ich meine Stärken bestmöglich einbringen konnte.

Ich wurde durch meine Ausbildung zum Analysten, zu einem Nerd, der sein Geld damit verdient, die Technologiebranche zu begreifen. Als ich zu arbeiten anfing, konzentrierten sich die meisten Analysten in erster Linie auf die Finanzberichte, aber ich änderte diese Vorgehensweise. Mein Erfolg geht darauf zurück, dass ich fähig war, Produkte ebenso zu verstehen wie Finanzberichte und Trends, und dass ich Menschen gut einschätzen konnte. Ich stelle es mir als eine Art Echtzeit-Anthropologie vor, das Studium dessen, wie Menschen und Technologie sich entwickeln und wie sie miteinander interagieren. Den Großteil meiner Zeit verbringe ich mit dem Versuch, die Gegenwart zu begreifen, damit ich mir vorstellen kann, was in der Zukunft geschehen könnte. Bei jeder Stellung auf dem Schachbrett gibt es nur eine begrenzte Zahl möglicher Züge. Ist einem das im Vorfeld klar und sieht man sich die Möglichkeiten an, ist man besser darauf vorbereitet, gute Entscheidungen zu treffen, wann immer etwas geschieht. Die Leute wollen einem vielleicht etwas anderes einreden, aber die Technologiewelt verändert sich nicht so stark, sondern folgt vielmehr vergleichsweise absehbaren Mustern. Große Technologiewellen haben mindestens ein Jahrzehnt lang Bestand, insofern ist es wichtig zu erkennen, wann ein alter Zyklus endet und ein neuer einsetzt. Mein Partner John Powell sagt gerne: „Manchmal sieht man schon, wer an die Gleise gekettet ist, bevor man erkennt, wer den Zug steuert."

Das PC-Geschäft nahm 1985 richtig Fahrt auf und mir fielen zwei Dinge auf: Alle waren in meinem Alter und man traf sich mindestens einmal im Monat in wechselnden Städten zu einer Konferenz oder Messe. Ich überredete meinen Chef, mich mit der Karawane ziehen zu lassen. Praktisch unmittelbar landete ich einen Glückstreffer. Bei einer Konferenz in Florida sah ich zwei Typen, die Gitarren und

Verstärker aus dem Kofferraum eines Ford Taurus luden. Da alle Gäste im Hotel Besucher der Konferenz waren, fragte ich, ob es irgendwo eine Jamsession gebe, bei der ich einsteigen könne. Gab es. Wie sich herausstellte, gingen die Anführer der PC-Branche nicht in Bars – sie mieteten sich Instrumente und machten Musik. Als ich zu meiner ersten Jamsession kam, stellte ich fest, dass ich über eine Fähigkeit von unschätzbarem Wert verfügte: Nach vielen Jahren in Bands und zig Auftritten in Bars konnte ich ein paar hundert Songs auswendig spielen. Niemand sonst verfügte über ein Repertoire, das über mehr als ein Dutzend Lieder hinausging. Das war wirklich wichtig, denn zu den anderen Musikern gehörten der CEO eines großen Softwareunternehmens, der Leiter von Apples Forschungsabteilung und mehrere andere große Namen aus der Branche. Paul Allen, einer der Microsoft-Gründer, spielte gelegentlich bei uns mit, aber nur bei Liedern, die Jimi Hendrix geschrieben hatte. Er wusste mit einer Gitarre umzugehen. Plötzlich war ich Teil der sozialen Struktur der Branche. Es lässt sich nur schwer vorstellen, dass so etwas in irgendeiner anderen Branche geschehen könnte, aber ich bahnte mir einen eigenen Weg.

Meine nächste wichtige Neuerung hatte mit den Ertragsmodellen zu tun. Traditionell arbeiteten Analysten mit Tabellen zum Erstellen von Gewinnprognosen, aber Tabellen neigen dazu, alles zu glätten. In der Technologiewelt ist Erfolg eine binäre Angelegenheit, „heiße" Produkte übertreffen stets die Prognosen und Produkte, die nicht „heiß" sind, bleiben stets hinter den Erwartungen zurück. Ertragsmodelle konnte ich getrost ignorieren, ich musste nur erkennen, welche Produkte angesagt sein würden. Das zu prognostizieren, war nicht ganz einfach, aber es war keine Perfektion erforderlich, es galt vielmehr das alte Sprichwort von den zwei Typen, die von einem Bären gejagt werden: Ich musste nicht schneller als der Bär sein, sondern nur schneller als der andere Kerl.

Meine erste Gelegenheit, ein Portfolio zu verwalten, erhielt ich Ende 1985. Man bat mich, bei einem der Vorzeigefonds des Unternehmens den Technologiesektor zu übernehmen. Die Technologiebranche machte ungefähr 40 Prozent des Fonds aus und es war damals das größte Technologieportfolio im Land, insofern stellte das Angebot eine wichtige Beförderung und eine fantastische Gelegenheit für mich dar. Drei Jahre lang hatte ich Portfoliomanagern bei der Arbeit zugesehen, aber das bereitete mich nicht wirklich auf meine neue Aufgabe vor. Portfoliomanagement ist ein Spiel, das mit echtem Geld gespielt wird. Jeder macht Fehler. Großartige Portfoliomanager zeichnet aus, dass sie ihre Fehler frühzeitig erkennen und korrigieren. Portfoliomanager lernen durch Ausprobieren und Fehler, viele Fehler. Das Geheimnis besteht darin, mehr Geld in die guten Ideen zu stecken als in die schlechten.

T. Rowe startete am 30. September 1987 einen Fonds namens Science & Technology, der sich ausschließlich auf die Bereiche Wissenschaft und Technologie fokussierte und von zwei meiner Kollegen geleitet wurde. 19 Tage später brach der Aktienmarkt ein. Sämtliche offenen Investmentfonds mussten bluten, Science & Tech stand nach gerade einmal einem Monat im Geschäft mit 31 Prozent im Minus. Auf den ersten Blick ein furchtbares Ergebnis, aber besser als die Konkurrenz, denn die Portfoliomanager hatten zu dem Zeitpunkt, als die Märkte kollabierten, nur die Hälfte ihres Gelds investiert. Als Mitte 1988 das Überleben des Fonds auf der Kippe stand, gab das Unternehmen den beiden Managern andere Aufgaben und bat mich zu übernehmen. Ich willigte ein, aber unter einer Bedingung: Ich würde den Fonds auf meine Weise führen. Ich hatte vor, aggressiv zu sein, erklärte ich meinen Vorgesetzten.

Ein weiterer fantastischer Glücksfall spielte mir in die Karten, als T. Rowe Price beschloss, einen Wagniskapitalfonds für Unternehmen in der Wachstumsphase aufzulegen. Ich hatte zu der Zeit ohnehin bereits ein Auge auf nicht börsennotierte Unternehmen, denn damals stellten Start-ups und nicht alteingesessene Unternehmen die Konkurrenz im Technologiesektor dar. In den nächsten drei Jahren war ich bei drei Venture-Investments in der Wachstumsphase beteiligt: Electronic Arts, Sybase und Radius. Leadinvestor in allen drei Fällen war Kleiner Perkins Caulfield & Byers, einer der führenden Wagniskapitalgeber im Silicon Valley. Alle drei Unternehmen gingen ziemlich zügig an die Börse, was mich sowohl bei T. Rowe Price wie auch bei Kleiner Perkins beliebt machte. Mein zentraler Kontakt bei Kleiner Perkins war der junge Wagniskapitalgeber John Doerr, dessen größte Erfolge bis zum damaligen Zeitpunkt Sun Microsystems, Compaq Computer und Lotus Development gewesen waren. Später sollte John noch als Leadinvestor bei Netscape, Amazon und Google auftreten.

Beim Science & Technology Fund bestand meine Strategie darin, mich voll und ganz auf junge Unternehmen in den Bereichen Personal Computer, Halbleiter und Datenbank-Software zu konzentrieren. Ich ignorierte alle etablierten Firmen und verschaffte dem Fonds damit einen gewaltigen Vorteil. Vom Start bis Mitte 1991 – ein Zeitraum, in den auch der Börsencrash von 1987 und ein zweiter Minicrash im Sommer 1990 fallen – erreichte der Fonds eine jährliche Rendite von 17 Prozent. Der Index S&P 500 kam im selben Zeitraum auf neun Prozent, der Technologieindex auf sechs Prozent.

Mitte 1991 verließ ich gemeinsam mit John Powell T. Rowe Price und gründete Integral Capital Partners, den ersten institutionellen Fonds, der Börseninvestitionen mit Wagniskapital für die Wachstumsphase vereinte. Wir gründeten den Fonds in einer Partnerschaft mit Kleiner Perkins – und John Doerr als unserem Wagniskapitalgeber – sowie Morgan Stanley. Unsere Investoren waren die Leute, die uns am besten kannten, die Gründer und Spitzenmanager der damals führenden Technologieunternehmen.

Integrals Entwicklung stand unter einem günstigen Stern. Wir saßen damals, während der 1990er-Jahre, in den Büroräumen von Kleiner Perkins, also quasi im Epizentrum der Internetrevolution. Ich war dort, als Marc Andreessen seine Präsentation für das Unternehmen abhielt, das später als Netscape bekannt wurde. Ich war dort an dem Tag, als Jeff Bezos dasselbe für Amazon tat, und ich war dort an dem Tag, als Larry Page und Sergey Brin Google vorstellten. Ich hatte damals keine Ahnung davon, wie groß das Internet werden würde, aber dass es eine Umwälzung mit sich bringen würde, wurde sehr schnell deutlich. Das Internet würde den Zugang zu Informationen demokratisieren und davon würden alle profitieren. Es herrschte Idealismus. 1997 ging Martha Stewart mit ihrem Unternehmen für Heimdekoration an den Start und dank einer Finanzspritze von Kleiner Perkins fand es rasch seinen Weg an die Börse, obwohl mir das verrückt vorkam. Aus meiner Sicht schienen alle durchzudrehen, sobald etwas mit dem Internet zu tun hatte – siehe nur die Handpuppe von Pets.com oder der Tick, dass alle plötzlich meinten, ihrem Firmennamen ein kleines „e" voranstellen oder ein „.com" anhängen zu müssen. Mir war klar: Wenn die Blase platzte, würde es Integral mit in den Abgrund reißen, sofern wir nicht zu radikalen Methoden griffen.

Ich ging mit meinen Bedenken zu Morgan Stanley, unserem anderen Partner, wo man mir etwas Geld gab, damit ich mir das Next Big Thing für Technologieinvestitionen ausdachte – einen Fonds, der auch einen Bärenmarkt überlebt. Das dauerte zwei Jahre, dann rief Integral Silver Lake Partners ins Leben, den ersten Kapitalbeteiligungsfonds, der sich auf Technologie konzentrierte. Unsere Investoren teilten unsere Sorgen und stellten für den neuen Fonds eine Milliarde Dollar bereit.

Silver Lake beabsichtigte, in ausgereifte Technologieunternehmen zu investieren. Zur damaligen Zeit war es so, dass ein Technologieunternehmen, das ausgereift war, sofort für Wettbewerb von Start-up-Firmen angreifbar wurde. Vollentwickelte Unternehmen neigen dazu, sich auf die Bedürfnisse ihrer bestehenden Kunden zu konzentrieren, und das macht sie oftmals blind dafür, was sich an neuen Geschäftsmöglichkeiten oder neuen Technologien auftut. Und ein weiterer Punkt: Wenn das Unternehmen langsamer wächst, tun das auch die Möglichkeiten der Belegschaft, von Aktienoptionen zu profitieren. Das nutzen Start-up-Firmen, um etablierten Firmen die besten und klügsten Köpfe abzujagen. Meine Vision für Silver Lake bestand darin, ausgereifte Unternehmen mit frischem Kapital auszustatten, ihnen auf diese Weise neues Leben einzuhauchen und sie in die Lage zu versetzen, in neue Möglichkeiten zu investieren, während gleichzeitig die Aktienvergütungsmöglichkeiten eines Start-ups kopiert wurden. Der erste Silver-Lake-Fonds erzielte außergewöhnliche Ergebnisse und das lag an drei Investitionen: Seagate Technology, Datek und Gartner Group.

Während der Silver-Lake-Jahre rief mich der Geschäftsleiter der Grateful Dead an und bat mich um Hilfe. Bandleader Jerry Garcia war wenige Jahre zuvor gestorben und nun stand die Band da, konnte nicht auf Tournee gehen, aber es mussten ungefähr 60 Personen versorgt werden. Glücklicherweise hatte einer der Roadies eine Website aufgezogen, über die Fanartikel direkt unter das Volk gebracht werden konnten. Die Website hatte sich zu einem enormen Erfolg entwickelt und als ich auf der Bildfläche erschien, warf sie beinahe so viel Gewinn ab, wie die Band sie mit ihren Konzerten erzielt hatte. Leider war die Technologie veraltet, aber es bestand die Möglichkeit, eine Aktualisierung durchzuführen, das Modell anderen Bands anzubieten und damit so viel Geld zu verdienen wie nie zuvor. Eine der Bands, die Interesse zeigten, waren U2. Sie kamen über eine Freundin von Bono im amerikanischen Finanzministerium auf mich zu. Ihr Name: Sheryl Sandberg. Ich lernte Bono und The Edge in den Büroräumen von Morgan Stanley in Los Angeles kennen, nachdem sie einen Tag zuvor einen Grammy für das Lied „Beautiful Day" gewonnen hatten. Ich hätte damals nicht ein einziges Lied von U2 nennen können, aber die Intelligenz und der Geschäftssinn der beiden Iren haute mich um. Sie luden mich nach Dublin ein, um dort ihr Management kennenzulernen. Also reiste ich im Frühjahr 2001 zweimal dort hin.

Bei dem zweiten Trip erlitt ich auf der Heimreise einen Schlaganfall. Es war mir damals nicht bewusst und ich versuchte, einfach weiterzumachen wie davor. Kurz danach kamen jedoch einige beunruhigende Symptome dazu und ich fand mich in der Mayo Clinic wieder, wo ich erfuhr, dass ich in der Tat zwei ischämische Schlaganfälle erlitten hatte und etwas, was sich transitorische ischämische Attacke nennt. Es war ein Wunder, dass ich die Schlaganfälle überlebt hatte und keine dauerhaften Einschränkungen davontrug.

Die Diagnose war ein riesiger Schock für mich. Ich ernährte mich halbwegs gut, war sportlich sehr aktiv und hatte einen guten Stoffwechsel, aber dennoch hatte ich zwei Schlaganfälle erlitten. Wie sich herausstellte, wies mein Herz einen Geburtsfehler auf, ein „offenes Foramen ovale", sozusagen die Mutter aller Herzgeräusche. Ich hatte zwei Möglichkeiten: Entweder hochdosiert Blutverdünner einnehmen und ein ruhiges Leben führen oder eine Operation am offenen Herzen, bei der das Risiko ein für alle Mal aus der Welt geschafft wird. Ich entschied mich für den chirurgischen Eingriff.

Anfang Juli 2001 ließ ich mich erfolgreich operieren, aber die Genesung ging nur sehr langsam voran. Ich benötigte fast ein ganzes Jahr, um mich vollständig zu erholen. Während dieser Zeit lieferte Apple den ersten iPod aus. Ich wertete das als Signal dafür, dass noch weitere gute Dinge bevorstanden, und kontaktierte Steve Jobs mit der Frage, ob er an einer Rekapitalisierung Apples interessiert sei. Damals belief sich Apples Aktienkurs auf etwa 12 Dollar pro Aktie, was aufgrund diverser Aktiensplits heute etwas über 1 Dollar pro Aktie entspricht. Das Unternehmen saß auf Barmitteln von über 12 Dollar pro Aktie, was nichts anderes bedeutete, als dass die Anleger Apples Geschäft einen Wert von null beimaßen. Der Großteil der Aktienoptionen, die die Geschäftsführung erhalten hatte, war bei 40 Dollar pro Anteil ausgegeben worden und damit zum damaligen Zeitpunkt praktisch nichts wert. Sollte Silver Lake eine Rekapitalisierung durchführen, könnten wir die Optionen zurücksetzen und ein Gleichgewicht zwischen den Interessen von Management und Aktionären herstellen. Apple hatte bei PCs den Großteil seines Marktanteils eingebüßt, aber dank des iPods und des iMac-Computers bestand die Möglichkeit, sich auf dem Markt für Unterhaltungselektronik neu zu erfinden. Der mögliche Gewinn einer Investition überwog aus meiner Sicht ganz deutlich die Risiken.

Wir führten mehrere Gespräche, dann erklärte Steve mir, er habe eine bessere Idee: Er wollte, dass ich an der Börse 18 Prozent der Apple-Aktien aufkaufe und einen Sitz im Board des Unternehmens übernehme.

Nach einer ausführlichen Analyse legte ich meinen Partnern im Frühherbst 2002 einen Vorschlag für eine Investition vor, aber sie lehnten den Vorschlag kurzerhand ab ... eine Entscheidung, die die

Silver-Lake-Investoren um die Möglichkeit bringen sollte, mehr als 100 Milliarden Dollar an Gewinnen zu verdienen.

Anfang 2003 rief mich Bono mit einem Vorschlag an: Er wollte die Universal Music Group kaufen, das größte Musiklabel der Welt. Es war eine komplizierte Transaktion und erforderte eine monatelange Analyse. Ein Team von uns erledigte die Arbeiten und stellte im September den anderen Silver-Lake-Partnern die Ergebnisse vor. Sie stimmten dem Geschäft mit Bono zu, aber nur unter einer Bedingung: Ich würde nicht Teil des Teams sein, das den Deal abschloss. Sie machten deutlich, dass Silver Lake künftig als Trio und nicht mehr als Quartett aufgestellt sein solle. Es hatte Anzeichen dafür gegeben, aber ich hatte sie übersehen. Ich war eine Partnerschaft mit Leuten eingegangen, die Deals nachjagten und ihre Macht dazu einsetzten, sich wann immer es ging, einen Vorteil zu verschaffen, und ich hatte mich nicht abgesichert.

Ich war nie jemand, der meinte, irgendwo bleiben zu müssen, wo er nicht erwünscht ist, also kündigte ich. Wäre Geld mein Antrieb gewesen, hätte ich mich durchgebissen, denn niemals hätten sie mich hinauszwingen können. Der Fonds war meine Idee gewesen, ich hatte ihn aufgelegt, ich hatte die erste Milliarde Dollar eingesammelt und ich hatte bei drei der erfolgreichsten Investitionen eine zentrale Rolle gespielt. Aber es ist nicht meine Art, mich wegen Geld mit jemandem zu streiten. Ich kündigte und ging. Ich war zu diesem Zeitpunkt gerade in New York und rief Bono an. Er bat mich, in sein Apartment zu kommen. Als ich dort eintraf, sagte er: „Scheiß auf sie, wir machen unseren eigenen Fonds auf." Elevation Partners war geboren.

Auf lange Sicht war mein Ausstieg bei Silver Lake für alle ein Gewinn. Der zweite Silver-Lake-Fonds erlebte einen holprigen Start, da sich meine Mitgründer mit Stock-Picking schwertaten, aber schließlich fanden sie in die Spur und verwandelten das Unternehmen in eine Organisation, die ihren Anlegern gute Renditen eingebracht hat.

2

DAS SILICON VALLEY VOR FACEBOOK

Ich glaube, Technologie hat die Fähigkeiten des Menschen wirklich erweitert. Aber Technologie kann kein Mitgefühl produzieren. – Dalai Lama

Die Technologiebranche, in der 2004 Facebook das Licht der Welt erblickte, hatte mit der Welt, wie sie gerade einmal ein halbes Dutzend Jahre zuvor existierte, kaum noch etwas gemeinsam. Vor Facebook waren Start-ups, in denen vor allem frischgebackene Uni-Absolventen arbeiteten, ungewöhnlich und nur wenige hatten Erfolg. In den 50 Jahren bis 2000 agierte das Silicon Valley in einer Welt, in der strenge technische Zwänge den Ton angaben. Die Entwickler hatten niemals genügend Rechenleistung, Arbeitsspeicher, Speicherplatz oder Bandweite zur Verfügung, um das zu tun, was die Kunden wollten. Also waren Kompromisse gefragt. Zu jener Zeit waren es Fähigkeiten und Erfahrung, die beim Entwickeln und bei der Software-Programmierung belohnt wurden. Die besten Entwickler und die besten Programmierer waren Künstler. Gerade als Facebook auftauchte, wandelten sich Faktoren wie Rechenleistung, Arbeitsspeicher, Speicherplatz und Bandweite von Fußfesseln der Entwickler zu Turboladern des Wachstums. Innerhalb von nicht einmal zehn Jahren durchlief die Technologiebranche dramatische Veränderungen, aber nur wenige Menschen erkannten das. Was mit Facebook und den anderen Internetplattformen geschah, wäre in früheren Technologiegenerationen unmöglich gewesen. Den Weg, den die Technologiebranche seit ihrer Gründung bis hin zu diesem Wandel beschritt, nachzuverfolgen, verdeutlicht, warum Facebook solch ein Erfolg wurde und warum es so viel Schaden anrichten konnte, bevor es die Welt bemerkte.

Die Geschichte des Silicon Valley lässt sich in zwei „Gesetzen" zusammenfassen. Das ist zum einen das Mooresche Gesetz. Aufgestellt von einem der Intel-Gründer, besagt es, dass sich die Zahl der Transistoren auf einem Schaltkreis jedes Jahr verdoppelt. Später wurde es zu einer nützlicheren Formel revidiert: Die Leistungskraft eines Schaltkreises verdoppelt sich alle 18 bis 24 Monate. Das Metcalfesche Gesetz wiederum ist nach einem Gründer von 3Com benannt und besagt, dass der Wert eines Netzwerks mit der Wurzel der Zahl der Verbindungen zunimmt. Größere Netzwerke sind exponentiell mehr wert als kleinere. Diese beiden Gesetze verstärken sich gegenseitig. Mit fallenden Computerpreisen stieg auch der Nutzen, den es brachte, die Rechner zu vernetzen. Es dauerte 50 Jahre, aber schließlich waren alle Computer untereinander verbunden. Das Ergebnis ist das Internet, wie wir es heute kennen – ein globales Netzwerk, das Milliarden Geräte miteinander verbindet und Facebook und alle anderen Internetplattformen möglich machte.

Die Technologieindustrie durchlief verschiedene Phasen und die erste begann in den 1950er-Jahren. Während des Kalten Kriegs war der Staat der wichtigste Kunde. Großrechner – gewaltige Maschinen, die in speziellen, mit Klimaanlagen ausgerüsteten Räumen hausten und von einer Priesterkaste aus Technikern in weißen Kitteln überwacht wurden – ermöglichten eine beispiellose Automatisierung von Rechenleistungen. Die Techniker kommunizierten in der allerprimitivsten Form eines Netzwerks per Lochkarten mit ihren Großrechnern. Im Vergleich zur heutigen Technologie waren die Großrechner nicht sonderlich leistungsstark, aber sie automatisierten die Datenverarbeitung in großem Stil, verdrängten menschliche Rechner und Buchhalter mit Maschinen. Wer als Kunde in jenen Zeiten einen Computer haben wollte, musste sich mit einem Produkt begnügen, das die Bedürfnisse der Regierung erfüllte. Der Staat investierte Milliarden Dollar in die Berechnung komplexer Probleme wie der Mond-Umlaufbahnen für NASA-Raketen und die Zielausrichtung von Interkontinentalraketen des Pentagons. IBM war die Nummer eins bei Großrechnern und stellte sämtliche Bauteile der vom Unternehmen verkauften Maschinen her und programmierte den Großteil der Software selbst. Dieses Geschäftsmodell bezeichnet man als vertikale Integration.

Diese Ära der staatlichen Dominanz hielt etwa 30 Jahre. Datennetzwerke, wie wir sie heutzutage kennen, existierten damals noch nicht. Und dennoch gab es brillante Köpfe, die sich eine Welt vorstellten, in der kleine, auf Produktivität optimierte Computer mit mächtigen Netzwerken verknüpft waren. Während der 1960er-Jahre erfand J.C.R. Licklider das Netzwerk, aus dem das Internet erwachsen sollte, und er überzeugte die Regierung davon, die Entwicklung zu finanzieren. Parallel dazu erfand Douglas Engelbart den Bereich der Schnittstelle zwischen Mensch und Maschine. Im Zuge seiner Arbeit entwickelte er die erste Computermaus und die erste grafische Schnittstelle. Es sollte fast zwei Jahrzehnte dauern, bis das Mooresche Gesetz und das Metcalfesche Gesetz so viel Rechenleistung liefern würden, dass die Vision von Licklider und Engelbart vom Personal Computing real werden konnte, und dann ging noch eine weitere Dekade ins Land, bevor sich das Internet Bahn brach.

Ab den 1970er-Jahren verlagerte sich der Schwerpunkt der Technologieindustrie hin zu den Bedürfnissen der Firmen. Das neue Zeitalter begann mit einem Konzept namens Timesharing: Viele Nutzer teilten sich einen einzelnen Computer, wodurch die Kosten für alle Beteiligten sanken. Timesharing ebnete den Weg für Minirechner, die kleiner als Großrechner waren, aber nach heutigen Maßstäben immer noch eine atemberaubende Stange Geld kosteten. Die ersten Datennetzwerke kamen auf, aber sie waren sehr langsam und im Mittelpunkt stand zumeist ein einzelner Minirechner. Lochkarten wurden von Terminals abgelöst und das primitive Netzwerk ließ sich auch per Tastatur navigieren, sodass die Notwendigkeit einer Priesterkaste von Technikern in weißen Laborkitteln fortfiel. Digital Equipment, Data General, Prime und Wang waren die großen Namen bei Minirechnern, die in der Buchhaltung und generell im Geschäft nützliche Aufgaben erfüllen konnten, aber für eine persönliche Nutzung weiterhin viel zu kompliziert und kostspielig waren.

Im Vergleich zu Großrechnern waren Minirechner ein großer Schritt in die richtige Richtung, aber wenn es darum ging, die Bedürfnisse der Kunden zu erfüllen, kratzten auch sie bestenfalls an der Oberfläche. Genau wie IBM waren auch die Anbieter von Minirechnern vertikal integriert und stellten die Bauteile für ihre Produkte größtenteils selber her. Einige Minirechner – Wang-Textverarbeitungsrechner beispielsweise – boten Produktivitätsanwendungen, die später vom PC ersetzt werden würden. Andere Anwendungen überlebten länger, aber letztlich wurde das Minirechner-Geschäft von der PC-Technologie aufgesogen. Großrechner haben bis zum heutigen Tag überlebt, was größtenteils mit gewaltigen maßgeschneiderten Anwendungen wie Buchhaltungsprogrammen zusammenhängt, die für den Staat und Großkonzerne entwickelt wurden und bei denen es billiger ist, sie auf alten Systemen fortzuführen als auf neuen Systemen ganz neu aufzubauen. (Jede neue Anwendung, die Datenverarbeitung in großem Stil erfordert, rückt heutzutage ins Visier gewaltiger Serverfarmen, die auf PC-Technologie basieren. Diese Lösung ist deutlich günstiger, weil man nicht auf proprietäre Großrechner zurückgreifen muss, sondern Hardware von der Stange verwenden kann.)

Der Vorläufer des heutigen Internets hieß ARPANET und begann 1969 als Forschungsprojekt des amerikanischen Verteidigungsministeriums. Die Projektleitung übernahm der Computerwissenschaftler Bob Taylor, der das Design von Systemen und Netzwerken bis in die späten 1990er-Jahre beeinflussen sollte. Einer der Knotenpunkte im ARPANET war Douglas Engelbarts Labor. Aufgabe von ARPANET war es, ein landesweites Computernetzwerk aufzubauen, das dafür sorgen würde, dass die Kommando- und Befehlsinfrastruktur der Vereinigten Staaten auch im Fall eines nuklearen Angriffs Bestand hat.

Erstmals für den Verbrauchermarkt genutzt wurde Computertechnologie 1972, als Al Alcorn für Nolan Bushnell, seinen Chef bei Atari, das Spiel Pong zu Übungszwecken entwickelte. Die Kreise, die Bushnell im Silicon Valley zog, gingen weit über die von Atari entwickelten Spiele hinaus. Er brachte die Hippie-Kultur in die Technologiewelt. Weiße Hemden mit Einsteckétuis für Stifte wichen Jeans und T-Shirts. Statt von 9 bis 17 Uhr wurde nun zu den verrückten, aber sehr flexiblen Zeiten gearbeitet, die bis heute gelten.

Ende der 1970er-Jahre waren die von Motorola, Intel und anderen hergestellten Mikroprozessoren so günstig und so leistungsstark geworden, dass Altair, Apple und andere die ersten Personal Computer herstellen konnten. PCs wie der Apple II schlugen Kapital daraus, dass eine große Zahl eigenständiger Anbieter immer mehr Bauteile günstig produzierte. Es entstanden Produkte, die zunächst die Fantasie von Bastlern beflügelten, dann von Verbrauchern und ersten Unternehmen. 1979 gingen Dan Bricklin und Bob Frankston mit VisiCalc an den Start, der ersten Tabellenkalkulation für Computer. Die Bedeutung von VisiCalc lässt sich gar nicht hoch genug ansetzen. Es war ein Wunderwerk der Entwicklung. Ein Kunstwerk. Auf Apple-II-Rechnern erstellte Tabellen veränderten die Produktivität von Bankern, Buchhaltern und Finanzanalysten nachhaltig.

Bei der vertikalen Integration von Großrechnern und Minirechnern hing die Geschwindigkeit, in der Produkte verbessert wurden, davon ab, wie schnell es bei dem Teil des Systems, das sich am langsamsten weiterentwickelte, voranging. Bei der horizontalen Integration der PCs dagegen war Innovation in dem Tempo möglich, dass die sich am schnellsten entwickelnden Systemteile vorgaben. Da es mehrere konkurrierende Anbieter für jedes Bauteil gab, konnten sich die Systeme deutlich rascher entwickeln als vergleichbare Produkte, die vertikal integriert waren. Der Nachteil: Auf diese Weise zusammengebauten PCs fehlte die enge Verzahnung von Großrechnern und Minirechnern. Das führte nachgelagert zu steigenden Kosten für Ausbildung und Wartung, doch spiegelte sich das nicht im Kaufpreis wider und sorgte bei den Kunden nicht für Unruhe. Sogar IBM nahm davon Kenntnis.

Als IBM beschloss, in den PC-Markt einzusteigen, gab es die vertikale Integration auf und tat sich mit einer Reihe Drittanbieter zusammen, beispielsweise mit Microsoft für das Betriebssystem und mit Intel für die Mikroprozessoren. Der erste IBM-PC wurde 1981 ausgeliefert und stellte einen fundamentalen Umbruch in der Technologieindustrie dar, auch wenn das erst einige Jahre später sichtbar wurde, als die anderen Kunden von Microsoft und Intel anfingen, mit IBM zu konkurrieren. Compaq, Hewlett-Packard, Dell und diverse andere hängten IBM schließlich ab. Auf lange Sicht am meisten in der PC-Industrie profitiert haben allerdings Microsoft und Intel. Sie kontrollierten das Gehirn und das Herz des Geräts und mit ihrer Kooperationsbereitschaft zwangen sie den Rest der Branche dazu, Geschäfte mit Gebrauchsgütern zu betreiben.

ARPANET entwickelte sich zu einem Rückgrat regionaler Netzwerke von Universitäten und Militär. Bei den PCs setzte sich der Trend zu kleineren, günstigeren Maschinen durch, aber nach der Einführung des Apple II sollte es noch fast ein Jahrzehnt dauern, bevor erstmals Technologie auf der Bildfläche erschien, die Kapital aus Computerclustern schlug. In den späten 1980er-Jahren ging es mit Local Area Networks (LANs) als Möglichkeit los, sich gemeinsam kostspielige Laserdrucker zu teilen. LANs lockten Entwickler an, die sich neue Anwendungen wie beispielsweise elektronische Post einfallen ließen. Anwendungen zur Steigerung der Unternehmensproduktivität und zum Programmieren erhöhten den Anreiz, LANs innerhalb von Gebäuden zusammenzuschließen und sie dann über Wide Area Networks (WANs) und schließlich über das Internet zu verknüpfen. Der Nutzen, den die Konnektivität mit sich brachte, überwog die Frustration angesichts unfassbar langsamer Netzwerke, und ebnete den Weg für eine stetige Verbesserung. Gleichzeitig entstand auf diese Weise eine Aufwärtsspirale, da die PC-Technologie dazu genutzt werden konnte, bessere Bauteile zu entwerfen und zu bauen. Das erhöhte die Leistungsfähigkeit neuer Rechner, die dann wiederum dafür genutzt werden konnten, noch bessere Bauteile zu entwerfen und zu bauen.

Wer als Verbraucher in den 1980er- und den frühen 1990er-Jahren einen PC kaufen wollte, musste ein Modell wählen, das sich an den Bedürfnissen der Unternehmen orientierte. Für Verbraucher waren PCs vergleichsweise kostspielig und schwierig in der Handhabung, dennoch kauften Millionen Menschen Rechner und lernten, sie zu bedienen. Sie begnügten sich mit zeichenorientierten Benutzerschnittstellen, bis Macintosh und dann Windows endlich grafische Schnittstellen lieferten, die (im Rahmen ihrer Möglichkeiten) nicht völliger Mist waren. Anfang der 1990er-Jahre kamen PCs auf den Markt, die den Verbraucher als Kunden ins Visier nahmen und für Videospiele optimiert waren.

Die Aufwärtsspiralen des Mooreschen Gesetzes für Computer und des Metcalfeschen Gesetzes für Netzwerke erreichten Ende der 1980er-Jahre ein neues Niveau, aber das offene Internet entwickelte sich nicht über Nacht zum Erfolg. Erst waren Erweiterungen erforderlich. Dafür sorgte der englische Informatiker Tim Berners-Lee, als er 1989 das World Wide Web und 1991 den ersten Internetbrowser erfand. Doch selbst diese Innovationen reichten nicht aus, das Internet mainstreamfähig zu machen. Das geschah erst, als 1993 Marc Andreessen, ein Informatikstudent, den Browser Mosaic entwickelte. Binnen Jahresfrist entstanden neue Unternehmen wie Yahoo und Amazon, 1995 kam eBay dazu. Das World Wide Web, wie wir es heute kennen, hatte das Licht der Welt erblickt.

Mitte der 1990er-Jahre entwickelte sich das drahtlose Netzwerk so weit, dass eine großflächige Verbreitung von Mobiltelefonen und alphanumerischen Pagern möglich war. Die wichtigsten Anwendungen waren Telefonate und E-Mail, dann Kurznachrichten. Das Zeitalter des Verbrauchers hatte begonnen. Das Zeitalter der Unternehmen hatte nahezu 20 Jahre gedauert, etwa von 1975 bis 1995, aber kein Unternehmen beschwerte sich, als es endete. Technologie für Verbraucher war günstiger und etwas anwenderfreundlicher, also genau das, was Unternehmen bevorzugten. Gleichzeitig wurde ein Aspekt bedient, der den Betrieben egal gewesen war – Stil. Es dauerte einige Jahre, bis alle Anbieter die Rezeptur richtig hinbekamen.

Das World Wide Web, wie es sich Mitte der 1990er-Jahre präsentierte, war eine wunderschöne Sache. Die Branche war durchsetzt von Idealismus und utopischen Träumen. Es herrschte die Auffassung vor, dass das Internet und das World Wide Web die Welt in einen demokratischeren, gerechteren und freieren Ort verwandeln würden. Eine der besten Eigenschaften des WWW war eine Architektur, die grundsätzlich Netzneutralität lieferte – jede Webseite war gleich. In dieser ersten Generation drehte sich alles im Web um Seiten und jede genoss dieselben Privilegien und besaß dieselben Möglichkeiten. Leider unterliefen den Pionieren des Internets Versäumnisse, die uns allen später vor die Füße fallen sollten. Das wichtigste Versäumnis: Die Entscheidung, dass keine wahre Identität verlangt wurde. Niemals hätten die Pioniere sich träumen lassen, dass mit dem Wachstum des Webs die Anonymität immer mehr zu einem Problem werden würde.

Mit der Zeit sollte deutlich werden, wie naiv der utopische Blick auf das Internet gewesen war, aber damals glaubten die meisten Teilnehmer an diesen Traum. Die Journalistin Jenna Wortham beschreibt es so: „Als die ersten Architekten und Pioniere des Webs um ihre Vision von Freiheit im Internet kämpften, handelte es sich noch um kleine Gesprächsforen und textbasierte Spiele. Sie waren der Ansicht, die Nutzer könnten das Web selbst führen und es bestehe keinerlei Notwendigkeit, jemanden zum Ordnungshüter zu bestimmen." Erste Anzeichen für Probleme wurden ignoriert, etwa schädliche Streitereien in Onlineforen und Kommentarspalten. Das seien nur Wachstumsschwierigkeiten, hieß es, denn das Potenzial für das Gute schien unbegrenzt. Kein Unternehmen musste die Kosten für die Entstehung des Internets bezahlen, was es theoretisch jedem ermöglichte, eine Webseite zu haben. Aber die meisten Menschen benötigten Werkzeug zum Erstellen einer Webseite, Anwendungsserver und dergleichen. In diese Lücke stieß die Open-Source-Gemeinde, ein verteiltes Netz von Programmierern, die gemeinsam an Projekten arbeitete, mit denen die Infrastruktur des Internets erschaffen wurde. Andreessen stammte aus dieser Gemeinschaft.

Open Source brachte sehr große Vorteile mit, vor allem eine hervorragende Funktionalität der Produkte, eine rasche Entwicklung und den Umstand, dass die Produkte kostenlos waren. Leider gab es beim Web und den Open-Source-Produkten aber auch ein schweres Problem: Die Tools waren nicht komfortabel oder einfach zu nutzen. Die Menschen, die freiwillig in der Open-Source-Gemeinschaft aktiv waren, besaßen einen einzigen Antrieb – sie wollten das offene Web bauen. Für sie lag der Schwerpunkt auf Performance und Funktionalität, nicht auf Komfort oder Anwenderfreundlichkeit. Bei der Infrastruktur im Herzen des Internets funktionierte dieser Ansatz gut, aber weniger bei Anwendungen, bei denen der Verbraucher im Mittelpunkt stand.

Seinen großen Durchbruch erlebte das World Wide Web 1994, angetrieben vom Mosaic/Netscape-Browser und Webseiten wie Amazon, Yahoo und eBay. Unternehmen gingen mit offenen Armen auf das Internet zu, weil sie Potenzial sahen, besser mit anderen Unternehmen und mit ihren Kunden kommunizieren zu können. Diese Entwicklung machte das WWW exponentiell wertvoller, genauso wie es das Metcalfesche Gesetz prognostiziert hat. Das Internet dominierte Ende der 1990er-Jahre die Kultur, ermöglichte eine Aktienblase und eine nahezu flächendeckende Einführung. Der Dotcom-Crash Anfang 2000 hinterließ tiefe Narben, aber das Netz wuchs weiter. In dieser zweiten Phase des Webs zeichnete sich Google als wichtigster Akteur ab. Das Unternehmen schien sämtliche weltweit bekannten Informationen zu organisieren und zu präsentieren. Apple durchbrach Barrieren des Technologiestils – die Produkte waren ein persönliches Statement – und hauchte der Verbraucherwelle neues Leben ein. Produkte wie der iMac und der iPod, später noch iPhone und iPad, gaben Apple nicht nur seinen alten Glanz zurück, sondern führten das Unternehmen in ganz neue Höhen. Aktuell ist Apple das wertvollste Unternehmen der Welt. (Glücklicherweise ist Apple auch Branchenführer, was den Schutz der Privatsphäre des Nutzers anbelangt, aber zu diesem Punkt komme ich später.)

In der Frühphase des neuen Jahrtausends tauchte ein neues Modell auf und stellte den althergebrachten Ansatz in Frage, wonach beim World Wide Web die Webseiten im Mittelpunkt der Architektur standen. Bei der Architektur des sogenannten Web 2.0 rückte nunmehr der Mensch in den Mittelpunkt. Zu den Pionieren des Web 2.0 gehörten Leute wie Mark Pincus (der später Zynga gründete), Reid Hoffman (Gründer von LinkedIn) und Sean Parker (einer der Gründer der Musiktauschbörse Napster). Nach Napster gründete Parker ein neues Unternehmen namens Plaxo, das Adressbücher in die Cloud verlagerte. Es wuchs, indem jeder Name in jedem Adressbuch zugespammt wurde, um auf diese Weise neue Nutzer zu generieren – ein Ansatz, der später von Social-Media-Plattformen begeistert aufgegriffen werden sollte. Zur selben Zeit kam Google eine brillante Idee, wie man sich einen gewaltigen Anteil am offenen Internet sichern konnte. Da Open-Source-Anwendungen niemandem gehörten, hatte auch niemand einen finanziellen Anreiz, sie für Verbraucher attraktiv zu machen. Die Anwendungen waren von Programmierern für Programmierer entwickelt worden, was die Nutzung für Nicht-Programmierer ziemlich frustrierend machen konnte.

Google erkannte eine Gelegenheit, aus dieser Frustration der Verbraucher und auch einiger geschäftlicher Nutzer Kapital zu schlagen. So erstellte das Unternehmen eine Liste der wichtigsten Dinge, die die Menschen im Web so trieben, darunter Suchabfragen, Browsen und E-Mail. Damals waren die meisten Nutzer gezwungen, mit einer Mischung aus Open-Source-Anwendungen und Kaufprodukten diverser Anbieter zu arbeiten. Die Zusammenarbeit der Programme funktionierte meistens nicht sonderlich gut und hier sah Google seine Gelegenheit. Beginnend 2004 mit Gmail erschuf Google überzeugende Produkte in Bereichen wie Landkarten, Fotos, Videos und Produktivität oder kaufte entsprechende Produkte zu. Alles war kostenlos, es gab also keine Hürden für die Kunden. Alles arbeitete reibungslos zusammen. Jede Anwendung erzeugte Daten, die Google nutzen konnte. Die Kunden liebten die Google-Anwendungen und das Google-Angebot ersetzte einen gewaltigen Teil des offenen World Wide Web. Es war, als habe Google einfach mal so die Hälfte eines öffentlichen Parks eingezäunt und dann angefangen, diesen Teil kommerziell zu nutzen.

Während die technische Entwicklung im halben Jahrhundert bis 2000 stetig voranschritt, produzierte sie dermaßen viel Wert – und so viele angenehme Überraschungen –, dass Industrie und Verbraucher sich an positive Ergebnisse gewöhnten. Technologie-Optimismus war nun nicht gerade das Gesetz der Schwerkraft, aber Entwickler, Unternehmer und Investoren glaubten, dass alles, was sie taten, die Welt in einen besseren Ort verwandeln würde. In der einen oder anderen Form glaubten nahezu alle Beteiligten an Internet-Utopien. Was uns damals nicht klar war: Die Einschränkungen, die uns durch das Fehlen von Rechenleistung, Arbeitsspeicher, Speicherplatz und Netzwerkbandbreite auferlegt worden waren, hatten als eine Art Regulatorium fungiert und dafür gesorgt, dass bei Fehlern nur eine vergleichsweise kleine Zahl von Nutzern Schaden nahm. Weil die Branche in der Vergangenheit so viel Gutes geleistet hatte, gingen wir alle davon aus, dass alles, was sie in Zukunft noch erschaffen würde, ebenfalls gut sein würde. Das war keine hirnrissige Annahme, sondern nur eine gedankenfaule, aus der Größenwahn erwachsen sollte.

Anfang 2004 startete Zuck Facebook. Die Technologieindustrie erholte sich damals langsam von den Folgen der geplatzten Dotcom-Blase. Das Web 2.0 befand sich in der Frühphase, ohne dass sich klare Sieger abzeichneten. Für das Silicon Valley war es eine Zeit des Wandels, wobei vor allem auf vier Spielfeldern sehr große Umwälzungen im Gange waren: Start-ups, Philosophie, Ökonomie und Kultur. In der Summe lösten diese Veränderungen Wachstum und Vermögensbildung in einem Ausmaß aus, wie man es bis dahin noch nicht erlebt hatte. Es war, als hätten die Unternehmen Gelddruckmaschinen im Keller stehen. Wenn man über Nacht ein Vermögen verdienen kann, treten Fragen und Überlegungen zu möglichen Nebenwirkungen weit in den Hintergrund.

Der erste große Wandel im Silicon Valley betraf die Ökonomie der Start-ups. Hindernisse, die jungen Firmen lange zugesetzt hatten, lösten sich in Luft auf. Dank einer Vielzahl sich ergänzender Software aus dem Open-Source-Bereich, beispielsweise dem Apache-Server oder dem Mozilla-Browser, konnten Entwickler sehr rasch erstklassige Produkte bauen. Die Rückendeckung durch Open Source erlaubte es ihnen, ihr Augenmerk einzig auf die Funktionalität ihrer Anwendung zu richten, anstatt bei null beginnen zu müssen und zunächst einmal eine Infrastruktur aufzubauen. Auf diese Weise sparten sie Zeit und Geld. Parallel dazu entstand mit der Cloud ein neues Konzept und die Branche erwärmte sich für die Idee, geteilte Ressourcen zu zentralisieren.

Die Cloud ist wie Uber für Daten – sofern ein Dienst aus der Cloud völlig reibungslos dieselbe Leistung erbringt, benötigen die Kunden kein eigenes Datenzentrum und keine eigenen Speicher. Heute ist Amazon Web Services (AWS) Marktführer bei Cloud-Dienstleistungen. Das Unternehmen setzte auf dem Onlinehandel von Amazon.com auf und errichtete eine gewaltige Cloud-Infrastruktur, die man Start-ups und Firmenkunden praktisch „schlüsselfertig" anbot. Firmen konnten ihre Hardware- und Netzwerk-Infrastruktur auslagern und bezahlten fortan nur noch eine monatliche Gebühr, anstatt für viel Geld ein komplettes System kaufen zu müssen. Auf diese Weise senkte AWS die Kosten für den Aufbau neuer Unternehmungen und verkürzte die Zeit bis zur Marktreife. Start-up-Firmen konnten sich Open-Source-Programm nach eigenem Gusto zusammenstellen und auf diese Weise ihre Software-Infrastruktur erstellen. Updates wurden einmal – in der Cloud – vorgenommen und dann von den Nutzern heruntergeladen. Der sehr kostspielige und zeitaufwändige Prozess, einzelne PCs und Server auf Stand bringen zu müssen, fiel dadurch weg und die Start-ups konnten sich auf ihren wahren Mehrwert konzentrieren – die Anwendung, die auf dem Stapel an oberster Stelle saß. Netflix, Box, Dropbox, Slack und viele andere Firmen basieren auf diesem Modell.

So begann das Modell des Lean-Start-ups. Ohne die Notwendigkeit, eine umfassende Technologie-Infrastruktur aufbauen zu müssen, fielen ein gewaltiger Kostenpunkt und eine große operative Last weg. Insofern mussten neue Unternehmen bei der Markteinführung neuer Produkte nicht länger nach Perfektion streben, wie es bei dem bis dahin dominanten Modell im Silicon Valley üblich gewesen war. Für einen Bruchteil der Kosten konnten sie ein „Minimum Viable Product" erschaffen, dieses minimal überlebensfähige Produkt auf den Markt werfen und sehen, was geschieht. Das Lean-Start-up-Modell konnte überall funktionieren, aber am besten funktionierte es mit Cloud-Software, die sich so oft wie erforderlich updaten ließ.

Die erste große Branche, die aus diesem neuen Modell resultierte, war die der sozialen Medien, die Web-2.0-Start-ups, die nicht Seiten-Netzwerke erstellten, sondern Menschen-Netzwerke. Die Firmengründer brachten ihr Produkt auf den Markt, setzten sich jeden Tag hin, studierten ihre Daten und reagierten auf die Rückmeldungen der Kundschaft mit Anpassungen. Laut der Lean-Start-up-Philosophie ist ein Produkt niemals fertig, irgendetwas lässt sich immer verbessern. Egal, wie rasch ein Start-up wuchs, AWS war imstande, damit fertigzuwerden, wie es unter Beweis stellte, als es das phänomenale Wachstum von Netflix unterstützte. In früheren Generationen wären Heerscharen erfahrener Entwickler erforderlich gewesen, nun konnten vergleichsweise unerfahrene Entwickler die Dinge mit einer E-Mail an AWS umsetzen. Infrastruktur, die früher gewaltige Kapitalinvestitionen erfordert hätte, ließ sich nun auf monatlicher Basis anmieten. Und wenn ein Produkt nicht ankam, konnte man die Kosten eines Scheiterns vernachlässigen, vor allem dann, wenn man die Kosten mit denen verglich, die vor dem Jahr 2000 dafür aufgelaufen wären. Fand ein Produkt hingegen seine Abnehmer, standen den Gründern Alternativen zur Verfügung. Sie konnten zu guten Bedingungen Wagniskapital aufnehmen, ihr Personal aufstocken, das Produkt verbessern und mehr Geld in die Kundenakquise stecken. Oder sie konnten das tun, was die Gründer von Instagram und WhatsApp schließlich taten – sie verkauften ihr Unternehmen, das zum Zeitpunkt des Verkaufs gerade einmal eine Handvoll Mitarbeiter besaß, für Milliardenbeträge.

Die Philosophie der Lean-Start-ups wird durch Facebooks Motto verkörpert: „Move fast and break things." („Sei schnell und mach Dinge kaputt") Strategie? Vergiss es. Hol dir ein paar Freunde, baut ein Produkt, das euch gefällt, und probiert es am Markt aus. Macht Fehler, korrigiert sie, macht weiter. Für Wagniskapitalgeber war dieses Modell ein Geschenk Gottes. Sie konnten die Verlierer identifizieren und ausmerzen, bevor sie zu viel Geld verbrannt hatten. Und die Gewinner waren dermaßen wertvoll, dass ein Fonds nur einen einzigen Treffer landen musste, um großartige Renditen zu erzielen.

Wenn die Hardware und die Netzwerke als Einschränkung fungieren, muss die Software elegant sein. Entwickler opfern Überflüssiges, um die Leistung zu maximieren. Das schmucklose Design der Google-Sucheingabe war in der Frühphase ein gewaltiger Unterschied und stellte einen Wettbewerbsvorteil gegenüber Excite, Altavista und Yahoo dar. Ein Jahrzehnt zuvor scheiterten Microsofts frühe Windows-Versionen auch daran, dass die Hardware jener Zeit nicht imstande war, die Ansprüche zu erfüllen, die das Windows-Design an sie stellte. Ab 2004 besaß jeder PC überschüssige Rechenkapazitäten. Verdrahtete Netze konnten Videos verarbeiten. Facebook hängte beim Design MySpace in nahezu jeder Dimension ab, was Facebook einen relativen Vorteil verschaffte, aber das Unternehmen stand nicht vor den grundlegenden Herausforderungen, die noch ein Jahrzehnt zuvor geherrscht hatten. Den Entwicklern standen nun ausreichend Rechenleistung, Speicherplatz und Netzwerkbandbreite zur Verfügung, um die Welt – zumindest auf dem PC – zu verändern. Beim Programmieren machte sich Genialität noch immer bezahlt, aber zum Umsetzen eines Geschäftsplans benötigte ein Unternehmer wie Zuck kein Team altgedienter Entwickler mit Systemerfahrung. Für einen Firmengründer von Anfang 20 war das eine glückliche Fügung. Zuck konnte sich ein Team aus Menschen in seinem Alter aufbauen und nach seinem Willen formen. Anders als Google zögerte man bei Facebook damit, Menschen mit

Erfahrung anzustellen. Unerfahrenheit verwandelte sich von einem Hindernis hin zu einem Vorteil, denn es hielt die Arbeitskosten niedrig und erlaubte es einem jungen Mann in den Zwanzigern, effektive Arbeit als CEO zu leisten. Wer zu Zucks innerem Kreis gehörte, akzeptierte seine Vision uneingeschränkt und gab diese Vision an die untergeordneten Entwickler weiter. Facebooks Personalstrategie funktionierte zu ihren eigenen Bedingungen außerordentlich gut. Jahr um Jahr übertraf das Unternehmen seine Ziele und bescherte seinen Aktionären, aber vor allem Zuck, immensen Reichtum. Der Erfolg der Facebook-Strategie hatte enorme Folgen, was die Personalkultur in den Start-ups des Silicon Valleys anbelangte.

In den frühen Tagen des Silicon Valleys kamen die Softwareentwickler meistens von den Informatik- und Elektrotechnikkursen am MIT, Caltech und Carnegie Mellon. Bis Ende der 1970er-Jahre stießen noch Berkeley und Stanford in die erste Liga vor. Mitte der 1990er-Jahre folgten die University of Illinois in Urbana-Champaign, die Alma Mater von Marc Andreessen, und andere Universitäten mit starken Bereichen für Computerwissenschaften. Ab 2000 kamen Programmierer aus praktisch jeder Universität in Amerika, auch aus Harvard.

Die Entwickler hatten es nun zum ersten Mal mit Überschüssen zu tun, was ihnen neue, aufregende Optionen eröffnete. Die Welle von Start-ups, die nach 2003 startete, hätte die überschüssigen Kapazitäten bei Rechenleistung, Speicher und Bandbreite dafür nutzen können, das Wohlergehen und die Zufriedenheit der Nutzer zu verbessern. Das wurde hier und da versucht und führte unter anderem zur Entwicklung der persönlichen Assistentin Siri. Die erfolgreichsten Unternehmer jedoch schlugen einen anderen Weg ein. Sie hatten erkannt, dass sie die Breitbanddurchdringung für den Versuch nutzen konnten, in der Unterhaltungselektronik sehr rasch globale Marken aufzubauen, also entschieden sie sich für maximale Größe. Um so rasch wie möglich wachsen zu können, arbeiteten sie mit Leibeskräften daran, Reibungspunkte in Bereichen wie Einkaufspreis, Kritik und Regulierung zu eliminieren. Die Produkte waren gratis, Kritik und Datenschutzbestimmungen wurden ignoriert. Vor die Wahl gestellt, ob sie um Erlaubnis bitten sollten oder lieber um Verzeihung, entschieden sich die Unternehmen für letztere Variante. Bei einigen Start-ups war es zentraler Bestandteil der Firmenkultur, Autoritäten zu hinterfragen. In der Absicht, die Einbindung der Nutzer und die Umsatzströme zu maximieren, richteten Start-ups der Web-2.0-Zeit ihre Technologie punktgenau auf die größten Schwachstellen der menschlichen Psychologie. Sie begannen, indem sie Gewohnheiten erschufen. Diese Gewohnheiten entwickelten sie weiter zu Abhängigkeiten und legten dabei den Grundstock für riesige Vermögen.

Die zweite wichtige Veränderung war philosophischer Natur. Amerikas Wirtschaftsphilosophie wurde immer stolzer und liberaler und das nirgendwo stärker als im Silicon Valley. Die Vereinigten Staaten hatten es geschafft, die Wirtschaftsdepression zu überwinden und den Zweiten Weltkrieg zu gewinnen, und zwar durch kollektive Maßnahmen. Als Land ordneten wir das Individuum dem Wohl der Gemeinschaft unter und das funktionierte wirklich gut. Nach Ende des Zweiten Weltkriegs florierte die US-Wirtschaft, indem sie half, den Rest der Welt wiederaufzubauen. Zu den vielen positiven Aspekten des Friedens gehörte das Heranwachsen einer wohlhabenden Mittelschicht. Die Steuern waren hoch, aber nur wenige Menschen beschwerten sich. Dank kollektiver Maßnahmen konnte das Land das beste Bildungssystem der Welt aufbauen, die Interstate-Highways bauen und Menschen auf den Mond schicken. Der Durchschnittsamerikaner genoss einen außerordentlich hohen Lebensstandard.

Dann kam die Ölkrise von 1973, als die Opec, die Organisation Erdöl exportierender Länder, diejenigen Nationen boykottierte, die sich während des Jom-Kippur-Kriegs auf Israels Seite gestellt hatten. Das Ölembargo deckte eine Schwachstelle in der US-Wirtschaft auf – sie war auf billigem Öl errichtet. Amerika hatte den Großteil der 1960er-Jahre hindurch über seine Verhältnisse gelebt und aggressiv Schulden gemacht, um den Vietnamkrieg und die „Great Society"-

Sozialprogramme finanzieren zu können. Dadurch war es anfällig geworden. Die steigenden Ölpreise brachten Inflation und wirtschaftliche Stagnation mit sich, woraufhin das Land eine neue philosophische Richtung einschlug.

Es setzte sich der Liberalismus durch, bei dem das Individuum über das Gemeinwohl gestellt wird. Zusammenfassen lässt sich diese Denkweise vielleicht als: „Du bist nur für dich allein verantwortlich." Liberalismus, das Gegenteil vom Kollektivismus, hat seine Wurzeln in der Zeit des Wilden Westens. Im modernen Kontext geht diese Haltung eng mit der Auffassung einher, dass es stets am besten ist, die Märkte über die Verteilung von Ressourcen entscheiden zu lassen. Im Liberalismus muss sich niemand schuldig fühlen für seinen Ehrgeiz oder seine Gier. Disruption ist nicht nur eine Konsequenz, sie kann auch Strategie sein.

Es ist nur allzu leicht zu verstehen, wie attraktiv eine Philosophie auf die Unternehmer und Investoren im Silicon Valley wirken muss, die einen von der Verantwortung freispricht, für die Folgen des eigenen Handelns einzustehen. Sie haben diese Philosophie geliebt. Man konnte Hacker sein, sich gegen die Obrigkeit auflehnen, und die Menschen würden einen dafür belohnen. Ungesagt blieb, welche Vorteile diese Philosophie den Menschen verschaffte, die aus einer besseren Position an den Start gingen.

Wer in die richtige Familie geboren wurde oder schlicht Glück hatte, konnte seinen Erfolg auf harte Arbeit und Talent zurückführen und den weniger Begünstigten vorhalten, sie würden nicht hart genug arbeiten oder es würde ihnen an Talent mangeln. Viele liberale Unternehmen prahlen damit, dass in ihren Unternehmen eine „Meritokratie" herrsche. Das klingt nach einer großartigen Sache, aber in der Praxis gibt es an der Version, die im Silicon Valley üblich ist, viel zu monieren. Wenn Verdienst danach gemessen wird, wie in einem kleinen Unternehmen mit einer homogenen Belegschaft zum Erfolg der Firma beigetragen wird, dann führt eine Meritokratie dazu, dass vor allem Menschen mit ähnlichem Hintergrund und ähnlicher Erfahrung eingestellt werden. Gibt das Unternehmen nicht acht, bleibt die Belegschaft auch während des Wachstums sehr homogen. Bei Internetplattformen bedeutet das, dass es sich bei den Mitarbeitern vorwiegend um weiße und asiatische Männer zwischen 20 und 40 handelt. Das kann sich auf das Produktdesign auswirken. Googles Gesichtserkennungssoftware beispielsweise hatte Probleme damit, Farbige zu erkennen, was möglicherweise auf fehlende Diversität im Entwicklerteam zurückzuführen ist. Homogenität engt die Spanne akzeptabler Ideen ein und könnte im Fall von Facebook zu einem Arbeitsumfeld beigetragen haben, in dem Konformität großgeschrieben wird. Dass es im Silicon Valley dermaßen an Diversität mangelt, könnte zeigen, wie sehr sich die liberale Philosophie durchgesetzt hat. Peter Thiel, der früh bei Zuck investierte und ihm auch als Mentor zur Seite stand, ist ein vehementer Verfechter liberaler Werte.

Der dritte große Wandel war wirtschaftlicher Natur und stellte sich als natürliche Erweiterung der liberalen Denkweise dar. Der Neoliberalismus forderte, dass es nicht der Staat sein solle, der die Regeln für wirtschaftliche Aktivität festlegt, sondern der Markt. Präsident Ronald Reagan formulierte den Neoliberalismus so: „Der Staat ist nicht die Lösung für unser Problem. Er ist das Problem." Ab 1981 begann die Regierung Reagan damit, Industriebranchen zu deregulieren. Reagan stellte das Vertrauen wieder her und setzte damit eine enorme Steigerung der Investitionen und der wirtschaftlichen Aktivität in Gang. 1982 übernahm auch die Wall Street diese Idee und die Aktienkurse begannen, in die Höhe zu klettern. Reagan sprach vom „Neuen Morgen in Amerika". Die Probleme – stagnierende Gehälter, Ungleichheit bei den Einkommen und außerhalb der Technologiebranche ein Rückgang der Start-up-Aktivität – wurden erst Ende der 1990er-Jahre offenkundig.

Grundsätzlich bevorteilt Deregulierung die alteingesessenen Unternehmen gegenüber den Start-ups. 1977 erreichte die Zahl der Firmenneugründungen ihren bisherigen Höchststand, seitdem geht der Wert immer weiter zurück. Ausnahme war das Silicon Valley, wo große Unternehmen sich schwer damit taten, mit dem raschen technologischen Wandel Schritt zu halten. Dadurch eröffneten sich Möglichkeiten für Start-ups. Während der 1980er-Jahre war die Start-up-Wirtschaft winzig, aber sehr lebendig. Sie wuchs mit der PC-Branche, explodierte in den 1990ern und erreichte 2000 mit 120 Milliarden Dollar ihren Höchstwert, bevor sie binnen zweier Jahre um 87 Prozent einbrach. Dank des Lean-Start-up-Modells rauschten die Kosten für Neugründungen in den Keller, sodass sich die Zahl neuer Unternehmen sehr rasch wieder erholte. Laut der National Venture Capital Association wurden 2015 insgesamt 97 Milliarden Dollar Wagniskapital bei 10.463 Deals verteilt, mehr als doppelt so viele Deals wie noch 2008. Die Marktmacht von Facebook, Google, Amazon und Apple hat das Verhalten von Investoren und Unternehmern verändert: Start-ups sind gezwungen, frühzeitig an einen der Riesen zu verkaufen oder sich eine kleinere, weniger attraktive Nische zu suchen.

Unter Reagan änderte das Land auch seine Haltung, was das Thema Macht der Konzerne angeht. Die Gründerväter hatten Monopole mit Monarchie gleichgesetzt und versucht zu gewährleisten, dass wirtschaftliche Macht weit verteilt sein würde. Es gab Aufs und Abs, während das Land sich an die industrielle Revolution gewöhnte, an die Mechanisierung, Technologie, Weltkriege und Globalisierung, aber bis 1981 herrschte die Auffassung vor, der Konzentration von wirtschaftlicher Macht und Wohlstand müssten Grenzen gesteckt werden. Die Reagan-Revolution vertrat die Idee: Alles kein Problem, solange die Verbraucherpreise nicht anstiegen. Und wieder profitierte das Silicon Valley von der Laisser-faire-Haltung in Wirtschaftsbelangen.

Von Haus aus sind Technologiemärkte keine Monopole, aber jede Generation hatte ihre dominanten Akteure: IBM bei Großrechnern, Digital Equipment bei Minirechnern, Microsoft und Intel bei PCs, Cisco bei Datennetzwerken, Oracle bei Firmensoftware, Google im Internet. Gegen Technologiemonopole spricht, dass große Innovationen nahezu immer von neuen Akteuren entwickelt werden. Würgt man den Aufstieg neuer Unternehmen ab, leidet darunter möglicherweise die Innovation.

Vor dem Aufkommen des Internets verkauften die dominierenden Unternehmen grundlegende Technologien für die Architektur ihrer Zeit. Bis auf Digital Equipment existieren alle früheren Marktführer noch heute, allerdings konnte keiner von ihnen verhindern, dass ihre Märkte gesättigt wurden, ihren Zenit überschritten und gegenüber nachfolgenden Generationen an Boden verloren. In zwei Fällen (IBM und Microsoft) weckte das Geschäftsgebaren, das zum Erfolg geführt hatte, die Aufmerksamkeit der Kartellbehörden und brachte sie dazu, mit regulatorischen Maßnahmen wieder für mehr Fairness im Wettbewerb zu sorgen. Ohne die Kartellrechtsklage gegen IBM hätte es Microsoft möglicherweise niemals gegeben. Ohne den Microsoft-Fall lässt sich nur schwerlich vorstellen, dass Google dermaßen erfolgreich geworden wäre.

Google machte den Anfang. Fortan setzten die erfolgreichsten Technologieunternehmen auf dem Erfolg anderer Firmen auf, was es ihnen ermöglichte, schneller als jeder andere Marktführer vor ihnen zu reagieren. Google, Facebook und andere gingen auch neue Wege, indem sie auf anzeigengetriebene Geschäftsmodelle setzten. Das bedeutete, sie boten ihre Produkte kostenlos an. Damit fielen andere Reibungspunkte weg und sie waren besser vor Interventionen der Kartellbehörden geschützt.

Als erst Kabelbreitband und dann der Mobilfunk der vierten Generation (4G) eingeführt wurde, ritten die Firmen diese Welle so erfolgreich, dass sie scheinbar über Nacht zu globalen Schwergewichten aufstiegen. Ihre Produkte profitierten von den Netzwerkeffekten, zu denen es kommt, wenn der Wert eines Produkts mit steigenden Nutzerzahlen des Netzes wächst. Eigentlich sollten es die Nutzer sein, die von Netzwerkeffekten profitieren. Bei Facebook und Google galt das eine Zeitlang auch, aber dann verlagerte sich die Wertsteigerung ganz deutlich zu den Besitzern des Netzwerks. Das Resultat waren unüberwindliche Markteintrittshürden. Facebook und Google, aber auch Amazon, häuften rasch eine wirtschaftliche Macht an, wie sie die Welt seit den Zeiten von Standard Oil ein Jahrhundert zuvor nicht mehr gesehen hatte. In einem Essay für

Medium schrieb der Wagniskapitalgeber James Currier, für Internetplattformen bestehe der Schlüssel zum Erfolg in Netzwerkeffekten und Facebook sei in den Genuss von mehr Netzwerkeffekten gekommen als jedes andere Unternehmen in der Geschichte. Currier sagte: „Bislang haben wir herausgefunden, dass Facebook von den 13 bekannten Netzwerkeffekten nicht weniger als sechs dafür genutzt hat, Verteidigungsfähigkeit und Wert zu erschaffen. Es ist wie eine Burg mit sechs konzentrischen Verteidigungsringen. Facebooks Mauern wachsen immer weiter in die Höhe und obendrauf hat sich Facebook mit allen drei anderen bekannten Verteidigungsmöglichkeiten des Internetzeitalters eingeigelt – Marke, Größe und Einbindung."

Das Jahr 2004 brach an und die Vereinigten Staaten hatten mehr als eine Generation lang in einer Ära gelebt, in der beim Thema Regulierung das Motto „Locker bleiben, weniger ist mehr" dominierte. Es war so viel Zeit vergangen, dass sich im Silicon Valley kaum noch jemand daran erinnern konnte, dass die Dinge früher anders gelaufen waren. Das ist einer der Gründe dafür, dass in der Technologiewelt heute nur wenige Stimmen laut werden und eine wie auch immer geartete Regulierung von Facebook, Google und Amazon fordern.

Ein weiterer Faktor sorgte dafür, dass 2004 das Umfeld im Silicon Valley anders war als in früheren Zeiten: Business Angel. Seite Ende der 1970er-Jahre hatten Wagniskapitalgeber als zentrale Türhüter der Start-up-Wirtschaft fungiert, aber nach dem Platzen der Dotcom-Blase blieben sie ein paar Jahre lang im Hintergrund. In diese Lücke stießen sogenannte Business Angel oder Angel Investors. Meistens handelte es sich um ehemalige Unternehmer und Manager, die Start-up-Firmen durch ihre allerersten Schritte begleiteten.

Business Angel waren die perfekte Ergänzung zum Lean-Start-up-Modell und erzielten mit relativ kleinen Investitionen eine große Hebelwirkung. Einer der Angel, Ron Conway, baute eine gewaltige Marke auf, aber noch viel größere Wirkung sollte das Team entfalten, das Paypal ins Leben gerufen hatte: Peter Thiel, Elon Musk, Reid Hoffman, Max Levchin, Jeremy Stoppleman und ihre Kollegen, die

„Paypal-Mafia". Sie veränderten das Silicon Valley nachhaltig. Sie starteten nicht nur Tesla, Space-X, LinkedIn und Yelp, sie gehörten auch zu den ersten Investoren bei Facebook und vielen anderen erfolgreichen Unternehmen.

Wichtiger als das Geld der „Paypal-Mafia" waren jedoch ihre Visionen, ihr Wertsystem und ihre Verbindungen. Die „Paypal-Mafia" sollte die Social-Media-Generation dominieren. In der Frühphase der sozialen Medien war es für viele junge Unternehmen entscheidend, den Segen der „Paypal-Mafia" zu erhalten. Dank ihrer Managementtechniken wuchsen Start-ups in einem Tempo, wie man es im Silicon Valley nie zuvor gesehen hatte. Das Wertesystem der „Paypal-Mafia" verhalf ihren Investitionen dazu, gewaltigen Reichtum zu schaffen, könnte aber auch dazu beigetragen haben, dass die Internetplattformen blind für die mit dem Erfolg einhergehenden Schäden wurden. Kurzum: Sowohl das Gute als auch das Schlechte der sozialen Medien können wir auf den Einfluss der „Paypal-Mafia" zurückführen.

FACEBOOK HATTE GLÜCK UND ein gutes Timing. Deshalb profitierte das Unternehmen nicht nur von niedrigeren Einstiegshürden für Start-ups und einem geänderten Umfeld, was die Philosophie und die Grundhaltung in Wirtschaftsfragen anbelangte, sondern auch von einem neuen gesellschaftlichen Klima. Das Silicon Valley blühte in San Franciscos südlichen Vorstädten auf, vor allem zwischen Palo Alto und San Jose. Die Nerds aus den Entwicklungsabteilungen hatten kein Problem damit, sich in den verschlafenen Vororten niederzulassen, denn viele hatten Frau und Kinder und die Kinderlosen rechneten nicht damit, in der Stadt leben zu können. Mit Beginn der Dotcom-Blase in den späten 1990er-Jahren lockte die Start-up-Kultur dann allerdings junge Leute an, die direkt von der Uni kamen und denen das Leben in den Vorstädten nicht so gut gefiel wie ihren Vorgängern.

In einer Welt, in der dem Faktor Erfahrung immer weniger wirtschaftlicher Wert beigemessen wurde, bevorzugte die neue Generation es, in San Francisco zu leben. Der Übergang war holprig, denn 2000 gingen die meisten in San Francisco ansässigen Dotcom-Firmen in Flammen auf. Aber zu Beginn des neuen Jahrtausends wuchs dann die Technologie-Bevölkerung San Franciscos stetig an. Facebook hatte seinen Sitz ursprünglich in Palo Alto – im Herzen des Silicon Valley, nicht weit entfernt von Google, Hewlett-Packard und Apple –, aber ein nicht unerheblicher Prozentsatz der Mitarbeiter beschloss, sich lieber in der Großstadt niederzulassen. Wäre Facebook in den Zeiten der Not angetreten, als erfahrene Entwickler im Valley das Sagen hatten, wäre die Firmenkultur grundlegend anders gewesen. Mit den Einschränkungen, denen die Entwickler in früheren Zeiten ausgesetzt gewesen waren, hätte die Plattform niemals so gut funktioniert, dass sich Facebook zum Erfolg entwickelt hätte. Facebook erschien zum perfekten Zeitpunkt.

San Francisco ist hip, verfügt über eine bunte Vielfalt an Vierteln, einen ordentlichen öffentlichen Nahverkehr, Zugang zu Erholungsmöglichkeiten und ein sehr aktives Nachtleben. Die Stadt zog eine ganz andere Art Mensch an als Sunnyvale oder Mountain View, darunter auch zwei verwandte Typen, die man im Silicon Valley bis dahin noch nicht gekannt hatte – „Hipster" und „Bros". Hipster waren ins öffentliche Bewusstsein geplatzt, als habe jemand in Brooklyn die Tore eines geheimen Stützpunkts aufgestoßen und eine Gruppe Menschen freigelassen, die überwiegend aus bärtigen Männern mit Karohemden und Ohrringen bestand. Sie wirkten wie Nachfahren von San Franciscos bourgeoiser Vergangenheit, eine moderne Abwandlung der Beatgeneration. Die Bros unterschieden sich von den Hipstern eher durch ihren Stil als durch ihre Substanz. Ehrgeizig, aggressiv und mit einem außergewöhnlichen Maß an Selbstbewusstsein ausgestattet, verkörperten sie liberale Werte. Zu den Symptomen zählen ein Mangel an Empathie oder Nachdenken darüber, wie Konsequenzen für Mitmenschen aussehen könnten.

Hipster-Kultur und Bro-Kultur waren ganz entschieden männlich geprägt. Natürlich gab es in der Technologiewelt auch Frauen, sogar mehr als in früheren Generationen des Silicon Valleys, aber die Kultur wurde weiterhin von Männern dominiert, denen es nicht gelang zu erkennen, welche naheliegenden Vorteile es hat, Frauen ebenbürtig zu behandeln. Viel zu viele Personen im Silicon Valley haben nicht begriffen, dass es gute Menschen auszeichnet, dass sie andere als Gleiche behandeln. Für sie möchte ich eine ganz simple wirtschaftliche Rechnung anstellen: Frauen machen 51 Prozent der US-Bevölkerung aus, auf Frauen entfallen 85 Prozent aller verkauften Verbrauchsgüter, Frauen kontrollieren 60 Prozent des gesamten Privatvermögens. Frauen wissen besser als Männer, was sie wollen, aber im Silicon Valley, wo Milliarden Dollar in Start-ups investiert werden, die sich an Verbraucher richten, sind die meisten Führungspositionen von Männern besetzt. Setzen sich Frauen durch, dann meistens dadurch, indem sie die Männer nach deren eigenen Regeln schlagen. Das ist im Silicon Valley immer häufiger der Fall. Hervorragend beschrieben wird diese Kultur in dem Buch *Brotopia: Breaking up The Boys' Club of Silicon Valley* der *Bloomberg*-Journalistin Emily Chang.

Nach 2000 brach eine Welle an Mitarbeitern aus Technologiefirmen über San Francisco herein. Es war der größte Zustrom seit dem Summer of Love und er veränderte die Stadt sichtlich. Langsam, aber stetig baute sich eine Gegenreaktion auf. Die Neuankömmlinge kurbelten mit ihren Teegeschäften und ihren wie Pilze nach einem Sommerregen aus dem Boden schießenden Coworking-Zonen die örtliche Wirtschaft an, aber eines schienen sie dabei völlig außer Acht zu lassen – die Möglichkeit, dass ihr Lebensstil das stille Gleichgewicht stören könnte, das bis zu ihrer Ankunft geherrscht hatte. Jede Menge neuer Dienstleistungen richteten sich an die Hipsters und Bros und gestellt wurden sie von anderen Technologie-Start-ups. Schließlich brach sich eine Gegenreaktion Bahn. Aufgebrachte Einheimische richteten ihren Ärger gegen greifbare Manifestationen der Hipster-Präsenz, beispielsweise die Luxusbusse, mit denen die Silicon-Valley-Arbeiter zu ihren Jobs bei Google, Facebook, Apple und Co gekarrt wurden. Fahrdienste wie Uber und Lyft verstopften immer stärker die Straßen der Stadt und sorgten dafür, dass die

Fahrzeiten von und zur Arbeit dramatisch anstiegen. Unsensible Blogeinträge, unangemessenes Verhalten von Unternehmen und deutlich gestiegene Wohnkosten sorgten dafür, dass die Einheimischen diese Entwicklungen weder verzeihen noch vergeben würden.

ZUCK GENOSS EINE PRIVILEGIERTE Kindheit, wie man sie für einen weißen Mann erwarten würde, dessen Eltern im medizinischen Bereich tätig sind (Zahnarzt und Psychotherapeutin) und in einer schönen Vorstadt leben. Die Idee zu Facebook kam ihm während seines Studiums in Harvard.

Mit seiner Art wäre Zuck vermutlich in praktisch jeder Phase im Silicon Valley erfolgreich geworden, aber für die vorherrschende Zeit war er ganz besonders gut geeignet. Außerdem kam er, wie bereits erwähnt, in den Genuss eines Vorteils, den frühere Unternehmer nicht hatten: Er konnte sich ein Team aus Menschen in seinem Alter aufbauen und nach seinen Vorstellungen formen – Menschen, von denen die meisten zuvor noch nie eine Vollzeitstelle gehabt hatten. So konnte Facebook schaffen, was nie zuvor gelungen war.

Das Ziel, die Welt miteinander zu verbinden, war für Zuck und die Facebook-Führungsriege offenkundig bewundernswert. Das Motto „Move Fast and Break Things" ließ Spielraum für reichlich Fehler und Facebook ließ sich voll und ganz darauf ein. Wurden Fehler begangen, nahm man Korrekturen vor und weiter ging es. Das Unternehmen blieb zu 100 Prozent auf Zucks Prioritäten ausgerichtet und es wurde niemals hinterfragt, ob der Ansatz Fehler aufweisen könnte – selbst dann nicht, als die Beweise für derartige Fehler überwältigend wurden. Allem Anschein nach rechneten Zuck und seine Manager nicht damit, dass jemand Facebook anders nutzen wollte, als Zuck es sich erträumt hatte, dass es zu Stammesdenken führen könnte, wenn man über zwei Milliarden Menschen in ein und dasselbe Netzwerk stopft, dass die Facebook-Gruppen dieses Stammesdenken noch verstärken könnten und dass negative Elemente das ausnutzen könnten, um Unschuldigen zu schaden. Sie konnten sich nicht vorstellen, dass ein Anzeigengeschäft, das auf Verhaltensänderungen beruht, unbeabsichtigte Konsequenzen haben könnte. Sie ignorierten Kritiker. Als die Kosten für die Wahrung ihres Rufs noch gering gewesen wären, verpassten sie die Gelegenheit, Verantwortung zu übernehmen. Als man sie in die Pflicht nahm, schützten sie ihr Geschäftsmodell und ihre Vorrechte und veränderten ihr Geschäftsgebaren nur minimal. Es lohnt sich, diese Entwicklungskurve ausführlicher zu betrachten.

3

MOVE FAST AND BREAK THINGS

Der Sinn des Lebens besteht nicht darin,
ein erfolgreicher Mensch zu sein,
sondern ein wertvoller. – Albert Einstein

Als Harvard-Student im zweiten Jahr entwickelte Mark Zuckerberg ein Programm namens Facemash, bei dem Nutzer Fotos von zwei Studenten vergleichen und entscheiden konnten, wer „heißer" ist. Die Fotos stammten aus den Online-Adressverzeichnissen von neun Studentenheimen Harvards. In einem Artikel im Magazin *Fast Company* heißt es, über Facemash seien innerhalb der ersten vier Stunden 22.000 Fotos aufgerufen worden und die Beliebtheit auf dem Campus nahm rasch zu, bevor die Obrigkeit das Programm nach einer Woche abschaltete. Harvard drohte Zuckerberg an, ihn hinauszuwerfen, weil er gegen Sicherheitsbestimmungen, Urheberrechtsbestimmungen und den Schutz der Privatsphäre verstoßen habe. Die Anklagepunkte wurden später fallengelassen. Der Vorfall weckte die Aufmerksamkeit von Cameron Winklevoss, Tyler Winklevoss und Divya Narendra. Die drei Harvard-Studenten luden Zuck ein, ihnen bei ihrem Social-Media-Projekt HarvardConnection.com beratend zur Seite zu stehen.

In einem Interview mit der Campus-Zeitung beschwerte Zuck sich darüber, dass die Universität Ewigkeiten dafür benötige, ein umfassendes Verzeichnis aller Studenten bereitzustellen. Er könne das viel schneller hinbekommen. Er begann im Januar 2004 und ging am 4. Februar mit TheFacebook.com an den Start. Sechs Tage später warfen ihm die drei älteren Studenten vor, er habe nur so getan, als wolle er ihnen bei ihrem Projekt helfen, dabei sei es ihm nur darum gegangen, für TheFacebook ihre Ideen zu stehlen. (Die Winklevoss-Zwillinge und Narenda zogen letztlich vor Gericht. 2008 wurde die Klage beigelegt, die drei erhielten 1,2 Millionen Facebook-Aktien.) Nach einem Monat hatten sich bereits mehr als die Hälfte aller Studierenden in Harvard auf Zucks Seite registriert. Drei Freunde Zucks schlossen sich dem Team an und einen Monat später ging TheFacebook an den Unis Columbia, Stanford und Yale an den Start. Rasch breitete sich das Programm auf andere Campusse aus. Im Juni zog das Unternehmen von Cambridge in Massachusetts nach Palo Alto in Kalifornien um. Der Napster-Mitgründer Sean Parker wurde als Präsident gewonnen, Peter Thiel brachte das erste Wagniskapital ein.

TheFacebook lieferte exakt das, was sein Name beschrieb: Jede Seite bot ein Foto mit persönlichen Angaben und Kontaktinformationen. Es gab weder einen Newsfeed noch sonstige Extras, aber heutigen Nutzern würden die Farbgebung und die Zeichensätze vertraut sein. Viele Features fehlten noch, aber auffällig ist, wie effektiv die erste Benutzeroberfläche war: Es mussten keine Fehler korrigiert werden.

Im Jahr darauf bezahlten Zuck und sein Team 200.000 Dollar für die Domain „Facebook.com" und änderten den Namen des Unternehmens. Accel Partners, einer der führenden Wagniskapitalfonds des Silicon Valleys, investierte 12,7 Millionen Dollar und das Unternehmen erweiterte seine Zielgruppe um Highschool-Schüler und die Belegschaft einiger Technologiefirmen. Die Funktionalität des Original-Facebooks unterschied sich nicht von TheFacebook, aber die Benutzeroberfläche entwickelte sich weiter. Einige Veränderungen waren subtiler Natur, etwa die mehrere Blautöne umfassende Farbpalette, andere sind bis heute ein wichtiger Bestand des Looks, etwa die Vorschaubilder von Freunden. Auch hier nahm Facebook Verbesserungen vor, die Bestand haben würden. Manchmal beschwerten sich Nutzer über neue Features und Produkte – meistens dann, wenn Zuck und sein Team die Nutzer zu intensiv bedrängten, weitere Informationen preiszugeben und zu teilen –, aber jedes Mal erholte sich Facebook rasch wieder. Es gab kein Zurück mehr.

Facebook war nicht das erste soziale Netzwerk. SixDegrees.com wurde 1997 ins Leben gerufen, Makeoutclub 1999, aber beide setzten sich nicht so richtig durch. Als erstes Unternehmen erreichte das 2002 gestartete Friendster eine Million Nutzer. Das soziale Netzwerk legte einen fantastischen Start hin, zog Investoren und Nutzer an, wurde dann aber von Performanceproblemen geplagt, die das Unternehmen lahmlegten. Friendster wurde langsamer und langsamer, bis die Nutzer aufgaben und der Plattform den Rücken kehrten. MySpace begann 2003 und war besser im Skalieren als Friendster, aber auch diese Plattform geriet irgendwann in schwere See. Die Nutzer konnten die Seiten nach ihren eigenen Ideen gestalten, wodurch das System verlangsamt wurde, aber was MySpace letztlich am meisten schadete, war vermutlich, dass die Nutzer anonym bleiben konnten. Anonymität machte es einfacher, pornographische Inhalte zu posten. Diese wieder zu beseitigen, belastete die Ressourcen von MySpace stark. Außerdem konnten Erwachsene sich als Kinder ausgeben, was enorme Probleme mit sich brachte.

Die Genialität von Zuck und seiner ursprünglichen Truppe bestand darin, das Problem neu zu konzipieren. Erfolgreich zu sein, würde davon abhängen, dass man das Netzwerk reibungslos skalieren konnte, das hatten sie erkannt. In Adam Fishers Buch *Valley of Genius* beschreibt Sean Parker den Lösungsansatz so: „Der ‚Social Graph' ist ein mathematisches Konzept aus der Graphentheorie, aber es war auch ein Versuch, den akademisch und mathematisch vorbelasteten Menschen zu erklären, dass wir weniger ein Produkt aufzubauen versuchten als vielmehr ein Netzwerk, das aus Knotenpunkten bestand, zwischen denen viele Informationen hin und her fließen. Das ist Graphentheorie. Insofern bauten wir einen Social Graph auf. Es war eigentlich nie vorgesehen, dass man öffentlich darüber reden würde."

Mag sein, aber es war brillant. Dass ein kleines Team von Menschen von Anfang 20, die kaum oder nur wenig Arbeitserfahrung hatten, es auf Anhieb richtig hinbekam, ist schon erstaunlich. Die Gründer hatten zudem die großartige Einsicht, dass es dazu beitragen würde, den Social Graph zu vereinfachen, wenn man mit Klarnamen arbeitete. So würde jeder Nutzer auf eine einzige Adresse reduziert. Diese beiden Ideen halfen Facebook, die Performanceprobleme zu schultern, an denen Friendster und MySpace verzweifelten, aber nicht nur das: Die beiden Ideen sollten auch dann noch im Mittelpunkt des Unternehmenserfolgs stehen, als man auf über zwei Milliarden Nutzer wuchs.

Als ich Zuck 2006 das erste Mal traf, war ich mit Friendster und MySpace sehr gut vertraut. Ich war fest davon überzeugt, dass Facebook dank seines Designs, seines Beharrens auf Klarnamen und seiner Entscheidung, den Nutzern die Kontrolle über ihre Privatsphäre zu überlassen, dort Erfolg haben würde, wo andere gescheitert waren. Später sollte Facebook bei der Identität und der Privatsphäre seine Haltung etwas lockern, um ein schnelleres Wachstum zu ermöglichen. Facebooks Nutzungsbedingungen setzen noch immer einen Klarnamen voraus, aber die Umsetzung ist lax und passt zum Ziel des Unternehmens, Reibungspunkte zu minimieren. Aktiv wird Facebook erst, wenn sich andere Nutzer beschweren. Bis Ende des Jahrzehnts entwickelte sich die Privatsphäre der Nutzer zu einem Unterpfand, das sich eintauschen ließ, um im Gegenzug ein schnelleres Wachstum zu ermöglichen.

2006 war nicht absehbar, welche Größe der Markt für soziale Netzwerke erreichen würde, aber ich war bereits damals überzeugt: Facebook würde mit seinem Ansatz die Kategorie definieren können und es könnte ein wirtschaftlicher Erfolg werden. Facebook war extrem beliebt bei Collegestudenten, aber aus meiner Sicht lag die größere Geschäftsmöglichkeit bei Erwachsenen, deren dicht gefüllter Terminkalender perfekt zu der Plattform passte. Aus meiner Sicht ergab das ein Potenzial von mindestens 100 Millionen Nutzern in englischsprachigen Ländern. Zur damaligen Zeit hätten 100 Millionen Nutzer eine Bewertung von mindestens 10 Milliarden Dollar gerechtfertigt – oder zehn Mal so viel, wie Yahoo geboten hatte. Nie wäre mir damals in den Sinn gekommen, dass Facebook im Eiltempo an der Marke von zwei Milliarden monatlichen Nutzern vorbeifliegen würde, aber ich erinnere mich noch, wie Zuck mir das erste Mal erklärte, sein Ziel seien eine Milliarde Nutzer. Das war irgendwann 2009, Facebooks Nutzerzahl schoss gerade von 200 Millionen nach oben auf 300 Millionen Nutzer. Ich hielt es für einen Fehler, die Nutzerzahl maximieren zu wollen. Die obersten 20 Prozent der Nutzer würden den Großteil an Wert bringen und wenn er die Marke von einer Milliarde anstrebte, würde Zuck Geschäfte an Orten oder zu Bedingungen führen müssen, die ihm Unbehagen bereiten würden, dachte ich damals. Doch als Facebook im September 2012 die Marke von einer Milliarde monatlicher Nutzer durchbrach, gab es keine ersichtlichen Kompromisse. Diese waren vielmehr sehr gut versteckt.

Als ich Zuck das erste Mal traf, verfügte das Unternehmen über reichlich Kapital. Das bedeutete, es bestand für mich keine unmittelbare Gelegenheit zu investieren, aber wie bereits gesagt: Die Vorstellung, dem 22-jährigen Gründer eines weltverändernden Start-ups durch eine existenzielle Krise helfen zu können, sprach mich ungemein an. Als langjähriger Investor im Technologiesektor fragte man mich häufig als kostenlosen Berater an und ich war immer gerne zu Diensten. Ein guter Ratschlag kann der Auftakt für eine lang anhaltende Beziehung sein. Viele meiner besten Investitionen haben letztlich auf diese Weise begonnen. Die Strategie erforderte einiges an Geduld – und die Bereitschaft, vielen Unternehmen zu helfen, die vielleicht dennoch scheiterten –, aber auf diese Weise blieb mein Arbeitsalltag frisch und interessant.

Mein erster Eindruck von Zuck: der typische Silicon-Valley-Nerd. Für mich ist es etwas Gutes, ein Nerd zu sein, vor allem dann, wenn man als Technologieunternehmer unterwegs ist. Nerds sind meine Leute. Über Zuck als Person wusste ich wenig und auch von dem Zwischenfall, der fast zu seinem Rauswurf in Harvard geführt hätte, erfuhr ich erst sehr viel später. Ich sah einen ganz besonders intensiven 22-Jährigen vor mir, der sich, bevor er handelte, so viel Zeit nahm, wie er brauchte, um alles abzuwägen. So schmerzhaft diese fünfminütige Stille für mich auch gewesen sein mag – sie zeigte Bedacht und das wertete ich positiv. Die lange Stille sprach gleichzeitig für Schwächen bei der sozialen Kompetenz, aber für einen Gründer aus dem Technologiesektor wäre das nicht ungewöhnlich. Doch bei diesem ersten Meeting konnte ich Zuck helfen, eine Lösung für ein ernstes Problem zu finden. Als er mein Büro verließ, besaß er nicht nur die Antwort, die er brauchte, er besaß auch die Grundlagen, seine Haltung gegenüber den Menschen zu verargumentieren, die ihren Anteil an einer Milliarde Dollar haben wollten.

Damals war Zuck ausgesprochen wertschätzend. Wenige Tage später lud er mich in sein Büro ein. Es lag im Herzen von Palo Alto, einen Steinwurf entfernt vom Campus der Stanford University. Die Bürowände waren mit Graffitis bedeckt – professionell gemachten Graffitis. In Zucks Konferenzraum sprachen wir darüber, wie wichtig es ist, eine in sich geschlossene Managementtruppe zu haben, bei der alle dieselben Ziele verfolgen. Diese Gespräche sollten sich in den nächsten drei Jahren mehrmals im Monat wiederholen. Die Yahoo-Offerte hatte Zuck verdeutlicht, dass er sich nicht mehr auf jeden in seinem Team verlassen konnte. Einige Manager hatten sich sehr für einen Verkauf stark gemacht. Zuck fragte mich nach meiner Meinung zum Thema Teambuilding und ich konnte sie ihm im Laufe unserer Gespräche verdeutlichen. Ein Jahr später aktualisierte er mehrere Positionen, speziell die seines Chief Operating Officers und seines Chief Financial Officers.

Ende 2006 erfuhr Zuck, dass ein Magazin für ehemalige Harvard-Studierende an einer Geschichte über die Winklevoss-Brüder arbeitete. Erneut wandte er sich an mich um Hilfe. Ich brachte ihn mit einem PR-Unternehmen zusammen, das auf Krisenmanagement spezialisiert war, und half ihm, die negativen Folgen der Geschichte möglichst gering zu halten.

Ich verlasse mich, was andere Menschen angeht, auf meinen Instinkt. Perfekt ist er keineswegs, reichte aber aus, um mir eine lange

Karriere zu ermöglichen. Die Intensität, die ich bei Zuck beobachtete, ist für einen Unternehmer ein gewaltiges Plus. Ebenfalls sehr wichtig ist für mich, wie es um das Wertesystem einer Person bestellt ist. Im Umgang mit mir verhielt sich Zuck stets erwachsen und verantwortungsbewusst. Er kam mir für sein Alter erstaunlich erwachsen vor. Er war idealistisch und überzeugt davon, dass Facebook die Menschen zusammenbringen kann. Er hatte kein Problem damit, mit Frauen zu arbeiten, was bei Silicon-Valley-Unternehmen keineswegs eine Selbstverständlichkeit darstellt. Unsere Treffen fanden fast immer in seinem Büro statt und meistens waren wir zu zweit, insofern besaß ich kein vollständiges Bild von dem Mann, aber mir gegenüber war er immer sehr aufrichtig. Ich mochte Zuck. Ich mochte sein Team. Ich war ein Fan von Facebook.

Was ich auf verklausulierte Art und Weise auszudrücken versuche: Meine Beziehung mit Zuck war rein geschäftlicher Natur. Wenn er vor neuen oder anspruchsvollen Themen stand, war ich eine der Personen, die er anrief. Mentorenarbeit bereitet mir Vergnügen und Zuck hätte kein besserer Schützling sein können. Wir sprachen über Themen, die Zuck wichtig waren und zu denen ich etwas Nützliches beisteuern konnte. Er hörte sich meine Ratschläge an und handelte häufiger danach, als dass er sie ignorierte.

Zuck verfügte noch über weitere Mentoren und einige davon spielten eine deutlich größere Rolle als ich. Er sprach mit mir über Peter Thiel, einer der ersten Investoren und ein Boardmitglied. Ich weiß nicht, wie oft Zuck mit Thiel redete, aber ich weiß, dass er Peters Ratschläge sehr ernst nahm. Was die Philosophie angeht, sind Thiel und ich absolut gegensätzlich, und ich habe Zuck dafür respektiert, dass er mit uns beiden arbeiten konnte. Don Graham, der CEO der *Washington Post*, beriet Zuck mindestens ein Jahr länger als ich. Wohl kaum jemand ist so gut in unserer Hauptstadt vernetzt wie Don, insofern war er gewiss ein gewaltiger Trumpf für Zuck, während Facebook zu einem globalen Schwergewicht heranwuchs. Auch Marc Andreessen, der Netscape-Gründer und Wagniskapitalgeber, spielte in Zucks Orbit eine sehr wichtige Rolle als Hardcore-Technologe, der selbst einmal ein sehr junger Unternehmer gewesen war. Vermutlich arbeitete Zuck auch mit Jim Breyer zusammen, dem Partner bei Accel, der als erster institutioneller Investor bei Facebook eingestiegen war, aber über Breyer sprach Zuck nicht so wie über Thiel.

Ich habe für dieses Buch entscheidende Momente in der Geschichte Facebooks recherchiert und einer trug sich Monate vor meinem Erscheinen auf der Bildfläche zu. Im Herbst 2005 räumte Facebook seinen Nutzern erstmals die Möglichkeit ein, Fotos hochzuladen. Das Unternehmen entwickelte dafür einen zusätzlichen Dreh – nämlich die Möglichkeit, auf dem Foto zu sehende Personen zu „markieren" –, der stark dazu beitrug, die Art und Weise zu definieren, wie Facebook seine Nutzer einband. Das Markieren (oder „Taggen") erwies sich als Technologie mit durchschlagender Wirkung, denn Nutzer, die informiert wurden, dass jemand sie markiert hatte, fühlten sich in der Pflicht, darauf zu antworten oder den Gefallen zu erwidern. Wenige Monate nach meinem ersten Treffen mit Zuck nahm Facebook zwei gewaltige Veränderungen vor: Es führte den Newsfeed ein und öffnete sich für alle Personen, die mindestens 13 Jahre alt waren und über eine gültige E-Mail-Adresse verfügten. Der Newsfeed ist das Herzstück der Facebook-Nutzererfahrung und heute lässt sich nur noch schwer vorstellen, wie die Seite einige Jahre auch ohne Newsfeed gut zurechtkam. Im Januar 2007 ging Facebook dann mit einer mobilen Version an den Start, um von der zunehmenden Verbreitung von Smartphones profitieren zu können. Auch die Desktop-Version machte einen enormen Satz.

Im Sommer 2007 rief Zuck mich an und bot mir an, bei Facebook zu investieren. Tatsächlich machte er mir sogar zwei Angebote – ich könne investieren oder einen Sitz im Board erhalten. Mit Blick auf meinen Beruf und unsere Beziehung fiel mir die Entscheidung leicht. Ich musste kein Boardmitglied sein, um Zuck beraten zu können. Die Investition selbst dagegen gestaltete sich kompliziert. Einer der ersten Facebook-Angestellten musste einen Teil seiner Aktien verkaufen, aber das Aktienvergütungsprogramm des Unternehmens sah für ein derartiges Szenario keine einfache Methode vor. Gemeinsam mit Facebook entwickelten wir etwas, das sowohl unsere Bedürfnisse als auch die des Verkäufers abdeckte. Nach Abschluss des Geschäfts bestand für uns bis zu einem eventuellen Börsengang keine Möglichkeit mehr, die Anteile wieder abzustoßen. Bono, Marc und ich hatten uns langfristig festgelegt.

Noch im selben Jahr erwarb Microsoft für 240 Millionen Dollar 1,6 Prozent von Facebook, was einem Wert von 15 Milliarden Dollar für Facebook entsprach. Die Transaktion war an eine Vereinbarung gekoppelt, wonach Microsoft Anzeigen für Facebook verkaufen würde. Microsoft bezahlte einen gewaltigen Aufschlag auf den Preis, den wir hingelegt hatten, aber Microsoft war nun einmal ein Software-Riese ohne die Fähigkeit, im Bereich soziale Medien mit Facebook zu konkurrieren. Bei Facebook wusste man, dass man am längeren Hebel saß, und verlangte einen entsprechenden Preis. Als Investoren wussten wir, dass die Bewertung, die Microsoft zu zahlen bereit war, nicht dem tatsächlichen Wert Facebooks entsprach, sondern dass es sich um eine „strategische Investition" handelte, mit der sich Microsoft einen Vorteil gegenüber Google und anderen Schwergewichten verschaffen wollte.

Kurz darauf startete Facebook Beacon. Das System sammelte Daten zur Nutzeraktivität auf Fremdseiten und sollte Facebook dabei helfen, Werbeanzeigen besser auf die Kunden zuzuschneiden. Außerdem sollten Nutzer Informationen über ihre Einkäufe teilen können. Interagierte ein Facebook-Nutzer mit einer Webseite, die ein Beacon-Partner war, erhielt Facebook die Daten und sie flossen in den Newsfeed des Nutzers ein. Beacon sollte den Wert der Werbung auf Facebook massiv steigern und bei Facebook hoffte man, dass die Nutzer nur zu gerne bereit sein würden, Informationen über ihre Interessen und Einkaufsaktivitäten mit ihren Freunden zu teilen.

Leider geschah das Ganze ohne jegliche Vorwarnung und die Nutzer erhielten auch keinerlei Möglichkeiten, Einfluss auf Beacon zu nehmen. Selbst wenn der Nutzer nicht auf Facebook war, tauchten seine Onlineaktivitäten im eigenen Feed auf. „Hat sich gerade Sexspielzeug auf Amazon angesehen" möchten vermutlich die wenigsten Menschen in ihrem Feed stehen haben. Die Nutzer fanden Beacon unheimlich und die meisten wussten nicht, was Facebook damit anfing. Als sie es herausfanden, machte sie das auch nicht glücklich. Zucks legerer Umgang mit der Privatsphäre der Nutzer hatte sich in Harvard schon am allerersten Tag von Facemash gezeigt. Nun flog ihm seine Haltung um die Ohren. MoveOn organisierte Proteste und vertrat die Haltung, Facebook dürfe die Aktivitäten seiner Nutzer nicht ohne deren ausdrückliche Zustimmung publik machen. Sammelklagen wurden gegen Facebook eingereicht und Beacon verschwand nicht einmal ein Jahr nach seinem Start wieder von der Bildfläche.

Im Herbst 2007 erzählte Zuck mir, er wolle jemanden einstellen, der dabei helfe, Facebook zu monetisieren. Ich fragte, ob er bereit für jemanden sei, der eine starke Nummer zwei abgeben würde, eine Person, die als Chief Operating Officer oder Präsident agieren könne. Er sagte Ja. In dem Augenblick erwiderte ich nichts, aber mir war sofort ein Name in den Sinn gekommen – Sheryl Sandberg. Sheryl war während Bill Clintons zweiter Amtszeit Stabschefin bei Finanzminister Larry Summers gewesen. In dieser Funktion hatte sie mit Bono an dessen erfolgreicher Kampagne gearbeitet, die Industrienationen dazu zu bewegen, Entwicklungsländern Schulden in Milliardenhöhe zu erlassen. Gemeinsam halfen Bono und Sheryl vielen Schwellenländern, ihren Volkswirtschaften neues Leben einzuhauchen. Das erwies sich als gutes Geschäft für alle Beteiligten. Sheryl stellte mir Bono vor, was letztlich dazu führte, dass wir bei Elevation Partners gemeinsame Sache machten. Sheryl kam Anfang 2001 ins Silicon Valley und arbeitete ein paar Wochen lang von meinem Büro aus. Wir sprachen mit ihr darüber, ob sie sich nicht Integral anschließen wolle, aber mein Partner John Powell hatte eine bessere Idee. John und ich waren beide überzeugt davon, dass Sheryl wahnsinnig erfolgreich im Silicon Valley werden würde, aber wie John es formulierte: Es gab hier viel größere Möglichkeiten als Integral. Der richtige Platz für Sheryl war seiner Ansicht nach Google und er sprach darüber mit John Doerr, der bei Google im Board of

Directors saß. Sheryl trat bei Google eine Stelle an und half beim Aufbau von AdWords, dem Produkt, das Suchergebnisse und Anzeigen miteinander verknüpft.

AdWords ist zweifelsohne das erfolgreichste Werbeprodukt der Geschichte und Sheryl gehört zu den Menschen, die es dazu machten. Wenn ich mein Wissen von Sheryl als Maßstab nehme, überrascht es nicht, dass sie so erfolgreich wurde. 2007 schaute Sheryl bei mir herein und sagte, man habe ihr eine Führungsposition bei der *Washington Post* angeboten. Sie wollte meine Meinung hören. Ich sagte, sie solle stattdessen über Facebook nachdenken. Dank Watergate und der Pentagon-Papiere ist die *Post* eine Legende, aber die Zeitung konnte keinen funktionierenden Plan vorweisen, wie sie vermeiden wollte, dass ihr Geschäftsmodell unter dem Internet litt. Facebook schien für Sheryl viel besser geeignet als die *Post* und Sheryl schien der bestmögliche Partner für Zuck und Facebook zu sein. Sheryl erklärte mir, sie habe Zuck einmal bei einer Party getroffen, kenne ihn aber nicht näher und wisse nicht so recht, ob sie zueinander passen würden. Ich ermutigte sie, Zuck besser kennenzulernen und dem Ganzen erst einmal eine Chance zu geben, sich zu entwickeln.

Nach meinem ersten Gespräch mit Sheryl rief ich Zuck an und sagte ihm, Sheryl sei aus meiner Sicht die beste Wahl für die Aufgabe, Facebooks Anzeigengeschäft aufzubauen. Zuck war besorgt, dass Werbung auf Facebook nicht wie Googles AdWords aussehen würde (was auch zutraf), aber ich erwiderte, AdWords aufgebaut zu haben, sei möglicherweise die allerbeste Vorbereitung für die Aufgabe, Facebook ein skalierbares Anzeigengeschäft hinzustellen. Es brauchte mehrere Einzelgespräche mit Zuck und Sheryl, bis sie sich schließlich trafen, aber nachdem sie sich erst einmal kennengelernt hatten, fanden sie sofort Gemeinsamkeiten. Im März 2008 trat Sheryl in das Unternehmen ein. Ich bin auf einen Bericht vom März 2008 gestoßen, in dem das *Wall Street Journal* über Sheryls Einstieg und Zucks weitere Bemühungen schreibt, dem Unternehmen zu mehr Stabilität zu verhelfen, indem er Hilfe erfahrener Fachleute annimmt. Das erinnerte mich daran, dass es zum damaligen Zeitpunkt alles andere als eine ausgemachte Sache war, dass sich Facebook zu einem viele Milliarden Dollar schweren Konzern entwickeln würde. In dem Artikel geht es um die Imageprobleme des Unternehmens und es wird erwähnt, dass Zuck sich bei mir darüber beschwert habe, wie schwierig die Arbeit als CEO sei. Und dennoch wuchs das Unternehmen schneller und schneller.

Die technischen Grundlagen des katastrophalen Beacon-Projkts tauchten Ende 2008 als Facebook Connect erneut auf. Bei diesem Produkt konnten sich Nutzer auf Webseiten Dritter mit ihrem Facebook-Login anmelden. Medienberichte über Hackerangriffe und Identitätsdiebstahl hatten den Druck erhöht, mit stärkeren Passwörtern zu arbeiten und das fiel den Nutzern nicht leicht. Der Pluspunkt von Connect bestand darin, dass sich die Nutzer ein einziges, starkes Facebook-Passwort überlegen mussten und damit Zugang zu Tausenden von Webseiten bekamen. Weil es so komfortabel war, liebten die Nutzer Connect, aber vielen war offenbar nicht klar, dass sie es Facebook auf diese Weise ermöglichten, sie an vielen Stellen des Internets im Blick zu behalten. Rückblickend werden die Kosten deutlich, die im Gegenzug für die leichte Handhabbarkeit von Connect anfielen. Ich probierte Connect bei einigen wenigen Nachrichtenwebsites aus, ließ es aber bald darauf bleiben, als mir klar wurde, was das für den Schutz meiner Daten bedeutete.

Dank der Daten, die Facebook durch Connect sammelte, wurde die Werbung deutlich passgenauer und letztlich sollten sich dadurch auch Katastrophen wie die Einmischung Russlands in die Präsidentschaftswahlen 2016 vergrößern. Auch anderen Nutzern muss aufgefallen sein, dass Facebook überraschend viel über sie wusste, aber vielleicht haben sie sich auch eingeredet, dass Connect so komfortabel war, dass der Verlust an Privatsphäre zu verschmerzen war. Mit Connect ging Facebook ein echtes Problem an. Es ist unbequem und lästig, sich um den Schutz der eigenen Daten kümmern zu müssen, aber möglicherweise wäre es für die Welt besser gewesen, hätten sich die Nutzer für eine Option entschieden, bei der ihre privaten Daten nicht verwertet wurden. Die einfache Handbarkeit erwies sich als der Löffel Honig, der die Nutzer dazu verführte, jede Menge Gift zu sich zu nehmen.

Im dritten Quartal 2008 erreichte Facebooks Nutzerzahl die Grenze von 100 Millionen. Erstaunlich für ein Unternehmen, das gerade viereinhalb Jahre alt war, aber Facebook stand erst ganz am Anfang. Nur sieben Monate später wurde die Grenze von 200 Millionen Nutzern geknackt, nicht zuletzt wegen der Einführung des „Like"- oder „Gefällt-mir"-Buttons. Schon bald definierte er die Facebook-Erfahrung. Likes zu sammeln entwickelte sich zu einem gesellschaftlichen Phänomen. Nutzer hatten einen Anreiz, mehr Zeit auf der Webseite zu verbringen. Gemeinsam mit dem Markieren von Fotos war der „Like"-Button Auslöser für die Abhängigkeit von Facebook.

Um den Wert seines Anzeigengeschäfts zu steigern, musste Facebook die Aufmerksamkeit seiner Nutzer gewinnen und aufrechtzuerhalten. Für diesen Zweck setzt das Unternehmen Techniken der Verhaltensbeeinflussung ein, die, wie immer mehr wissenschaftliche Beweise zeigen, Abhängigkeiten fördern. Verhaltensbeeinflussung und Abhängigkeit sollten in der Facebook-Story eine gewaltige Rolle spielen, aber zu meiner Zeit als Zucks Mentor waren diese Faktoren nicht zu erkennen und ich sollte sie erst 2017 kennenlernen.

Jeder Mensch möchte beliebt sein und wie sich erwies, lieferte der „Like"-Button einen Maßstab für die gesellschaftliche Akzeptanz und Gegenseitigkeit, der die sozialen Netzwerke grundlegend umwälzte. Offenbar wollte jeder Facebook-Nutzer wissen, wie viele Likes er für jeden Beitrag erhalten hatte, und das führte dazu, dass zahllose Nutzer mehrmals am Tag auf die Seite zurückkehrten. Facebook verstärkte das Signal mit Benachrichtigungen und lockte die Nutzer auf diese Weise ununterbrochen. Der „Like"-Button trug dazu bei, dass die Zahl der Nutzer Ende 2009 schon 305 Millionen betrug. „Like"-Schaltflächen breiteten sich wie ein Lauffeuer auf andere Seiten des Netzes aus. Im Zusammenspiel mit Connect verhalfen sie Facebook zu einem noch besseren Überblick darüber, wo seine Nutzer im Internet unterwegs waren.

Mit der Übernahme von FriendFeed im August 2009 erhielt Facebook eine Anwendung, die es dem Unternehmen ermöglichte, Feeds aus einer breiten Spanne von Anwendungen und Blogs zu bündeln. Außerdem verfügte man nun über Technologie und Expertise, die Facebooks Flanke gegenüber dem neuen Herausforderer Twitter absichern sollte. Im Verlauf des folgenden Jahrs kaufte Facebook Unternehmen hinzu, die das Teilen von Fotos und den Import von Kontakten ermöglichten. Diese Zukäufe steigerten den Wert, den Facebook bei seinen Nutzern hatte, aber das war nichts im Vergleich zu dem Wert, den die Zukäufe Facebooks Anzeigengeschäft bescherten.

Egal, aus welchem Blickwinkel man es betrachtete, Facebook ging es sehr gut. Die Umsätze stiegen rasch an. Facebooks „Geheimzutat" bestand in der Fähigkeit, die Ideen anderer zu imitieren, zu verbessern und dann zu skalieren. Das Unternehmen war außergewöhnlich gut darin, übermäßiges Wachstum zu managen, eine Fähigkeit, die ebenso selten wie wertvoll ist. Im September 2009 verkündete Facebook, man habe einen positiven Cashflow erreicht. Das ist nicht dasselbe wie einen Gewinn auszuweisen, aber es war ein sogar noch wichtigerer Meilenstein, bedeutete es doch, dass Facebook ausreichend Umsatz machte, um sämtliche Baraufwendungen begleichen zu können. Das Unternehmen würde für sein weiteres Überleben kein Wagniskapital mehr benötigen. Facebook war zum damaligen Zeitpunkt fünfeinhalb Jahre alt.

Sheryl hatte als Chief Operating Officer dafür zu sorgen, dass die Umsätze stimmten. Unter ihrer Führung entwickelte Facebook rasch seine Infrastruktur dahingehend, dass ein rasches Wachstum möglich war. Zucks Leben wurde dadurch einfacher und er konnte sich auf strategische Themen konzentrieren. Facebook war kein Start-up mehr, sondern ein ernsthaftes Unternehmen. Auch für mich hatte dieser Reifeprozess Folgen: Zuck hatte im Grunde seinen Abschluss gemacht und mit Sheryl als Partnerin an seiner Seite würde er mich als Mentor nicht länger benötigen, glaubte ich. Mit meiner Erfahrung im Mobilfunkbereich war ich als strategischer Berater auch weiterhin wertvoll, aber selbst das würde nicht von Dauer sein. Wie die meisten erfolgreichen Unternehmer und Manager ist Zuck genial (und unerbittlich), wenn es darum geht, im Zuge der Weiterentwicklung seine engsten Berater auszutauschen. Während der absoluten Frühphase von Facebook spielte Sean Parker als Präsident eine zentrale Rolle, aber irgendwann passten seine Fähigkeiten nicht mehr zu den Bedürfnissen des Unternehmens, also zog Zuck weiter. Auch Parkers Nachfolger als Chief Operating Officer sägte er irgendwann ab und ersetzte ihn durch Sheryl. Es handelt sich um einen durch und durch darwinistischen Prozess und er ist natürlich und notwendig. Mir ist diese Situation so oft untergekommen, dass ich normalerweise schon im Voraus den richtigen Moment erkenne, beiseite zu treten und anderen Platz zu machen. Ich denke darüber nie groß nach.

In dem Wissen, dass wir alles erreicht hatten, was wir uns damals hätten erhoffen können, als ich meine Aufgabe als sein Mentor übernahm, schickte ich Zuck eine Nachricht, in der ich ihm erklärte, dass meine Arbeit getan sei. Er war dankbar und erklärte, wir würden immer Freunde bleiben. Ab diesem Punkt war ich kein Insider mehr, aber ich glaubte auch weiterhin absolut an Facebook. Fehlschläge wie Beacon ließen künftige Probleme erahnen, aber ich sah nur das Potenzial, das Facebook als Kraft für das Gute an den Tag legte. Der Arabische Frühling war noch ein Jahr entfernt, aber der Analyst in mir konnte bereits absehen, wie Basiskampagnen mit Facebook arbeiten würden. Was ich nicht begriff, war die Tatsache, dass Zucks Ehrgeiz keinerlei Grenzen kannte. Für ihn stellte Softwarecode die Lösung sämtlicher Probleme dar. Dass ihn dies für die menschlichen Kosten blind machte, die Facebooks gewaltiger Erfolg mit sich bringen würde, war mir nicht klar. Und niemals hätte ich gedacht, dass Zuck eine Unternehmenskultur erschaffen würde, in der offensichtlich für Kritik und Meinungsverschiedenheiten kein Platz war.

Das folgende Jahr, 2010, war für Facebook ein auf überraschende Art und Weise gewaltiges Jahr. Im Juli konnte Facebook 500 Millionen Nutzer vorweisen, von denen die Hälfte jeden Tag auf die Webseite kam. Die durchschnittliche tägliche Nutzungsdauer betrug 34 Minuten. Wer sich bei Facebook anmeldete, um mit der Familie in Kontakt zu bleiben, fand schon bald Gefallen an neuen Funktionen. Die Menschen verbrachten mehr Zeit auf der Webseite, teilten mehr Beiträge, sahen mehr Anzeigen.

Im Oktober erschien *The Social Network*, ein Spielfilm über die Frühphase von Facebook. Der Film war gleichermaßen bei Kritikern wie kommerziell ein Erfolg und wurde mit drei Academy Awards und vier Golden Globes ausgezeichnet. In der Geschichte geht es um die Beziehung zwischen Zuck und den Winklevoss-Zwillingen sowie die daraus resultierende Klage. Zuck wurde wenig schmeichelhaft dargestellt. Er beschwerte sich, dass der Film die Geschichte nicht korrekt wiedergebe, aber außer ihm schien das kaum jemanden zu stören. Ich beschloss, mir den Film nicht anzusehen, denn der Zuck, den ich kannte, war mir lieber als irgendeine Hollywood-Version von ihm.

Kurz vor Jahresende 2010 verbesserte Facebook seine Benutzeroberfläche erneut und näherte sich noch einmal ein gutes Stück dem an, was wir heute kennen. Als das Jahr 2010 endete, stand Facebook bei 608 Millionen Nutzern. Das Nutzerwachstum blieb weiterhin außergewöhnlich hoch und auch die Zahl der Minuten, die die Nutzer im Schnitt pro Tag auf der Seite verbrachten, stieg weiter. Anfang 2011 sammelte Facebook 500 Millionen Dollar im Austausch für ein Prozent des Unternehmens ein, was einer Bewertung von 50 Milliarden Dollar entsprach. Anders als beim Microsoft-Deal drückte dieses Geschäft aus, was ein Finanzinvestor Facebook für einen Wert beimaß. Zu diesem Zeitpunkt zog selbst Microsoft Gewinn aus seiner Investition. Facebook war nicht nur das aufregendste Unternehmen seit Google, alles sprach dafür, dass es eines der größten Technologieunternehmen werden würde, das die Welt je gesehen hatte. Die Investoren prügelten sich förmlich um die Gelegenheit, Anteile erwerben zu können. Im Juni 2011 teilte DoubleClick mit, Facebook sei mit über 1.000 Milliarden Aufrufen die meistbesuchte Seite im Internet. Nielsen war anderer Meinung, dort lag Facebook noch hinter Google, aber es schien nur eine Frage der Zeit, bis sich beide Marktforscher einig darin sein würden, dass Facebook die Nummer eins ist.

Im März 2011 sah ich eine Präsentation, die erste leise Risse in meiner rosaroten Haltung gegenüber Facebook verursachte. Anlass war die jährliche TED-Konferenz in Long Beach, Ausgangspunkt für die weltweite Reihe an TED Talks. Die jeweils bis zu 18 Minuten dauernden Vorträge sind thematisch geordnet, verteilen sich über vier Tage und geben nicht nur den Konferenzteilnehmern, sondern Millionen weiteren Menschen etwas zum Nachdenken.

Mein persönliches Highlight in jenem Jahr war der neunminütige Vortrag von Eli Pariser, Präsident im Board von MoveOn.org. Eli war zu der Erkenntnis gelangt, dass seine Feeds bei Facebook und Google nicht länger neutral waren. Bei seinen Facebook-Freunden war das Verhältnis zwischen Liberalen und Konservativen ausgewogen, aber er neigte eher dazu, liberale Links anzuklicken. Das hatte dazu geführt, dass die Algorithmen derartige Inhalte bevorzugten, was soweit ging, dass konservative Inhalte schließlich vollständig verdrängt wurden. Gemeinsam mit Freunden demonstrierte er, dass die Veränderung sowohl bei Facebook wie auch bei Google universell war. Die Plattformen taten so, als seien sie neutral, dabei filterten sie Inhalte auf eine Art und Weise, die den Nutzern verborgen blieb. Einst hatten die Plattformen den Standpunkt vertreten, das offene Netz sei eine Verbesserung gegenüber der Voreingenommenheit traditioneller Redaktionen, nun setzten sie heimlich algorithmische Filter ein, denen die Wertesysteme menschlicher Redaktionen fehlten. Von sich aus handeln Algorithmen nicht sozial verantwortlich. Die Nutzer befanden sich in dem Glauben, eine ausgewogene Mischung an Inhalten zu sehen zu bekommen, tatsächlich jedoch waren sie gefangen in etwas, das Eli als „Filterblase" bezeichnete, erschaffen und verstärkt von Algorithmen. Eli stellte die These auf, wenn man Algorithmen zu Torwächtern küre, ohne gleichzeitig ein Maß an Bürgerverantwortung einzufordern, würde das unerwartete und negative Folgen zeitigen. Andere Verlage sprangen auf den Trend zur Personalisierung auf. Möglicherweise gab es für die Nutzer keine Möglichkeit, Filterblasen zu entkommen.

Elis Schlussfolgerung? Wenn Plattformen künftig als Torwächter agieren sollten, musste man ihren Algorithmen ein gewisses Maß an Bürgerverantwortung einpflanzen. Die Regeln, die bestimmten, was durch den Filter gelassen wird und was nicht, hatten transparent zu sein. Und sie mussten ihren Nutzern die volle Kontrolle über ihre Filterblase überlassen.

Ich war baff. Es war einer der aufschlussreichsten Vorträge, den ich je gehört hatte, und seine Bedeutung lag auf der Hand. Als Eli fertig war, sprang ich auf und eilte auf direktem Weg zum Bühneneingang, um mich vorstellen zu können. Sehen Sie sich heute den Vortrag auf TED.com noch einmal an und Sie werden noch immer sofort erkennen, wie wichtig er war. Damals erkannte ich für mich noch keinen Ansatz, wie Facebook auf Elis Erkenntnisse reagieren sollte. Zu Zuck bestand kein regelmäßiger Kontakt mehr, über interne Erkenntnisse verfügte ich noch weniger. Ich war nicht auf dem Laufenden, was die Entwicklungsprioritäten anging, die zur Entstehung von Filterblasen geführt hatten, und was eventuelle Pläne zur Monetisierung anbelangte. Aber Elis Vortrag blieb mir im Ohr. Es gab keinen Weg, Filterblasen als etwas Positives zu verkaufen. Ich konnte also nur hoffen, dass Zuck und Sheryl vernünftig genug sein würden, sie nicht zum Schaden der Nutzer einzusetzen. (Eli Parisers „Beware Online"-Vortrag zu Filterblasen können Sie auf TED.com abrufen.)

Facebook marschierte unterdessen weiter und weiter. Google ging im Juni 2011 unter mächtigem Getöse mit seinem eigenen sozialen Netzwerk an den Start, Google+. Zum damaligen Zeitpunkt war Google zum Torwächter zwischen Verkäufern von Inhalten und Nutzern geworden. Wer mit seinen Inhalten ein eigenes Publikum erreichen wollte, war gezwungen, Googles Geschäftsbedingungen zu akzeptieren. Facebook schlug einen anderen Weg zu einem ähnlichen Ort ein. Googles Produkte verfügten über eine einzelne Funktion und bezogen ihre Wirksamkeit daraus, dass sie als Paket angeboten wurden. Facebook dagegen hatte eine integrierte Plattform errichtet, etwas, das in der Branche als „geschlossene Plattform" oder „walled garden" bezeichnet wird und viele Arten von Wert liefert. Einige der Funktionen der Plattformen waren derart wertvoll, dass Facebook sie als eigenständige Produkte ausgliederte. Ein Beispiel dafür ist der Messenger.

Weil es bei Suchabfragen nahezu ein Monopol besaß und weil es mit seiner Werbeplattform AdWords daraus Kapital schlug, wusste Google mehr über die Kaufabsichten seiner Nutzer als jedes andere Unternehmen auf dem Planeten. Wer einen Hammer kaufen wollte, würde zunächst bei Google danach suchen und unter den Suchergebnissen wären auch drei AdWords-Anzeigen von Unternehmen, die Hammer zu verkaufen hatten. Die Suchabfrage dauerte Millisekunden. Der Käufer erwarb einen Hammer, der Werbekunde verkaufte einen Hammer und Google wurde für die Anzeige bezahlt. Jeder erhielt, was er hatte haben wollen. Aber Google war unzufrieden: Es kannte die Identität des Verbrauchers nicht. Google erkannte, dass seine Datensätze zu den Kaufabsichten wertvoller wären, könnte es die Daten an die Identität der Verbraucher koppeln.

Ich bezeichne das als McNamees siebentes Gesetz: Datensätze werden exponentiell wertvoller, wenn man sie kombiniert. Hier kam Gmail als bahnbrechende Umwälzung ins Spiel: Die Nutzer bekamen einen Wert, sie erhielten ein gutes E-Mail-System, aber Google erhielt im Gegenzug etwas deutlich Wertvolleres. Das Unternehmen verknüpfte Kaufabsichten mit Identitäten und legte dadurch den Grundstock für ganz neue Geschäftsmöglichkeiten. Dann entwickelte das Unternehmen Google Maps und konnte dadurch den Standort mit Kaufabsicht und Identität verknüpfen. Die integrierten Datensätze waren ähnlich wie die von Amazon, aber ohne Lager und Inventar warfen sie viel mehr Profit für Google ab. Und das Beste daran: Kombinierte Datensätze zeigen häufig Erkenntnisse und Geschäftsmöglichkeiten auf, die bis dahin unvorstellbar gewesen wären. Die neuen Produkte waren in der Nutzung kostenlos, aber jedes von ihnen steuerte Daten bei, die den Wert von Googles Anzeigenprodukten grundlegend veränderten.

Mit jeder neuen Funktion, die Facebook einführte, ging das Unternehmen einen ähnlichen Weg. Das Markieren von Fotos erweiterte den Social Graph. Der Newsfeed fütterte ihn weiter an. Der „Like"-Button lieferte Erkenntnisse zu emotionalen Triggern. Connect behielt die Nutzer im Blick, während sie im Internet unterwegs waren. Der Wert liegt nicht wirklich in den Bildern und in den Links, die die Nutzer posten. Der wahre Wert liegt in den Metadaten – den Daten über Daten. Als Metadaten bezeichnen wir die Daten, die beschreiben, wo ein Nutzer war, als er etwas postete, was er dort getan hat, wer dabei war, welche möglichen Alternativen in Frage kamen und so weiter.

Rundfunkmedien wie Fernsehen, Radio und Zeitungen fehlt die Echtzeit-Interaktivität, die zum Erschaffen wertvoller Metadaten erforderlich ist. Dank der Metadaten zeichnen Facebook und Google weitaus effektiver als die traditionellen Medien ein Bild des Nutzers, das sich zu Geld machen lässt. Und wenn Metadaten in einer Größenordnung wie bei Google und Facebook gesammelt werden, erlangen sie einen unvorstellbaren Wert. Wenn Leute sagen: „Im Werbegeschäft sind die Nutzer nicht die Kunden, sondern das Produkt", dann meinen sie genau das. Aber im Verlauf dieser Entwicklung veränderte vor allem Facebook das Wesen des Werbegeschäfts. Die traditionelle Werbung versuchte zu überzeugen und arbeitete zu diesem Zweck an einem mehr oder weniger allgemeingültigen Modell. Facebook und die anderen konnten dank der von ihnen erhobenen Metadaten unerwartete Muster aufstöbern, beispielsweise: „Vier Männer, die Baseballkarten sammeln, Romane von Charles Dickens mögen und sich nach Mitternacht bei Facebook eingeloggt haben, haben alle ein bestimmtes Fahrzeugmodell von Toyota gekauft." Dadurch ergibt sich eine Möglichkeit, männlichen Nachteulen, die Baseballkarten sammeln und Dickens mögen, Autowerbung zu zeigen. Facebook erlaubt es den Anzeigenkunden, die Neigungen eines jeden Nutzers zu identifizieren und diese Nutzer individuell anzusprechen. Die auf diese Weise gewonnenen Erkenntnisse veränderten das Wesen der zielgerichteten Werbung, aber ein anderer

Punkt ist noch wichtiger: All diese Daten fließen in die künstliche Intelligenz von Facebook (oder Google) ein und Anzeigenkunden können diese Informationen dafür verwenden, die Emotionen der Nutzer so zu bearbeiten, dass die Wahrscheinlichkeit steigt, dass sie ein bestimmtes Automodell kaufen – oder auf bestimmte Weise ihre Stimme bei der Wahl abgeben. Der Technologie-Futurist Jaron Lanier sagt, Werbung auf sozialen Medien hat sich zu einer Form von Manipulation entwickelt.

Google+ war Googles vierter Vorstoß in das Feld der sozialen Netze. Warum hat Google es immer wieder versucht und warum ist es immer wieder gescheitert? 2011 muss Google gewusst haben, dass Facebook den Schlüssel zu einem neuen und ganz besonders wertvollen Online-Werbegeschäft gefunden hatte. Anders als herkömmliche Medien oder auch Suchabfragen lieferten soziale Netzwerke Signale zum emotionalen Zustand jedes Nutzers und zu Dingen, die etwas bei ihm auslösen. Suche war schwarz-weiß, Werbung in den sozialen Netzwerken hingegen Technicolor. Will man einen Gebrauchsgegenstand wie einen Hammer verkaufen, sind Anzeigen im Suchumfeld eine feine Sache, aber wenn es um Markenprodukte wie Parfüm, Autos oder Mode geht, bieten die Daten der sozialen Netzwerke über Emotionen einen gewaltigen Wertzuwachs. Von diesem Kuchen wollte sich Google auch ein Stück abschneiden. Google+ mag Googles Anzeigengeschäft um eine neue Dimension erweitert haben, aber als Google+ auf den Markt kam, lag Facebook uneinholbar vorne und die Schwächen von Google+ verhinderten, dass das Angebot außerhalb Googles viel Zuspruch erhielt. Mehr als einige interessante Aspekte hatte es nicht zu bieten und die guten Sachen imitierte Facebook rasch.

Was Google+ anging, ließ sich Facebook auf keinerlei Risiken ein: Das Unternehmen bezog Gefechtsstation und verwendete alle Ressourcen darauf zu verhindern, dass Google einen Brückenkopf bei den sozialen Netzwerken aufbauen konnte. Facebook intensivierte seine Entwicklungsarbeit, stockte die Obergrenzen für Beiträge mächtig auf, tat sich mit Skype zusammen, führte den Kurznachrichtendienst

Messenger ein und legte noch eine Reihe neuer Tools oben drauf, mit denen sich auf der Plattform Anwendungen bauen ließen. Zu Jahresanfang 2012 stand Facebook am Beginn eines Superjahres. Das Unternehmen hatte mit Open Graph ein neues Werbeprodukt am Start, das auf dem Social Graph aufsetzte, also dem Tool, in dem alle Informationen sowohl aus Facebook wie auch aus dem Internet zusammenliefen. Anfänglich räumte Facebook den Werbekunden nur Zugang zu Daten ein, die auf der Plattform erhoben worden waren. Erstmals machte Facebook es darüber hinaus möglich, im Newsfeed Anzeigen zu schalten. Hier wurde wirklich aus der Nutzererfahrung von Facebook Kapital geschlagen. Die Anzeigen fügten sich nahtlos in die Beiträge von Freunden ein, was bedeutete, dass mehr Menschen sie sahen. Aber das Ganze hatte auch seine Schattenseite: Es war sehr schwer, mit seiner Werbung so aufzufallen, wie es im Radio, im Fernsehen oder in Zeitungen und Zeitschriften der Fall war.

Die großen Neuigkeiten Anfang 2012: Facebook beantragte die Zulassung zur Börse und kaufte dann für 1 Milliarde Dollar Instagram. Das Börsendebüt von Facebook am 17. Mai 2012 brachte dem Unternehmen 16 Milliarden Dollar ein, es war die drittgrößte Erstemission in der Geschichte der USA. Die Gesamtbewertung des Unternehmens erreichte 104 Milliarden Dollar, Weltrekord für einen Börsendebütanten. Facebooks Umsatz im Jahr vor dem Börsengang hatte bei fast 4 Milliarden Dollar gelegen, der Reingewinn bei 1 Milliarde Dollar. Ab Tag eins rangierte Facebook in der *Fortune 500-Liste* der größten amerikanischen Börsenkonzerne.

Beeindruckende Zahlen fürwahr, aber der Börsengang selbst war eher eine Katastrophe. Während des ersten Tags kam es wiederholt zu Pannen, einige Geschäfte konnten nicht finalisiert werden und die Aktie hatte zu kämpfen, um über dem Ausgabepreis zu bleiben. Dennoch wurde ein neuer Volumenrekord für den ersten Tag nach einem Börsengang aufgestellt – 460 Millionen Aktien wechselten den Besitzer.

In den Monaten vor Facebooks Börsengang schwächelte das Anzeigengeschäft und das Unternehmen war gezwungen, die Umsatzprognosen nach unten zu korrigieren. Im Vorfeld eines Börsengangs können Gewinn- oder Umsatzwarnungen katastrophale Folgen haben, denn für öffentliche Anleger gibt es keinen Anreiz, Ungewissheit zu kaufen. Im Fall Facebook sorgte die extreme Begeisterung der Investoren für das Unternehmen – eine Begeisterung, die vor allem auf den rasch steigenden Nutzerzahlen und Facebooks wachsendem Einfluss auf die Gesellschaft beruhte – dafür, dass der Börsengang die Umsatzwarnung überstehen konnte, aber Zucks Traum, mit Facebooks Börsengang einen neuen Rekord aufzustellen, geriet in Gefahr. Der ehemalige Facebook-Werbemanager Antonio García Martínez schreibt in seinem Buch *Chaos Monkeys: Inside the Silicon Valley Money Machine*: „Die Geschichten, die das Unternehmen über die neue Magie des Marketings über soziale Medien verbreitet hatte, liefen bei den Anzeigenkunden in Dauerschleife. Viele von ihnen hatten begonnen, laut über Sinn und Zweck der Vermögen nachzudenken, die sie bislang auf Facebook ausgegeben hatten und für die sie oftmals nur wenig vorweisen konnten."

Trotz aller Erfolge bei den Nutzern besaß Facebook weiterhin kein Werbeprodukt, das ein Targeting ermöglichte, dessen Ergebnisse die Werbekunden befriedigte. Martínez schreibt weiter: „Das Unternehmen hatte eine gewaltige, ein Jahr lang laufende Wette auf ein Produkt namens Open Graph und die begleitende, zur Monetisierung gedachte Ausgliederung Sponsored Stories abgeschlossen. Auf dem Markt erwies sich das Projekt als absoluter Fehlschlag." Die Werbekunden hatten viel Geld ausgegeben, weil sie Facebooks Versprechungen bezüglich der Anzeigenergebnisse Glauben schenkten, aber sie erhielten nicht den Gegenwert, den sie ihrer Meinung nach verdienten. Für Facebook war ein Augenblick der Wahrheit gekommen. Facebook pushte die Bewertung beim Börsengang auf einen Rekordwert und legte damit das Fundament für einen holprigen Start als börsennotiertes Unternehmen.

Die neuerdings an der Börse gehandelten Anteile wurden nahezu sofort abgestoßen und der Kurs stürzte ins Bodenlose, nachdem *Yahoo Finance* berichtete, dass die Investmentbanken, die die Erstemission begleitet hatten, kurz vor der Ausgabe der Anteile ihre

Gewinnprognosen zurückgenommen hatten. Waren diese Korrekturen den Käufern der Aktie in der Aufregung rund um den Börsengang wirksam kommuniziert worden? Es ergab sich ein so unklares Bild, dass die Börsenaufsicht den Fall prüfte. Es folgten Klagen, bei denen es um Verstöße in Bezug auf die Handelsspannen ging und um das Verhalten einer Konsortialbank. In nachfolgenden Klagen wurden die Konsortialbanken, Zuck, Facebooks Board of Directors und die Nasdaq als Beklagte genannt. Das *Wall Street Journal* sprach im Zusammenhang mit dem Börsengang von einem „Fiasko".

Was Facebooks Geschäft allerdings anging, war die Aktienausgabe fraglos ein Segen. Das Unternehmen kam vor dem Börsengang in den Genuss einer unglaublichen Menge kostenloser Publicity und die Berichterstattung fiel nahezu durch die Bank weg positiv aus. Das hatte zur Folge, dass die Nutzerzahlen nun noch einmal richtig durchstarteten. Das melden zu können, half Facebook, die Probleme rund um den Börsengang relativ unbeschadet zu überstehen. Ein Unternehmen, dessen Nutzerzahlen derart beeindruckend wuchsen, würde schon noch dahinterkommen, wie man daraus Kapital schlägt, glaubten die Anleger. Wieder einmal ging Facebook bis an die Grenzen, geriet ins Stolpern und kam damit so gerade noch durch. Dann allerdings tat Facebook etwas wirklich Aggressives.

Die intern von Facebook erhobenen Daten lieferten den Anzeigenkunden für sich genommen nicht ausreichend Wert. Dank Connect und der allgegenwärtigen „Gefällt mir"- und „Teilen"-Buttons hatte Facebook aus allen Teilen des Internets unfassbare Mengen an Daten über das Verhalten der Nutzer zusammengetragen. Das Unternehmen hatte ursprünglich entschieden, die außerhalb von Facebook gesammelten Daten nicht kommerziell zu nutzen, aber als sich das Geschäft verlangsamte, wurde diese selbst auferlegte Einschränkung gekippt. Was mochten diese externen Datensätze wert sein? Das konnte niemand sagen, also machte sich Facebook daran, es herauszufinden. Martínez schreibt, Zuck und Sheryl hätten zunächst verhalten begonnen, weil sie die Nutzer nicht vor den Kopf stoßen wollten.

Als Reaktion auf den Börsengang brach über Facebook eine Flutwelle neuer Nutzer herein. Innerhalb weniger Monate sorgten die Wachstumszahlen dafür, dass die Anleger wieder Zutrauen fassten. Außerdem übertönte diese Erfolgsgeschichte die Beschwerden der Anzeigenkunden. Sie mussten dort sein, wo die Kunden waren, selbst wenn die Werbemöglichkeiten auf Facebook enttäuschend waren. Der Druck, Nutzerdaten aus Facebook-fernen Aktivitäten in die Werbeprodukte einfließen zu lassen, ließ etwas nach, aber die grundlegenden Probleme mit Zielgruppenwerbung und dem Wert der Anzeigen bestanden weiter. Deshalb wurde die Entscheidung, Nutzerdaten von außerhalb Facebooks zu integrieren, auch nicht zurückgenommen.

Anfang Oktober 2012 teilte das Unternehmen mit, es verfüge jetzt über eine Milliarde monatliche Nutzer. 600 Millionen Nutzer würden über Mobilfunkgeräte auf das soziale Netzwerk zugreifen, es seien 219 Milliarden Fotos hochgeladen worden und gebe 140 Milliarden Freundschaftsverknüpfungen. Ich war sehr stolz auf Facebooks Erfolge, trotz des Kuddelmuddels rund um den Börsengang (und weil ich nichts von den Anzeigenproblemen wusste). Für Elevation erwies sich die Aktie als richtungsweisend. Meine Partner hatten damals unsere erste Investitionsmöglichkeit abgelehnt, aber Elevation tätigte später eine größere Investition zu einem vergleichsweise geringen Preis und sorgte auf diese Weise selbst dafür, dass der Fonds ein Erfolg wurde.

Seit Zucks Zeit im Studentenwohnheim waren gerade einmal achteinhalb Jahre vergangen. Facebook hatte sich zu einer mächtigen Lokomotive der Wirtschaft gemausert. Dank der Philosophie des „Move Fast and Break Things" gab sich bei Facebook niemand damit zufrieden, einen Rekord für Börsengänge aufgestellt zu haben. Nun wandte man sich dem Problem zu, Kapital aus den Nutzern zu schlagen. Dafür waren mehrere Hürden zu nehmen. Wie Martínez in *Chaos Monkeys* schreibt, bestand das Werbeteam während der Phase rund um den Börsengang größtenteils aus jungen Leuten ohne Arbeitserfahrung in der Werbung oder auch nur den Medien. Alles, was sie wussten, hatten sie sich durch Ausprobieren angeeignet. Jeder Innovation standen zahlreiche Fehler gegenüber und einige davon hätte ein erfahreneres Team im Vorfeld erkannt und vermieden. Das Team mag jung gewesen sein, aber es setzte sich aus klugen, hochmotivierten und hartnäckigen Leuten zusammen. Die Führungsriege um Sheryl Sandberg erschuf eine erfolgreiche Vertriebskultur. Es wurde langfristig gedacht und man lernte aus Fehlern. Das Hauptaugenmerk lag auf den Zahlen.

In der Frühphase bemühte sich Facebook nach Leibeskräften, aus den Profildaten, den Freundschaftsbeziehungen der Nutzer und dem Verhalten auf der Webseite wirksame Werbeprodukte und Werkzeuge zu erstellen. Moonalice, meine Band, gehörte mit einem Jahresbudget von unter 10.000 Dollar zu den ersten Anzeigenkunden. Unsere ersten Anzeigen – geschaltet einige Jahre vor dem Börsengang – waren winzige Rechtecke am Rand der Seite. Sie enthielten einige Wörter Text und vielleicht noch einen Link dazu. Ziel war es, neue Fans für Moonalice zu gewinnen. Wir bewarben auf diese Weise damals einen Song namens „It's 4:20 Somewhere". Unsere Anzeige lief mehrere Jahre lang, was uns normalerweise zwischen 10 und 20 Dollar am Tag kostete, und unser Lied wurde 4,6 Millionen Mal heruntergeladen, was laut der Rock & Roll Hall of Fame ein Rekord ist. Keine andere, von einer Band in eigener Regie geführte Webseite kam auf ein besseres Ergebnis. Und möglich wurde das durch eine kleine Facebook-Anzeige, die drei Jahre lang jeden Tag geschaltet wurde. Doch da ein winziges Rechteck die einzige Option darstellte, war Werbung auf Facebook für viele Werbetreibende und Produkte nicht wirksam.

Dasselbe Format, das so hervorragend dafür sorgte, dass Menschen ein Musikstück herunterluden, taugte überhaupt nicht dafür, eine Konferenz zu bewerben. Warum es für das eine funktionierte und das andere nicht, kann ich nicht sagen. Es war aber auch egal, denn damals gewährte Facebook jede Menge kostenlose Verbreitung. „Organische Reichweite" nannte es das Unternehmen. Bei einer Fanseite wie der unsrigen beispielsweise ließ Facebook einen wirklich anziehenden Beitrag etwa 15 Prozent unserer Fans umsonst erreichen. Der Wert der organischen Reichweite auf Facebook brachte uns und Millionen andere dazu, unsere Kommunikation weg von einer Webseite hin zu Facebook zu verlagern. Wir erzogen unsere Fans dazu, mit uns über Facebook zu kommunizieren, und nutzten unsere Webseite als Archiv für Inhalte. Viele andere gingen denselben Weg und trugen so dazu bei, den Status von Facebook als soziales Drehkreuz der Onlinewelt zu zementieren. Für Moonalice machte es sich wirklich bezahlt, sich voll und ganz auf Facebook einzulassen. Unsere Seite kam schließlich auf über 420.000 Follower.

Wenig überraschend hatte die Sache natürlich einen Haken: Etwa alle zwölf Monate korrigierte Facebook den Algorithmus so, dass die organische Reichweite reduziert wurde. Das Unternehmen verdiente sein Geld mit Werbung und nachdem es Millionen Organisationen davon überzeugen konnte, sich auf der Plattform einzurichten, hielt Facebook alle Trümpfe in der Hand. Die größten Nutznießer der organischen Reichweite hatten keine Wahl – wenn sie ihre Gesamt-Reichweite bewahren wollten, mussten sie Anzeigen kaufen. Sie hatten zu viel Zeit investiert und zu viel Markenwert auf Facebook generiert, um dort einfach die Zelte abzubrechen. Die organische Reichweite ging stoßweise zurück, bis sie schließlich bei einem Prozent oder noch weniger zum Stillstand kam. Zum Glück führte Facebook alle naselang ein neues Produkt ein – den Videodienst Facebook Live beispielsweise – und erhöhte bei diesen Angeboten die organische Reichweite, um die Menschen dazu zu bringen, diese Offerten auch zu nutzen. Wir meldeten uns am ersten Tag, an dem Facebook Live zur Verfügung stand, sofort an und streamten noch am selben Tag ein Konzert. Die Reichweite war fantastisch. Facebook Live und Moonalice waren wie füreinander gemacht. Ich streamte ein Set des allerersten Konzerts von Dead & Company, einem Ableger der Grateful Dead, und so viele Leute schalteten ein, dass die Nachfrage nach den Konzerten im weiteren Verlauf der Tour spürbar anzog. Einer der Bandmanager lud mich daraufhin ein, ihre nächste Show von der Bühne zu streamen.

Als Facebook an die Börse ging, beschränkten sich die Zielgruppenoptionen bei Facebook auf demografische Informationen, die sich aus Aktivitäten auf der Webseite ergeben hatten, also Angaben zu Begriffen wie Alter, Geschlecht und Standort sowie Interessen und Beziehungen. Mit der Einführung von Open Graph und Newsfeed-Anzeigen wurde 2012 die Bühne für ein deutlich verbessertes Targeting bereitet. Es wurde rasch besser, als Facebook abseits der eigenen Plattform gesammelte Daten in die Werkzeuge integrierte, die den Werbetreibenden zur Verfügung standen. Wollte Moonalice ein Konzert bewerben, orientierten wir uns dabei an demographischen Daten und nahmen beispielsweise Menschen ins Visier, die in der Stadt lebten, wo unser Konzert stattfinden sollte, und die über 21 Jahre alt waren. Diese Gruppe wurde dann gefiltert nach Interessen wie „Konzerte", „Beatles" und „Hippie". Eine Show auf Facebook zu bewerben, hat uns vielleicht 100 Dollar gekostet. Im Gegenzug bekamen wir einige tausend „Abrufe", was theoretisch bedeutete, dass so viele Menschen die Anzeige gesehen hatten. Nun ist es beim Newsfeed normalerweise so, dass die Nutzer schlicht durch ganz viele Beiträge jagen. Um Aufmerksamkeit zu erzeugen, bewarben wir nicht länger Ereignisse – die Kategorie, in der Facebook unsere Konzerte führte –, sondern erstellten Beiträge mit einem auffälligen grafischen Element, beispielsweise einem Poster. Dadurch allerdings verstießen wir gegen die 20-Prozent-Regel.

Ein ranghoher Facebook-Manager erklärte es mir wie folgt: Zuck war der Meinung, zu viel Text mache Anzeigen langweilig, also legte er eine willkürliche Obergrenze für Textanteil von 20 Prozent fest. Unsere Poster waren Kunstwerke, aber viele von ihnen verstießen gegen die 20-Prozent-Regel, denn in der Rockmusik wird manchmal viel Text in die Kunst integriert. Facebook lehnte diese Anzeigen ab, also lernte ich, ein wenig Text über aufmerksamkeitsheischende Fotos zu legen und auf diese Weise fesselnde Bilder entstehen zu lassen, die im Einklang mit Facebooks Regeln standen.

Moonalice ist kein mit allen Wassern gewaschener Werbetreibender, aber wir waren in dieser Hinsicht nicht allein. Facebook ermöglichte es Millionen Organisationen mit geringem Budget, zum Bruchteil der Kosten von Print-, Radio- oder TV-Werbung ein breiteres Publikum anzusprechen. Aber Facebook erkannte: Das richtige Geld würde man verdienen, wenn es gelänge, diejenigen Werbekunden anzulocken, die in der Vergangenheit gewaltige Beträge in traditionelle Medien gepumpt hatten. Diese Werbetreibenden allerdings hatten völlig andere Erwartungen. Ihnen ging es darum, zu vernünftigen Preisen ein großes Zielpublikum zu erreichen und das bei völliger Transparenz – was bedeutet, sie wollten Belege dafür, dass ihre Botschaften die Adressaten auch tatsächlich erreicht hatten. Zum Zeitpunkt des Börsengangs konnte Facebook diese Erwartungen nicht permanent erfüllen. 2013 begann das Unternehmen, mit Daten zu experimentieren, die aus den Aktivitäten der Nutzer außerhalb Facebooks stammten. Facebook entwickelte Werkzeuge, die den Werbekunden helfen sollten, sich diese Daten nutzbar zu machen. Facebooks Werbetreibende erhielten auf diese Weise die Fähigkeit, ein Publikum ins Visier zu nehmen, dessen Emotionen sich auf vorhersehbare Weise triggern ließ.

Facebooks Unternehmenskultur passte hervorragend zu der Aufgabe, die ihr die Werbetreibenden stellten: Ein Unternehmen, das sich seiner Hacker-Wurzeln rühmte, perfektionierte einen neuen Ansatz, aus seinem Erfolg Kapital zu schlagen. Beim Growth Hacking wendet man das streng fokussierte, iterative Modell des Software-Hackings auf das Problem an, Nutzerzahlen, Verweildauer auf der Webseite und Umsatz zu steigern. Das funktioniert nur, wenn ein Unternehmen über ein erfolgreiches Produkt verfügt und über eine Form der Monetisierung, die davon profitieren kann, wenn man an ihr herumbastelt. Doch für das richtige Unternehmen kann Growth Hacking etwas Umwälzendes haben. Ein zentraler Punkt des Growth Hacking ist eine geradezu obsessive Fokussierung auf die Kennzahlen, insofern ist es unerlässlich, dass man die korrekten Kennzahlen auswählt.

Zwischen Ende 2012 und 2017 perfektionierte Facebook das Growth Hacking. Das Unternehmen experimentierte fortwährend mit Algorithmen, neuen Datentypen und kleinen Änderungen am

Design. Dabei wurde ständig gemessen, gemessen, gemessen. Mit jeder Handlung eines Nutzers wuchs Facebooks Verständnis von diesem Nutzer (und seiner Freunde). Das ermöglichte es dem Unternehmen, jeden Tag winzigste Verbesserungen an der „Nutzererfahrung" vorzunehmen, was nichts anderes bedeutet, als dass Facebook immer besser darin wurde, die Aufmerksamkeit der Nutzer zu manipulieren. Ziel des Growth Hacking ist es, mehr Umsatz und mehr Gewinn zu erzeugen, und bei Facebook überschatteten diese Kennzahlen alle anderen Überlegungen. In der Welt des Growth Hacking sind Nutzer eine Kennzahl und keine Menschen. Es ist unwahrscheinlich, dass das Thema Bürgerverantwortung bei Facebooks internen Gesprächen über Growth Hacking je eine Rolle gespielt hat. Und nachdem das Unternehmen erst einmal begonnen hatte, Nutzerdaten zu verwenden, die außerhalb der Plattform gesammelt worden waren, gab es ohnehin kein Zurück mehr. Die externen Daten verwandelten das Targeting auf Facebook grundlegend. Zusätzliche Daten verbesserten es noch weiter und schufen für Facebook einen Anreiz, überall dort, wo sich Daten sammeln ließen, auch tatsächlich Daten zu sammeln. Die Algorithmen suchten nach unerwarteten Korrelationen, die sich wirksam zu Geld machen ließen, und sie fanden sie. Es dauerte nicht lange, dann konnte es Facebook, was die Möglichkeiten der Überwachung anging, durchaus mit Geheimdiensten aufnehmen.

Um ein besseres Targeting zu ermöglichen, führte Facebook neue Werkzeuge für die Werbekunden ein. Die beiden wichtigsten mit Blick auf die Präsidentschaftswahlen von 2016 waren wohl Custom Audiences und Lookalike Audiences. In Facebooks Hilfezentrum heißt es, eine Custom Audience sei „eine Zielgruppenart, die du aus deinen vorhandenen Kontakten erstellen kannst. Du kannst Werbeanzeigen an die Zielgruppe richten, die du auf Facebook, Instagram und im Audience Network erstellt hast". Über das Audience Network heißt es dort, es ermögliche „Werbetreibenden, Facebook- und Instagram-Kampagnen im Internet zu erweitern – auf Tausende hochwertige Websites und Apps".

Custom Audiences wurde 2013 eingeführt und war für Werbetreibende aus zweierlei Gründen sehr wichtig: Zum einen konnten die Werbetreibenden Anzeigenkampagnen rund um bekannte Kunden herum aufbauen, zum anderen konnte mithilfe einer Custom Audience eine Lookalike Audience erschaffen werden, eine Nutzergruppe, die Gemeinsamkeiten zur Custom Audience aufweist. Lookalike Audiences lassen sich nach Belieben skalieren, insofern verfügen Werbetreibende über die Möglichkeit, mit einem bestimmten Satz von Eigenschaften jeden Nutzer auf Facebook zu finden. Für den Anfang reicht bereits eine Gruppe von 100 Leuten, aber je größer die Custom Audience, desto besser wird die Lookalike Audience ausfallen. Facebook empfiehlt für die Custom Audience eine Größe zwischen 1.500 und 50.000 Personen.

Dank Growth Hacking konnte Facebook seine Werbewerkzeuge ständig verbessern, sein Publikum vergrößern, die auf der Webseite verbrachte Zeit erhöhen und verblüffende Mengen an Daten sammeln. Die Verbesserung dieser Kennzahlen schlug sich als explosionsartige Zunahme der Einnahmen nieder. Besaß Facebook Ende des Jahres 2012 noch eine Milliarde Nutzer, waren es 2013 1,2 Milliarden, 2014 1,4 Milliarden, 2015 1,6 Milliarden, 2016 nahezu 1,9 Milliarden und 2017 2,1 Milliarden. Als Facebook 2012 an die Börse ging, belief sich der Umsatz auf etwas über 5 Milliarden Dollar. 2013 waren es 7,8 Milliarden Dollar, 2014 12,5 Milliarden Dollar, 2015 17,9 Milliarden Dollar, 2016 27,6 Milliarden Dollar und 2017 40,7 Milliarden Dollar.

Auf dem Weg dorthin traten Probleme auf. Anzeigenkunden beschwerten sich über den Mangel an Transparenz im Werbegeschäft, außerdem wurde Facebook verklagt, weil das Unternehmen angeblich Kennzahlen künstlich aufgebläht hat, beispielsweise die Anzeigenabrufe und die Videoabrufe. Aber Facebook war zu einem unaufhaltsamen Riesen herangewachsen. Die Kunden, die die Werbetreibenden erreichen mussten, waren auf Facebook zu finden und das verlieh Facebook ein gewaltiges Druckmittel. Beschwerten sich die Anzeigenkunden, konnte sich Facebook mit Entschuldigungen und kosmetischen Verbesserungen aus der Affäre ziehen. Mit seiner üblichen unerschütterlichen Fokussierung auf eine Handvoll Kennzahlen verwendete Facebook keine Energie darauf, seine Entscheidungen zu hinterfragen.

Falls es Selbstanalysen gegeben haben sollte, was die moralischen Aspekte einer intensiven Überwachung und das Manipulieren der Aufmerksamkeit der Nutzer anbelangt oder den Schutz der Nutzer vor unbeabsichtigten Folgen, so habe ich keine Beweise dafür finden können. Sollten Zuck und das Facebook-Team festgestellt haben, dass die Art und Weise, wie Facebook genutzt wurde, deutlich von ihrer Idealvorstellung abwich, war ihnen keine Besorgnis anzumerken. Sollte jemandem aufgefallen sein, dass in einigen Facebook-Gruppen das Verhalten immer extremer wurde, so hat dennoch niemand gehandelt.

Ab 2014 nutzten die Russen das aus, um zwischen Amerikanern und Westeuropäern Zwietracht zu säen. Im Dezember 2015 meldete die britische Tageszeitung *The Guardian*, ein Unternehmen namens Cambridge Analytica habe Profile von mindestens 50 Millionen Facebook-Nutzern zweckentfremdet. Es folgte ein intensiver, aber kurzlebiger Skandal. Facebook entschuldigte sich und ließ Cambridge Analytica schriftlich bestätigen, die Datensätze seien vernichtet worden. Dann kehrte man rasch zum Tagesgeschäft zurück. Facebook war stets darauf bedacht, sich vor rechtlicher Verantwortung zu schützen, aber im Hinblick auf die Alarmsignale schien das Unternehmen sehr unaufmerksam. Die Vorzüge des Wachstums, wenn es um Umsätze, Gewinne und Einfluss ging, lagen auf der Hand, die Probleme ließen sich leicht ignorieren. Bei Facebook behielt lieber jeder seine Kennzahlen im Blick.

Zu Jahresbeginn 2016 schwamm Facebook auf einer enormen Erfolgswelle. Abgesehen von einigen PR-Kopfschmerzen hatte das Unternehmen seit dem Börsengang einen echten Lauf gehabt. Seit den Tagen, als ich Zuck noch als Mentor zur Seite stand, hatte sich praktisch alles Wichtige verändert, und ich wusste nur das, was öffentlich mitgeteilt worden war oder was ich mit eigenen Augen gesehen hatte. Genau wie seine Nutzer zeigte auch Facebook der Öffentlichkeit nur seine guten Seiten, deshalb hat es mich ja auch so überrascht, was ich 2016 zu sehen bekam. Dass kriminelle Elemente Facebooks Werkzeuge dafür nutzten, Unschuldigen Schaden zuzufügen, ergab für mich einfach keinen Sinn, aber ich hatte die Beweise direkt vor mir und konnte das Thema nicht auf sich beruhen lassen. Erst als ich unmittelbar vor der Wahl wieder Kontakt zu Zuck und Sheryl aufnahm, wurde mir deutlich, dass mein Bild von Facebook nicht zutreffend war. Es dauerte länger, als es mir lieb war, bis ich das Problem begriffen hatte. Mehr als vier Jahre beispiellosen Erfolgs hatten bei Facebook zu einem übertriebenen Selbstbewusstsein geführt. Das Unternehmen steckte in seiner eigenen Filterblase. Jeden Tag kamen neue Nutzer dazu, verbrachten mehr Zeit auf der Webseite, sorgten für noch mehr Umsatz und noch höhere Gewinne, was den Aktienkurs von Rekord zu Rekord trieb. Möglicherweise kam hier der Midas-Effekt zum Tragen und verleitete Zuck und sein Team zu der Annahme, dass alles, was sie anpackten, gut war, immer zum Besten und zweifelsohne zum Wohl der Menschheit. Bescheidenheit wurde über Bord geworfen. Facebook ordnete alles dem Wachstum unter. Früher oder später würde das zu Problemen führen, die sich nicht mit einem „Tut uns leid" und einem „Wir werden uns bessern" aus der Welt schaffen lassen würden.

4

FOGGS KINDER

Es liegt nicht daran, dass jemand böse ist oder böse Absichten verfolgt. Es liegt daran, dass es bei dem Spiel darum geht, Aufmerksamkeit um jeden Preis zu erlangen. – Tristan Harris

Am 9. April 2017 trat Tristan Harris auf *CNN* in der Sendung *60 Minutes with Anderson Cooper* auf. Tristan, Googles ehemaliger Designethiker, sprach in der Sendung über die Methoden, mit denen Internetplattformen wie Facebook, Twitter, YouTube, Instagram und Snapchat die Emotionen ihrer Nutzer manipulieren. Er sprach darüber, welchen Kampf um Aufmerksamkeit sich die Medien liefern, wie Smartphones diesen Kampf grundlegend verändert haben und wie Internetplattformen auf Kosten ihrer Nutzer von dieser Entwicklung profitiert haben. Die Plattformen nutzen die Schwächen der menschlichen Psychologie aus und verwenden Ideen, wie sie bei der Propaganda, der Öffentlichkeitsarbeit und bei Glücksspielautomaten zum Einsatz kommen, um zunächst Gewohnheiten zu erschaffen und dann Abhängigkeiten. „Brain-Hacking" nennt es Tristan.

Als ich Tristans Interview sah, versuchte ich seit drei Monaten erfolglos, Facebook davon zu überzeugen, dass sein Geschäftsmodell und seine Algorithmen eine Gefahr für die Nutzer und die eigene Marke darstellen. Mir wurde klar, dass ich nur auf mich gestellt mein

Ziel nicht erreichen würde. Ich brauchte jemanden, der mir helfen konnte zu begreifen, was ich im Verlauf des Jahres 2016 beobachtet hatte. Tristans Vision erklärte sehr, sehr viel von dem, was ich gesehen hatte. Sein Hauptaugenmerk lag auf der öffentlichen Gesundheit, aber ich erkannte sofort die Auswirkungen für Wahlen und Wirtschaft.

Ich beschaffte mir Tristans Kontaktdaten und rief ihn am nächsten Tag an. Er sagte mir, er habe über drei Jahre lang versucht, Entwicklern bei Technologiefirmen wie Google das Konzept des Brain-Hackings zu erklären. Wir beschlossen, gemeinsame Sache zu machen. Unser Ziel: Wir wollten die Welt auf die dunkle Seite der sozialen Medien aufmerksam machen. Der Schwerpunkt würde dabei auf Tristans Bereich der öffentlichen Gesundheit liegen, aber wir würden die Augen nach Möglichkeiten offenhalten, auch politische Themen wie Wahlen zu berücksichtigen und Wirtschaftsthemen wie Innovation und Unternehmertum. Vielleicht war es eine Aufgabe, die eines Don Quijote würdig war, aber wir waren fest entschlossen, es wenigstens zu versuchen.

Tristan kam 1984 zur Welt, im Geburtsjahr des Macintosh. Er wuchs als einziges Kind einer alleinerziehenden Mutter in Santa Rosa/Kalifornien auf, etwa eine Stunde nördlich der Golden Gate Bridge und von San Francisco. Mit fünf Jahren bekam Tristan seinen ersten Computer und verliebte sich sofort in ihn. Als Kind interessierte er sich ganz besonders für Zauberei und besuchte ein spezielles Camp, wo sein ungewöhnliches Talent dafür sorgte, dass ihn mehrere professionelle Magier unter ihre Fittiche nahmen. Zaubertricks schlagen Kapital aus den evolutionären Grundlagen der menschlichen Aufmerksamkeit. Wir alle lächeln auf mehr oder weniger dieselbe Art und genauso reagieren wir auf visuelle Stimuli größtenteils vorhersehbar. Magier wissen sehr viel darüber, wie Aufmerksamkeit funktioniert, und sie richten ihre Tricks entsprechend danach aus. So scheint die Münze aus der einen Hand des Magiers in die andere Hand zu fliegen und dann spurlos zu verschwinden. Und so zieht er sie scheinbar aus dem Ohr eines Kinds.

Wenn ein Magier zu Ihnen sagt: „Suchen Sie sich eine Karte aus, irgendeine Karte", dann hat er zuvor in mehreren Schritten dafür gesorgt, dass Sie eine ganz bestimmte Karte wählen. All diese Tricks funktionieren bei nahezu allen Menschen, denn sie spielen mit der Art und Weise, wie wir auf der simpelsten Ebene ticken. Wir können nicht anders, wir müssen einfach erstaunt sein, denn unsere Aufmerksamkeit wurde auf unerwartete Weise manipuliert. Sprache, Kultur, sogar das Bildungsniveau sind einem Magier völlig egal – die überwältigende Mehrheit der Menschen reagiert auf ein und dieselbe Weise.

Als Tristan von der Grundschule in die Mittelstufe wechselte, löste der Computer die Zauberei ab. Mit dem Computer war er imstande, Sachen zu bauen, was auf ganz eigene Weise ebenfalls magisch war. So, wie manche Jungs Baseball-Statistiken in sich aufsaugen, lernte er Programmiersprachen und entwickelte immer komplexer werdende Spiele und Anwendungen. Es waren die späten 1990er-Jahre und Apple tauchte gerade nach über einem Jahrzehnt aus seinem tiefen Tal wieder auf. Tristan verliebte sich in seinen Mac und in Apple und träumte davon, eines Tages dort zu arbeiten. Dank der Zulassungsstelle an der Uni Stanford sollte es nicht allzu lange ein Traum bleiben.

Stanford ist das akademische Zentrum des Silicon Valleys. Die keine zwei Stunden südlich von Tristans Zuhause in Santa Rosa gelegene Universität war Geburtsort zahlreicher Technologieunternehmen, die zu den erfolgreichsten aller Zeiten zählen, allen voran Google. Als Tristan im Herbst 2002 in Stanford eintraf, konzentrierte er sich auf Computerwissenschaften. Er hatte noch nicht einmal seinen ersten Monat im ersten Studienjahr hinter sich, da machte er sich schon daran, seinen Traum wahr werden zu lassen: Er bewarb sich für die Sommerferien für einen Praktikumsplatz bei Apple und erhielt tatsächlich den Zuschlag. Größtenteils arbeitete er dort an Designprojekten. Teile des Codes und der Benutzeroberflächen, die er im Verlauf von drei Sommerjobs erschuf, sind bis heute in Apple-Produkten zu finden.

Nach dem Abschluss schrieb sich Tristan für Stanfords Master-Programm in Computerwissenschaften ein. Im ersten Semester belegte er einen Kurs in persuasiver Technologie bei Professor B.J. Fogg, dessen Werk *Persuasive Technology* als Standardwerk in diesem Feld gilt. Das Thema wird auch an anderen Universitäten gelehrt, aber durch Stanford genoss Fogg einen Standortvorteil, der ihm unverhältnismäßig viel Einfluss im Silicon Valley bescherte. Foggs Erkenntnis: Rechner erlaubten es den Programmierern, Psychologie und Überzeugungskonzepte aus dem frühen 20. Jahrhundert (beispielsweise Propaganda) mit Techniken von Glücksspielsautomaten zu kombinieren (beispielsweise variierende Belohnungen) und das Ganze so mit dem menschlichen Bedürfnis nach Anerkennung und Bestätigung zu verknüpfen, dass sich nur die allerwenigsten Nutzer dem entziehen können. So wie ein Magier mit seinen Kartentricks kann ein Computerdesigner die Illusion erschaffen, der Nutzer habe die Kontrolle, dabei steuert in Wahrheit das System jeden einzelnen Schritt.

Foggs Lehrbuch legt eine Formel für Überzeugungsmethodik dar, die kluge Entwickler nutzen können, um mit jeder neuen Technologiegeneration die Nutzer noch gefügiger zu machen. Vor Smartphones wie dem iPhone und den Android-Geräten war die Gefahr begrenzt; nach dem Umstieg auf Smartphones hatten die Nutzer keine Chance mehr. Und Fogg war auch keine Hilfe. In seinem Buch schildert er, wie er seine Studenten in Ethik unterrichtete: Er ließ sie in kleinen Teams Konzeptentwürfe für eine moralisch fragwürdige persuasive Technologie entwickeln – „je unmoralischer, desto besser". Seiner Meinung nach war dies der beste Ansatz, die Studenten dazu zu bringen, über die Folgen ihrer Arbeit nachzudenken.

Nachdem bekannt wurde, dass die von ihm gelehrten Methoden möglicherweise dazu beigetragen haben, die Demokratie und die öffentliche Gesundheit zu untergraben, wurde auch Kritik an Professor Fogg selbst laut. Ich habe Foggs Buch und einen von ihm verfassten Beitrag für *Medium* gelesen und halte ihn für einen Technologieoptimisten, der das Wertesystem des Silicon Valleys übernommen hat und sich nie hätte vorstellen können, dass seine Erkenntnisse ernsthafte Schäden nach sich ziehen könnten. Ich hatte Gelegenheit, mich mit ihm zu unterhalten, und halte Fogg für einen nachdenklichen und freundlichen Mann, der glaubt, man weise ihm zu Unrecht die Schuld an den Folgen persuasiver Technologie auf Internetplattformen zu. Er sagte mir, er habe wiederholt versucht, auf die Gefahren persuasiver Technologie hinzuweisen, aber im Silicon Valley habe man ihm keine Aufmerksamkeit geschenkt.

Bei Unternehmen wie Facebook und Google arbeiten Foggs Jünger häufig in der „Growth Group", also bei den Growth-Hackern, die dafür zuständig sind, die Zahl der Nutzer, die Verweildauer auf der Webseite und die Wirksamkeit von Anzeigen zu steigern. Sie waren darin sehr erfolgreich. Wir Menschen sehen uns Internetplattformen an und glauben, wir würden uns in einem simplen Newsfeed Katzenvideos ansehen und Beiträge unserer Freunde. Was die wenigsten Menschen wissen: Hinter dem Newsfeed steckt eine riesige und hochmoderne künstliche Intelligenz. Wenn wir den Newsfeed durchgehen, spielen wir gleichzeitig multidimensionales Schach gegen gewaltige künstliche Intelligenzen (KI), die ein nahezu perfektes Wissen über uns besitzen. Ziel der KI ist es, herauszufinden, welche Inhalte jeden von uns in hohem Maße begeistern, und wie sich das zu Geld machen lässt. Erfolg führt dazu, dass die KI uns mehr Inhalte der Art zeigt, die uns bei früherer Gelegenheit innehalten und aktiv werden ließ. 1,47 Milliarden Nutzer sind tagein, tagaus auf Facebook. Wenn ihre Ansichten jeden Tag über ein, zwei Jahre hinweg gefestigt werden, dann bleibt das nicht ohne Wirkung. Nicht bei jedem Nutzer und in jedem Fall, aber bei ausreichend Nutzern in ausreichend Situationen, um werbewirksam und demokratieschädigend zu sein.

Bei Unternehmen wie Facebook (und Google) ist die künstliche Intelligenz mittlerweile imstande, Prognosen zum Verhalten abzugeben. Basierend auf den Mustern aus dem Datenberg, den sie über ihre Nutzer zusammengetragen haben, nehmen sie unsere Gedanken und Gefühle vorweg. Nach jahrelangem Klicken auf „Like"-Buttons,

Beiträge, Teilen oder Kommentieren von Beiträgen und Schreiben in Gruppen haben wir Facebooks künstlicher Intelligenz die Mittel an die Hand gegeben, unsere Aufmerksamkeit zu monopolisieren. Dank all dieser Daten kann Facebook den Werbetreibenden Zielgruppenmarketing von außergewöhnlich hoher Qualität bieten. Die Herausforderung bestand darin, Anzeigenprodukte zu entwickeln, die aus diesem Targeting den maximalen Wert herausholen.

Im Kampf um Aufmerksamkeit ist ständige Innovation angesagt. In der Frühphase des Internets hat die Branche bei der Bannerwerbung gelernt, dass der Nutzer sich an vorhersehbare Anzeigenlayouts anpasst und darüber hinwegliest, ohne etwas vom Inhalt mitzubekommen. Bei Onlineanzeigen muss man abwägen: Es ist im Internet deutlich einfacher, sicherzustellen, dass die richtige Person Ihre Anzeige sieht. Andererseits ist es deutlich schwerer, sicherzustellen, dass diese Person Ihrer Anzeige auch tatsächlich Aufmerksamkeit schenkt. Technologieplattformen gehen dieses Problem an, indem sie danach streben, dass die Menschen maximal viel Zeit bei ihnen verbringen. Verwenden die Nutzer nur einen Bruchteil ihrer Zeit auf das Betrachten der Anzeigen, die sie zu sehen bekommen, dann gilt es, sich von der Aufmerksamkeit der Nutzer so viel wie möglich zu sichern. Also gehen Facebook und andere Plattformen mit neuen Inhaltsformaten und neuen Produkten an den Start und hoffen, die Einbindung der Nutzer steigern zu können. Am Anfang reichte Text aus. Dann kamen Fotos. Dann Mobilfunk. Die neue Grenze ist Video. Neben neuen Formaten führt Facebook auch neue Produkte wie den Messenger und bald darauf auch eine Dating-Anwendung ein. Um die Gewinne zu maximieren, spielen Internetplattformen wie Facebook nicht mit offenen Karten, wenn es um die Wirksamkeit ihrer Anzeigen geht.

Was sie gegenüber Werbetreibenden an Transparenz an den Tag legen, ist weniger als der Branchenstandard und macht traditionelle Audit-Methoden unmöglich. Die Wirksamkeit von Werbung ist seit jeher unglaublich schwierig zu ermessen, deshalb ja auch der geflügelte Ausspruch: „Ich weiß, dass die Hälfte meines Werbebudgets verschwendet ist. Aber ich weiß nicht, welche Hälfte." Außerdem funktioniert die Werbung auf Plattformen gut genug, dass die Werbekunden jedes Jahr grundsätzlich mehr Geld dafür aufwenden. Suchanzeigen auf Google bieten die offenkundigste Amortisierung, Markenanzeigen auf anderen Plattformen sind im Vergleich dazu deutlich schwieriger zu messen. Wichtig ist in jedem Fall aber eines: Die Anzeigenkunden müssen ihre Botschaft den potenziellen Kunden vorsetzen, wo auch immer diese sich aufhalten. Wandern die Nutzer von traditionellen Medien ins Internet ab, müssen die Werbebudgets ihnen folgen. Solange die Plattformen nicht ein absolut bestechendes Anzeigenformat entwickelt haben, werden sie sich nach Leibeskräften bemühen, die Zahl der täglichen Nutzer und die auf der Webseite verbrachte Zeit zu maximieren. So lange, wie sich der Nutzer auf der Webseite aufhält, wird die Plattform Geld für das Schalten von Anzeigen einnehmen.

INTERNETPLATTFORMEN HABEN B.J. FOGGS Ansatz zu persuasiver Technologie begeistert übernommen und setzen ihn in jeder nur denkbaren Form auf ihren Webseiten um. Autoplay und Endlos-Feeds nehmen dem Nutzer Punkte weg, die sich für einen Ausstieg anbieten würden. Nicht vorhersehbare und variierende Belohnungen stimulieren Verhaltenssüchte. Das Markieren in Fotos, „Gefällt mir"-Buttons und Benachrichtigungen lösen Rückkoppelungsschleifen sozialer Bestätigung aus. Wir Nutzer haben keine Chance, uns dagegen zu wehren. Die Menschheit hat auf bestimmte Stimuli bestimmte Reaktionen entwickelt – die Kampf-oder-Flucht-Reaktion beispielsweise –, die sich mithilfe der Technologie ausschlachten lassen.

Der Körper reagiert vorhersehbar, wenn er mit visuellen Reizen stimuliert wird, etwa mit grellen Farben (Rot ist eine Alarmfarbe), oder wenn in unserer Tasche in der Nähe der Haut etwas vibriert und die Möglichkeit einer befriedigenden Belohnung signalisiert. Der Herzschlag beschleunigt sich und der Neurotransmitter Dopamin wird freigesetzt. Beide Reaktionen sind dafür gedacht, in einer Situation, in der es möglicherweise um Leben oder Tod geht, unsere

Überlebenschancen zu verbessern. Wird dieser Reiz zu oft getriggert, ist das für jeden Menschen schlecht, aber ganz besonders gefährlich sind die Folgen für Kinder und Heranwachsende. Zu den ersten folgenschweren Auswirkungen gehören eine verminderte Schlafqualität, eine gesteigerte Stressbelastung, Angstgefühle, Depressionen, Konzentrationsmängel, Gereiztheit und Schlaflosigkeit. Und das ist erst der Anfang. Viele von uns entwickeln Nomophobie, die Angst, ohne unser Handy von der Außenwelt abgeschnitten zu sein. Wir sind darauf gedrillt, uns ständig auf unser Telefon zu konzentrieren, und verlangen nach immer mehr Stimulation von den Plattformen unserer Wahl. Viele von uns bekommen damit Probleme, sich auf andere Menschen einzulassen und mit ihnen zu interagieren. Kinder werden süchtig nach Spielen, Kurznachrichtendiensten, Instagram und Snapchat, die das Wesen der menschlichen Erfahrung verändern. Kurznachrichtendienste und soziale Netzwerke erleichtern das Cyber-Mobbing, denn wenn Technologie die menschlichen Beziehungen vermittelt, fehlen die sozialen Signale und Feedbackschleifen, die einen Mobber normalerweise von seinem Handeln abhalten würden, weil er weiß, er läuft Gefahr, dass ihn sein Umfeld ausschließt oder zur Ordnung ruft.

Auch Erwachsene sind in Filterblasen gefangen. Bei Wikipedia heißt es, die Filterblase entstehe, „weil Webseiten versuchen, algorithmisch vorauszusagen, welche Informationen der Benutzer vorfinden möchte – dies basierend auf den verfügbaren Informationen über den Benutzer (beispielsweise Standort des Benutzers, Suchhistorie und Klickverhalten). Daraus resultiert eine Isolation gegenüber Informationen, die nicht dem Standpunkt des Benutzers entsprechen". Filterblasen fördern das Einbinden der Nutzer und sind deshalb ein zentraler Bestandteil des Geschäftsmodells bei Facebook und Google. Aber Filterblasen enden nicht bei Internetplattformen. Sie finden sich auch bei jedem journalistischen Medium, das die vorgefertigten Ansichten seines Publikums bekräftigt und alle Geschichten unterdrückt, die im Widerspruch dazu stehen könnten. Parteiische Fernsehsender wie *Fox News* und *MSNBC* unterhalten gewaltige Filterblasen, können aber mit der Durchschlagskraft von Facebook und Google nicht mithalten, denn das Fernsehsehen ist ein Rundfunkmedium, das nur sendet. Nicht möglich sind Personalisierung, Interaktivität, das Teilen von Inhalten, oder Gruppen.

Filterblasen auf Facebook verfügen über mehrere Elemente. Beim endlosen Streben nach noch mehr Nutzereinbindung setzen uns die künstliche Intelligenz und die Algorithmen von Facebook einen steten Strom an Inhalten vor, die ähnlich wie diejenigen sind, die uns zuletzt am meisten beschäftigt haben. Normalerweise sind das Inhalte, bei denen wir den „Gefällt mir"-Button betätigt haben. Jeder Klick, jedes Teilen, jeder Kommentar hilft Facebook, seine künstliche Intelligenz ein klein wenig besser zu machen. Und weil 2,2 Milliarden Menschen jeden Monat auf etwas klicken, etwas teilen oder etwas kommentieren (davon 1,47 Milliarden Menschen jeden Tag), weiß die Facebook-KI mehr über die Nutzer, als diese es sich vorstellen können. Dass all diese Daten an einem einzelnen Ort liegen, macht sie automatisch zu einem Ziel für kriminelle Elemente, da können die Daten noch so gut geschützt sein. Aber Facebooks Geschäftsmodell besteht darin, jedem, der dafür zu zahlen bereit ist, Gelegenheit zu geben, diese Daten für den eigenen Nutzen zu verwenden.

Tristan stellt die These auf, die Plattformen würden sich ein Wettrennen zum Fuß des Stammhirns liefern, wo die künstlichen Intelligenzen Inhalte präsentieren, die die niederen Emotionen des Reptilienhirns ansprechen – wie etwa sofortige Befriedigung, Wut oder Angst. Kurze Videos funktionieren besser als längere. Animierte GIFs funktionieren besser als statische Fotos. Sensationsheischende Schlagzeilen funktionieren besser als ruhige Beschreibungen der Ereignisse. Der Raum der wahren Dinge ist begrenzt, aber der Raum der Unwahrheiten kann sich nach Belieben in sämtliche Richtungen ausbreiten, sagt Tristan – falsch sticht wahr. Aus Evolutionsperspektive ist das ein gewaltiger Vorteil. Die Menschen sagen, sie würden Welpenfotos und Fakten bevorzugen und auf viele mag das auch zutreffen, aber auf Facebook und anderen Plattformen lässt sich mit Hetze leichter ein breites Publikum erreichen.

Bringt man einen Nutzer in Rage oder macht ihm Angst, ist das ein wirksamer Ansatz, ihn zu mehr Aktivität zu verleiten. Ängstliche Nutzer gehen häufiger auf die Webseite. Wütende Nutzer teilen häufiger Inhalte, um andere Menschen zu überzeugen, sich ihrerseits zu empören. Das allerbeste aus Sicht von Facebook: Wütende oder ängstliche Nutzer in angeschlagenem emotionalen Zustand reagieren stärker auf weitere emotional aufgeladene Inhalte. Es ist nicht schwer, sich vorzustellen, wie aufwiegelnde Inhalte den Herzschlag beschleunigen und den Dopamin-Ausstoß ankurbeln. Facebook weiß so viel über jeden Nutzer, dass das Unternehmen den Newsfeed häufig so manipulieren kann, dass emotionale Reaktionen ausgelöst werden. Das gelingt nicht immer und nicht bei jedem Nutzer, aber doch weitaus häufiger, als es den Nutzern bewusst ist. Und sie gehen dabei subtil und in sehr kleinen Schritten vor. Tägliche kleine Anstöße können über einen langen Zeitraum hinweg gewaltige Veränderungen bewirken, gerade bei einer Plattform wie Facebook, auf die die meisten Nutzer täglich schauen.

2014 veröffentlichte Facebook die Studie „Experimental Evidence of Massive-Scale Emotional Contagion Through Social Networks" (etwa: „Experimentelle Nachweise für großflächige Gefühlsansteckung durch soziale Netzwerke"). Im Verlauf der Studie wurde bei nahezu 700.000 Nutzern im Newsfeed das Verhältnis von positiven und negativen Botschaften verändert und gemessen, wie sich soziale Netzwerke auf die Stimmung auswirken. In seinem internen Bericht erklärte Facebook, das Experiment habe Beweise dafür geliefert, dass sich Emotionen über die Plattform ausbreiten können. Facebook hat Menschen traurig gemacht – ohne dass vorab die Zustimmung eingeholt wurde oder eine Warnung ausgesprochen wurde … einfach nur, um zu schauen, ob es geht.

Als eine Flutwelle der Kritik über Facebook hereinbrach, sagte Sheryl Sandberg: „Das war Teil fortlaufender Forschung. Unternehmen probieren unterschiedliche Produkte aus und so war es auch in diesem Fall, nur dass es schlecht kommuniziert wurde. Und für diese Kommunikation entschuldigen wir uns. Wir hatten nie vor, euch zu verärgern." Dafür, dass mit den Nutzern ein gewaltiges psychologisches Experiment veranstaltet wurde, gab es von ihr keine Entschuldigung. Derartige Experimente seien „normal für Unternehmen" und entschuldigen müsse man sich einzig für Facebooks schlechte Kommunikation. Wenn sich aus Sheryls Äußerungen etwas ableiten lässt, dann, dass es bei Facebook gängige Praxis ist, Experimente an Nutzern durchzuführen, ohne zuvor deren Zustimmung einzuholen.

Wie sich gezeigt hat, macht es nicht automatisch alle glücklich, wenn man 2,2 Milliarden Menschen in einem einzigen Netzwerk zusammenbringt. Es setzt die Nutzer unter Druck: Sie müssen zunächst einmal ein erstrebenswertes Erscheinungsbild abgeben, dann müssen sie die Aufmerksamkeit anderer auf sich lenken, sei es in Form von Likes oder durch Teilen ihrer Beiträge. In einem derartigen Umfeld dominieren die lautesten Stimmen und das kann einschüchternd sein. Deshalb folgen wir dem menschlichen Instinkt, sich zu Haufen oder Stämmen zusammenzurotten. Das geht los mit Menschen, die unsere Vorstellungen teilen, meistens handelt es sich um Angehörige, Freunde und Facebook-Gruppen, deren Mitglied wir sind. Dank Facebooks Newsfeed kann sich jeder Nutzer mit ähnlich denkenden Menschen umgeben. Rein theoretisch können wir unser Freundesnetzwerk als ausgesprochen vielfältige Gemeinschaft gestalten, aber in der Praxis sortieren die meisten Menschen Leute aus, deren Meinung sie nicht teilen. Werden wir von jemandem provoziert, ist es ein gutes Gefühl, denjenigen vor die Tür zu setzen – so machen das viele Menschen. Die Folge: Die Freundesliste wird mit der Zeit homogener, ein Effekt, den Facebook mit seiner Art und Weise, den Newsfeed zu unterstützen, noch verstärkt. Wenn die Inhalte von Angehörigen, Freunden und Gruppen kommen, die wie wir denken, lassen wir in unserer Wachsamkeit nach. Das ist einer der Gründe dafür, warum sich Falschinformationen auf Facebook so schnell ausbreiten können.

Den Nutzern das zu geben, was sie wollen, klingt zunächst einmal wie eine großartige Idee, hat aber mindestens eine unselige Nebenwirkung: Filterblasen. Es besteht ein starker Zusammenhang zwischen

Filterblasen und Polarisierung. Ich will damit auf keinen Fall sagen, dass Filterblasen polarisierend wirken, aber meiner Meinung nach wirken sie sich negativ auf den öffentlichen Diskurs und die Politik aus, denn sie isolieren die Menschen, die in Filterblasen gefangen sind. Filterblasen existieren auch außerhalb von Facebook und Google, aber die gesteigerte Aufmerksamkeit für diese Unternehmen erhöht den Einfluss ihrer Filterblasen im Vergleich zu anderen.

Jede Person auf Facebook hat Freunde und Familie, aber viele sind auch Mitglieder von Gruppen. Facebook lässt Gruppen zu praktisch allen Themen zu, seien es Hobbys, Unterhaltung, Sportvereine, Gemeinden, Kirchen oder Berühmtheiten. Es gibt zahlreiche Gruppen, die sich quer durch das Spektrum mit Politik befassen. Facebook liebt Gruppen, denn es macht die Zielgruppenbestimmung für Werbetreibende leichter. Negative Elemente lieben Gruppen aus demselben Grund. Forschungen von Cass Sunstein, der während der ersten Amtszeit von Barack Obama das Office of Information and Regulatory Affairs leitete, sprechen dafür, dass ähnlich gesinnte Menschen in ihren Ansichten mit der Zeit extremer werden, wenn sie Themen nur unter sich erörtern.

Bei Gruppen politisch aktiver Nutzer, die gemeinsame Ansichten teilen, verstärken sich die Ansichten gegenseitig und führen zu gemeinsamer Entrüstung über Menschen, die sie als Feinde wahrnehmen. Das macht sie, wie bereits erwähnt, anfällig für Manipulationen. Wenn sie gut aufeinander abgestimmt sind, können bereits ein bis zwei Prozent einer Gruppe die Konversation dominieren, hat Jonathan Morgan von Data for Democracy beobachtet. Das heißt, ein menschlicher Troll mit einer kleinen Heerschar von Software-Robotern (sogenannte digitale Bots) kann eine große, emotional aktive Gruppe kontrollieren. Genau das taten die Russen, als sie in der Hoffnung auf eine Konfrontation Gruppen mit radikal unterschiedlichen Meinungen (etwa pro-Islam und anti-Islam), dazu brachten, Facebook-Veranstaltungen am selben Ort, zur selben Zeit abzuhalten.

Facebook möchte uns glauben machen, es selbst sei nur eine Plattform, auf der andere agieren, und deshalb sei man auch nicht dafür verantwortlich, was diese Dritten dort anstellen. Beide Behauptungen sind zu hinterfragen. Tatsächlich erschuf und betreibt Facebook ein komplexes System, in dessen Mittelpunkt ein Wertesystem steht, das immer stärker mit den Werten der Nutzer kollidiert, denen es doch vermeintlich dienen soll. Facebook erklärt, die Nutzer kontrollieren ihre Erfahrung, indem sie sich ihre Freunde und ihre Quellen aussuchen, die dann ihren Newsfeed befüllen, dabei kontrollieren in Wahrheit künstliche Intelligenz, Algorithmen und von Facebooks Programmierern entwickelte Menüs jeden Aspekt dieser Erfahrung. Es gibt weltweit nahezu so viele monatliche Facebook-Nutzer wie Christen (die auf dem Papier mitgerechnet) und nahezu so viele tägliche Facebook-Nutzer wie Muslime (die auf dem Papier mitgerechnet), da kann Facebook sich nicht hinstellen und behaupten, sein Geschäftsmodell und seine Designentscheidungen hätten keinen weitreichenden Effekt. Die Vorstellung, eine Plattform mit über zwei Milliarden Nutzern könne und sollte sich selbst regulieren, wirkt gleichzeitig naiv und egoistisch, zumal es mittlerweile reichlich Beweise für das Gegenteil gibt. Selbst wenn Facebook „bloß eine Plattform" wäre, hat es doch die Verantwortung, seine Nutzer vor Schaden zu schützen. Verantwortung abzulehnen, hat ernste Folgen.

BEIM KAMPF, DEN SICH die Medien und die Technologiefirmen um die Aufmerksamkeit der Menschen liefern, wird derjenige belohnt, der das schlimmste soziale Verhalten an den Tag legt. Extreme Meinungen sorgen für mehr Aufmerksamkeit, also empfehlen Plattformen sie. Newsfeeds mit Filterblasen sind besser als Newsfeeds ohne darin, die Aufmerksamkeit zu fesseln. Wenn Filterblasen nichts Schlimmeres anrichten würden als bestehende Ansichten zu verstärken, dann wären sie auch nicht negativer als vieles andere in der Gesellschaft. Doch leider entwickeln die Menschen in einer Filterblase ein immer stärkeres Stammesdenken, sie werden immer isolierter und extremer. Diese Menschen suchen sich Menschen und Ideen, mit denen sie sich wohl fühlen.

Soziale Medien haben es möglich gemacht, dass persönliche Ansichten, die zuvor durch soziale Zwänge eingehegt wurden, ein Ventil finden. Ein Beispiel dafür ist White Supremacy, die Ansicht, die „weiße Rasse" sei anderen Rassen überlegen. Vor dem Aufkommen der Plattformen wurden extreme Ansichten häufig gemäßigt, da es für die Anhänger dieser Ansichten schwer war, Gleichgesinnte zu finden. Wer in der Realwelt extreme Ansichten äußert, muss damit rechnen, gesellschaftlich stigmatisiert zu werden, ein Faktor, der diese Stimmen in Grenzen hält. Indem sie Anonymität und/oder private Gruppen ermöglichten, haben die Plattformen dieses Stigma entfernt und es Gleichgesinnten (auch in extremistischen Kreisen) ermöglicht, sich zu finden, miteinander zu kommunizieren und mit der Zeit die Angst zu verlieren, gesellschaftlich stigmatisiert zu werden.

Im Internet finden selbst die gesellschaftlich am wenigsten akzeptierten Ideen ein Ventil. Als Befürworter der Meinungsfreiheit vertrete ich die Ansicht, dass jede Person das Recht hat, ihre Meinung zu äußern. Leider haben die Anonymität, die Möglichkeit, private Gruppen zu bilden, und die nicht sehr strenge Haltung der Plattformen das normale Gleichgewicht der freien Meinungsäußerung dahingehend verschoben, dass extreme Stimmen häufig einen Vorteil gegenüber besonnenen Stimmen haben. Solange die Plattformen dem keine Grenzen auferlegen, können beispielsweise Hasstiraden ansteckend werden. Dass es in den jeweiligen Bereichen keine vergleichbaren Alternativen zu Facebook und Google gibt, erlegt diesen Plattformen eine zusätzliche Verantwortung auf, was das Moderieren von Inhalten anbelangt. Sie haben die Verpflichtung, sich mit den einzigartigen Bedrohungen für die Meinungsfreiheit zu befassen, die durch ihre Größe und ihre Monopolstellung hervorgerufen werden. Dieses Problem ist nicht einfach zu lösen und wird noch durch die anhaltenden Bemühungen erschwert, die Verantwortung abzuwälzen. Indem sie sich wiederholt auf die Meinungsfreiheit berufen, um sich gegen Angriffe auf ihr Geschäftsgebaren zu verteidigen, haben die Plattformen das Ganze noch schlimmer gemacht.

Ob nun vorsätzlich oder zufällig: Plattformen ermächtigen auf diversen Wegen extreme Ansichten. Die Leichtigkeit, mit der sich gleichgesinnte Extremisten finden können, erweckt eine Illusion von Legitimität. Da sie auf den Internetplattformen vor den Stigmata der realen Welt geschützt ist, verschiebt sich die Kommunikation zumeist hin in Richtung einer gefährlicheren Sprache. Die Normalisierung verringert die Hemmschwellen für Neugierige und die Bekräftigung durch die Algorithmen dirigiert einige Nutzer in immer extremere Positionen. Guillaume Chaslot, der früher bei YouTube Algorithmen entwickelte, erschuf ein Programm, das Schnappschüsse davon machte, was YouTube den Nutzern empfahl. Dabei erfuhr er, dass einem Nutzer, der ein normales Nachrichtenvideo über den 11. September sah, als nächstes etwas zu Verschwörungstheorien zum 11. September empfohlen wurde. Wenn ein Teenager ein Video über Ernährungsgewohnheiten schaute, empfahl YouTube Videos, die mit Magersucht in Zusammenhang stehende Verhaltensweisen enthielten. Nicht umsonst wird in der Branche über YouTubes „In drei Schritten zu Alex Jones" gespottet: Egal mit welchem Thema man beginnt, innerhalb von drei Empfehlungsrunden werden einem YouTubes Algorithmen oftmals etwas vom Verschwörungstheoretiker Alex Jones anbieten.

In einem Gastkommentar für das Magazin *Wired* zitierte meine Kollegin Renée DiResta den Chief Product Officer von YouTube, Neal Mohan, mit der Aussage, 70 Prozent der Abrufe auf seiner Plattform würden aus Empfehlungen resultieren. Solange es keine Verpflichtung zu bürgerlicher Verantwortung gibt, wird die Empfehlungsmaschinerie darauf programmiert sein, so zu handeln, dass maximaler Gewinn erzielt wird. Verschwörungstheorien bringen die Nutzer dazu, mehr Zeit auf der Webseite zu verbringen.

Hat eine Person auf einer Internetplattform erst einmal eine extreme Position eingenommen, unterliegt sie sowohl dem Effekt der Filterblase als auch der menschlichen Natur. Ein steter Strom an Ideen, die die eigene Meinung bestätigen, bringt viele von uns dazu, Entscheidungen zu treffen, die andere Ideen ausschließen, sowohl offline als auch online. Wenn man von sich aus Ideen blockiert, ist das eine „Präferenzblase", hat mir Clint Watts beigebracht, der das FBI in Fragen der nationalen Sicherheit berät. Filterblasen werden einem von anderen auferlegt, für eine Präferenzblase hingegen entscheidet man sich. Definitionsgemäß führt eine Präferenzblase einen Nutzer an einen schlechten Ort und möglicherweise ist ihm die Veränderung noch nicht einmal bewusst.

Präferenzblasen können allumfassend sein, umso mehr, wenn eine Plattform wie Facebook oder Google sie mit einem steten Strom passender Inhalte verstärkt. Ähnlich wie Filterblasen erhöhen auch Präferenzblasen die auf der Webseite verbrachte Zeit und steigern damit den Umsatz. In einer Präferenzblase erschaffen sich Nutzer eine alternative Realität, in deren Mittelpunkt Werte stehen, die sie mit einem Stamm Gleichgesinnter teilen. Das kann Politik, Religion oder anderes betreffen. Sie hören auf, mit Menschen zu interagieren, die andere Meinungen vertreten, was die Stärke der Blase erhöht. Sie ziehen gegen alles ins Feld, was ihre Blase bedroht, auch wenn das für einige Nutzer bedeutet, einen Krieg gegen die Demokratie und Rechtsnormen anzuzetteln. Kompetenz muss bei ihnen hinter Stimmen aus ihrem Stamm zurücktreten und unbequeme Fakten werden selbst dann nicht akzeptiert, wenn diese Fakten unumstößlich sind. Das ist der Grund, weshalb eine große Minderheit von Amerikanern Zeitungen zugunsten von Talkradio und Webseiten aufgegeben hat, die Verschwörungstheorien bedienen. Filterblasen und Präferenzblasen untergraben die Demokratie, indem sie einem großen Teil der Amerikaner die letzten Reste eines gemeinsamen Nenners nehmen. Wichtig ist nur der Stamm und erlaubt ist alles, was dem Stamm dient. Dieser Effekt lässt sich heute gut bei Menschen beobachten, die sich für Donald Trump stark machen und dafür Ansichten aufgeben mussten, die ihnen noch vor wenigen Jahren sehr wichtig waren. Auch hier gilt: Es handelt sich um ein Problem, das nicht von den Internetplattformen erschaffen wurde. Bestehende Risse innerhalb der Gesellschaft erschufen eine Geschäftsmöglichkeit, die die Plattformen ausgenutzt haben. Sie erschufen eine Feedback-Schleife, die in einer Geschwindigkeit und in einem Ausmaß, das vor Kurzem noch undenkbar schien, Ideen verstärkt und intensiviert.

In seinem Buch *Messing with the Enemy: Surviving in a Social Media World Full of Hackers, Terrorists, Russians and Fake News* argumentiert Clint Watts, dass im Fall einer Präferenzblase Fakten und Kompetenz im Mittelpunkt eines feindseligen Systems stehen können und zu einem Gegner werden, den es zu besiegen gilt. Watts schreibt: „Wer die meisten Likes bekommt, hat das Sagen. Wer am meisten geteilt wird, ist ein Experte. Haben Präferenzblasen erst einmal den Kern zerstört, streben sie danach, einen Kern zu erschaffen, der mehr nach ihrem Geschmack ist. Dafür wählen sie Informationen, Quellen und Fachleute aus, die ihre bevorzugte Alternativrealität unterstützen und nicht die wahre, echte Welt."

Die gemeinsamen Werte, auf denen unsere Demokratie fußt, erwiesen sich gegen die Präferenzblasen, die sich während des vergangenen Jahrzehnts herausgebildet haben, als machtlos. Facebook erschafft keine Präferenzblasen, aber es ist die ideale Brutstätte. Die Algorithmen sorgen dafür, dass Nutzer, denen ein Stück Desinformation gefällt, weitere Desinformationen aufgetischt werden. Haben sie genügend Desinformationen zu sich genommen, landen die Nutzer zunächst in einer Filterblase und dann in einer Präferenzblase. Wollen negative Elemente Menschen in einer Präferenzblase manipulieren, brauchen sie nur den Stamm zu unterwandern, die entsprechenden Hundepfeifen zu betätigen und schon kann es losgehen. Das haben die Russen 2016 getan und das tun heute viele.

FACEBOOK UND DIE ANDEREN Plattformen sind Echtzeitsysteme, die über mächtige Werkzeuge verfügen, die optimiert dafür sind, Verhaltensänderungen herbeizuführen. Das ist die traurige Wahrheit. Als Nutzer übernehmen wir gelegentlich eine Idee, die von der Plattform oder von anderen Nutzern auf der Plattform aufgebracht wurde. Ein Beispiel: Angenommen, ich bin in einer Facebook-Gruppe aktiv, in der es um Verschwörungstheorien geht. Dann nutze ich die Plattform eine Zeitlang nicht. Wenn ich dann wieder zurückkehre, wird Facebook etwas Überraschendes tun: Es wird mir vorschlagen, doch anderen Gruppen zum Thema Verschwörungstheorie beizutreten, denn dort sind Nutzer aktiv, die auch in meiner ersten Gruppe von Verschwörungstheoretikern sind. Und weil Gruppen von Verschwörungstheoretikern sehr aktiv sind, ist die Wahrscheinlichkeit sehr groß, dass sie dazu verleiten, sich erneut auf der Plattform zu engagieren. Wenn Sie der Gruppe beitreten, scheint das aus freier Wahl geschehen zu sein, aber in Wirklichkeit hat Facebook die Saat dafür gesät – nicht, weil Verschwörungstheorien gut für Sie sind, sondern weil Verschwörungstheorien gut für die sind.

Akzeptieren die Menschen eine Verschwörungstheorie, ist die Wahrscheinlichkeit groß, dass sie auch eine zweite akzeptieren, das lassen Forschungsergebnisse vermuten. Dasselbe gilt für hetzerische Fehlinformationen. All das war mir nicht bekannt, als ich beschloss, mich mit Tristan zusammenzutun. Im Zusammenspiel mit den von mir 2016 beobachteten Ereignissen rüttelten mich Tristans Erkenntnisse auf und zwangen mich zu akzeptieren, dass Facebook, YouTube und Twitter Systeme erschaffen hatten, die das Verhalten der Nutzer beeinflussten. Ihnen hätte bewusst sein müssen, dass sich die globale Reichweite darauf auswirken würde, wie die Menschen ihre Produkte verwenden, und dass dadurch der Einsatz für die Gesellschaft erhöht würde. Sie hätten Verstöße gegen ihre Nutzungsbedingungen vorhersehen und Maßnahmen ergreifen müssen, die Verstöße weitestgehend unterbinden. Nachdem sie auf die Störungen hingewiesen wurden, hätten sie mit den Ermittlern kooperieren sollen. Ich konnte nicht länger so tun, als handele es sich bei Facebook um ein Opfer. Ich kann nicht genug betonen, wie groß meine Enttäuschung war. Die Situation war deutlich schlimmer, als es mir klar gewesen war.

Die Menschen bei Facebook leben in ihrer eigenen Präferenzblase. Zuck und seine Mitarbeiter sind dermaßen überzeugt davon, in einem noblen Auftrag unterwegs zu sein, dass sie Kritik ablehnen.

Auf jedes Problem reagieren sie in der Art und Weise, die überhaupt erst für das Problem gesorgt hatte: mehr künstliche Intelligenz, mehr Softwarecode, mehr kurzfristige Lösungen. Das machen sie nicht, weil sie schlechte Menschen sind, sondern, weil der Erfolg ihre Wahrnehmung der Realität verzerrt hat. Für sie ist es eine so offenkundig gute Sache, 2,2 Milliarden Menschen miteinander zu verknüpfen, und anhaltendes Wachstum dermaßen wichtig, dass es ihnen überhaupt nicht in den Sinn kommt, dass die resultierenden Probleme in irgendeiner Weise mit ihren Ideen oder ihren geschäftlichen Entscheidungen zu tun haben könnten. Nie käme es ihnen in den Sinn, auf ihre Kritiker zu hören – wie viele Milliarden Menschen haben die denn schon miteinander verknüpft?! Und noch weniger käme es ihnen in den Sinn, ihre Art und Weise, Geschäfte zu machen, zu überdenken.

Als also Facebook Beweise vorgelegt wurden, wonach über die Plattform verbreitete Desinformationen und Falschmeldungen die Brexit-Abstimmung in Großbritannien und eine Präsidentschaftswahl in den USA beeinflusst haben, sprachen die Maßnahmen, die Facebook nun ergriff, Bände: Facebook stufte bei den Inhalten für den Newsfeed Verlage hinter Familie, Freunde und Gruppen zurück, ausgehend von der These, dass diese Quellen vertrauenswürdiger seien. Das Problem dabei: Familie, Freunde und Gruppen bilden die Grundlagen von Filterblasen und Präferenzblasen. Ob nun vorsätzlich oder unabsichtlich, teilen sie doch in jedem Fall exakt die Desinformationen und Falschmeldungen, die Facebook gerne unterdrücken würde.

TRISTAN SCHREIBT (UND FOGG lehrt), dass es zehn Werkzeuge gibt, mit deren Hilfe Plattformen die Entscheidungen ihrer Nutzer manipulieren. Einige beziehen sich auf die Schnittstelle jeder Plattform – Menüführung, Newsfeeds und Benachrichtigungen. Plattformen wie Facebook wollen einem weismachen, man habe stets und ständig die Kontrolle, aber wie gesagt: Nutzerkontrolle ist eine Illusion. Diese Illusion zu wahren, ist zentral für den Erfolg einer Plattform, aber bei Facebook ist dieser Faktor ganz besonders hinterlistig. Die Menüauswahl reduziert die Handlungsmöglichkeiten des Nutzers auf Begriffe, die Facebooks Interessen dienen. Zusätzlich arbeitet das Designteam von Facebook mit sogenannten Dark Pattern. Wikipedia definiert Dark Pattern als „Benutzerschnittstellen-Design, das sorgfältig darauf ausgelegt ist, einen Benutzer dazu zu bringen, bestimmte Tätigkeiten auszuführen, die dessen Interessen entgegenlaufen." Jeder einzelne Pixel wird von Facebook darauf abgeklopft, das gewünschte Resultat zu bringen. Welcher Rotton verführt die Menschen am ehesten dazu, ihre Benachrichtigungen zu kontrollieren? Um Nutzer möglichst effektiv auf der Webseite zu halten, wie viele Millisekunden sollten da Benachrichtigungsblasen unten links erscheinen, bevor sie verblassen? Nach welchen Maßstäben von Nähe sollten wir neue Freunde zum „Hinzufügen" empfehlen?

Hat man mehr als zwei Milliarden Nutzer, kann man mit sämtlichen nur denkbaren Konfigurationen herumspielen. Die Kosten sind minimal. Es ist kein Zufall, dass Facebooks Nutzungsbedingungen und Datenschutzeinstellungen wie bei den meisten Internetplattformen nur schwer zu finden und noch schwerer zu verstehen sind. Facebook packt einen Button auf die Landingpage, der den Nutzern Zugang zu den Nutzungsbedingungen ermöglicht, aber nur wenige Leute klicken darauf. Der Button ist so platziert, dass ihn kaum jemand überhaupt zu sehen bekommt, und wer ihn sieht, ist seit der Frühphase des Internets darauf konditioniert zu glauben, dass Nutzungsbedingungen lang und unverständlich sind. Also klicken auch sie nicht darauf. Facebooks Nutzungsbedingungen verfolgen nur ein einziges Ziel: Sie sollen das Unternehmen vor rechtlicher Verantwortung schützen. Indem wir die Plattform nutzen, geben wir Facebook die Erlaubnis, praktisch alles zu tun, worauf das Unternehmen so Lust hat.

Ein anderes Werkzeug aus Foggs Repertoire ist das „Fass ohne Boden": Auf Facebook und anderen Plattformen sind die Newsfeeds endlos. Wenn im Film oder im Fernsehen der Abspann beginnt, ist es für das Publikum das Zeichen, dass es an der Zeit für etwas anderes ist. Der Abspann fungiert als eine Art Signal, aufzuhören. Wenn Plattformen dieses Signal durch Endlos-Newsfeeds und Autoplay eliminieren, sorgen sie dafür, dass die Nutzer bei jedem Besuch ihre Zeit auf der Webseite maximieren. Endlose Newsfeeds funktionieren bei Dating-Apps. Sie funktionieren bei Fotoseiten wie Instagram. Und sie funktionieren bei Facebook. YouTube, Netflix und Facebook arbeiten mit Autoplay bei ihren Videos, denn auch Autoplay funktioniert. Und schon sind Millionen Menschen unausgeschlafen, weil sie zu lange Videos geschaut haben, durch Instagram blätterten oder auf Facebook surften.

Benachrichtigungen sind ein anderer Ansatz, wie Plattformen die Schwachstellen der menschlichen Psychologie ausnutzen. Benachrichtigungen greifen die alte Vertriebsmethode des „Erst einmal einen Fuß in die Tür bekommen" (Foot in the door) auf: Der potenzielle Kunde wird mit einer Handlung angelockt, deren Kosten scheinbar gering sind, die aber einen Prozess in Gang setzt, der zu höheren Kosten führt. Wer möchte nicht darüber informiert werden, dass er gerade eine E-Mail, eine SMS, eine Freundschaftsanfrage oder ein Like erhalten hat? Wir Menschen sind nicht gut darin, die wahren Kosten abzuschätzen, die uns entstehen, wenn wir uns auf die Foot-in-the-door-Technik einlassen. Schlimmer noch: Wir verhalten uns, als seien Benachrichtigungen etwas Persönliches von uns, und übersehen dabei völlig, dass sie automatisch generiert werden, und zwar häufig von einem Algorithmus, hinter dem eine künstliche Intelligenz steckt, die zu dem Schluss gekommen ist, dass gerade jetzt eine Benachrichtigung das Richtige ist, um eine Aktion zu provozieren, die für die wirtschaftlichen Interessen der Plattform von Nutzen ist. Und das ist noch nicht einmal das Schlimmste an Benachrichtigungen. Ich werde gleich näher darauf eingehen.

Zu Foggs Tricks der persuasiven Technologie gehören mehrere, die mit Sozialpsychologie zu tun haben: der Wunsch nach Bestätigung, der Wunsch nach Gegenseitigkeit, die Angst, etwas zu verpassen. Jeder möchte von anderen akzeptiert und anerkannt werden. Wir möchten, dass unsere Beiträge Likes erhalten. Wir möchten, dass andere auf unsere Kurznachrichten, E-Mails, Markierungen und geteilten Beiträge reagieren. Es war die Notwendigkeit, gesellschaftlich akzeptiert zu werden, die den „Gefällt mir"-Button von Facebook so mächtig gemacht hat. Facebook kontrolliert, wie oft ein Nutzer gesellschaftliche Akzeptanz durch andere erfährt, und kann auf diese Weise Nutzer dazu bringen, Dinge zu tun, die dem Unternehmen Milliarden Dollar an wirtschaftlichem Wert einbringen. Das ist sinnvoll, denn Facebooks Währung ist die Aufmerksamkeit. In der Hoffnung, andere zu beeindrucken, hübschen Nutzer ihr Bild auf, aber schon bald stellen sie fest, dass es Emotionen und Konflikte sind, mit denen sich am besten Aufmerksamkeit erregen lässt. Sie wollen online Aufmerksamkeit erhalten? Dann sagen Sie etwas Empörendes. Dieses Phänomen tauchte erstmals vor Jahrzehnten in Onlineforen wie The WELL auf. Dort brachen immer wieder engstirnige Konflikte los und seit damals ist das Phänomen in jeder neuen Generation von Technologieplattformen zu beobachten.

Soziale Akzeptanz hat einen Zwilling: soziale Gegenseitigkeit. Wenn wir etwas für jemand anderen tun, dann erwarten wir, dass diese Person entsprechend reagiert. Genauso fühlen wir uns, wenn jemand etwas für uns tut, in der Pflicht, das entsprechend zu erwidern. Wenn uns jemand auf Instagram „folgt", dann fühlen wir uns verpflichtet, dieser Person zu „folgen". Wir erhalten auf LinkedIn eine Anfrage von einem Freund und haben ein schlechtes Gefühl, wenn wir die Anfrage nicht annehmen. Es wirkt ganz natürlich, ist es aber nicht. Millionen Nutzer erwidern den ganzen Tag lang Likes und Freundschaftsanfragen, ohne sich dessen bewusst zu sein, dass die Plattform dieses Verhalten wie ein Puppenspieler orchestriert. Wie ich in Kapitel 3 geschrieben habe, ist das Markieren von Personen auf Fotos einer der manipulativsten Tricks in Sachen Gegenseitigkeit, die Facebook seinen Nutzern spielt. Postet ein Nutzer ein Foto, bietet Facebook ihm die Möglichkeit, Freunde zu markieren. Die Nachricht „[Freund] hat dich in einem Foto markiert" ist eine freundliche Form der Bestätigung und stößt einen Kreislauf der Gegenseitigkeit an. Nutzer, die markiert wurden, erhalten eine Benachrichtigung und die Einladung, andere Personen auf dem Foto zu markieren.

Das Markieren war für Facebook eine bahnbrechende Neuerung, denn Fotos sind einer der Hauptgründe, weshalb die Nutzer überhaupt täglich auf die Seite kommen. Jedes markierte Foto bringt einen gewaltigen Schatz an Daten und Metadaten über Standort, Aktivität und Freunde mit sich und all das kann dafür genutzt werden, Zielgruppenwerbung passgenauer zu machen. Durch das Markieren haben die Nutzer Facebook eine gewaltige Foto-Datenbank beschert, komplett mit allen Informationen, die notwendig sind, um diese Datenbank effektiv zu Geld zu machen. Auch andere Plattformen spielen dieses Spiel, wenn auch nicht in der Größenordnung von Facebook. Snapchat beispielsweise bietet Streaks an. Dabei wird gezählt, wie viele Tage hintereinander ein Nutzer mit einer anderen Person in seiner Kontaktliste Nachrichten ausgetauscht hat. Während sie wachsen und zunehmen, entwickeln Streaks ein Eigenleben. Snapchats Nutzer sind größtenteils Teenager und Streaks können für sie schon bald die Essenz einer Beziehung verkörpern. Die Streak-Zahl löst die Elemente wahrer Freundschaft ab.

Ein weiterer emotionaler Trigger ist „FOMO", die „Fear of missing out". Aus Angst, etwas zu verpassen, checkt man in jeder freien Sekunde sein Smartphone und das auch zu Zeiten, wenn es überhaupt nicht angezeigt ist, beispielsweise beim Fahren. FOMO macht Benachrichtigungen so verlockend. Haben Sie schon einmal versucht, Ihren Facebook-Account zu deaktivieren? Der Software-Entwickler und Blogger Matt Refghi stellte fest, dass Facebook einen Bestätigungsbildschirm präsentiert, auf dem die Gesichter einiger seiner engsten Facebook-Freunde zusammen mit dem Text „[XY] wird dich vermissen" zu sehen sind. Für Teenager auf Instagram oder Snapchat ergibt die Kombination aus FOMO und der Notwendigkeit, gesellschaftlich akzeptiert zu werden, eine weitere Belastung für das ohnehin schon stressige Sozialleben, das Teenager führen. Menschen in diesem Alter sind ganz besonders anfällig für sozialen Druck und

Internetplattformen bringen in diese Gleichung eine Komplexität ein, die wir erst jetzt langsam zu begreifen beginnen.

Durch die geschäftlichen Entscheidungen von Internetplattformen wird der Schaden verstärkt, den überzeugende Technik anrichtet. Die Plattformen arbeiten sehr hart daran, ihre Nutzerzahlen zu erweitern. Dem Nutzer als Individuum dagegen bringen sie sehr wenig Aufmerksamkeit entgegen. Der Kundendienst ist für Anzeigenkunden reserviert. Nutzer sind – bestenfalls – das Produkt, insofern gibt es niemanden, an den sie sich wenden können. So groß ist die Automatisierung der Plattformen, dass es dem Nutzer, wenn im operativen Ablauf etwas schiefgeht (ein Konto wird gehackt oder gesperrt oder die Plattform hat den Nutzer versehentlich blockiert), zumeist unnötig schwergemacht wird, bevor das Problem aus der Welt geschafft werden kann. Und ändert eine Plattform ihre Nutzerbedingungen, gibt es im Normalfall keine offensichtliche Mitteilung dazu. Kurz gesagt: Wer die Plattform benutzt, akzeptiert die Nutzungsbedingungen. Mitspracherecht haben die Nutzer keines. Stören sie sich an den Nutzungsbedingungen, haben sie exakt eine Möglichkeit: Sie können aufhören, den Dienst weiter zu nutzen, und verlieren den Zugang zu einem ganzen Kommunikationsnetzwerk inklusive eventueller sozialer Möglichkeiten und professionellem Nutzen. Bei Diensten, die dermaßen allgegenwärtig wie Facebook und Google sind, ist das keine vernünftige Alternative und genau das ist der Grund, weshalb die Plattformen es erfordern. Sie wissen, dass ihnen die menschliche Psyche in die Karten spielt: Der Wunsch, die getätigten Investitionen an Zeit und Inhalten zu schützen, sowie die Netzwerkeffekte sorgen dafür, dass die Nutzer an Bord bleiben, egal wie schlecht die Plattformen sie auch behandeln. Ein Punkt der Nutzungsbedingungen lautet, dass Rechtsstreitigkeiten in einem Schiedsverfahren zu klären sind und nicht in einem Gerichtsverfahren. Das begünstigt die Plattform. Und zumindest für Facebook gibt es tatsächlich keine Alternative. Keine andere Plattform kann die Funktionalität, geschweige denn den Umfang von Facebook ersetzen. Das Unternehmen hat die Macht eines Monopols.

KEINER VON UNS GESTEHT gerne ein, dass er von etwas abhängig ist. Wir glauben gerne von uns, dass wir die Kontrolle haben. Ich bin seit jeher ein Technologieoptimist und ein Erstanwender neuer Produkte, insofern war ich weit überdurchschnittlich anfällig dafür, von Technologie abhängig zu werden. Ich habe mir beispielsweise am allerersten Verkaufstag das allererste Modell des iPhones gekauft und mir auch jede nachfolgende Modellgeneration am Tag eins besorgt. Ich bin jemand, der zwanghaft sein Telefon kontrolliert, obwohl ich die Benachrichtigungen abgeschaltet und diverse Apps rausgeworfen habe. Meine Verhaltensabhängigkeit habe ich erst begriffen, als ich mich im April 2017 mit Tristan zusammentat. Bis dahin dachte ich, ich ganz allein trage die Verantwortung für das Problem. Ich nahm an, nur Menschen mit meiner glühend heißen Liebe zur Technologie könnten einem derart wenig hilfreichen Umgang mit Technologie zum Opfer fallen. Tristan öffnete mir die Augen für die Realität: Technologiefirmen haben einige ihrer klügsten Köpfe darauf angesetzt, die Schwachstellen der menschlichen Psychologie auszunutzen. Das geschah vorsätzlich. Um Geld zu verdienen. Und nachdem sie unfassbar reich geworden waren, machten sie weiter, denn es kam ihnen nie in den Sinn, etwas anderes zu tun. Ruft man sie deswegen zur Ordnung, verweisen die Technologiekonzerne gerne auf den Druck, den die Aktionäre auf sie ausüben. Bedenkt man allerdings, dass die Gründer sowohl von Facebook als auch von Google die volle Kontrolle über ihr Unternehmen ausüben können, greift diese Entschuldigung nicht.

Nur wenige von uns können sich dem Reiz persuasiver Technologie entziehen. Im besten Fall können wir den Anreiz minimieren oder ihn völlig vermeiden, indem wir Geräte nicht benutzen. Jedes Element persuasiver Technologie zielt darauf ab, den Nutzer hinters Licht zu führen. Viele der Konzepte kannte Tristan bereits aus der Zauberkunst, aber erst in Foggs Kurs wurde ihm bewusst, dass diese Konzepte, wenn man sie auf einen Computer oder ein Smartphone übertrug, der Software die Macht gaben, die Aufmerksamkeit zu monopolisieren. Er begann zu begreifen, dass „User Engagement" nur ein Schachzug war, um die Aufmerksamkeit der Nutzer und ihre Zeit auf sich zu ziehen. Im schlimmsten Fall büßen die Nutzer durch derartige Tricks ihre Handlungsfähigkeit ein.

GEHT ES UM INTERNETPLATTFORMEN auf Smartphones, hören die Probleme längst nicht mit Abhängigkeiten auf. Sie verschmutzen beispielsweise den öffentlichen Raum, indem sie negativen Stimmen zulasten positiver Stimmen mehr Macht geben. Von Anfang an hat die Internetkultur freie Meinungsäußerung und Anonymität ohne Einschränkungen gefördert. In kleinem Rahmen war diese Meinungsfreiheit befreiend, aber die Erbauer des World Wide Web sahen nicht voraus, dass viele Nutzer sich über die Kultur und die Normen des frühen Internets hinwegsetzen würden. In globalem Rahmen hat die Dynamik den öffentlichen Diskurs negativ beeinflusst. Mobbing und boshaftes Verhalten sind im Vorteil. Die Plattformen haben nur wenig unternommen, um Nutzer vor Nachstellungen zu schützen, mutmaßlich wegen liberaler Werte und weil sie zögern, Einschränkungen einzuführen, die die Nutzerbindung und den wirtschaftlichen Wert beschneiden. Sie haben keine internen Systeme eingezogen, die Schäden durch negative Elemente reduzieren. Auch haben sie keine Sicherungsschalter eingebaut, um eine Ausbreitung von Hassreden verhindern. Was sie stattdessen tun, ist, Hassreden und Belästigung in den Nutzungsbedingungen zu untersagen. Damit haben sie sich rechtlich abgesichert. Kommen trotzdem Unschuldige zu Schaden, gibt es eine Entschuldigung.

Twitter, Facebook und Instagram haben allesamt Probleme mit Mobbing und bei jedem spiegelt sich die einzigartige Architektur und Kultur der Plattform wider. Das Zusammenspiel der Plattformen bevorzugt ebenfalls negative Elemente. Auf Seiten wie 4chan, 8chan und Reddit, wo einige der extremsten Stimmen im ganzen Internet beheimatet sind, können negative Elemente Streiche, Verschwörungstheorien und Desinformation streuen, dann auf Twitter die Presse alarmieren und, falls das Vorhaben zündet, zu Facebook weiterziehen, um die Wirkung zu maximieren. Dass die Journalisten Twitter sklavisch folgen und nur zu gerne bereit sind, über alles zu berichten, was dort Trend ist, macht die Nachrichtenorganisationen mitschuldig daran, dass der öffentliche Diskurs immer stärker leidet.

IN EINEM AUFSATZ FÜR die *MIT Technology Review* legte Professorin Zeynep Tufekci von der Universität von North Carolina dar, warum Internetplattformen eine derart negative Wirkung auf den öffentlichen Diskurs haben und warum dieses Problem so dermaßen schwer zu lösen ist.

Sie schreibt: „Im Zeitalter und Kontext der sozialen Medien begegnen wir widersprüchlichen Ansichten nicht so, als wenn wir allein im Sessel säßen und sie in einer Zeitung lesen. Es ist vielmehr so, als würde sie das gegnerische Team rufen, während wir mit den anderen Fans unseres Teams im Footballstadion sitzen. Online sind wir verbunden mit unseren Gemeinschaften und suchen nach Zustimmung unserer ähnlich denkenden Mitmenschen. Wir stärken die zwischenmenschlichen Beziehungen zu unseren Mit-Fans, indem wir gemeinsam die Fans des anderen Teams anschreien. Soziologisch gesprochen stärken wir unser Gefühl der Zugehörigkeit zur Eigengruppe, indem wir unsere Distanz zur und Spannung mit der Fremdgruppe erhöhen – ‚wir gegen die'. Unser kognitives Universum ist kein Hohlraum, unser soziales hingegen schon. Deshalb leisten die verschiedenen Medienprojekte, die Fakten checken, zwar wertvolle Arbeit, aber sie überzeugen die Menschen nicht. Zugehörigkeit ist stärker als Fakten."

Durch seine schiere Größe bringt Facebook ganz eigene Herausforderungen an die Demokratie mit sich. Zucks Vision, die Welt miteinander zu verbinden und sie zusammenzuführen, mag von der Absicht her löblich sein, aber die Art und Weise, wie das Unternehmen diese Vision umsetzt, ist deutlich verbesserungswürdig. Hassreden in den Nutzungsbedingungen zu verbieten, bringt dem betroffenen Nutzer wenig. Gemeinschaftsstandards unterscheiden sich von Land zu Land und meistens werden die Mächtigen gegenüber den Machtlosen bevorzugt. Das Unternehmen muss lernen, emotionale Ansteckung zu erkennen und einzudämmen, bevor es zu ernsten Schäden kommt. Außerdem sollte es sich einer unbequemen Wahrheit stellen: Wenn Facebook als sozial verantwortungsbewusstes Unternehmen angesehen werden möchte, wird es möglicherweise seine bisherige Politik aufgeben müssen, offen für alle Stimmen zu sein, egal wie schädlich sie auch sein mögen. Sozial verantwortungsbewusst zu sein, könnte es darüber hinaus erforderlich machen, dass das Unternehmen seine Wachstumsziele nach unten revidieren muss.

Da wir nun wissen, dass Facebook gewaltigen Einfluss auf unsere Demokratie hat, stellt sich die Frage: Was unternehmen wir deswegen? Im Grunde haben wir zugelassen, dass diese Menschen umfassend in die Entwicklung unseres Lands und der Welt eingreifen, ohne dass es dazu Input von außen gibt.

SOZIALE NETZWERKE BRINGEN DERMASSEN viele auf der Hand liegende Vorteile mit sich, dass es für uns nur schwer zu akzeptieren ist, dass die Plattformen in Demokratien rund um den Globus den politischen Diskurs vergiftet haben. Was man sich als Allererstes vor Augen halten muss: Das Problem sind nicht die sozialen Netzwerke an sich, sondern diverse Entscheidungen, die die Unternehmer in der Absicht getroffen haben, die Idee des sozialen Netzwerkens zu monetisieren. Damit ihr Geschäftsmodell im Anzeigenbereich funktionieren kann, haben Internetplattformen wie Facebook und YouTube das traditionelle Verhältnis von Technologie und Mensch auf den Kopf gestellt. Die Technologie ist kein Werkzeug im Dienste der Menschheit, vielmehr steht die Menschheit im Dienst der Technologie.

Tristan belegte den Kurs bei Fogg wenige Monate, nachdem ich Zuck kennengelernt hatte. Die große Herausforderung für angehende Unternehmer zum damaligen Zeitpunkt war Google, das schon damals eine dominante Position innehatte und über 100 Milliarden Dollar wert war. Googles Profite stammten nahezu vollständig aus dem Anzeigengeschäft auf der Suchmaschine. Suchte jemand nach einem Produkt, servierte Google ganz hilfsbereit eine für die Suche relevante Werbeanzeige. Wie besessen konzentrierte sich Google darauf, die Zeit zu reduzieren, die der Nutzer benötigte, um das Gesuchte zu finden. In der Seitenleiste erschienen deshalb auf Stichwörtern basierende Anzeigen. Kurzum: Googles Anzeigemodell hing (noch) nicht davon ab, die Aufmerksamkeit zu maximieren. (Das änderte sich einige Jahre später, als das Unternehmen begann, YouTube zu monetisieren.)

Es wäre unmöglich gewesen, im Suchbereich gegen Google anzutreten, also suchten aufstrebende Unternehmer während des ersten Jahrzehnts im neuen Jahrtausend nach Geschäftsmöglichkeiten außerhalb der Bereiche, in denen Google dominant war. Die Vorstellung vom Web 2.0, bei dem sich der Schwerpunkt von den Webseiten hin zu den Menschen verlagerte, erhielt damals gerade Zulauf und „sozial" war in aller Munde. LinkedIn ging 2003 mit seinem sozialen Netzwerk für die Geschäftswelt an den Start, ein Jahr, bevor Zuck mit Facebook kam. Bei beiden Unternehmen ging es in der Frühphase vorrangig darum, neue Nutzer zu gewinnen. Dies verdrängte vorübergehend alle anderen Faktoren, auch das Thema Aufmerksamkeit. LinkedIn und Facebook erwiesen sich rasch als Sieger, aber keiner war dermaßen dominant, dass neue Nischenakteure völlig chancenlos waren.

Wie in Kapitel 2 angemerkt, hatten die Technologieunternehmer, die die sozialen Medien anschoben, das Glück des perfekten Timings. Sie unterlagen nicht den Einschränkungen bei Rechnerkapazitäten, Arbeitsspeicher, Speicherplatz und Bandbreite, die das Silicon Valley während seiner ersten 50 Jahre dominiert hatten. Gleichzeitig gab es einen beispiellosen Überhang an Wagniskapital. Wir haben gesehen, dass es nie zuvor so kostengünstig war, ein Start-up-Unternehmen ins Leben zu rufen. Die verbraucherorientierten Möglichkeiten, die sich durch Softwarestacks, Cloud-Computing und die flächendeckende Verbreitung von 4G eröffneten, waren größer als alles, was die Branche bis dahin gesehen hatte. Unternehmer konnten günstigere, weniger erfahrene Entwickler unter Vertrag nehmen und mit ihrer Hilfe Betriebe formen, die zielstrebig auf die vorgegebenen Kennzahlen hinarbeiteten. Zu einem Zeitpunkt, in der Technologie praktisch alles zu leisten imstande war, entschieden sich die Unternehmer dafür, Schwachstellen der menschlichen Psychologie auszunutzen. Wir fangen gerade erst an zu verstehen, was das für Folgen hat.

Befreit von den traditionellen Zwängen des Entwicklungsprozesses konnten die Unternehmer daran arbeiten, andere Stolpersteine aus dem Weg zu räumen, beginnend mit dem Verkaufspreis. Für manche Dinge wären Verbraucher niemals bereit, Geld in die Hand zu nehmen. Es aber kostenlos auszuprobieren, ist in Ordnung. Jedes Social-Media-Produkt war kostenlos, allerdings boten einige die Möglichkeit von In-App-Käufen an, um auf diese Weise Umsätze zu generieren. Alle anderen machten Geld mit Anzeigen. Andere Stolpersteine wie Regulierung und Kritik ließen sich mit einer Kombination aus Versprechungen, Entschuldigungen und der Weigerung, die Einhaltung der Bestimmung durch Außenstehende überprüfen zu lassen, überwinden. Indem sie die Stolpersteine eliminierten, waren die Plattformen imstande, um Aufmerksamkeit zu konkurrieren. Sie konkurrierten gegen Produkte. Sie konkurrierten gegen andere Freizeit- und Arbeitsaktivitäten. Und wie Netflix-CEO Reed Hastings so bemerkenswert erklärte: Sie standen auch im Konkurrenzkampf mit dem Schlaf.

In der Frühphase der sozialen Medien war die Standard-Internetplattform ein Webbrowser auf einem PC, eine physikalisch merkwürdige Angelegenheit. Man benötigte einen Schreibtisch und musste irgendwo sitzen. Sowohl auf Desktop-Rechnern als auch auf Notebooks wurden beim Kampf um Aufmerksamkeit webbasierte Anwendungen gegenüber älteren Medien wie Nachrichten, Fernsehen, Büchern und Film bevorzugt. Im Entwicklungsbereich lautete die Philosophie der Stunde „rasche Verbreitung", also nutzten webbasierte Anwendungen jede sich ihnen bietende Möglichkeit, sich ein größeres Stück vom Aufmerksamkeitskuchen zu sichern. Einer der wichtigsten Vektoren im Innovationsbereich war die Personalisierung und das Ziel bestand darin, jedem einzelnen Nutzer eine ganz individuelle Erfahrung zu bieten. Die traditionellen Medien dagegen boten ein und denselben Inhalt allen und jedem an. Gefangen mit starren Produktdesigns und unfähig, Innovationen rasch umzusetzen, waren die traditionellen Medien nicht imstande, Schritt zu halten.

Als 2007 das iPhone ausgeliefert wurde, sah es völlig anders aus als alle Mobiltelefone vor ihm – ein dünnes, flaches Rechteck mit abgerundeten Ecken. Das iPhone besaß eine virtuelle Tastatur, was damals als unseriös galt und sich nach allgemeiner Einschätzung auf dem Markt für Geschäftsleute nicht durchsetzen würde, denn dort hatte BlackBerry mit seinen physischen Tastaturen das Sagen. Hauptfunktionen des iPhones waren Telefon, E-Mail, Musik und Internet. Wie sich herausstellte, waren die Nutzer ganz verrückt danach. Ein iPhone zu benutzen, erwies sich als dermaßen begeisternde Erfahrung, dass das Verhältnis zwischen Gerät und Mensch in einen neuen Abschnitt trat. Im 3G-Zeitalter konnten dank WLAN-fähiger Smartphones in jedem Augenblick interessante Onlinemedien geliefert werden. Die Möglichkeiten, den Nutzer zu überzeugen, wuchsen exponentiell, umso mehr, als Apple am 10. Juli 2008 den App Store für iPhone-Anwendungen eröffnete. Facebook, Twitter und die anderen sozialen Plattformen nutzten den App Store, um ihren Umstieg auf Mobilfunkgeräte rascher voranzutreiben. Innerhalb weniger Jahre sollte der Mobilfunkbereich die Branche der sozialen Medien dominieren.

Um Aufmerksamkeit zu wetteifern klingt grundsätzlich nicht schlecht. Das machen Medienunternehmen mindestens seit 1833, als die *New York Sun* ins Leben gerufen wurde. Und Eltern beklagen sich schon seit Langem, dass ihre Kinder zu viel Fernsehen schauen,

Tag und Nacht Musik hören oder zu viel Zeit mit Videospielen verbringen. Warum also sollten wir da jetzt stärker als sonst beunruhigt sein? Wenn man einen Zeitstrahl zu Sorgen über den Medienumgang von Kindern erstellen würde, begänne der möglicherweise in den 1950er-Jahren mit Comics, Fernsehen und Rock-'n'-Roll-Musik. Seit damals hat sich die Technik von „langsam und künstlich" zu „Echtzeit und hyperrealistisch" gewandelt. Heutzutage arbeiten die Produkte mit jedem nur denkbaren psychologischen Kniff, um die Aufmerksamkeit der Nutzer zu gewinnen und zu halten. Kinder sind in dieser Hinsicht besonders anfällig, insofern überrascht es auch nicht, dass die Zahl der medizinischen Diagnosen explodiert ist, die sich auf den Umgang von Kindern mit Technik beziehen. Internetplattformen, Videospiele und Kurznachrichtendienste bringen alle ihre eigenen Probleme mit sich, aber alle drei sind weitaus raumgreifender, als analoge Produkte es noch vor 20 Jahren waren.

Menschen sämtlicher Altersklassen verbringen einen enormen Teil ihrer wachen Zeit auf Technologieplattformen. In seinem Buch *Glow Kids – How Screen Addiction is Hijacking Our Kids and How to Break the Trance* zitiert Nicholas Kardaras aus einer Studie der Kaiser Family Foundation aus dem Jahr 2010. Darin heißt es, Kinder zwischen 8 und 18 würden 9,5 Stunden täglich vor Bildschirmen und Telefonen verbringen. 7,5 Stunden werden mit Fernsehen, Computer und Spielekonsolen verbracht, weitere 90 Minuten mit Kurznachrichten und 30 Minuten mit anderen Aktivitäten am Telefon.

Medienüberkonsum ist kein neues Problem, aber Social Apps auf Smartphones haben dafür gesorgt, dass die Folgen ein ganz neues Ausmaß erreichen. Weil Smartphones so einfach zu nutzen sind und die Nutzererfahrung so faszinierend ist, konnten App-Entwickler – insbesondere die von B.J. Fogg ausgebildeten – Produkte erschaffen, die süchtig machenden Attribute von einarmigen Banditen und Videospielen nachahmen. Die von Foggs Schülern entwickelten Apps waren besonders gut darin, die Aufmerksamkeit der Nutzer zu monopolisieren. Nahezu alle Studenten Foggs haben diese Mission angenommen. Tristan Harris nicht.

Nachdem er den Kurs bei Fogg beendet hatte, brach Tristan Stanfords Masterstudium in Computerwissenschaften ab und gründete sein eigenes Unternehmen, Apture. Seine Idee: Er wollte textbasierte Nachrichten mit relevanten Multimedia-Inhalten anreichern, insbesondere Videos, die Konzepte aus den jeweiligen Nachrichtengeschichten erklärten. Im Frühjahr 2007 bat mich mein Freund Steve Vassallo, ein Wagniskapitalgeber, der Tristan in einem Programm in Stanford als Mentor betreut hatte, ein Treffen mit den Apture-Gründern abzuhalten. Nachdem ich Tristan mit den Leuten bei *Forbes* in Kontakt gebracht hatte, verloren wir uns aus den Augen. Apture konnte Kunden gewinnen, aber der richtige Durchbruch gelang nicht und Ende 2011 wurde das Unternehmen von Google geschluckt. Das Geschäft war von der Art, die im Silicon Valley „Acqui-hire" genannt wird: Der Käufer begleicht eventuelle Schulden des Unternehmens, schüttet vielleicht noch eine Kapitalrendite an die Investoren aus und erhält dafür im Gegenzug eine komplette Entwicklertruppe. Das Apture-Team erhielt aus dem Geschäft nichts weiter als Jobs bei Google, aber die Übernahme brachte Tristan auf einen neuen Kurs – einen, der uns 2017 wieder zusammenführen sollte.

Kurz nach seinem Einstieg bei Google hatte Tristan eine Erleuchtung: Für die Nutzer ist es nicht gut, wenn man Krieg um ihre Aufmerksamkeit führt. Tristan fasste seine Bedenken in einer Präsentation zusammen, die intern bei Google für extrem viel Aufmerksamkeit sorgte. Das Unternehmen versprach nicht, Tristans Ideen umzusetzen, belohnte ihn aber mit der Möglichkeit, seinen eigenen Job zu entwickeln. Er wählte New York als Standort und erschuf einen neuen Posten – Designethiker. Fortan predigte er humane Designgrundsätze. Nach Meinung Tristans müsse bei der Entwicklung technischer Produkte das Wohlergehen der Nutzer an allererster Stelle stehen. Bei jedem beliebigen Produkt gibt es Designentscheidungen, die entweder gut für den Menschen sind oder nicht.

Ein Schwarz-Weiß-Bildschirm für ein Smartphone ist für den Menschen besser als ein Bildschirm mit grellen Farben, denn Schwarz-Weiß setzt weniger Dopamin frei. Ein humaneres Design würde die Zahl der Benachrichtigungen reduzieren und sie so verpacken, dass sie respektvoll mit der Aufmerksamkeit des Menschen umgehen.

Es gibt vieles, was sich bei den heutigen Smartphones und Internetplattformen verändern ließe, wenn man humane Designgrundsätze anwendete. Einige Unternehmen haben erste Schritte in diese Richtung unternommen. Ein humanes Design konzentriert sich darauf, die süchtig machenden Aspekte der Technologie zu reduzieren. Das ist wichtig, aber selbst für Tristan kein abschließender Lösungsansatz. Es ist vielmehr Teil einer größeren philosophischen Betrachtungsweise, bei der menschliche Aspekte im Mittelpunkt stehen und dafür geworben wird, dass die Technologie wieder ihre frühere Rolle übernimmt und die Bedürfnisse der Nutzer erfüllt, anstatt die Nutzer auszubeuten und sie einzuschränken.

Humanes Design konzentriert sich auf Benutzeroberflächen und ist damit eine Untergruppe der „human-driven technology". Bei dieser „menschenfreundlichen Technologie" steht der Mensch im Mittelpunkt und es geht auch um Themen wie Datenschutz, Datensicherheit und Funktionalität von Anwendungen. Früher einmal nahmen wir derartige Technologie als gegeben hin. Sie war die philosophische Grundlage, die Steve Jobs dazu brachte, Computer als „Fahrrad für den Geist" zu beschreiben, als Werkzeug, das durch Übung und Spaß Wert entstehen lässt. Computer sollten Menschen leistungsfähiger machen und sie nicht verdrängen oder ausbeuten, fand Jobs. Auf jedes erfolgreiche Technikprodukt traf Jobs' Modell zu und auch für viele heutige gilt es noch. Noch immer stärken PCs die Arbeitnehmer, die sie benutzen. Es sollte eine Version sozialer Medien geben, bei der der Mensch im Mittelpunkt steht. Facebook und Goo-gle scheinen die Metapher vom Fahrrad für den Geist verschrottet zu haben. Sie propagieren KI als Ersatz für menschliche Aktivität. Deshalb hieß es in einem aktuellen Werbespot für Google Home auch: „Lass es Google tun."

Bei Google bemerkte Tristan, dass die Nutzer letztlich der künstlichen Intelligenz dienten anstatt andersherum. Tristan beschloss, das zu ändern, und fand eine Handvoll Unterstützer innerhalb Googles und mehr noch außerhalb. Sein wichtigster Verbündeter bei Google war ein Entwickler namens Joe Edelman. Ihre Zusammenarbeit resultierte in einer Webseite und einer Bewegung namens Time Well Spent, die 2013 ins Leben gerufen wurde. Time Well Spent bot Empfehlungen, wie man in einer Welt voller Ablenkungen gut mit seiner Zeit umgehen kann, und machte sich für ein Design stark, bei dem der Mensch im Mittelpunkt steht. Die Bewegung wuchs stetig auf 60.000 Mitglieder, darunter viele Menschen aus der Technologiebranche, denen die aufmerksamkeitsfressenden Plattformen Unbehagen bereiten. Time Well Spent zog leidenschaftliche Anhänger an, tat sich aber schwer damit, echte Veränderungen herbeizuführen.

2016 lud der kreative und gut vernetzte Ire Paddy Cosgrave Tristan als Redner auf seine Konferenz Web Summit nach Lissabon ein. Paddy hatte sich ein Geschäft und eine persönliche Marke aufgebaut, indem er hochkarätige Konferenzen veranstaltet, bei denen das Netzwerken im Mittelpunkt steht und junge Technologieunternehmer, Investoren und Interessierte zusammengebracht werden. Tristans Präsentation darüber, wie Internetplattformen auf Smartphones das Gehirn ihrer Nutzer hacken, wurde sehr gut aufgenommen. Er beschrieb, wie sich dieses Brain-Hacking als Verlust menschlichen Handlungsvermögens und Verlust an Menschlichkeit auf die öffentliche Gesundheit auswirkt. Unter den Teilnehmern war auch Andy Bast, ein Produzent von *60 Minutes*, der in Lissabon auf der Suche nach neuen interessanten Storys war. Bast gefiel, was er hörte, und er lud Tristan in die Show ein.

Tristans Auftritt bei *60 Minutes* wurde am 9. April 2017 ausgestrahlt. Drei Tage später bündelten wir unsere Kräfte. Tristan war in seiner Peergroup in der Technologiebranche gut vernetzt, besaß aber nur wenige Kontakte außerhalb der Branche. Ich hatte früher einmal ein riesiges Netzwerk innerhalb und außerhalb der Branche besessen, aber nachdem ich beruflich einen Gang runtergeschaltet hatte, war davon viel verlorengegangen. Als wir über mögliche Influencer für ein landesweites Gespräch nachdachten, wurde uns klar, dass wir nur eine Handvoll Leute kannten, die in Frage kamen, und sie stammten allesamt aus dem Technologiesektor und den Medien. Wir verfügten über keinerlei Ansprechpartner in der Regierung.

Die erste Möglichkeit war nur noch wenige Wochen entfernt – die jährliche TED-Konferenz im kanadischen Vancouver, Ground Zero für TED-Talks. Es wäre die perfekte Plattform, um Tristans Botschaft Führungspersönlichkeiten aus der Technologiebranche und dem Entertainment näher zu bringen, aber wir hatten keine Ahnung, ob die Organisatoren überhaupt schon einmal von Tristans Ideen gehört hatten. Eine Einladung, dort zu reden, hatten sie Tristan jedenfalls nicht zukommen lassen. Dann geschah ein Wunder. Eli Pariser, dessen legendärer Vortrag zu Filterblasen 2011 das TED-Publikum in seinen Bann geschlagen hatte, schlug von sich aus dem TED-Kuratoren Choris Anderson vor, er solle doch Tristan in das Programm aufnehmen. Und so kam es dann auch in letzter Minute.

Normalerweise bereiten sich Redner einer TED-Konferenz ein halbes Jahr lang auf ihre 18 Minuten auf der Bühne vor. Tristan hatte kaum mehr als eine Woche Zeit. Er arbeitete ganz ohne Folien und lieferte einen beeindruckenden Vortrag ab. Wir hofften nun, dass das TED-Publikum die Ideen gutheißen und seine Hilfe anbieten würde. Stattdessen wurde uns höfliches Interesse bekundet, aber es folgte kaum wirklich Konkretes.

Es hätte uns wohl nicht überraschen sollen. Facebook, Google, Twitter, LinkedIn, Instagram, Snapchat, WhatsApp und die anderen sozialen Medien haben für ihre Manager, Belegschaft und Investoren über 1.000 Milliarden Dollar an Wert erschaffen und viele dieser Personen besuchen die TED-Konferenzen. Frei nach Upton Sinclair: Es ist schwer, jemanden von einer Idee zu begeistern, wenn dessen Nettovermögen davon abhängt, die Idee abzulehnen.

Zwei Erkenntnisse nahmen wir von der Konferenz mit: Erstens mussten wir uns außerhalb der Technologiebranche Verbündete suchen, zweitens mussten wir uns für unsere Botschaft andere Begriffe suchen als Brain-Hacking. Wenn wir ein großes Publikum überzeugen wollten, mussten unsere Argumente so formuliert sein, dass sie bei den Menschen außerhalb des Silicon Valleys auf fruchtbaren Boden fielen.

5

MR. HARRIS UND MR. MCNAMEE GEHEN NACH WASHINGTON

„Jeder Aspekt der menschlichen Technologie hat eine dunkle Seite, angefangen bei Pfeil und Bogen" – Margaret Atwood

Wenige Wochen nach der TED-Konferenz vermittelte mir ein Freund den Kontakt zu einem Berater von Senator Mark Warner, einem der Vorsitzenden im Nachrichtendienst-Ausschuss des Senats. Ich rief den Berater an, erklärte ihm, was wir taten, und fragte ihn: „Wer wird verhindern, dass sich bei den Wahlen 2018 und 2020 soziale Medien einmischen?"

Im Nachrichtendienst-Ausschuss wusste man Bescheid über die Rolle, die die sozialen Medien bei der Einmischung Russlands gespielt haben, aber der Aufgabenbereich des Komitees erstreckt sich auf die Aktivitäten der Geheimdienste und nicht auf soziale Medien. Der Ausschuss befasste sich in erster Linie mit den Hackerangriffen auf das Democratic National Committee (DNC) und das Democratic Congressional Campaign Committee (DCCC) sowie mit dem Treffen zwischen russischen Agenten und ranghohen Vertretern des Trump-Wahlkampfteams im Trump Tower. Was auf den Servern von Facebook geschieht, wäre im Normalfall nichts, dem sie nachgehen würden. Aber der Berater erkannte, dass sich der Geheimdienstausschuss möglicherweise als einziges Gremium mit der Frage befassen konnte, inwieweit soziale Medien eine Bedrohung darstellen. Also arrangierte er ein Treffen mit dem Senator. Das dauerte einige Monate, aber im Juli 2017 gingen wir nach Washington. Ab da wurde es interessanter.

Allgemein herrscht der Irrglaube, Technologie lasse sich nicht regulieren. Diese These beruht auf einer Reihe fehlerhafter Annahmen:

1) Regulierung kann mit dem raschen Entwicklungstempo der Technologie nicht Schritt halten.
2) Mischt der Staat sich ein, geht das immer zulasten der Innovation.
3) Regulierer verstehen Technologie niemals so gut, dass sie eine effektive Beaufsichtigung übernehmen können.
4) Der Markt wird die Ressourcen stets bestmöglich verteilen.

Auslöser dieses Irrglaubens war ein sehr wirksamer Lobby-Feldzug, der von Google angeführt wurde, bei dem Facebook aber auch mitwirkte. Vor 2008 hielt sich die Technologieindustrie in Washington ganz besonders bedeckt. Das änderte sich, als Google unter der Führung seines Chairmans Eric Schmidt im ersten Präsidentschaftswahlkampf von Barack Obama eine zentrale Rolle übernahm, genauso wie Facebook-Mitgründer Chris Hughes. Obamas Wahlsieg führte dazu, dass sich eine Drehtür zwischen Silicon Valley und Exekutive in Gang setzte, wobei Google den Personalfluss in beide Richtungen dominierte. Die Regierung Obama war offen für Technologie und damit auch für den im Silicon Valley so tief verwurzelten Optimismus in technischen Belangen. Über einen Zeitraum von acht Jahren hinweg entwickelte sich zwischen dem Silicon Valley und der Regierung ein bequemes Gleichgewicht. Technologiefirmen unterstützten Politiker mit Wahlkampfgeldern und Technologie und wurden dafür im Gegenzug in Ruhe gelassen. Weil die Technologiefirmen bei den Wählern so extrem beliebt waren, lag es für die Mitglieder des Kongresses auf der Hand, die Branche ungehindert schalten und walten zu lassen. Einige wenige Beobachter äußerten sich besorgt, was das kuschelige Verhältnis zwischen Technologiebranche und Washington anging, zum Teil wegen des übergroßen Einflusses und der übergroßen Marktmacht der Industrie, zum Teil aus Furcht, dass die Internetplattformen keineswegs die neutralen Demokratie-Teilnehmer waren, als die sie sich ausgaben.

Blendet man erst einmal die ganzen Schlagwörter aus, ist der IT-Sektor auch nicht viel komplizierter als andere Industriezweige, die der Kongress reguliert. Das Gesundheitswesen und das Bankenwesen sind komplexe Branchen, die der Kongress effektiv regulieren konnte, obwohl nur vergleichsweise wenige politische Entscheider so starken Kontakt mit diesen Branchen hatten, wie sie es mit der Technologie hatten. Technik berührt jeden von uns, auch Mitglieder des Kongresses, und das Tag für Tag. Die Entscheidung über neue Auflagen für die Technologiebranche sollte davon abhängen, ob die politischen Entscheider zu der Einschätzung gelangt sind, dass der Markt die Interessen von Industrie, Kunden, Lieferanten, Wettbewerbern und dem Land insgesamt nicht miteinander vereinbart. Kritiker sagen, Regulierung sei für eine Branche wie den IT-Sektor ein zu stumpfes Instrument. Das stimmt, geht aber am eigentlichen Punkt vorbei. Regulierung soll andere Anreize setzen. Wenn ein Industriezweig den politischen Druck ignoriert und Reformen verweigert – so wie es die Internetplattformen getan haben –, dann sollte er sich darauf einstellen müssen, dass die Auflagen härter und härter werden, bis er schließlich einlenkt. Am besten vermeidet der IT-Sektor eine strenge Regulierung, indem sich die Branchengrößen mit einer leichten Regulierung einverstanden erklären und ihr Geschäftsgebaren entsprechend anpassen.

Als Tristan und ich im Juli 2017 in Washington eintrafen, betrieb die Stadt noch einen sehr starken Kuschelkurs gegenüber den großen Technologieplattformen. Google und Facebook waren sehr präsent auf dem Capitol Hill. Facebook-Director Peter Thiel fungierte als

Berater von Präsident Trump und veranstaltete schlagzeilenträchtige Treffen mit Managern der Technologiebranche im Weißen Haus. Uns war es gelungen, vier Treffen zu vereinbaren – mit einer Kommissarin der Bundesbehörde Federal Trade Commission (FTC), mit Managern einer führenden Denkfabrik, die sich mit Anti-Monopol-Maßnahmen befasste, und mit zwei Senatoren.

Die FTC hat zwei wichtige Aufträge: Sie soll die Verbraucher schützen und sie soll wettbewerbsfeindliche Geschäftspraktiken unterbinden. Die 1914 gegründete Behörde spielt eine wichtige Rolle dabei, ein Gleichgewicht zwischen den Interessen der Wirtschaft, der Verbraucher und der Öffentlichkeit herzustellen, aber in den vergangenen drei Jahrzehnten hat die ständige Deregulierung der FTC viel an Macht genommen. Unser Treffen mit Commissioner Terrell McSweeney fand zu einem Zeitpunkt stand, an dem die FTC praktisch handlungsunfähig war. Nur zwei der fünf Commissioner-Posten waren besetzt und kein Unternehmen im Silicon Valley machte sich Sorgen wegen einer möglichen Regulierung durch die FTC.

Commissioner McSweeney legte uns ihren Standpunkt dar, wie wir das Thema am besten bei der FTC ansprechen sollten, sobald alle offenen Posten besetzt waren. Das war im Mai 2018 endlich der Fall. Sie erläuterte den Verbraucherschutz-Auftrag der FTC und erklärte, wenn man darauf abziele, Softwareunternehmen zu regulieren, seien Verstöße gegen die Nutzungsbedingungen der einfachste Hebel.

Das Hauptaugenmerk bei unserer Reise lag allerdings auf dem Treffen mit Senator Mark Warner. Wir begannen mit einem Briefing zu unserer Arbeit, soweit es die öffentliche Gesundheit und den Kampf gegen Monopole betraf. Dann wiederholte ich in abgewandelter Form die Frage, die ich im Mai dem Berater des Senators gestellt hatte: Könnte der Kongress verhindern, dass bei künftigen Wahlen soziale Medien dazu missbraucht werden, sich in Wahlen einzumischen? Senator Warner bat uns zu schildern, was unserer Meinung nach bei den Wahlen von 2016 geschehen war.

Tristan und ich sind keine Ermittler. Wir konnten keine Beweise vorlegen. Was wir hatten, waren Hypothesen, die erklärten, was nach unserer Ansicht abgelaufen ist. Unsere erste Hypothese besagte, dass Russland deutlich mehr getan hatte, als in die Server von DNC und DCCC einzubrechen und etwas von dem Gestohlenen auf WikiLeaks zu posten. Es schwirrten einfach zu viele andere Russland-Verbindungen im Umfeld der Wahlen herum, als dass die Hackerangriffe die ganze Geschichte gewesen sein könnten. So rief beispielsweise 2014 ein Mann namens Louis Marinelli eine Initiative ins Leben, die sich dafür stark machte, dass sich Kalifornien von den USA abspaltete. Unter dem Namen „Sovereign California" baute er eine Präsenz auf Facebook und Twitter auf und veröffentlichte 2015 einen 165 Seiten langen Bericht gleichen Namens. Die Abspaltungsidee fand die Zustimmung einiger einflussreicher Kalifornier und von mindestens einem sehr bekannten Wagniskapitalgeber. Doch die Sezessionsbewegung nahm ihren Ursprung keineswegs bei Kaliforniern. Marinelli war in Buffalo im Bundesstaat New York geboren und besaß sehr enge Verbindungen nach Russland, wo er teilweise auch lebte, während er Sovereign California ins Leben rief. Zumindest ein Teil seiner finanziellen Mittel schien aus Russland zu stammen und russische Bots unterstützten auf sozialen Medien Marinellis Vorstoß. Bei unserem Gespräch mit Senator Warner verwiesen wir darauf, dass es auch in Texas eine Unabhängigkeitsbewegung gab, und stellten die These auf, dass auch diese Bewegung über russische Verbindungen verfüge. Diese Webseiten zielten darauf ab, die Amerikaner mithilfe der sozialen Medien zu spalten.

Was hatten die Russen noch getan? Was, wenn Russland auf den sozialen Medien eine komplette Kampagne der Zwietracht und Desinformation betrieben hatte? Was wären die Ziele gewesen, die Russland mit einer derartigen Kampagne verfolgte? Wir stellten die These auf, dass die Kampagne nicht später als 2014 begonnen haben könne, zu dem Zeitpunkt, als auch die Sezessionsbewegung in Kalifornien einsetzte. Möglicherweise begann alles auch schon 2013, als Facebook Lookalike Audiences einführte, wodurch Werbetreibende gezielt all jene Facebook-Nutzer ansprechen konnten, die bestimmte Kriterien erfüllten. Wenn man bedenkt, wie politischer

Diskurs auf Facebook funktioniert, wäre Lookalike Audiences ganz besonders gut darin gewesen, echte Gläubige und solche Menschen anzuvisieren, die man davon abbringen konnte, überhaupt zur Wahl zu gehen. Facebook stellt allen ernsthaften Werbetreibenden Supportleistungen zur Verfügung, insofern konnten wir die Möglichkeit nicht ausschließen, dass Facebook den Russen dabei geholfen hat, Unheil anzurichten. Sollten die Russen Lookalike Audiences nicht verwendet haben, hätten sie einen erstklassigen Hebel ignoriert, mit dem sie gut hätten arbeiten können.

2014 wäre die russische Kampagne in den sozialen Medien vermutlich noch nicht auf einen einzelnen Kandidaten ausgerichtet gewesen. Wir vermuten, dass sie sich stattdessen auf eine Handvoll ganz besonders strittiger Themen konzentrierte: Einwanderung, Waffenbesitz und vielleicht auch Verschwörungstheorien. Uns war aufgefallen, dass auf Facebook und anderen sozialen Medien die Menge an Inhalten zu Streitthemen in den Jahren vor der Wahl von 2016 schlagartig zugenommen hatte. Unserer Ansicht nach spielte Russland dabei möglicherweise eine Rolle.

Wie fanden die russischen Agenten heraus, welche Amerikaner sie ins Visier zu nehmen hatten? Bauten sie aus eigener Kraft eine Datenbank von Nutzern auf oder kauften sie eine? Falls ja, woher haben sie sie bekommen? Die Antworten wussten wir nicht, hielten aber beides für möglich. Die Russen hatten ausreichend Zeit, sich ein Publikum aufzubauen, was umso mehr galt, wenn sie bereit gewesen waren, Werbegelder in die Hand zu nehmen. Das Geld wäre beim Aufbau von Facebook-Gruppen am effektivsten eingesetzt gewesen. Gruppen weisen einige Eigenschaften auf, die sie anfällig für Manipulationen machen. Jeder kann eine Gruppe ins Leben rufen und es gibt keinerlei Garantie, dass der Administrator die Person ist, die er vorzugeben behauptet. Weiter gibt es kaum Auflagen hinsichtlich des Gruppennamens, was es negativen Elementen ermöglicht, Gruppen zu erstellen, die deutlich legitimer daherkommen, als sie es in Wahrheit sind. Gegenüber Senator Warner stellte ich die These auf, dass einige der Gruppen, die mir Anfang 2016 unterkamen und die angeblich von Anhängern Bernie Sanders' gegründet worden waren, in Wahrheit Teil der russischen Kampagne gewesen sein könnten.

Eine weitere Hypothese besagte, dass die Russen Facebook-Gruppen über ein breites Spektrum kontroverser Themen gestreut hatten, möglicherweise auch auf beiden Seiten eines Themas, um größtmögliche Wirkung zu erzielen. Das könnte wie folgt funktioniert haben: Ein Russe, der sich als Amerikaner ausgibt, hat mit einem Troll-Konto die Gruppe gebildet und dort eine Reihe Bots gestartet. Diese würden dann auf Facebook neue Mitglieder werben. Bei den neuen Mitgliedern würde es sich größtenteils um Amerikaner handeln, die keine Ahnung hatten, dass sie einer von Russen gegründeten Gruppe beigetreten waren. Sie würden kommen, weil die Idee ihnen zusagte – sei es zum Thema Waffen, Einwanderung oder was auch immer –, und sobald sie in der Gruppe waren, wurden sie einem steten Strom an Beiträgen ausgesetzt, die darauf abzielten, Wut oder Furcht zu schüren. Hielt sich jemand regelmäßig in der Gruppe auf, führte das dazu, dass seine Ansichten starrer und extremer wurden. Die Gruppe erschuf eine Filterblase, bei der sich der Troll, die Bots und die anderen Mitglieder um eine Idee scharten, die der Troll ins Leben gerufen hatte.

Weiter präsentierten wir eine Hypothese zum Hackerangriff auf das DCCC. Dass aus diesem Angriff kaum Daten öffentlich gemacht wurden, sprach unserer Ansicht nach dafür, dass die Informationen stattdessen in Wahlkämpfen für den Kongress zum Einsatz kamen. Die E-Mail-Veröffentlichungen auf WikiLeaks stammten allesamt aus dem Hackerangriff auf das DNC. Das DCCC wiederum besaß vermutlich Daten, die sich für das Erreichen bestimmter Zielgruppen in den sozialen Medien (Social Media Targeting) eigneten, aber wichtiger noch: Es dürften Daten der Demokraten aus jedem Wahlbezirk dabei gewesen sein, was im Grunde nichts anderes ist als Insiderinformationen über demokratische Wähler. Rein theoretisch könnten die Russen – oder auch jemand aus der Republikanischen Partei – dank der DCCC-Daten gesehen haben, welche Demokraten in einem Bezirk überzeugt werden könnten, am Wahltag zu Hause zu bleiben, anstatt wählen zu gehen. Später sollten wir erfahren, dass die Russen in den finalen Monaten des Wahlkampfs 2016 ihre Ausgaben auf die Bundesstaaten und die Wahlkreise konzentriert hatten, die letztlich die Wahl entschieden.

Uns erschien es wahrscheinlich, dass die russische Einmischung ihre größte Wirkung während der republikanischen Vorwahlen entwickelt hat. Als die Kandidaten begannen, sich um das Präsidentenamt zu bewerben, hatten die Russen seit über einem Jahr Gruppen angeheizt und zu kontroversen Themen Falschinformationen gestreut. Von den 17 Kandidaten vertraten 16 Positionen, die mehr oder weniger dem republikanischen Mainstream entsprachen. Kandidat Nummer 17 war Donald Trump und er hat ganz besonders von der russischen Einmischung profitiert, denn er war der einzige, in dessen Wahlkampf die Themen der Russen im Mittelpunkt standen – Einwanderung, weißer Nationalismus, Populismus. War es Absicht, war es Zufall? Dass Trump nominiert wurde, hat höchstwahrscheinlich etwas mit der Einmischung der Russen zu tun.

Während des allgemeinen Wahlkampfs gegen Hillary Clinton profitierte Trump sehr stark von der Einmischung Russlands auf Facebook. Wir stellten die These auf, dass die Russen (und Trump) sich darauf konzentrierten, eine Minderheit zu aktivieren (Trumps Stammwählerschaft) und gleichzeitig die Stimmen der Mehrheit zu unterdrücken. Facebooks Filterblasen und die Gruppen hätten diese Aufgabe ziemlich einfach gemacht. Wir konnten nicht sagen, wie stark sich die Anstrengungen der Russen ausgewirkt haben könnten, aber etwa 4 Millionen Obama-Wähler gingen 2016 nicht zur Wahl, nahezu das 52-Fache dessen, was Clinton für den Sieg benötigt hätte, um in den Staaten zu gewinnen, in denen sie unerwartet verlor.

Ich schloss mit einer Beobachtung: Die Russen hatten möglicherweise Facebook und andere Internetplattformen dafür verwendet, die Demokratie zu schwächen und eine Präsidentschaftswahl zu beeinflussen. Der Preis dafür: etwa 100 Millionen Dollar, weniger als der Kaufpreis eines einzigen F-35-Kampfjets. Die Summe war nur eine grobe Schätzung meinerseits, basierend darauf, was an Kosten für 80 bis 100 Hacker über einen Zeitraum von drei, vier Jahren auflaufen würde, und was ein wirklich großes Anzeigenbudget bei Facebook kosten würde. Tatsächlich könnte die Kampagne weniger gekostet haben, aber angesichts des Ergebnisses wären selbst 100 Millionen Dollar ein Schnäppchen gewesen. Möglicherweise hatten die Russen eine neue Art der Kriegsführung erfunden, eine, die perfekt geeignet war für eine Wirtschaftsmacht, deren Einfluss am Schwinden war, die aber unbedingt ihren Status als Supermacht bewahren wollte. Unser Land hatte eine Maginot-Linie errichtet – auf die USA entfallen nahezu die Hälfte der weltweiten Rüstungsausgaben, dazu kommen speziell verstärkte Datenzentren für Staat und Finanzwesen –, aber es kam niemand auf die Idee, negative Elemente könnten das einfach ignorieren und stattdessen mit einer amerikanischen Internetplattform die Köpfe der amerikanischen Wählerschaft manipulieren.

Senator Warner und sein Stab verstanden sofort die Bedeutung unserer Ausführungen. Senator Warner fragte: „Haben wir irgendwelche Freunde im Silicon Valley?"

Apple könne ein mächtiger Verbündeter sein, erklärten wir, da das Unternehmen keine anzeigengetriebenen Geschäftsfelder habe und Datenschutz im Mittelpunkt der Marke Apple stehe.

Der Senator sah optimistischer drein und fragte: „Was sollten wir unternehmen?"

Tristan zögerte nicht lang: „Halten Sie eine Anhörung ab und lassen Sie Mark Zuckerberg unter Eid aussagen. Zwingen Sie ihn, sich dafür zu rechtfertigen, dass er mit Filterblasen, Brain-Hacking und Wahlmanipulationen Gewinne macht."

Washington benötigte Hilfe für den Umgang mit der Bedrohung, dass Außenstehende durch soziale Netzwerke Einfluss auf Wahlen nehmen. Senator Warner bat uns, ihm zu helfen und ihm Einblicke in die technischen Aspekte zu geben.

Zwei Wochen später, wir schrieben August 2017, bat mich der Chefredakteur von *USA Today* um einen Gastbeitrag. Die Überschrift lautete: „Ich habe frühzeitig in Google und Facebook investiert. Mittlerweile machen sie mir Angst." Ich hatte noch nie einen Kommentar für eine Zeitung geschrieben. *CNBC* lud mich in den folgenden zwei Wochen drei Mal zur Sendung *Squawk Alley* ein, um über das Thema zu reden. Das erhöhte die Reichweite. Der Gastkommentar und die Fernsehauftritte fielen zeitlich mit einer raschen Folge von Meldungen über Facebook zusammen, die alle Thesen zu bestätigen schienen, die wir Senator Warner präsentiert hatten.

Obwohl die Zahl der Beweise immer weiter zunahm, bestritt Facebook weiterhin, in irgendeiner Form an der russischen Einmischung beteiligt gewesen zu sein. Offenbar dachte man, die Presse werde schon rasch genug das Interesse verlieren und sich dem nächsten Thema zuwenden. Es ist leicht zu verstehen, warum Facebook das glauben sollte: Niemand weiß besser über Aufmerksamkeitsspannen Bescheid als Facebook. Das Unternehmen ging davon aus, dass die Wahleinmischungs-Story sich auch nicht von dem Dutzend Skandale unterschied, mit denen man es bis dahin zu tun gehabt hatte. Sogar Tristan und ich rechneten damit, dass sich Facebook letztlich durchsetzen würde. Wir hofften, wenn es soweit wäre, hätten wir so viele Leute für das Thema, wie die dunkle Seite der Internetplattformen auf Mobilfunkgeräten aussah, sensibilisiert, dass sich die Facebook-Belegschaft genötigt sähe, Reformen einzuleiten.

Am 6. September 2017 postete Alex Stamos, Facebooks Vice President of Security, den Beitrag „Ein Update zu Informationsoperationen auf Facebook". Die Überschrift klang erst einmal nicht sonderlich aufregend, aber der Text begann mit einem Knaller: Facebook hatte festgestellt, dass zwischen Juni 2015 und Mai 2017 für 3.000 Anzeigen insgesamt 100.000 Dollar aus russischen Quellen geflossen waren. Die 3.000 Anzeigen konnten auf 470 Konten zurückverfolgt werden, die Facebook als „unauthentisch" bezeichnete. 100.000 Dollar hört sich nicht nach viel Geld für Anzeigen an, aber einen Monat später stellte der Forscher Jonathan Albright das Ganze in einen größeren Zusammenhang. Er verwies darauf, dass Beiträge aus gerade einmal sechs der von Russland gesponserten Facebook-

Gruppen 340 Millionen Mal geteilt worden waren. Im Mittelpunkt von Gruppen stehen gemeinsame Interessen. Das Teilen dürfte größtenteils von Amerikanern durchgeführt worden sein, die darauf vertrauten, dass die Moderatoren der Gruppe echt sind.

Auf Facebook gibt es Millionen Gruppen, praktisch jede Organisation, jede prominente Persönlichkeit, jeder Politiker, jede Marke, jede Sportart, jede Sportmannschaft, jede Philosophie und jede Idee hat eigene Gruppen. Die Gruppen, die um extreme Ideen herum entstehen – um Fehlinformationen, Fake News, Verschwörungstheorien, Hassreden –, werden zu Filterblasen, verstärken die gemeinsamen Werte und intensivieren die emotionale Bindung zu diesem Thema. Dank der Gruppen und der Filterblasen können hetzerische Beiträge für sehr wenig Geld eine große Anzahl ähnlich denkender Menschen auf Facebook erreichen. Russlands über die sozialen Medien ausgetragene Einmischung war außerordentlich kostengünstig.

Dass sich die Regierung Trump und die Republikaner im Kongress weigerten, dem Thema nachzugehen, verstärkte unsere Ängste bezüglich der Einmischung in künftige Wahlen. Zu den Untersuchungen von Sonderermittler Robert Mueller bestand keinerlei Kontakt, aber in der Presse war zu lesen, Mueller könne jeden Augenblick entlassen werden. Mueller habe sich abgestimmt mit Eric Schneiderman, dem Generalstaatsanwalt für den Bundesstaat New York. In Schneidermans Gerichtsbarkeit waren möglicherweise Geld gewaschen und weitere Straftaten begangen worden. Jim Steyer, der Gründer der Nichtregierungsorganisation Common Sense Media, riet mir zu einem Treffen mit Schneiderman in New York. Jim arrangierte alles und ich traf den Generalstaatsanwalt im Restaurant Gabriel's auf der West 60th Street in Manhattan.

Ich gab ihm einen kurzen Überblick über unsere Arbeit und Schneiderman bat mich, mit Tim Wu zusammenzuarbeiten, Professor an der Columbia Law School und als Berater für Schneidermans Büro tätig. Tim hat den Begriff „Netzneutralität" geprägt und das bahnbrechende Buch *The Attention Merchants: The Epic Scramble to Get Inside Our Heads* geschrieben. Darin geht es um die Geschichte des Anzeigengeschäfts, von der Boulevardpresse bis hin zu Plattformen wie Facebook, die mit persuasiver Technologie arbeiten. Als ich Tim einige Tage später kennenlernte, half er mir zu erkennen, welche Rolle Generalstaatsanwälte der Bundesstaaten im Rechtssystem einnehmen und welche Beweise erforderlich wären, um vor Gericht gehen zu können. In den kommenden sechs Monaten organisierte er eine Reihe Meetings mit Personal aus Schneidermans Büro, einer wirklich beeindruckenden Gruppe von Menschen. Internetplattformen mussten wir ihnen nicht groß erklären. Im Büro des Generalstaatsanwalts von New York verstand man das Internet, aber nicht nur das – man verfügte dort über Datenwissenschaftler, die forensische Arbeiten durchführen konnten. Das Büro des Generalstaatsanwalts besaß die Fähigkeiten und die Erfahrung für die schwierigsten Fälle. Bis April 2018 hatten 37 Generalstaatsanwälte Ermittlungen gegen Facebook in die Wege geleitet.

6

DER KONGRESS MACHT ERNST

Der technische Fortschritt hat uns nur effizienter darin werden lassen, rückwärts zu schreiten. – Aldous Huxley

In dem Monat nach unserem Besuch in Washington bestätigten die Medien viele der Thesen, die wir Senator Warner präsentiert hatten: Die Russen hatten sich tatsächlich eingemischt, indem sie sich während der Vorwahlen auf explosive Themen konzentrierten und bei den Hauptwahlen Trump unterstützten, während sie die ganze Zeit über Clinton schlechtmachten. Die Demokraten auf dem Capitol Hill vertieften das Thema und einige einflussreiche Mitglieder des Kongresses fragten an, ob sie sich uns anschließen könnten. Vor Ende August erhielten wir einen Anruf aus Washington und wurden um unsere Rückkehr gebeten. Wir wurden für drei Tage eingeladen und jeder Moment war durchgeplant. Gerade rechtzeitig zur Reise verstärkte Renée DiResta unsere Truppe. Renée zählt zu den weltweit führenden Fachleuten, wenn es darum geht, die Verbreitung von Verschwörungstheorien über das Internet zu erklären. In ihrem Tagesjob leitet sie die Forschungsabteilung bei New Knowledge und hilft dort Firmen, sich gegen Desinformation, Rufschädigung und Schmierenkampagnen zur Wehr zu setzen – also genau gegen die Taktiken, mit denen die Russen 2016 arbeiteten. New Knowledge hat auch „Hamilton 68" entwickelt, ein Projekt, das russische Desinformation auf Twitter sichtbar machen will. Das vom German Marshall Fund finanziell unterstützte Projekt nahm am 2. August 2017 die Arbeit auf und erlaubt es jedem zu verfolgen, was kremlfreundliche Twitter-Konten diskutieren und bewerben.

Renée ist im Direktorium von Data for Democracy, einer „integrativen Gemeinschaft von Datenwissenschaftlern und Technologen, die freiwillig und gemeinschaftlich an Projekten arbeitet, die sich positiv auf die Gesellschaft auswirken". Renées eigener Schwerpunkt liegt darauf, zu analysieren, wie sich negative Elemente weltweit bemühen, die Demokratie zu unterwandern. Ganz im Gegensatz zu uns war Renée ein Profi in der Welt der Sicherheit von Wahlen. Sie und ihre Kollegen hatten 2015 gerüchteweise von russischen Einmischungsbemühungen munkeln hören, taten sich aber schwer, die Behörden dazu zu bewegen, aktiv zu werden.

Ihren ersten Computer hatte Renée, die als Tochter eines Forschers in Yonkers, New York, aufwuchs, mit fünf oder sechs Jahren bekommen. Sie kann sich an keine Phase ihres Lebens erinnern, in der sie keinen Computer hatte. Ihre andere Liebe war die Musik. Als Kind lernte sie Klavier zu spielen und spielte bis in die Studienjahre „auf Wettbewerbsniveau". Mit neun Jahren begann sie zu programmieren und arbeitete als Achtklässlerin freiwillig in einem Forschungslabor am Krankenhaus Sloan-Kettering. Ihr Projekt dort suchte nach Übereinstimmungen zwischen Musikausbildung und zeitlichem Denken. Es war nur eine kleine Studie, verband aber die beiden großen Interessenbereiche Renées. Sie machte an der Universität SUNY Stony Brook einen Abschluss in Computerwissenschaften, bevor sie im technischen Bereich für den Staat arbeitete. Renée spielt diesen Teil ihres Lebenslaufs gerne herunter und betont stattdessen die Zeit, die sie mit algorithmischem Handel an der Wall Street verbrachte. In diesem Job beobachtete sie, mit welchen Tricks Marktteilnehmer sich gegenseitig aufs Kreuz legen. Einige der Methoden ähneln denen, mit denen Hacker arbeiten können, um sich in eine Wahl einzumischen.

Unser erstes Treffen in Washington war mit Senator Warner. „Ich bin auf Ihrer Seite", sagte er gleich zur Eröffnung. Der Rest des Meetings konzentrierte sich auf den Wunsch des Senators, mit Führungskräften von Facebook, Google und Twitter eine Anhörung durchzuführen, bei der es um ihre Rolle bei Russlands Einmischung in die Wahlen 2016 gehen sollte. Das Personal des Senatsausschusses verhandelte noch mit den Internetplattformen, weil man hoffte, die CEOs zu einer freiwilligen Teilnahme bewegen zu können. Erst nach Abschluss der Verhandlungen würde es öffentliche Mitteilungen geben.

Am selben Tag noch hatten wir das erste von zwei Treffen mit dem Abgeordneten Adam Schiff aus Kalifornien, ranghöchstes Mitglied im Geheimdienstausschuss des Repräsentantenhauses. Der Ausschuss war entlang der Parteizugehörigkeit gespalten und Schiff hatte die wenig beneidenswerte Aufgabe, über alle aggressiven Widerstände hinweg die traditionellen Aufgaben des Gremiums zu erfüllen. Die kleinere Partei hat im Repräsentantenhaus keine Macht, was die Aufgabe ganz besonders frustrierend machte. Der Abgeordnete Schiff bat Renée und mich zu einem Treffen mit dem Stab des Ausschusses. Dieses Treffen fand an einem sicheren Ort in der Nähe des Kapitols statt. Die Rede kam auf unsere Thesen und was sie für künftige Wahlen bedeuteten. Renée schilderte Techniken, die die Russen möglicherweise eingesetzt hatten, um auf sozialen Medien Falschinformationen zu streuen. Den Russen spielte dabei in die Karten, dass Gemeinschaften von Liberalen und Querdenkern im Internet florieren. Mit größter Wahrscheinlichkeit konzentrierten sie sich auf Webseiten, auf denen die anonyme Meinungsfreiheit gefördert wird, Adressen wie Reddit, 4chan und 8chan. Auf diesen Seiten ist ein sehr breites Spektrum von Menschen aktiv, aber insbesondere solche, deren Ansichten in traditionellen Medien vermutlich nicht willkommen wären.

Einige dieser Nutzer sind unzufrieden und suchen nach einem Ventil für ihre Wut. Andere wollen aufdecken, was sie als Scheinheiligkeit der Gesellschaft ansehen. Wieder andere verfolgen bestimmte Ziele oder suchen nach einer Möglichkeit, ihre Streitlust ausleben zu können. Und einige wollen der Welt einfach nur Streiche spielen, gutgläubige Internetnutzer aufs Kreuz legen oder ausprobieren, wie weit sie mit unverschämten oder albernen Äußerungen durchkommen. Russlands Botschaften über Einwanderung, Waffen und weißen Nationalismus dürften auf diesen und anderen Webseiten auf fruchtbaren Boden gefallen sein. Außerdem waren sie ideale Brutstätten für Falschinformationen.

Renée erläuterte den üblichen Weg von Falschinformationen oder Verschwörungstheorien: Sie entstehen auf Seiten wie Reddit, 4chan oder 8chan. Zu jedem beliebigen Zeitpunkt sind viele solche Geschichten in Umlauf und eine Handvoll erzielt ausreichend Aufmerksamkeit, um viral zu gehen. Wann immer eine Falschinformation Zulauf erhielt, platzierten die Russen auf ein, zwei Websites ein Dokument, das wie ein legitimer Pressebericht zu dem Thema aussah. Dann wandten sie sich an Twitter, das bei den Journalisten *Associated Press* als Newsfeed der Wahl abgelöst hat. Die Idee dahinter: Die Geschichte sollte gleichzeitig über eine Armee von Twitter-Konten gepostet werden, immer mit einem Link zu der falschen Meldung. Die Twitter-Armee bestand dabei aus realen Konten sowie Bots.

Griff kein Journalist die Geschichte auf, legten die Twitter-Konten mit neuen Nachrichten nach. Tenor: „Lest die Geschichte, die euch die Mainstream-Medien vorenthalten wollen!" Der Journalismus ist eine ausgesprochen kompetitive Branche und der 24-Stunden-Nachrichtenzyklus lässt praktisch keine Zeit zum Innehalten und Reflektieren. Früher oder später wird irgendein seriöser Journalist die Geschichte möglicherweise schon aufgreifen. Wenn das geschieht, geht die ganze Sache überhaupt erst richtig los: Die Heerscharen von Twitter-Konten – darunter eine enorme Zahl von Bots – tweetet und retweetet die wahre Geschichte und verstärkt auf diese Weise das Signal auf dramatische Weise. Entwickelt sich eine Story erst einmal zum Trend, werden andere Medienunternehmen mit hoher Wahrscheinlichkeit einsteigen. Dann ist der Zeitpunkt gekommen, sich um den Massenmarkt zu kümmern, also um Facebook. Die Russen streuten die Geschichte in den von ihnen kontrollierten Facebook-Gruppen und bauten darauf, dass Facebooks Filterblasen für eine allgemeine Akzeptanz hinsichtlich der Wahrhaftigkeit der Story sorgen und die Geschichte möglichst breit streuen würden. Trolle und Bots helfen, aber die erfolgreichsten Falschinformationen und Verschwörungstheorien waren diejenigen, die von amerikanischen Bürgern verbreitet wurden, die überzeugt waren, dass das, was andere Mitglieder ihrer Facebook-Gruppen gepostet hatten, seine Richtigkeit habe.

Ein Beispiel dafür ist „Pizzagate". Bei dieser Desinformationsgeschichte ging es um E-Mails, die das FBI vermeintlich auf dem Laptop von Anthony Weiner gefunden hatte, dem in Ungnade gefallenen ehemaligen Kongressabgeordneten und Ehemann der stellvertretenden Leiterin von Hillary Clintons Wahlkampfkampagne. Angeblich zeigten die E-Mails, dass in Pizzerien im Großraum Washington ein Pädophilenring mit Verbindungen zu Mitgliedern der Demokratischen Partei aktiv sei. E-Mails, die dem Democratic National Committee gestohlen wurden, enthielten der Theorie zufolge verschlüsselte Botschaften über Pädophilie und Menschenhandel. Vor allem eine bestimmte Pizzeria sei Schauplatz satanischer Rituale gewesen, hieß es. Die Geschichte erschien neun Tage vor den Wahlen 2016 und war von vorn bis hinten falsch. Dennoch glaubten sie viele Menschen. Ein Mann im Speziellen war so sehr davon überzeugt, dass er im Dezember bei der entsprechenden Pizzeria auftauchte und mit seinem halbautomatischen Gewehr vom Typ AR-15 drei Schüsse auf das Gebäude abgab. Zum Glück wurde niemand verletzt.

Eine Verschwörungstheorie zu entwirren, ist eine knifflige Angelegenheit, aber die Wurzeln von Pizzagate sind leichter zu finden als bei den meisten anderen vergleichbaren Fällen. Zuerst erschien die Geschichte auf dem Twitter-Konto eines White-Supremacy-Anhängers. Bei Wikipedia heißt es, Konten von 4chan und Twitter hätten die gestohlenen DNC-Mails nach verschlüsselten Botschaften durchsucht und nach eigenem Bekunden viele gefunden. Verschwörungs-Webseiten wie Infowars griffen die Geschichte auf und verstärkten ihr Echo am extremen rechten Rand des politischen Spektrums. Im Monat nach den Wahlen breitete sich die Geschichte aus, wobei Twitter eine zentrale Rolle spielte. Der Forscher Jonathan Albright führte später eine Analyse durch, die dafür spricht, dass ein unverhältnismäßig großer Anteil der Tweets von Konten in Tschechien, Zypern und Vietnam stammte, während die meisten Retweets von Bot-Konten kamen. Tschechien, Zypern und Vietnam? Was war denn da los? Handelte es sich um russische Agenten oder um unternehmungslustige Unternehmer? Die Präsidentschaftswahlen 2016 in den USA scheinen etwas von allem angelockt zu haben. In einer Welt, in der sich von überall aus Online-Traffic mit Werbung zu Geld machen lässt und in der Millionen gutgläubiger Menschen unterwegs sind, werden Unternehmer sich das zunutze machen. Viel wurde geschrieben über junge Männer in Mazedonien, deren Bemühungen, erfundene Nachrichtengeschichten zu verkaufen, bei den Clinton-Wählern größtenteils durchfielen, die aber bei Fans von Trump und in geringerem Ausmaß auch im Lager von Bernie Sanders sehr gut ankamen.

Die Pizzagate-Verschwörungstheorie klingt unglaublich: Ein Pädophilenring mit Verbindungen zur Demokratischen Partei und im Mittelpunkt steht eine Pizzeria? Verschlüsselte Botschaften in E-Mails? Und dennoch gab es Menschen, die das für bare Münze nahmen – einer so sehr, dass er der Sache „selbst nachgegangen ist", wie er es formulierte, und dreimal auf die Pizzeria schoss. Wie kann das geschehen? Filterblasen. Was Filterblasen von normaler Gruppenaktivität unterscheidet, ist die intellektuelle Isolierung. Überall da, wo Menschen von anderen Menschen mit denselben Ansichten umgeben sind und wo es die Möglichkeit gibt, anders gelagerte Ansichten auszusperren, existieren Filterblasen. Sie nähren sich von Vertrauen und verstärken es. Zu Filterblasen kann es im Fernsehen kommen, wenn der Inhalt ideologisch extrem ist. Plattformen haben kaum Eigeninteresse daran, Filterblasen zu eliminieren, denn Filterblasen verbessern die relevanten Kennzahlen: auf der Seite verbrachte Zeit, Aktivität, Teilen. Sie erschaffen die Idee eines Konsenses, wo es keinen gibt. Das galt ganz besonders während der Phase, in der sich Russland eingemischt hat. Für die menschlichen Mitglieder der betroffenen Facebook-Gruppen verstärkten die Trolle und Bots die Illusion allgemeiner Übereinstimmung.

Menschen, die in Filterblasen stecken, können manipuliert werden. Sie haben mindestens einen zentralen Wert mit den anderen Gruppenmitgliedern gemein. Gemeinsame Werte verstärken das Vertrauen in die anderen und im weiteren Sinne damit auch der Gruppe. Teilt ein Gruppenmitglied eine Meldung, werden die anderen Mitglieder im Zweifelsfall zunächst einmal an die Echtheit der Meldung glauben. Fangen Gruppenmitglieder an, die Geschichte zu akzeptieren, wächst der Druck auf die anderen, es genauso zu halten. Stellen wir uns nun eine Facebook-Gruppe vor, der ein russischer Troll und so viele von Russland kontrollierte Bots angehören, dass sie ein bis zwei Prozent der Mitgliedschaft ausmachen. Bei diesem Szenario sind die anderen Gruppenmitglieder durch ihr Vertrauen ganz besonders anfällig für Manipulationen. Eine Geschichte wie Pizzagate mag ihren Anfang bei Trollen und Bots nehmen, die sie in die Welt tragen. Die Empfänger nehmen an, dass Mitglieder mit ähnlicher persönlicher Grundausrichtung diese Story bereits auf ihre Echtheit überprüft haben, also teilen sie sie ebenfalls. So können sich Falschinformationen und Verschwörungstheorien rasch ausbreiten. Die Russen haben diese Technik verwendet, um sich in die Präsidentschaftswahl 2016 einzumischen. Sie haben auch Veranstaltungen organisiert. Ein bekanntes Beispiel dafür trug sich im texanischen Houston zu. Russische Agenten organisierten dort separate Veranstaltungen für pro-islamische und anti-islamische Facebook-Gruppen, die zur selben Zeit in ein und derselben Moschee stattfinden sollten. Ziel war es, eine Konfrontation herbeizuführen.

All das ist möglich, weil die Nutzer dem vertrauen, was sie auf sozialen Medien finden. Sie vertrauen, weil dies doch von Freunden zu kommen scheint und weil es dank der Filterblasen zu den vorgefertigten Meinungen der Nutzer zu passen scheint. Jeder Nutzer hat seine eigene *Truman Show*, die darauf zugeschnitten ist, emotionale Knöpfe zu drücken, darunter auch solche, die mit Furcht und Wut in Verbindung gebracht werden. Es mag ansprechend klingen, dass die eigenen vorgefertigten Meinungen endlos bestätigt werden, aber es untergräbt die Demokratie. Die Russen haben Filterblasen und das Vertrauen der Nutzer dazu missbraucht, Zwietracht zu säen, den Glauben an Demokratie und Regierung zu schwächen und letztlich auch dazu, dass die Wähler den einen Kandidaten dem anderen vorgezogen haben. Russlands Einmischung verlief viel erfolgreicher, als man es hätte vernünftigerweise erwarten können, und sie ist auch weiterhin ein Erfolg, denn viele wichtige Interessengruppen in unserer Regierung akzeptieren diese Tatsachen nur langsam und ergreifen keinerlei umfassende Maßnahmen, die eine Wiederholung verhindern könnten. Filterblasen und Präferenzblasen untergraben das kritische Denken, schlimmer noch: Der Schaden kann fortbestehen, selbst wenn der Nutzer die Plattform, die dazu beigetragen hat, verlässt.

Als ich Renée zuhörte, wie sie die von den Russen eingesetzten Methoden beschrieb, wurde mir klar, dass ich mich in Anwesenheit eines echten Superstars befand. Damals waren mir nur die groben Eckdaten ihres Lebens bekannt, aber das wenige, das ich wusste – Technologie-Operationen für den Staat, algorithmischer Handel, politische Kampagnen, Infiltrierung von Netzwerken der Impfgegner, Umgang mit Mobbing auf Twitter, Forschung zu russischer Einmischung in die Demokratie –, sprach für Renées Intelligenz und Engagement.

Unser Team um Renée zu ergänzen, veränderte alles. Im Gegensatz zu Tristan und mir musste Renée nicht mit Theorien arbeiten. Sie forschte seit Jahren an diesen Sachen. Sie lebte in der Welt der Fakten. Die Kongressmitglieder, die wir kennenlernten, und ihr Stab begeisterten sich alle sofort für sie. Wir boten Renée eine neue Plattform, ihr Wissen zu verbreiten. Sie hatte bei Data for Democracy gearbeitet, frühzeitig Bedrohungen erkannt und die Technologieunternehmen gebeten, die Verbreitung von Propaganda per Computer ernster zu nehmen. Doch ihr erging es wie so vielen anderen

Wissenschaftlern und klugen Köpfen: Ihre brillanten Erkenntnisse erreichten nicht immer zur rechten Zeit die rechten Leute. Ganz offenkundig war es zu spät, eine Einmischung in die Wahlen von 2016 zu verhindern, aber vielleicht konnte unser kleines Trio verhindern, dass es 2018 zu einer Wiederholung kam. Das war das erklärte Ziel.

Unser Meeting schloss mit einer Bitte der Mitarbeiter im Geheimdienstausschuss des Repräsentantenhauses: Können wir ihnen helfen, Facebook und Twitter besser zu verstehen? Der Ausschuss beabsichtigte, am selben Tag wie der Geheimdienstausschuss des Senats seine Anhörung abzuhalten und dieselben Zeugen aufzurufen. Aber der Stab benötigte Hilfe. Weil sie so viel mit vertraulichen Daten arbeiteten, nutzte keiner der Mitarbeiter soziale Medien in großem Stil. Sie mussten lernen, wie Facebook, Instagram, YouTube oder Twitter tickten. Konnten wir ihnen Material für Briefings erstellen? Konnten wir Fragen liefern, die die Mitglieder des Ausschusses den Zeugen stellen konnten? Renée und ich ergriffen die Möglichkeit sofort beim Schopf. Wir hatten sieben Wochen Zeit, einen Lehrplan zu erstellen und den Stabsmitarbeitern einen „Grundkurs Internetplattformen" zu verabreichen.

Es ging nicht nur um die demokratischen Stabsmitarbeiter im Geheimdienstausschuss des Repräsentantenhauses. Auch der Stab von Senator Warner hatte um ähnliche Hilfe gebeten, genauso wie Mitarbeiter der Senatoren und Senatorinnen Richard Blumenthal, Al Franken, Amy Klobuchar und Cory Booker, die allesamt im Justizausschuss des Senats saßen. Dieser würde seine Anhörungen einen Tag vor den Geheimdienstausschüssen durchführen.

Briefing-Unterlagen zu erstellen, war ein sich wiederholender und viele Überarbeitungen enthaltender Prozess. Mehrere Male die Woche kamen Fragen von Stabsmitarbeitern. Sie nutzten unser Wissen über die Arbeitsweise der Plattformen, um Erkenntnisse aus Quellen zu begreifen, die sie niemals mit uns teilten. Sie baten um ein Briefing über Algorithmen und wie diese insbesondere bei Facebook funktionieren. Sie begriffen, dass ein Algorithmus eine „eindeutige

Handlungsvorschrift zur Lösung eines Problems oder einer Klasse von Problemen" ist, wie es bei Wikipedia heißt, und dass es sich dabei in erster Linie um Berechnungen, Datenverarbeitung und automatisierte Schlussfolgerungen handelt.

Fortschritte bei der künstlichen Intelligenz haben allerdings dazu geführt, dass Algorithmen, wenn sie mithilfe neuer Daten „lernen", immer komplexer werden. Im Zuge von Facebooks unerbittlichem Bestreben, alle Hürden auszumerzen, die das Wachstum begrenzen könnten, wird alles automatisiert. Das Unternehmen verlässt sich darauf, dass die immer raffinierteren Algorithmen eine Webseite mit 2,2 Milliarden aktiven Nutzern und Millionen Werbekunden schon am Laufen halten können. Algorithmen finden Muster, die unterschiedliche Nutzer auf der Grundlage ihres Onlineverhaltens gemeinsam zu haben scheinen. Das reicht weit über Begriffe wie die Zeit, den Standort und andere damit zusammenhängende Elemente der Onlineaktivität hinaus. Wenn Nutzer A, bevor er sich ein Auto kauft, online ein Dutzend Dinge tut, von denen viele mit dem Autokauf nichts zu tun haben, dann wird der Algorithmus nach anderen Nutzern suchen, die an einem ähnlichen Punkt beginnen, und wird diesen Nutzern Anzeigen für einen Pkw-Kauf zeigen. Angesichts der Komplexität von Facebook benötigt eine KI viele Algorithmen und deren Interaktion führt gelegentlich zu unerwarteten oder unerwünschten Resultaten. Ändert man auch nur einen Algorithmus ein klein wenig, kann das im restlichen System weitreichende Nachwirkungen mit sich bringen. Ein ganz klares Beispiel dafür, dass – in Anlehnung an das Facebook-Motto – Dinge an völlig unvorhersehbaren Stellen kaputtgehen können, wenn man sich rasch bewegt.

Facebook erklärt, seine Technologie sei „wertneutral", aber die Fakten sprechen eine ganz andere Sprache. Technologie tendiert dazu, die Werte der Menschen zu spiegeln, die sie erschaffen haben. Der Technologie-Futurist Jaron Lanier sieht die Rolle von Algorithmen darin, Daten einzelner Nutzer zwischen den Nutzern untereinander in Beziehung zu setzen. In einem Kommentar für den *Guardian* schrieb Lanier: „Die Korrelationen sind praktisch Theorien über das Wesen jeder Person und diese Theorien werden ständig überprüft und danach bewertet, wie vorhersagend sie sind. Wie alle gut gemanagten Theorien werden sie durch adaptives Feedback besser." Geht es um die von Internetplattformen verwendeten Algorithmen, dann bezieht sich das „Besserwerden" auf die Ziele der Plattform, nicht die der Nutzer. Algorithmen werden in der gesamten Wirtschaft genutzt, um Entscheidungsprozesse zu automatisieren. Sie sind maßgebend, aber das bedeutet nicht, dass sie auch gerecht sind. Bei der Analyse von Hypothekenanträgen beispielsweise kann es sein, dass in die Programmierung Rassenvorurteile der Programmierer einfließen und dass auf diese Weise unschuldige Menschen geschädigt werden. Wenn sich die Erschaffer von Algorithmen ihrer Voreingenommenheit bewusst sind und dagegen Schutzmaßnahmen ergreifen, können Algorithmen gerecht sein. Wenn – wie bei Facebook – die Erschaffer darauf beharren, dass Technologie von Haus aus wertneutral ist, dann steigt das Risiko gesellschaftlich unerwünschter Ergebnisse dramatisch an.

Bedenkt man, wie wichtig Präsidentschaftswahlen für unsere Demokratie sind, haben die Vereinigten Staaten jedes Recht, darauf zu bestehen, dass die Chefs von Facebook, Google und Twitter aussagen. Bei jeder anderen Branche wären die CEOs längst zur Stelle gewesen, doch bei Facebook, Google und Twitter geschah das nicht. Die Kongressmehrheit bestand – aus Gründen, die zeigen, wie groß die Kluft zwischen den Parteien ist – nicht auf einer Aussage der Führungskräfte. Ihr reichte der Chefjustiziar jedes Unternehmens. Dabei handelt es sich um sehr gut ausgebildete, erfolgreiche Anwälte, aber keine Techniker. Sie sind gut darin zu reden, aber ihr Wissen über die internen Abläufe ihrer Unternehmensprodukte dürfte begrenzt sein. Sie waren die perfekten Zeugen, wenn es darum ging, vom Start weg die Wirksamkeit der Anhörungen zu bagatellisieren. Sie waren dort, um zu sprechen, ohne etwas zu sagen, und um Schnitzer zu vermeiden. In diesem Wissen bereiteten wir eine lange Liste von Möglichkeiten vor, wie Facebook, Google und Twitter bei den Anhörungen versuchen könnten, klare Antworten zu vermeiden.

Außerdem bereiteten wir Nachfragen vor, die den Ausweichversuchen zum Trotz zu klaren Informationen führen sollten.

Im Silicon Valley herrscht die Meinung vor, dass die Regierung nicht gut funktioniert. Die einzigen guten Leute, die in Washington arbeiten, seien diejenigen, die vom Silicon Valley dorthin gegangen seien. Unsere Erfahrungen könnten nicht gegensätzlicher gewesen sein. Die Stabsmitarbeiter, mit denen wir es damals zu tun hatten, waren durch die Bank weg beeindruckend. Es ist nicht nur so, dass sie klug, gewissenhaft und strebsam waren. Wie die Nutzer hatten auch die politischen Entscheider darauf vertraut, dass sich das Silicon Valley schon selbst regulieren würde, also mussten sie sich jetzt ins Zeug legen, um regulatorische Aufgaben wahrnehmen zu können. Sie wussten, was sie nicht wussten, und hatten keine Probleme, das einzugestehen.

In der Nacht vor der ersten Anhörung gab Facebook bekannt, dass 126 Millionen Nutzer von russischer Einmischung betroffen gewesen seien, dazu 20 Millionen Instagram-Nutzer. Acht Monate lang hatte das Unternehmen jedwede Beteiligung an russischer Einmischung von sich gewesen, nur um dann einzuräumen, dass eine interne Ermittlung ergeben hatte, dass Russen Anzeigen im Wert von umgerechnet 100.000 Dollar gekauft hatten. Vor diesem Hintergrund ließ Facebook mit der jüngsten Enthüllung nun eine echte Bombe platzen. Die Zahl entspricht mehr als einem Drittel der amerikanischen Bevölkerung, aber das lässt die Auswirkungen um Vieles geringer erscheinen, als sie es tatsächlich waren. Die Russen sprachen auf Facebook nicht 126 Millionen Menschen nach dem Zufallsprinzip an, ihre Bemühungen waren punktgenau ausgerichtet. Einerseits nahmen sie mit motivierenden Botschaften Menschen ins Visier, die wahrscheinlich für Trump stimmen würden. Andererseits identifizierten sie Untergruppen von Wahlberechtigten, die wahrscheinlich demokratisch stimmen würden, die sie möglicherweise aber vom Gang zur Wahlurne würden abbringen können. Dass 2016 vier Millionen Menschen, die 2012 für Obama gestimmt hatten, nicht für Clinton stimmten, mag teilweise die Wirksamkeit der russischen Bemühungen widerspiegeln. Wie viele dieser Menschen blieben zu Hause, weil Russland Falschinformationen übe Clintons E-Mail-Server streute, über die Clinton Foundation, über Pizzagate und über andere Themen? *CNN* berichtete, dass die Russen Facebook-Gruppen betrieben, die speziell auf Farbige abzielten. Eine davon war die Gruppe Blacktivist, die in den Monaten vor der Wahl eine ansehnliche Größe erreicht hatte. Eine weitere Gruppe waren die United Muslims of America, ein ähnlicher Ansatz, aber ein anderes Publikum. Auf Twitter unterhielten die Russen Konten wie „Staywoke88", „BlackNewsOutlet", „Muslimericans" und „BLMSoldier", die wie die genannten Facebook-Gruppen allesamt den Eindruck erwecken sollten, hier würden echte Aktivisten echte Positionen vertreten. Bei einer Wahl, bei der nur 137 Millionen Menschen ihre Stimme abgaben, wird eine Kampagne, die 126 Millionen Wahlberechtigte ins Visier nahm, nicht völlig ohne Folgen geblieben sein. Wie würde Facebook sich da herausreden?

Die Anhörungen begannen an Halloween im Justizausschuss des Senats. Wir wussten, dass der Stab sich auch an viele andere Leute gewandt hatte, insofern war es lustig, einige unserer Fragen zu hören. Die Justiziare von Facebook, Google und Twitter hielten sich an ihre Drehbücher. Wenig überraschend sah sich Facebooks Chefjustiziar Colin Stretch den härtesten Fragen ausgesetzt und fast alle wurden von Demokraten gestellt. Stretch hielt sich bis relativ spät am Abend gut, dann überraschte Senator John Kennedy, ein Republikaner aus Louisiana, die ganze Welt und insbesondere einige seiner republikanischen Kollegen mit Fragen, inwieweit Facebook imstande sei, sich persönliche Daten einzelner Nutzer anzusehen. Stretch versuchte auszuweichen, indem er erklärte, Facebook habe Richtlinien gegen das Betrachten persönlicher Daten erlassen. Hinter Kennedys „Was weiß ich schon, ich bin nur ein kleiner Anwalt vom Land"-Auftreten verbarg sich ein messerscharfer Verstand und er formulierte seine Frage so lange um, bis Stretch gezwungen war, mit Ja oder Nein zu antworten. Besaß Facebook die Fähigkeit, sich die persönlichen Daten eines Nutzers anzusehen? Kennedy erinnerte Stretch daran, dass er unter Eid stand. „Nein", war Stretchs finale Antwort und in meinem Kopf hörte ich einen Jingle, wie er bei Rateshows gespielt wird, wenn die falsche Antwort gegeben wurde.

Für mich war das eine große Sache. Facebook ist ein Computersystem mit Bergen an Daten. Die Facebook-Entwickler müssen Zugriff auf die Daten haben, um ihrer Arbeit nachgehen zu können. In der Frühphase des Unternehmens war es nicht unüblich, dass ein Mitarbeiter der Personalabteilung während eines Bewerbungsgesprächs die Seite des Bewerbers aufrief. Irgendwann wurde dem Unternehmen klar, dass der Zugriff auf einzelne Konten tabu sein musste. Der Belegschaft wurde mitgeteilt, dass ein unangemessener Zugriff eine sofortige Entlassung nach sich ziehen würde. Ich kann nicht sagen, wie wirksam Facebook die Regel umsetzte – bei Facebook haben Regeln häufig mehr damit zu tun, rechtlicher Verantwortung zu entgehen, als damit, Verhaltensänderungen anzustoßen –, aber die Aussage, wonach niemand bei Facebook Zugriff auf die Daten einzelner Personen habe, war jedenfalls nicht zutreffend. Wenn der Kongress das nächste Mal Anhörungen abhielt, konnte der Ausschuss auf Stretchs Aussage als Beleg dafür verweisen, dass ranghöhere Vertreter des Unternehmens als der Chefjustiziar aussagen müssten. Sollte der politische Wind sich drehen, konnten Kongressausschüsse darauf bestehen, dass bei künftigen Anhörungen CEOs vorgeladen würden. Es war zumindest ein kleiner Sieg.

Letztlich konnten Stretch und die anderen Chefjustiziare den schwierigsten Fragen des Justizausschusses entgehen, was eine Rüge von Senatorin Dianne Feinstein, dem ranghöchsten demokratischen Mitglied des Ausschusses, nach sich zog. Als am nächsten Tag die Anhörungen im Geheimdienstausschuss des Senats begannen, ging der Tanz in die nächste Runde. Es war schon beeindruckend mitanzusehen, wie die Chefjustiziare harten Fragen auswichen und Antworten gaben, die vernünftig klangen, tatsächlich aber inhaltsleer waren.

Die abschließende Anhörung im Geheimdienstausschuss des Repräsentantenhauses war eine surreale Veranstaltung. Die republikanischen Mitglieder hielten unter Leitung des Ausschussvorsitzenden Devin Nunes eine Art der Anhörung ab, während die von Adam Schiff angeführten Demokraten eine andere Art abhielten. Unser Interesse konzentrierte sich auf den Teil, für den Schiff verantwortlich war. Man könnte meinen, dass nach zwei Anhörungen im Senat für den Geheimdienstausschuss des Repräsentantenhauses keine Fragen mehr übrig sein sollten, aber dem war nicht so. Der Geheimdienstausschuss zeigte Beispiele von Facebook-Werbung, die von durch Russland unterstützten Gruppen geschaltet worden war. Die Fotos waren für die Dauer der Anhörung als großformatiger Ausdruck zu sehen und sie haben sich mir unauslöschlich ins Gedächtnis gebracht. Sie sind *das* Bild der Anhörungen.

Anhörungen im Kongress sind zumeist von sehr viel Theater und wenig Substanz geprägt. Das gilt umso mehr in einem dermaßen von Grabenkämpfen geprägten Umfeld wie dem, das 2017 auf dem Capitol Hill vorherrschte. Unserer Meinung nach waren die normalen Regeln bei diesen Anhörungen ausgesetzt. Diese Anhörungen hatten etwas Wichtiges erreicht, indem sie Millionen Amerikanern verdeutlichten, dass die Russen Internetplattformen dafür missbraucht hatten, sich in unsere Präsidentschaftswahlen einzumischen. Die Anhörungen waren ein erster Schritt dahin, dass der Kongress die Internetplattformen reguliert, und wir hatten ein klein wenig dazu beigetragen. Wenige Stunden nach der Anhörung vor dem Geheimdienstausschuss des Repräsentantenhauses erhielt ich eine E-Mail, die mich zum Lachen brachte. Sie kam vom Chefermittler der Demokraten in diesem Ausschuss und lautete: „In einer für den Arbeitsplatz angemessenen Art und Weise: Ich liebe Sie!"

Bis auf die Fehlangabe von Stretch gegenüber Senator Kennedy verlief die Mission der Chefjustiziare erfolgreich. Sie gossen kein weiteres Benzin ins Feuer, aber die Enthüllungen über Facebook wirkten sehr lange nach. Das Interesse der Presse an der Rolle, die die drei Unternehmen bei den Einmischungen der Russen gespielt hatten, nahm explosionsartig zu. Indem sie eine öffentliche Ausstrahlung der Anhörungen zuließen, garantierten die Ausschüsse, dass zumindest einen Nachrichtenzyklus lang ausführlich darüber berichtet wurde. Im Zusammenspiel mit Facebooks Mitteilung, 126 Millionen Nutzer seien von Einmischung der Russen betroffen gewesen, erreichten die Anhörungen mehr als das: Dass Facebook, Google und Twitter möglicherweise eine Rolle dabei gespielt hatten, die Demokratie zu untergraben, wurde zum Gesprächsthema. Ich registrierte eine starke Zunahme des Interesses der Mainstream-Medien. Während am Nachmittag des 1. Novembers die Anhörungen vor dem Geheimdienstausschuss des Repräsentantenhauses anliefen, hatte ich meinen ersten Auftritt bei dem Fernsehsender *MSNBC* und sprach mit Ali Velshi über diese Themen. Es sollten viele weitere Auftritte folgen. Die Menschen begannen darüber zu reden, welche Rolle Facebook 2016 bei der Einmischung in die Wahlen gespielt hatte. Am nächsten Tag telefonierten Tristan und ich und er sagte, dass wir seit April einen sehr langen Weg zurückgelegt hätten. Innerhalb von nicht einmal sieben Monaten hatten wir unser Ziel erreicht, eine ernsthafte Diskussion über die dunkle Seite der sozialen Medien anzustoßen. Es war ein Anfang, mehr aber auch nicht. Noch immer wiesen die Plattformen jegliche Verantwortung weit von sich und das würde sich auch nicht ändern, sofern die öffentliche Wahrnehmung und der öffentliche Druck nicht dramatisch zunahmen.

7

DIE FACEBOOK-METHODE

*Das Problem ist keine bestimmte Technologie,
sondern die Nutzung der Technologie dafür,
Menschen zu manipulieren und Macht in einem so
verrückten und unheimlichen Ausmaß zu konzentrieren,
dass sie zur Bedrohung für die Zivilisation wird.*
– Jaron Lanier

Dank der Anhörungen war die Presse nun stärker daran interessiert, welche Rolle die Internetplattformen bei der Einmischung der Russen gespielt hatten. Jede neue Geschichte verstärkte die öffentliche Aufmerksamkeit und erhöhte schrittweise den Druck auf politische Entscheider, etwas zu unternehmen. Wir trafen uns mit vielen Politikern und lernten dabei eine der Regeln der Politik: Will man etwas verändern, verfügt aber über kein großes Budget für Lobbyarbeit, dann ist der Druck der Wählerschaft durch nichts zu ersetzen. Ich machte von meinen Rechten als Mitglied von Citizens United Gebrauch, bezahlte 500 Dollar und nahm eine Woche nach den Anhörungen an einem Frühstück mit Louisianas Senator John Kennedy teil. Es war ein Frühstück mit dem Senator, zwei Stabsmitarbeitern, 19 Lobbyisten und mir. Vor Beginn der Veranstaltung ging der Senator herum und begrüßte jeden Anwesenden. Die Lobbyisten waren von Unternehmen wie Procter & Gamble, Alcoa oder Amazon. Sie hatten nur ein Thema, über das sie reden wollten – das bevorstehende Gesetz zu Steuersenkungen. Als der Senator zu mir kam, erklärte ich: „Ich bin hier in meiner Funktion als Bürger, um Ihnen für die hervorragende Arbeit zu danken, die Sie bei der Anhörung im Justizausschuss des Senats vergangene Woche geleistet haben." Senator Kennedy stockte. Den genauen Wortlaut weiß ich nicht mehr, aber in seinem typischen Südstaaten-Tonfall sagte er in etwa: „Das weiß ich zu schätzen, Sohn. Ich bin froh, dass Sie da sind. Ich möchte mich mit Ihnen treffen." Das ist Demokratie des 21. Jahrhunderts in Aktion.

Während der zweiten Novemberwoche nahm ich an einer Konferenz in Washington teil, bei der es um Kartellrechtsverordnungen ging. Gesponsert wurde die Veranstaltung von der Denkfabrik Open Markets Institute. Hauptredner war Senator Al Franken, der sich leidenschaftlich für althergebrachte Methoden beim Regulieren von Monopolen einsetzte. Tim Wu von der Columbia Law School und Lina Khan von Open Markets sprachen über Kartellrecht im Zusammenhang mit Internetplattformen. Ihre These: Amazon, Google und Facebook verfügen über Monopolmacht in einem Ausmaß, wie es über weite Teile des 20. Jahrhunderts nicht möglich gewesen wäre, und sie verwenden diese Macht dazu, Wettbewerber zu blockieren und Nutzer auszunutzen. Meine eigenen Anmerkungen dienten als Rahmen für Tristans Thesen zur öffentlichen Gesundheit, die dafürsprachen, die großen Internetkonzerne zu regulieren. Dass das Internet in Sachen Regulierung einige Ausnahmen genoss, war ein Artefakt aus der Frühphase der Branche. Über einen Zeitraum von 21 Jahren hinweg hatten es die regulatorischen Schutzbestimmungen den Marktführern nicht nur erlaubt, erfolgreich zu sein, sondern auch Dinge zu tun, mit denen keine andere Branche durchgekommen wäre – dass man beispielsweise nicht mit Regulierern wie der Federal Trade Commission kooperierte, dass man das Thema Datenschutz der Nutzer mit sorgloser Achtlosigkeit behandelte und dass man eine Ausnahmeregelung bezüglich der Regeln der Federal Communications Commission zu Wahlwerbung erhielt.

Bis 1981 herrschte in den Vereinigten Staaten die Philosophie vor, Monopole seien schlecht für die Verbraucher und schlecht für die Wirtschaft. Monopole können den Verbrauchern höhere Preise in Rechnung stellen, als es in wettbewerbsaktiven Märkten der Fall ist, gleichzeitig sinken das Innovationstempo und die Entstehung neuer Unternehmen. Der Aufstieg von Standard Oil und anderer Trusts an der Schwelle zum 19. Jahrhundert führte zur Verabschiedung des Sherman Antitrust Act, des Clayton Act und des Federal Trade Commission Act. Diese Gesetze waren der Auftakt für eine lange Phase, während der beide Parteien eine wettbewerbsfeindliche Bündelung wirtschaftlicher Macht zu verhindern suchten. Nach dem Zweiten Weltkrieg gewann eine gegensätzliche Philosophie die Oberhand. Sie besagte, dass die Märkte selbst am besten wüssten, wie die Ressourcen optimal zu verteilen seien. Diese Chicagoer Schule genannte Philosophie war Teil einer marktgetriebenen und neoliberalen Weltanschauung. Danach war die Bündelung wirtschaftlicher Macht kein Problem, solange sie sich nicht in Form höherer Preise für die Verbraucher niederschlug. Mit dem Amtsantritt von Ronald Reagan als US-Präsident wurde die Chicagoer Schule zur offiziellen Politik erklärt und dominiert seitdem. Vielleicht ist es ein Zufall, aber wie ich bereits erwähnt habe: Seit 1981 ist die Zahl der Unternehmensgründungen massiv zurückgegangen (der Zenit wurde 1977 erreicht) und die Schere bei den Einkommen klafft so stark auseinander wie seit Standard Oils Zeiten nicht mehr.

Drei Internetplattformen haben enorm von der Antitrust-Philosophie der Chicagoer Schule profitiert – Amazon, Google und Facebook. Die Produkte von Google und Facebook sind für die Nutzer kostenlos und Amazon hat die Vertriebswirtschaft verwandelt, während die Verbraucherpreise gleichzeitig niedrig blieben. Das erlaubt es allen dreien, erfolgreich für einen Fortbestand ihres Handlungsspielraums zu argumentieren und ihre Marktmacht weiter zu festigen. Der Fall Amazon ist wohl am offensichtlichsten und liefert uns eine Grundlage dafür, die dahinterstehenden größeren Themen zu verstehen.

Die Ausnahme von allzu strenger regulatorischer Beaufsichtigung hat es Amazon.com erlaubt, gleichermaßen vertikal wie horizontal zu integrieren. Amazons Anfänge liegen bei nicht-verderblichen Artikeln, von dort ist der Einzelhändler horizontal in das Geschäft mit verderblicher Ware (Whole Foods) und Cloud-Dienstleistungen (Amazon Web Services) expandiert. Zur vertikalen Integration gehören Marketplace, wo Dritte Artikel verkaufen können, Basics, wo Amazon als Hausmarke Bestseller aus dem Bereich der Gebrauchsgüter vertreibt, sowie in den Bereich der Hardware mit Geräten, die sich durch die Sprachsteuerung Alexa bedienen lassen, oder den TV-Stick Fire. In einem traditionellen kartellrechtlichen Umfeld wäre Amazons Strategie der vertikalen Integration nicht zulässig. Das Unternehmen nutzt firmeneigene Daten, um Produkte zu identifizieren, zu entwickeln und zu vertreiben, die in direkter Konkurrenz zu den Bestsellern auf der Webseite des Unternehmens stellen. Diese Form von Machtmissbrauch wäre vor 1981 den Regulierern sehr sauer aufgestoßen.

Auch Amazons stetig wachsendes Vertriebsgeschäft hätte vermutlich denselben Bedenken unterlegen. Die horizontale Integration verderblicher Waren wie Lebensmittel wäre aufgrund von Quersubventionen problematisch gewesen. Amazon kann sein Cloud-Geschäft dazu nutzen, das Wachstum potenzieller Wettbewerber im Blick zu haben, allerdings gibt es wenig Indizien dafür, dass Amazon so, wie es Daten über die Nachfrage nach bestimmten Produkten auf Marketplace für eigene Zwecke genutzt hat, auch diesbezügliche Erkenntnisse genutzt hat.

Googles Geschäftsstrategie zeigt perfekt, inwieweit die Chicagoer Schule vom traditionellen Antitrust-Ansatz abweicht. Das Unternehmen begann mit der Indexsuche, der zweifelsohne wichtigsten Nutzeraktivität im Internet. Google hatte die brillante Erkenntnis, dass man einen großen Teil des offenen Internets privatisieren könne, indem man eine bequeme, leicht zu nutzende und kostenlose Alternative zu dem anbot, was die Open-Source-Gemeinde im Internet erschaffen hatte. Seine dominante Marktposition bei Suchabfragen nutzte Google dafür, gewaltige Geschäftsfelder für E-Mails, Fotos, Landkarten, Videos, Produktivitätsanwendungen und diverse andere Bereiche aufzubauen. In den meisten Fällen ist es Google gelungen, die Vorteile seiner Monopolmacht von einem bestehenden Geschäftsfeld auf ein neues zu übertragen. In der Europäischen Union hängt man bezüglich wirtschaftlicher Macht noch einer traditionellen Haltung an. Sie belegte Google 2017 mit einer Strafzahlung in Höhe von 2,4 Milliarden Euro, weil das Unternehmen seine Daten aus Suchabfragen und AdWords dazu nutzte, die europäische Konkurrenz für die brandneue Preisvergleichs-Anwendung aus dem Feld zu schlagen. Der EU-Fall war gut begründet und hatte den Vorteil, offensichtliche Schäden nachweisen zu können, denn der Großteil von Googles Konkurrenz war innerhalb kürzester Zeit von der Bildfläche verschwunden. Die Aktionäre zuckten mit den Schultern und Google legte Revision gegen das Urteil ein. (Im August 2018 belegte die EU Google wegen eines anderen kartellrechtlichen Verstoßes mit 5 Milliarden Dollar Strafe. Dieses Mal ging es um das Mobilfunksystem Android.)

Das Modell der Chicagoer Schule begünstigte Google und Facebook auch in anderer Hinsicht: Sie konnten neue Märkte erschaffen, auf denen sie auch Teilnehmer sein konnten. Traditionelle kartellrechtliche Bestimmungen stellten Unternehmen vor die Wahl: Entweder einen Markt erschaffen oder Marktteilnehmer sein, aber nicht beides. Wenn der Besitzer eines Marktplatzes auch an dem Markt teilnahm, würden der Theorie zufolge die anderen Wettbewerber einen zu starken Nachteil erleiden. Im Online-Anzeigengeschäft wurde exakt diese Situation durch die Übernahme von DoubleClicks durch Google möglich: Google konnte seinen eigenen Aktivitäten zulasten Dritter den Vorrang geben. Etwas Ähnliches tat Google beim Kauf von YouTube. Der Algorithmus wurde so verändert, dass die eigenen Inhalte eine Vorzugsbehandlung erhielten.

Was Google und Facebook betreiben, nennen Ökonomen „zweiseitige Märkte". Wikipedia spricht von „Wirtschaftsplattformen, die über zwei unterschiedliche Nutzergruppen verfügen, die einander

Netzwerkvorteile bieten". Zu den ursprünglichen zweiseitigen Märkten gehörten beispielsweise Kreditkarten, bei denen das Kreditkartenunternehmen bei einer einzelnen Transaktion zwischen Verkäufer und Käufer sitzt. Für Plattformen sind die beiden Seiten nicht Teil ein und derselben Transaktion. Nutzer sind die Datenquelle und gleichzeitig das Produkt, aber sie nehmen weder an einer Transaktion noch an den wirtschaftlichen Belangen teil. Kunde ist der Werbetreibende, er sorgt auf dem Markt für Umsatz. Vergleichbar sind die Plattformen mit traditionellen zweiseitigen Märkten insofern, als beide Seiten vom Erfolg (oder der Größe) des Markts abhängig sind. Bei der Größe von Facebook und Google bietet der zweiseitige Markt Vorteile, die Wettbewerber nicht wettmachen können. Das Ergebnis ist Monopolmacht.

Dank seiner Suchmaschine, den Cloud-Dienstleistungen und der Zusammenarbeit mit Wagniskapitalgebern verfügt Google über einen außergewöhnlichen guten Blick darauf, welche Produkte im Kommen sind. Wenn es darum ging, mit seiner Marktmacht aufstrebende neue Unternehmen auszubremsen, war Google nie zimperlich. Die besten wurden gekauft, der Rest im Keim erstickt. Amerikanische Regulierer haben mit einem derartigen Verhalten keine Probleme, während Europas Regulierer auf sich gestellt versucht haben, Google zu zügeln.

Ähnliche Vorteile wie Google hat die Denkweise der Chicagoer Schule in Sachen Regulierung auch Facebook beschert. Facebook kopierte die von Google betriebene „Privatisierung" des Internets und ergänzte sein soziales Netzwerk um eine Foto-App (Instagram), um Kurznachrichtendienste (WhatsApp und Messenger) und um virtuelle Realität (Oculus). Nachdem Facebook sich den Markt für Inhalte gesichert hatte, überzeugte das Unternehmen die Verlage davon, bei neuen Produkten wie Instant Articles mit Facebook zu arbeiten – um dann die Bedingungen zum Nachteil der Verlage zu ändern. 2013 übernahm Facebook das israelische Unternehmen Onavo, das eine VPN-Anwendung herstellt. VPNs, virtuelle private Netzwerke, dienen dem Schutz der Privatsphäre auf öffentlichen

Netzwerken, allerdings hat Facebook Onavo so umfunktioniert, dass man sich bei George Orwell wähnen könnte: Dank Onavo kann Facebook nämlich alles mitverfolgen, was die Nutzer mit eingeschaltetem VPN treiben. Gleichzeitig erlaubt Onavo es Facebook, andere Anwendungen zu überwachen. Unter normalen Umständen würde keine dieser Aktivitäten für ein VPN als angemessen gelten. Das ist in etwa so, als würden Sie zum Schutz Ihres Zuhauses einen Sicherheitsdienst beschäftigen, der zwar alle Einbrecher in die Flucht schlägt, dafür aber nebenbei selber Ihre Wertsachen einsackt. Bei einem VPN geht es einzig und allein darum zu verhindern, dass man von anderen bespitzelt wird. Ausreichend Nutzer nehmen Onavo in Anspruch, um Facebook zu gewaltigen Datenmengen über Nutzer und Wettbewerber zu verhelfen. Im August 2018 teilte Apple mit, Onavo verstoße gegen seine Datenschutzbestimmungen, also zog Facebook die Anwendung aus dem App Store zurück.

Snapchat ist einer der Wettbewerber, die Facebook angeblich mithilfe von Onavo überwacht hat. Zwischen den beiden Unternehmen herrscht böses Blut, seit Snapchat 2013 Facebooks Übernahmeangebot ausschlug. Facebook begann damit, wichtige Funktionen Snapchats in Instagram nachzuahmen, und schwächte damit Snapchats Wettbewerbsposition. Snapchat gelang der Börsengang und das Unternehmen agiert eigenständig, ist aber weiterhin ungehemmtem Druck von Facebook ausgesetzt, was seine Spuren hinterlassen hat. Unter herkömmlichen kartellrechtlichen Bedingungen hätte Snapchat mit ziemlicher Gewissheit eine gute Handhabe gegen Facebook wegen wettbewerbsfeindlichen Verhaltens.

Weil sie von den Regulierungsbehörden nichts zu befürchten hatten, konnten die Internet-Riesen ihren Markt in einem Ausmaß dominieren, wie man es seit den Tagen, als IBM den Markt für Großrechner beherrschte, nicht mehr gesehen hatte. Tatsächlich jedoch sind die heutigen Internetplattformen weitaus einflussreicher, als es IBM zu seinen besten Zeiten gewesen ist. Mit 2,2 Milliarden monatlichen Nutzern auf seiner zentralen Plattform nimmt Facebook direkten Einfluss auf nahezu ein Drittel der Weltbevölkerung. Darüber hinaus verfügen andere Facebook-Plattformen ebenfalls über gewaltige Mengen monatlicher Nutzer: 1,5 Milliarden Menschen greifen auf WhatsApp zu, 1,3 Milliarden auf den Messenger und eine Milliarde auf Instagram. Natürlich gibt es vor allem zwischen Messenger und Facebook Überschneidungen, aber dessen ungeachtet bedeuten diese Zahlen, dass WhatsApp und Instagram über gewaltige Mengen an Nutzern verfügen, die nicht auf Facebook sind. Die Annahme, dass Facebook insgesamt über mehr als 3 Milliarden Nutzer verfügt, ist nicht komplett aus der Luft gegriffen. Das wären 40 Prozent der Weltbevölkerung. Selbst zu seinen besten Zeiten war das Monopol von IBM auf Regierungen und die größten Konzerne begrenzt. Dank Brain-Hacking und der resultierenden Filterblasen ist Facebooks Einfluss auf die Verbraucher möglicherweise größer als bei jedem anderen Unternehmen vor ihm.

40 Prozent der Weltbevölkerung dazu zu bringen, seine Produkte zu verwenden, ist eine außerordentliche Leistung. In mancherlei Hinsicht wäre es durch und durch lobenswert. Coca-Cola beispielsweise schenkt tagtäglich in 200 Ländern insgesamt 1,9 Milliarden Getränke aus. Aber Coca-Cola nimmt keinen Einfluss auf Wahlen oder ermöglicht Hassreden, die zu Gewalt führen. Als gewaltiges Kommunikationsnetzwerk verfügt Facebook über weitaus mehr Einfluss als Coca-Cola und im Gegensatz zu Coca-Cola genießt Facebook Monopolmacht. Mit derart viel Einfluss und Monopolmacht sollte eine große Verantwortung einhergehen. Facebook schuldet es seinen Nutzern – und der ganzen Welt –, sich mit Blick auf das öffentliche Wohl zu optimieren, nicht nur mit Blick auf die Gewinnsituation. Wenn Facebook dazu nicht imstande ist – und zum jetzigen Zeitpunkt spricht nicht viel dafür –, wird es erforderlich, dass die Regierung eingreift, Facebooks Marktmacht reduziert und für mehr Wettbewerb sorgt.

Dass Zuck und Sheryl nichts unternommen haben, um offensichtliche Produktmängel abzustellen und ihre Marke zu schützen, spricht zumindest für ihre Monopolmacht. Ein möglicher Schaden der Marke hat ihnen vielleicht deshalb nicht allzu große Kopfschmerzen bereitet, weil sie wussten, dass die Nutzer keine Alternativen haben.

Es gibt noch eine zweite mögliche Erklärung dafür, warum Facebook frühe Warnsignale und spätere Kritik ignoriert hat. Schon zu seinen Harvard-Zeiten legte Mark Zuckerberg eine hartnäckige Gleichgültigkeit gegenüber Autorität, Regeln und den Nutzern seiner Produkte an den Tag. Er hackte Server in Harvard, erschuf seine ersten Produkte mit Universitätseigentum und nutzte das Vertrauen der Winklevoss-Brüder aus. Kurz nach dem Start von TheFacebook machte er in einem Chat mit einem Freund von der Uni deutlich, was er von Nutzern hält. *Business Insider* zitiert den Austausch von Kurznachrichten wie folgt:

Zuck: *Ja, also wenn du je irgendwelche Infos über irgendwen in Harvard benötigst.*
Zuck: *Frag einfach.*
Zuck: *Ich habe über 4.000 E-Mails, Bilder, Adressen, Kurznachrichten.*
[Freund]:   *Was? Wie hast du das denn geschafft?*
Zuck: *Die Leute haben es einfach eingereicht.*
Zuck: *Ich weiß auch nicht, warum.*
Zuck: *Sie „vertrauen" mir.*
Zuck: *Blödmänner.*

Soweit ich es beurteilen kann, war Zuck stets der Ansicht, dass die Nutzer Datenschutz übertrieben wichtig nehmen. Infolgedessen hat er sich meistens dafür entschieden, sie zu mehr Offenheit zu zwingen und sich mit den negativen Folgen erst zu befassen, wenn sie eintreten sollten. Größtenteils machte es sich für Facebook bezahlt, gegen den Datenschutz zu wetten. Das Unternehmen war nach negativem Feedback gezwungen, Beacon zurückzuziehen, aber in der Mehrheit der Fälle waren Facebooks unermüdliche Anstrengungen stärker als der Widerstand dagegen. Die Nutzer wussten nicht, dass ihre Privatsphäre beschnitten wurde, oder es war ihnen egal und so schaffte es Facebook auf die Liste der wertvollsten Unternehmen auf diesem Planeten.

Das Facebook-Motto „Move Fast and Break Things" spiegelt zu gleichen Teilen die Stärken und die Schwächen des Unternehmens wider. Auf der Suche nach Wachstum ist Facebook ständig am Experimentieren, am Herumspielen, am Ausloten von Grenzen. Viele Experimente schlagen fehl oder funktionieren nicht richtig, was eine Entschuldigung ebenso erforderlich macht wie ein weiteres Experiment in der Absicht, es besser hinzubekommen. Meiner Erfahrung nach gab es, wenn überhaupt, nur sehr wenige Unternehmen, die einen Wachstumsplan („Move fast", wenn man so will) dermaßen effektiv wie Facebook umgesetzt haben. Wenn rasches Handeln dazu führt, dass man etwas kaputtmacht und Fehler begeht, dann war Facebook großartig darin, sich davon zu erholen. Nur selten hat Facebook zugelassen, dass ein Fehler oder ein Problem das Unternehmen bremsen. Den Großteil der Zeit reichte das Versprechen, sich zu bessern, aus, um ein Problem hinter sich lassen zu können.

Um es ganz deutlich zu sagen: Risiken einzugehen, ist für ein Unternehmen eine gute Sache, wenn das Ganze mit dem richtigen Augenmaß veranstaltet wird. Facebook hat nicht erkannt, dass sich mit dem wachsenden Einfluss des Unternehmens auch die Taktik ändern muss. Experimente, die man in geringem Umfang noch durchgehen lassen kann, können sich ab einer gewissen Größe als problematisch erweisen. Wenn ein Unternehmen wie Facebook zu einem globalen Schwergewicht aufgestiegen ist, muss es bei seinen Experimenten ausgesprochen vorsichtig agieren. An erster Stelle müssen die Nutzer und das öffentliche Interesse stehen. Das Unternehmen muss Nebenwirkungen einplanen und sich entsprechend darauf einstellen.

Zu den Dingen, die Zuck von Anfang an von anderen unterschieden, zählte seine Vision, Facebook könne die gesamte Welt miteinander verbinden. Als ich ihn kannte, hatte Zuck die Zahl von einer Milliarde Nutzer ins Visier genommen. Während ich dies schreibe, beläuft sich die Zahl der monatlichen Facebook-Nutzer auf 2,2 Milliarden. 2017 lag der Umsatz bei über 40 Milliarden Dollar. Um innerhalb von 14 Jahren von null bis zu diesem Punkt zu gelangen, ist mehr als nur hervorragende Umsetzung erforderlich. Es gab Kosten, die von anderen getragen wurden. Facebook eliminierte alle Reibungspunkte, die das Wachstum hätten bremsen können, Zuck und sein Team entwickelten eine wahre Meisterschaft darin. Regulierung? Kritik? Lässt Facebook mit den magischen Worten „Tut uns leid, wir werden uns bessern" verschwinden. Zu oft haben diese Worte nicht zu den Taten gepasst, denn hätte man tatsächlich entsprechend gehandelt, hätte dies das Unternehmen gebremst. Und Regulierer und Kritiker haben nahezu gar keine Möglichkeiten, zu überprüfen, inwieweit Facebook sich an Regeln und Bestimmungen hält. Bis vor Kurzem bügelte das Unternehmen sämtliche Forderungen nach mehr Transparenz mit dem Verweis auf seine Algorithmen, Plattformen und Geschäftsmodelle ab. Dass das Unternehmen seit Kurzem politische Anzeigen als solche kennzeichnen lässt, ist ein Schritt in Richtung mehr Transparenz, betrifft aber Dritte deutlich stärker als Facebook. Ohne Transparenz lässt sich Compliance nicht überprüfen.

Selbst bei diesem gewaltigen Umfang ist das Geschäft von Facebook vergleichsweise unkompliziert. Verglichen mit einem Konzern ähnlicher Größe, etwa der Walt Disney Company, ist Facebook operativ weitaus weniger komplex. Die zentrale Plattform besteht aus einem Produkt und einem Plan zur Monetisierung. Die zugekauften Produkte (Instagram, WhatsApp und Oculus) agieren mit einiger Autonomie, aber ihr jeweiliges Geschäftsmodell verstärkt die Komplexität nur wenig. Weil das Geschäft so vergleichsweise simpel strukturiert ist, kann Facebook seine Entscheidungsprozesse zentralisieren. Es gibt eine zentrale Truppe von etwa zehn Leuten, die das Unternehmen managen, aber die finalen Entscheidungen werden von zwei Leuten getroffen: Zuck und Sheryl Sandberg. Sie haben sich mit brillanten Leuten umgeben, die bis Ende 2017 die Strategie des maximalen Wachstums nahezu perfekt umgesetzt haben.

Der außergewöhnliche Erfolg von Facebook hat Zucks Marke zu einer Mischung aus Rockstar und Sektenführer werden lassen. Er konzentriert sich nahezu vollständig auf die Produkte und hat kein großes Interesse am restlichen Unternehmen. Das überlässt er Sheryl. Es gibt zahllose Berichte, wonach Zuck bei den Produkten gerne Mikromanagement betreibt und sehr bestimmt auftritt. Er ist unbestritten der Boss. Seine Mitarbeiter haben ihn studiert und sich Techniken angeeignet, wie sie ihn beeinflussen können. Sheryl Sandberg ist genial, ehrgeizig und ausgesprochen gut organisiert. Wenn Sheryl spricht, wählt sie ihre Worte sehr sorgfältig. Beispielsweise kann sie in einem Interview völlig authentisch und aufrichtig erscheinen, während sie im Grunde auf die Fragen überhaupt nicht eingeht. Wenn Sheryl spricht, verschwinden die Unstimmigkeiten. Sie managt jedes Detail ihres Lebens und verwendet besonders viel Aufmerksamkeit auf ihr Image. Bis Mitte 2018 hatte Sheryl einen Ratgeber, Elliot Schrage. Offiziell firmierte er als Vice President for Global Communications, Marketing and Public Policy, aber seine tatsächliche Aufgabe schien darin zu bestehen, Sheryl den Rücken zu stärken – ein Job, den er bereits während ihrer Zeit bei Google ausübte.

Ein Facebook-Organigramm müsste eigentlich aussehen wie ein großer Laib Brot, aus dem eine riesige Antenne herausragt. Ganz oben auf der Antenne sind Zuck und Sheryl, getragen von Schrage (bis zu seinem Ausstieg), Chief Financial Officer David Wehner, Produktchef Chris Cox und einer Handvoll anderer. Alle anderen stecken unten im Laib Brot. Eine dermaßen zentralisierte Entscheidungsstruktur habe ich bei einem großen Unternehmen nie zuvor gesehen und möglich ist sie nur, weil das Geschäftsmodell selbst nicht kompliziert ist. Zu Beginn von Sheryls Amtszeit bei Facebook lernte ich bei einem Vorfall ihre Managementphilosophie kennen. Es ging damals um eine Fehleinschätzung, die in den meisten Unternehmen dazu geführt hätte, dass die betreffende Person entlassen und die Firmenpolitik geändert worden wäre. Ich rief Sheryl an, um zu fragen, wie sie damit umgehen wolle, und sie sagte: „Bei Facebook sind wir ein Team. Sind wir erfolgreich, sind wir es als Team. Scheitern wir, scheitern wir als Team." Als ich hartnäckiger wurde, wurde es Sheryl auch: „Heißt das, du möchtest, dass ich das gesamte Team feuere?" Rückblickend wäre das möglicherweise die beste Entscheidung gewesen.

Die von Sheryl beschriebene Managementphilosophie birgt enorme Vorteile, wenn alles gut läuft, weil sie dafür sorgt, dass sich alle auf ihre Kennzahlen konzentrieren, anstatt auf die eigene Beförderung hinzuarbeiten. In Facebooks Fall lief von kurz nach dem Börsengang im Jahr 2012 bis Ende 2017 alles perfekt. Stellen Sie sich einen gut eingestellten Rennwagen vor, der eine gerade, kieselfreie Strecke entlangjagt. So war Facebook. Früher oder später wird etwas schieflaufen, das lässt sich nicht vermeiden, das ist die eigentliche Bewährungsprobe. Theoretisch kann die Teamphilosophie einen geschützten Ort für unterschiedliche Meinungen und Selbstbetrachtung erschaffen, aber bei Facebook kam es nicht dazu. Wenn einzelne Mitglieder des Teams nicht einzeln gelobt werden, geht Lob für Erfolge zumeist an diejenigen Leute, die an der Spitze stehen. Angesichts Zucks Status als Gründer stellte ihn das Team bei Facebook bestenfalls sehr selten infrage und schon gar nicht, als die Zeiten hart wurden. Und das zeigt den Nachteil von Sheryls Managementphilosophie: Bei „Kein Lob, keine Schuldzuweisungen" kann es sein, dass die Verantwortung für Fehler wegfällt. Angesichts eines Rückschlags zieht sich das Team in seine Wagenburg zurück und wehrt die Kritik ab, anstatt in sich zu gehen und Ursachenforschung zu betreiben. Genau das scheint bei Facebook geschehen zu sein, als das Unternehmen mit Beweisen konfrontiert wurde, dass die Russen seine Plattform missbraucht hatten.

Im Verlauf seiner Geschichte hat Facebook zahlreiche Fehler begangen, aber die Einmischung der Russen war der erste, den man nicht einfach so abtun konnte. Es entstanden Reibereien, wie sie Facebook während seiner ersten 13 Jahre noch nicht erlebt hatte. Das Unternehmen besaß keinerlei Erfahrung darin (und kein Stehvermögen), mit einem derartigen Maß an Reibereien umzugehen. Man griff zur Standardreaktion: Abstreiten, Verzögern, Abwimmeln,

Heucheln. Das Problem würde schon irgendwann von allein verschwinden, so war es bislang immer gewesen. Aber dieses Mal blieben die Reibereien bestehen. Vielleicht würden sie sich irgendwann noch auflösen, aber bei Weitem nicht so schnell wie früher. Da es niemanden gab, der Zuck und Sheryl unter Druck setzte, hielt sich Facebook an sein übliches Drehbuch und tat immer wieder dasselbe in der Erwartung, dass irgendwann schon etwas anderes dabei herauskommen werde. Zuck und Sheryl waren kein negatives Feedback gewohnt und zogen sich in einen Bunker zurück. Erst als ihnen keine andere Wahl mehr blieb, tauchten sie wieder auf.

Verblüfft beobachteten Tristan, Renée und ich, wie Facebook zur Strategie des Abstreitens, Verzögerns, Abwimmelns und Heuchelns griff. Konnten Zuck und Sheryl denn wirklich nicht erkennen, wohin sie das führen würde? Wir waren ein winziges Team mit nur geringen Ressourcen, aber wir waren nicht mehr allein. Wahleinmischung hatte sich zu einem Thema entwickelt, dessen Zeit gekommen war. Viele kluge Leute beleuchteten das Thema aus unterschiedlichen Blickwinkeln. Zufällig waren wir am richtigen Ort, als die Geschichte begann, was dazu führte, dass politische Entscheider und Journalisten verstärkt unsere Einschätzung hören wollten. Zum Glück verstärkten uns im November zwei Neuzugänge, die neue Fähigkeiten und neue Energie mitbrachten. Lynn Fox war bei Apple, Palm und Google als Managerin im Kommunikationsbereich tätig gewesen und brachte Medienerfahrung mit, die unsere Bemühungen schon bald grundlegend verändern würde. Mitte des Monats veröffentlichte die *New York Times* ein Profil von Renée. Eine Woche später schrieb Sandy Parakilas, der bei Facebook zuvor im Datenschutz tätig gewesen war, einen Gastbeitrag für die *Times* mit der Überschrift „Wir können uns nicht darauf verlassen, dass sich Facebook selbst reguliert". Chris Kelly, der mich 2006 als damaliger Chief Privacy Officer von Facebook mit Zuck in Kontakt gebracht hatte, kannte Sandy und stellte einen Kontakt her. Sandy wusste, was Tristan, Renée und ich taten, und fragte, ob er sich uns anschließen könne. Sandy sollte sich als ausgesprochen glückliche Ergänzung unseres Teams erweisen. Als wir uns trafen, war er ein ehemaliger Facebook-Mitarbeiter – vier Monate später sollten ihn die Ereignisse in einen Whistleblower verwandeln.

Am 11. Dezember 2017 berichtete *The Verge*, dass Facebooks ehemaliger Vice President of Growth Chamath Palihapitiya im November bei einem Vortrag in Stanford Bedauern über die Schattenseiten von Facebooks Erfolg geäußert habe. „Ich glaube, wir haben Werkzeuge erschaffen, die das Sozialgefüge der Gesellschaft auseinanderreißen", sagte er vor Studenten der Graduate School of Business. Palihapitiyas Bemerkungen ähnelten denen von Facebooks erstem President Sean Parker, der im November sein Bedauern über die innerhalb des Netzwerks herrschende „Rückkopplungsschleife der sozialen Bestätigung" erklärte hatte. Diese würde den Nutzern „alle naselang einen kleinen Dopaminschub geben, weil jemand ein Foto oder einen Beitrag oder sonst etwas gelikt oder kommentiert hat". Facebook hatte Parker ignoriert, sprang nun aber auf Palihapitiya an. Keine 72 Stunden nach Erscheinen des *Verge*-Artikels ruderte Palihapitiya öffentlich zurück: „Meine Äußerungen sollten eine wichtige Diskussion anstoßen und waren nicht als Kritik an einem einzelnen Unternehmen gedacht – schon gar nicht an einem, das ich liebe. Ich halte es für an der Zeit, dass die Gesellschaft darüber spricht, wie wir die von den sozialen Medien bereitgestellten Werkzeuge nutzen, was wir von ihnen erwarten sollten und vor allem, wie wir jüngere Generationen dazu ermächtigen, sie verantwortungsvoll zu nutzen. Ich bin überzeugt, dass Facebook und die sozialen Medien insgesamt dieses Neuland erfolgreich erkunden werden." Später trat er bei Christiane Amanpour auf *CNN International* auf und betonte, dass Mark Zuckerberg seiner Meinung nach der klügste Mensch sei, dem er je begegnet sei. Zuck sei besser als jeder andere dafür qualifiziert, die Probleme zu lösen und uns alle zu retten.

Ich kenne Chamath nicht wirklich, ich hatte nur ein einziges nennenswertes Gespräch mit ihm und das war im Jahr 2007 und dauerte 90 Minuten. Zuck hatte mich um Hilfe gebeten, Chamath zu einem Wechsel zu Facebook zu bewegen. Damals arbeitete Chamath beim Wagniskapitalgeber Mayfield Fund, dessen Büroräume einen Stock über meinem bei Elevation lagen. Chamath ist in Sri Lanka geboren und mit seiner Familie nach Kanada ausgewandert. Er überwand wirtschaftliche Schwierigkeiten, genoss eine erstklassige Ausbildung und fand seinen Weg ins Silicon Valley. Chamath kommt rüber wie der klassische Silicon-Valley-Bro: brillant, hart arbeitend, außergewöhnlich ehrgeizig und überzeugt davon, dass sein Handeln stets richtig ist. Er ist darüber hinaus ein sehr erfolgreicher Pokerspieler. Beim Hauptturnier der World Series of Poker belegte er einmal unter 6.865 Teilnehmern Platz 101. Lange Rede, kurzer Sinn: Chamath Palihapitiya ist kein Mauerblümchen. Er ist nicht der Typ Mensch, der einknickt, sobald ihn jemand anbrüllt. Und trotzdem verwandelte er sich praktisch über Nacht von einem artikulierten Facebook-Kritiker in einen bereitwilligen Propagandisten des Unternehmens. Da konnte man schon stutzig werden.

Warum aber war für Facebook Chamaths Kritik ein größeres Problem als die Äußerungen von Sean Parker oder anderer Kritiker, die sich in der Vergangenheit geäußert hatten? Es gab einen offensichtlichen Unterschied: Bevor Chamath Facebook 2011 verließ, hatte er viele Führungskräfte des Growth-Teams rekrutiert. Im Sprachgebrauch von Facebook geht es bei Growth um alles, was es dem Unternehmen ermöglicht, Nutzerzahlen und Verweildauer zu steigern und möglichst erfolgreich Anzeigen zu verkaufen. (Für Tristan ist Growth die Abteilung, die für das Brain-Hacking zuständig ist.) Hätte Chamath weiterhin Facebooks Mission in Frage gestellt, wäre es denkbar gewesen, dass die Personen, die er eingestellt hatte, und diejenigen, die ihn kannten, begonnen hätten, die Entscheidungen ihrer Vorgesetzten und des Unternehmens in Frage zu stellen. Das hätte zu einem „Susan-Fowler-Augenblick" führen können. Susan Fowler, Entwicklerin bei Uber, verfasste einen Blogeintrag über die toxische Kultur in ihrem Unternehmen aus und stieß damit einen Aufstand der Belegschaft an, der letztlich dazu führte, dass die Führungsmannschaft ausgetauscht wurde. Der Fall Fowler war deshalb so wichtig, weil Ubers Management, sein Board of Directors und seine Investoren jahrelang nichts gegen die toxische Firmenkultur unternommen hatten, obwohl es permanent Beschwerden und negative Berichte gegeben hatte. Fowler formulierte das Problem auf eine Art und Weise, die niemand abstreiten konnte, und brachte die Belegschaft dadurch dazu, einen Wandel einzufordern. Genau das tat Palihapitiya mit seinen Äußerungen in Stanford auch. Es fällt nicht schwer, sich vorzustellen, dass Facebook alles in seiner Macht Stehende tun würde, um einen „Susan-Fowler-Augenblick" zu verhindern.

Chamaths Sinneswandel führte bei mir zu einer Erkenntnis: Irgendwann würde der Zeitpunkt kommen, an dem Facebook aus seinem Dilemma keinen guten Ausstieg mehr hinbekommen würde. Facebook könnte sich an dem Vorbild Johnson & Johnson orientieren und sich ansehen, wie der Konzern in den 1980er-Jahren damit umging, dass vergiftete Tabletten in Umlauf kamen. Die Möglichkeit, es Johnson & Johnson gleich zu tun, bestand aber nur so lange, wie Facebook glaubwürdig bekunden konnte, von den Missetaten nichts gewusst zu haben. Chamath hatte Facebook eine Vorlage geliefert. Das Unternehmen hätte erklären können: „Jetzt haben wir's kapiert! Wir haben Mist gebaut! Jetzt tun wir, was wir nur können, um die Probleme aus der Welt zu schaffen und das Vertrauen zurückzugewinnen." Indem Facebook die Möglichkeit verstreichen ließ, etwas aus Chamaths Bedauern zu lernen, signalisierte das Unternehmen seine Entschlossenheit, keinerlei Verantwortung für die Wahleinmischung der Russen übernehmen zu wollen, ebenso wenig für alle anderen Probleme, die aufgetaucht waren.

Das waren schlimme Neuigkeiten. Seit Oktober 2016 hatte ich Facebook einen Vertrauensbonus eingeräumt und angenommen, das Unternehmen sei selbst zum Opfer geworden. Sechs Monate nach meiner ersten E-Mail an Zuck und Sheryl ging ich noch davon aus, dass ich mich nicht richtig ausgedrückt hatte oder einfach der falsche Überbringer der Nachricht gewesen war. Als Tristan und ich begannen, uns öffentlich zu äußern, hoffte ich, dass die Facebook-

Belegschaft und die Ehemaligen sich anschließen würden und dass es Menschen wie Sean Parker und Chamath Palihapitiya schon gelingen würde, Zuck und Sheryl dazu zu bringen, ihre Vorgehensweise zu ändern. Doch das geschah nicht.

8

FACEBOOK STELLT SICH STUR

Eine erfolgreiche Erschaffung künstlicher Intelligenz wäre das größte Ereignis der Menschheitsgeschichte. Leider könnte es auch das letzte sein, wenn wir nicht lernen, die Risiken zu vermeiden. – Stephen Hawking

Wenn ein Unternehmen aus dem Stand innerhalb von gerade einmal 14 Jahren auf 2,2 Milliarden aktive Nutzer und 40 Milliarden Dollar Umsatz wächst, dann kann man sich dreier Dinge gewiss sein: Erstens war die ursprüngliche Idee genial. Zweitens muss die Umsetzung des Businessplans nahezu perfekt verlaufen sein. Und drittens werden die Leute, die das Unternehmen führen, irgendwann unterwegs die Perspektive verloren haben. Jahrelang verwandelt sich alles, was das Unternehmen anpackt, in Gold, kein Wunder also, wenn die Manager irgendwann anfangen, all die positiven Geschichten zu glauben, die die Menschen über sie erzählen. Sie werden einen verklärten Blick auf ihre Mission werfen. Kritik werden sie ablehnen und fragen: „Wenn die Kritiker so schlau sind, wie sie glauben, warum sind sie dann nicht so erfolgreich und so reich wie wir?"

Schon weitaus weniger erfolgreichere Unternehmen als Facebook sind in diese Falle getappt und wurden allzu selbstbewusst. Im Silicon

Valley feiert man die Wagemutigen und die Kühnen, insofern werden die Menschen dort auf Vermessenheit gedrillt und dann lässt man der Natur ihren Lauf. Die Friedhöfe der Technologiebranche sind übersät mit den Leichnamen von Unternehmen, die an ihrer eigenen Vermessenheit zugrunde gegangen sind. Firmen wie Digital Equipment, Compaq, Netscape, Sun Microsystems oder MySpace waren in ihrer Blütezeit angesagte Wachstumsstorys. Dann gibt es die Überlebenden, die, als sich ihr Wachstum verlangsamte, an Prestige verloren – Firmen wie Intel, EMC, Dell oder Yahoo. Bis zu dem Augenblick, an dem das Wachstum ausblieb, stellten sich die Manager dieser Konzerne vor die Mikrofone und prognostizierten starkes Wachstum. Dann fiel der Aktienkurs in den Keller und ihre Träume von Wachstum ohne Ende platzten. Und schließlich gibt es Unternehmen wie Microsoft, Oracle und IBM, die früher einmal unangefochtene Platzhirsche waren, deren gewaltige Marktkapitalisierung mittlerweile jedoch einen dramatischen Verlust an Einfluss kaschiert.

Zu akzeptieren, dass Zuck und Sheryl Opfer ihrer eigenen Vermessenheit geworden sind, hat mich sehr viel Zeit gekostet. Als ich mich im Oktober 2016 erstmals an sie wandte, machten sie keinen derartigen Eindruck. Selbst als ich im Februar 2017 meine Bemühungen aufgab, Dan Rose dazu zu bewegen, meinen Sorgen nachzugehen, war es mir noch nicht klar. Erst in dem Monat vor den Anhörungen vom 31. Oktober und 1. November 2017 gab es immer mehr Indizien dafür, aber ich wollte noch immer glauben, dass Zuck und Sheryl früher oder später ihre Vorgehensweise ändern würden. Der Knackpunkt war dann die Episode mit Chamath. Vor Chamath hätte Facebook noch sagen können: „Wir haben die Einmischung der Russen nicht verursacht, aber es ist unseren Nutzern zugestoßen und wir werden alles in unserer Macht Stehende tun, sie zu schützen." Facebook hätte sich an die Grundregeln des Krisenmanagements halten können, umfassend und eifrig mit den Ermittlern kooperieren können und sich mit Erklärungen und Beweisen an diejenigen Nutzer wenden können, die durch die Einmischung der Russen in Mitleidenschaft gezogen worden waren. Viel Zeit war vergangen, aber ich bin ziemlich sicher, dass alle wichtigen Gruppen – die Nutzer, die Werbekunden, die Regierung und die Facebook-Belegschaft – positiv reagiert hätten. Der Gewinn hätte vielleicht gelitten und der Aktienkurs kurzfristig auch, aber schon bald hätte Facebook ein stärkeres Maß an Vertrauen seiner wichtigsten Partner genossen, wodurch der Aktienkurs in neue Höhen geschossen wäre.

Stattdessen beendete Facebook das Jahr 2017 so, wie man es begonnen hatte – bloß keinen Schritt zurückweichen. Damit wurde ein Grundprinzip des Krisenmanagements verletzt, nämlich offen für Kritik zu sein. Stattdessen ließ Facebook seine Kritiker links liegen und erkannte nicht einmal ihre Existenz an. „Bitte weitergehen, hier gibt es nichts zu sehen", war die Botschaft, die das Unternehmen der Welt vermittelte. Das passte so wenig zu dem, was wir bereits wussten, dass ich ganz erschrocken war. Was dachten die sich bloß dabei?

Der Idealist in mir hatte die Hoffnung noch nicht aufgegeben, dass man Zuck und Sheryl noch irgendwie dazu würde bringen können, die Dinge aus einer anderen Perspektive zu betrachten und sich einzugestehen, dass die Zwischenwahlen 2018 in den USA rasch näher rückten und dass nur Facebook über die Macht verfügte, diese Wahlen vor einem ähnlichen Unheil wie 2016 zu bewahren.

Von Beginn an war uns klar gewesen, dass die besten Ergebnisse nur dann zu realisieren waren, wenn Facebook kooperierte. Die Designentscheidungen, die Facebook getroffen hatte, um das unfassbar erfolgreiche Geschäftsmodell für das Anzeigengeschäft umsetzen zu können, hatten zu Wahleinmischung und einer Gefährdung der öffentlichen Gesundheit geführt. Eine Regulierung könnte Facebooks Anreize und sein Verhalten verändern, aber die Umsetzung würde aller Voraussicht nach selbst im besten Fall Jahre dauern. Ein derartiges Szenario war keine echte Option. Unsere einzige Chance: Wir mussten Facebook überzeugen, zum Wohle des Landes und der ganzen Welt seinem eigenen Geschäft zu schaden. Die Erfolgsaussichten waren in etwa so groß, wie es meine beim Finale des 100-Meter-Sprintwettbewerbs der Olympischen Spiele wären. Die Alternative: einfach auf das Beste hoffen.

Tristan war weiterhin optimistisch, dass wir unter der Facebook-Belegschaft oder ehemaligen Mitarbeitern Verbündete finden würden, die auf Zuck und Sheryl Einfluss nehmen könnten. Egal, wie unwahrscheinlich, es war in jedem Fall einen Versuch wert. Noch meldeten sich keine aktuellen Mitarbeiter zu Wort, aber Tristan hatte sie noch nicht abgeschrieben. Er vereinbarte Treffen mit einflussreichen Facebook-Managern, die zwar Interesse an humanem Design zeigten, doch hat sich dieses Interesse bislang nicht als Änderung der Firmenpolitik bemerkbar gemacht, was möglicherweise daran liegt, dass nur Zuck und daneben vielleicht noch Sheryl die Macht dazu haben.

Unser ursprüngliches Ziel, die dunklen Seiten der sozialen Medien zum Gesprächsthema zu machen, hatten wir erreicht, aber noch hatte das nicht zu messbaren Veränderungen bei den Internetplattformen geführt. Unsere Verbündeten – insbesondere die in Washington und in den Medien – ermutigten uns, den Druck aufrechtzuerhalten. Facebook würde nur auf Druck reagieren und wir könnten ihrer Auffassung nach möglicherweise dazu beitragen, dass der Druck spürbar wurde. Facebooks Strategie bestand darin, unsere Empörung auszusitzen, keinerlei Zugeständnisse zu machen und darauf zu bauen, dass die Presse und der Kongress sich schon wieder anderen Themen zuwenden würden. Wenn man berücksichtigt, welch große Ablenkung die Politik der Regierung Trump darstellte, schien das ein guter Plan zu sein. Facebook hatte bei Nutzern und Politikern dermaßen viel Vertrauensvorschuss aufgebaut, dass es nur verständlich war, wenn das Unternehmen daraufsetzte, dass der Druck schon nachlassen und verschwinden würde. Seit Zucks Zeit in Harvard überschritt Facebook erst Grenzen und entschuldigte sich dann. Bislang hatte das stets ausgereicht, um die Probleme verschwinden zu lassen. Facebook war zuversichtlich, aber nicht unverwundbar. Die von Zuck und Sheryl dominierten Entscheidungsprozesse des Unternehmens schienen für eine Krise nicht optimal ausgelegt und die Geschichte rund um die Wahleinmischung schien sich in Richtung einer Krise zu entwickeln.

Ich hatte einige Erfahrung mit einer vergleichbaren Situation. 1994 hatte Bill Gates mich gebeten, sein erstes Buch *Der Weg nach vorn* vor Veröffentlichung zu lesen und ihm ein Feedback zu geben. Zur damaligen Zeit achtete ich außergewöhnlich genau auf alles, was mit Microsoft zu tun hatte. Kurz darauf stieß das amerikanische Justizministerium kartellrechtliche Untersuchungen gegen Microsoft an und warf dem Unternehmen vor, den Browser Internet Explorer auf wettbewerbsschädliche Weise in das Betriebssystem Windows integriert zu haben.

Damals war Microsoft eine globale Macht, wie es Google heute ist, dominant und immun gegen Angriffe der Konkurrenz. In Redmond, Washington, saß ein vergleichsweise kleines Team und traf sämtliche Entscheidungen. Microsoft hatte sehr früh das Konzept der elektronischen Post übernommen und führte aus diesem Grund sein globales Geschäft mit der kürzesten nur denkbaren Zeitverzögerung. Dank des E-Mail-Systems konnten Microsoft-Mitarbeiter selbst noch aus den abgelegensten Teilen Australiens, Südamerikas, Afrikas oder Asiens innerhalb weniger Stunden Probleme innerhalb der Befehlskette eskalieren, bis sie den jeweiligen Entscheider in Redmond erreichten. Was für ein Durchbruch Microsofts E-Mail-System war und was für einen Wettbewerbsvorteil es darstellte, lässt sich kaum hoch genug ansetzen. Bis zu jenem Kartellrechtsfall. Das allererste, was Microsofts Kartellrechtsanwälte taten, war, das E-Mail-Prozedere abzuändern, um die rechtlichen Risiken zu minimieren. Über Nacht verwandelte die Anweisung eines Anwalts Microsofts interne Kommunikation von einem Vorteil in eine Belastung. Die Anwälte hatten das Unternehmen wirksam enthauptet. Möglicherweise hätte Microsoft die Chancen, die das Internet bot, ohnehin vermasselt, aber dank des Kartellfalls verpassten sie ihre Chance um Lichtjahre.

Bei Facebook war die Entscheidungsfindung noch stärker zentralisiert als bei Microsoft (sofern so etwas überhaupt möglich ist). Microsofts Mitarbeiter verehrten Bill Gates, aber Bill ermutigte sie zu diskutieren. Er war berühmt dafür zu sagen: „So etwas Dummes habe ich ja noch nie gehört", aber bei ihm war es eine Einladung. Er erwartete von einem, dass man seine Haltung verteidigt. Und wenn einem das erfolgreich gelang, konnte man Bill auf seine Seite ziehen. Möglicherweise war etwas Derartiges auch bei Facebook denkbar, aber die Norm schien es offenbar nicht zu sein. Bei Facebook steht Zuck auf einem Podest. Ich glaube nicht, dass viele Menschen mit ihm herumdiskutieren oder ihm widersprechen.

Anfang Oktober 2017 hatte mich Barry Lynn vom Open Markets Institute überredet, in einem langen Aufsatz die dunkle Seite der sozialen Medien zu beschreiben, unsere bisherige Reise und unsere Vorstellungen für die beste Politik. Dann überzeugte er die Herausgeber des *Washington Monthly*, einem alteingesessenen Magazin für Befürworter einer progressiven Politik, bei mir einen 6.000 Wörter langen Essay in Auftrag zu geben. Mein Ziel war es, die Themen und unsere Handlungsempfehlungen für die politischen Entscheider im inneren Zirkel der Macht in Washington herauszuarbeiten. Ich wollte einen intellektuellen Komplettabriss erstellen, der die Ausrichtung der öffentlichen Debatten vorgeben und uns als Plattform für die nächste Phase unserer Arbeit dienen würde.

Ende Oktober reichte ich den ersten Entwurf ein und die zuständigen Redakteure Paul Glastris und Gilad Edelman verabreichten mir einen Meisterklassenkurs in der Sokratischen Methode. Ihre brillanten Fragen füllten viele Lücken, die noch in meinem Text geklafft hatten. Wir stellten unsere politischen Empfehlungen einigen anderen auf dem Capitol Hill vor und holten uns ihre Meinung ein. Den November über wurde weiter redigiert und geprüft, bis mir Gilad eines Tages mitteilte, dass wir fertig seien. Der Essay würde Aufmacher der Ausgabe vom Januar 2018 sein, die am 8. Januar erscheinen sollte. Der Text ging über das Thema Wahleinmischung hinaus und befasste sich mit der Gefahr, die Internetplattformen für die öffentliche Gesundheit, den Datenschutz und die Wirtschaft darstellen.

URSPRÜNGLICH WAR DIE ÖFFENTLICHE Gesundheit der Bereich gewesen, auf den Tristan und ich unser Hauptaugenmerk legten, aber seit Juli dominierte Washingtons Interesse an sauberen Wahlen unsere Aufmerksamkeit. Ende 2017 wandten wir uns erneut dem Thema öffentliche Gesundheit zu und begannen mit den Auswirkungen, die Technikprodukte auf Kinder haben. Beim unbekümmerten Streben nach Wachstum hatten die Internetplattformen auch für die Kleinen diverse Produkte entwickelt. Es lässt sich nicht abschließend sagen, ob den Plattformen die Anfälligkeit der Kinder nicht bewusst war oder ob gerade dieser Faktor sie angelockt hat. In jedem Fall schienen die von ihnen erschaffenen Produkte bei den Kindern psychische und Entwicklungsprobleme zu verursachen. Für dieses Thema fanden wir in Common Sense Media, Amerikas größter gemeinnützigen Organisation zum Thema Kinder und Medien, einen großartigen Partner.

Wir hatten im Sommer 2017 erstmals mit Common Sense gesprochen. Die Organisation rezensierte für Eltern Fernsehprogramme, Filme und Videospiele und machte sich zudem stark dafür, Kinder beim Surfen im Internet vor Inhalten zu schützen, die ihrem Alter nicht entsprachen. Im Verlauf ihrer Arbeit geriet sie immer wieder in teilweise sehr heftige Auseinandersetzungen mit Facebook, Google, YouTube, Instagram und Snapchat. Ich hatte in der zehnten Klasse den späteren Common-Sense-Gründer Jim Steyer kennengelernt und wir waren seit damals befreundet. Schon bei unserem ersten Gespräch über Tristans Arbeit erkannte Jim die Gelegenheit für eine Zusammenarbeit. Common Sense war sich bewusst, welche Bedrohung die Abhängigkeit von modernen Mobilfunkgeräten darstellte, und bereitete eine Reihe Spots vor, in denen der Comedian Will Ferrell dafür warb, beim Abendessen im Familienkreis die elektronischen Geräte auszusperren. Das größte Problem für Common Sense: Die Organisation hatte Fachleute für Kindesentwicklung, Politik und Lobbyarbeit, aber innerhalb der IT-Gemeinde fehlte es ihr an Glaubwürdigkeit. Ohne Technologieexperten großer Marken würde Common Sense Media in der Branche nicht das Maß an Einfluss erreichen können, das man anstrebte. Im Dezember 2017 machte Jim uns nach mehrmonatigen Gesprächen ein überzeugendes Angebot: Common Sense würde uns die Büroräume der Organisation für Meetings zur Verfügung stellen und wir könnten auf die beträchtlichen Erfahrungen im Umgang mit Washingtons Legislative und dem kalifornischen Senat zurückgreifen. Im Gegenzug würde Tristan als Senior Fellow zu Common Sense stoßen und ich als Berater dazukommen, sodass die Organisation unsere Erfahrung im Technologiesektor und unsere Verbindungen würde nutzen können. Wir wollten Tristans neue Aufgabe in Washington bei einer eintägigen Konferenz öffentlich machen, die am 7. Februar stattfand. Die guten Verbindungen von Common Sense zu politischen Entscheidern und den Medien würden Aufmerksamkeit für die Veranstaltung wecken und den Druck auf Facebook erhöhen.

Parallel dazu schob Tristan eine weitere Initiative an: Er wollte Technologieexperten und andere betroffene Interessengruppen an einen Tisch bringen und eine Widerstandsbewegung gegen das Geschäftsbaren der Internet-Riesen erschaffen und stärken. Time Well Spent hatte er bereits zu einer lebendigen Gemeinschaft von Menschen ausgebaut, die die Kontrolle über ihr digitales Leben gewinnen wollten. Unsere Lobbygruppe, das hatte er erkannt, machte eine andere Form der Organisation erforderlich. Also beschloss er, sie selbst ins Leben zu rufen: das Center for Humane Technology. Tristan und ich waren uns darin einig, dass Technologie, bei der der Mensch im Mittelpunkt steht, der nächste große Hit im Silicon Valley werden könnte. Technologie sollte nicht gefährlich sein, sie sollte uns nicht falsch informieren oder uns verdummen. Ziel neuer Technologie sollte es sein, den Nutzern zu mehr Entscheidungsbefugnis und zu einer Verbesserung ihres Lebens zu verhelfen. Das derzeitige Modell kann nicht fortgeführt werden, aber das bedeutet nicht, dass die Technologiebranche deswegen Einbußen erleiden muss. Es ist wie bei erneuerbaren Energien, wo sich Solar- und Windenergie bei den Versorgerbetrieben durchgesetzt haben: Menschenfreundliche Technologie könnte einen überalterten Ansatz durch eine neue Perspektive ersetzen und aus einem von Menschen verursachten Problem eine Geschäftsidee mit gewaltigem Potenzial machen. Wir wollen, dass Technologie die Welt in einen besseren Ort verwandelt. Menschenfreundliche Technologie ist der Schlüssel.

Was genau meine ich mit menschenfreundlicher Technologie? Was ich mir wünsche, ist eine Rückkehr zu einer Technologie, die den menschlichen Intellekt beflügelt, so wie es Steve Jobs mit seiner „Fahrrad für den Geist"-Metapher formulierte. Produkte, bei denen der Mensch im Mittelpunkt steht, beuten nicht die Schwächen des Menschen aus, sie machen Schwächen der Nutzer wett und helfen den Menschen, das Beste aus ihren Stärken herauszuholen. Dazu gehören Maßnahmen, die eine Suchtgefahr ausschließen oder, wenn sich das nicht vermeiden lässt, zumindest die negativen Folgen möglichst eindämmen. Geräte sollten so entworfen werden, dass sie ohne Abhängigkeiten Nutzen erbringen. Anwendungen und Plattformen sollten so entwickelt sein, dass der Nutzer dabei respektiert wird, dass die Folgen bestehender Filterblasen abgeschwächt werden und dass neue Filterblasen möglichst gar nicht erst entstehen. Richtig umgesetzt wäre jede Internetplattform ein neues Fahrrad für den Geist.

Was den Datenschutz angeht, wäre es wirklich nützlich, ein universelles Authentifizierungssystem zu entwickeln, eine Alternative zu Facebook Connect oder OpenID Connect, die die Nutzer schützt. Facebook ist ein bequemer Weg, sich auf vielen Webseiten anzumelden, aber die Nutzer müssen das tun können, ohne im Gegenzug ihre Privatsphäre aufzugeben. Ideal wäre es, dem Modell zu folgen, das Apple in Sachen Gesichtserkennung vorgegeben hat und bei dem die Daten immer auf dem Smartphone im Besitz des Nutzers bleiben. Mir schwebt ein unabhängiges Unternehmen vor, das die Interessen der Nutzer bei den Anmeldeprozessen vertritt und bei jeder Transaktion nur das Minimum an erforderlichen Informationen liefert.

Mit jeder neuen Technikgeneration haben die Unternehmer und Entwickler Gelegenheit zu profitieren, indem sie Produkte entwerfen, die den Nutzern dienen und nicht deren Bedürfnisse ausschlachten. Virtual Reality, künstliche Intelligenz, selbstfahrende Autos und das Internet der Dinge mit seinen Smart Speakern, internetfähigen Fernsehern, Autos und Geräten – all das sind Möglichkeiten, Fahrräder für den Geist zu produzieren. Leider sehe ich nichts, was dafürspräche, dass die Entwickler in diesen Bereichen auf diese Weise denken. Stattdessen hört man Schlagwörter wie Big Data, was nichts anderes bedeutet, als dass man weiter Werte abziehen statt erschaffen will. Am besten lassen sich Facebook und Google dazu bringen, Technologie einzuführen, bei der der Mensch im Mittelpunkt steht, indem man Konkurrenz fördert und zeigt, dass der Ansatz am Markt Wert hat. Es wird Jahre dauern, den Verbrauchern unterschiedliche Designansätze zur Auswahl anbieten zu können, insofern sollten wir schnellstmöglich anfangen, daran zu arbeiten.

Am 1. Januar 2018 veröffentlichte Zuck in einem Posting sein Ziel für das neue Jahr. Es war inzwischen Tradition geworden, dass der Facebook-CEO sich jedes Jahr zu Jahresbeginn eine Aufgabe steckte. In einem Jahr bestand sie darin, dass er Mandarin lernte, in einem Jahr aß er nur noch Fleisch von Tieren, die er selbst getötet hatte. Fragen Sie mich nicht, warum Zuck diese Herausforderungen öffentlich machte. Für 2018 jedenfalls bestand sein Ziel darin, Facebook in Ordnung zu bringen, und er präsentierte zu diesem Zweck einen Neun-Punkte-Plan.

Moment mal. Facebook in Ordnung bringen? Wo kam das denn jetzt her? Bislang hatte niemand aus dem Unternehmen derartige Probleme eingeräumt, und nun bestätigte Zuck plötzlich Bedenken wegen Fake News und der Möglichkeit, dass zu viel Facebook (oder andere soziale Medien) die Menschen unglücklich machen könnte. Und er bot den klassischen Zuck-Hilfeansatz – mehr Facebook! Um die Probleme zu lösen, die Facebook erschaffen hatte, beabsichtigte Zuck, die Nutzer dazu zu bringen, mehr von dem zu tun, was überhaupt erst zu den Problemen geführt hatte. Wem bislang nicht klar gewesen war, dass bei Facebook etwas schieflief, der wurde von Zucks Posting nun kalt erwischt. Was steckte dahinter?

Als Reaktion auf Zucks Posting veröffentlichte *Washington Monthly* meine Titelgeschichte nun ein paar Tage eher, am 5. Januar.

Obwohl ich den Essay über einen Monat zuvor fertiggestellt hatte, las er sich wie eine Kritik an Zucks Neujahresvorsätzen. Während Zuck in seinem Posting Facebooks Schwächen vage umschrieb, war mein Essay direkt und auf den Punkt. Während sein Heilmittel in noch mehr Facebook bestand, empfahl ich in meinem Essay zehn Maßnahmen, die auf den Datenschutz der Nutzer abzielten, auf Eigentumsrechte der Daten, Nutzungsbedingungen und Wahleinmischung. Die Presse griff das Thema auf und ehe ich's mich versah, breitete sich ein Essay, der ursprünglich für eine Handvoll politischer Entscheider in Washington gedacht war, weit über die Hauptstadt hinaus aus. 2017 war es uns gelungen, ein ziemlich großes Publikum für unsere Botschaft zu finden, aber bei dem einzigen Teil der Zuhörerschaft, bei dem es darauf ankam, hatten wir keinerlei Fortschritt verzeichnen können – bei der Führungsriege von Facebook. Inoffiziell hatten die PR-Leute des Unternehmens angefangen, unschmeichelhaft über uns zu reden, aber öffentlich ignorierten sie uns einfach … und bislang fuhren sie mit der Methode gut. Dann kam *Washington Monthly*. Der glücklich gewählte Zeitpunkt für die Veröffentlichung des Essays sollte dazu führen, dass sich Facebook direkt auf das Thema einließ.

Am Sonntag, den 7. Januar, flog ich mit meiner Frau Ann nach New York, wo wir sechs Wochen bleiben wollten. Am nächsten Morgen erhielt ich eine E-Mail von Jamie Drummond, Bonos Partner bei der ONE-Kampagne. Er fragte, ob er mir jemanden vorstellen dürfe, der George Soros vertrat, den milliardenschweren Investoren, der sein Vermögen dafür einsetzt, rund um den Globus die Demokratie zu stärken. In meinen Jahren im Investmentgeschäft sind mir eine Handvoll Leute untergekommen, deren Genialität mich sprachlos macht, und zu diesem Kreis zählt auch George Soros. In einer E-Mail erklärte Soros' Kollege Michael Vachon, dass Soros meinen Essay im *Washington Monthly* gelesen hatte und der Text ihm so gut gefallen hatte, dass er darauf die Rede aufbauen wollte, die er am 25. Januar auf dem Weltwirtschaftsforum in Davos halten würde. Ob ich wohl bereit wäre, mich mit Mister Soros zu treffen, um ihm beim Schreiben der Rede zu helfen? Und ob ich bereit war! Wir verabredeten ein Treffen zum Ende der Woche hin.

Am selben Tag rief ich meinen Freund Chris Kelly an, Facebooks ehemaligen Chief Privacy Officer, derselbe Chris, der mich ursprünglich mit Zuck bekannt gemacht hatte. Ich wollte hören, was Chris über all das dachte, was wir herausgefunden hatten. Chris war mit mir einer Meinung, dass nur Zuck und Sheryl imstande wären, Facebook rasch in Ordnung zu bringen. Ohne ein gewisses Maß an Kooperation seitens Facebook wäre es unmöglich, Wahlen zu schützen oder Unschuldige vor Schaden zu bewahren. Im Unternehmen hatten Zuck und Sheryl das Sagen. Sie hatten die moralische Macht, eine Neuausrichtung vorzugeben.

Leider jedoch weigerten sich Zuck und Sheryl, mit ihren Kritikern in den Dialog zu treten. Wenn Fachleute für Krisenmanagement ihrer Kundschaft raten, auf die Kritiker zuzugehen, dann geschieht das vor allem aus zweierlei Gründen: Zum einen lernt man auf diese Weise die Ausmaße des Problems kennen, zum anderen gewinnt man verloren gegangenes Vertrauen zurück, indem man mit den Kritikern zusammenarbeitet. Bis Chamath Palihapitiya in Stanford gesprochen hatte, hatte Facebook sämtliche Kritiker ignoriert. Dass es Facebook gelungen war, Chamath zur Rücknahme seiner Äußerungen zu bewegen, und dass das Unternehmen „mehr Facebook" für die richtige Antwort auf alle Nutzerbeschwerden hielt, sprach nicht dafür, dass Facebook zu irgendwelchen Zugeständnissen bereit sein könnte.

Geradezu skurril wurde es an jenem Tag, als ein Freund mir einen Tweet des langjährigen Facebook-Managers Andrew „Boz" Bosworth weiterleitete. Darin hieß es: „Ich arbeite seit 12 Jahren bei Facebook und ich frage mich: Wer zur Hölle ist Roger McNamee?" In anderen Zusammenhängen habe ich mir diese Frage auch schon oft gestellt, aber in diesem Fall sprach sie für eine glasklare Schlussfolgerung: Der Essay aus dem *Washington Monthly* hatte seinen Weg in die Facebook-Zentrale gefunden. Boz war nicht Zuck und er war auch nicht Sheryl, aber er gehörte zum inneren Kreis. Wir nahmen es positiv: Dass wir auf Boz' Radar aufgetaucht waren, schien ein Fortschritt zu sein. Jedenfalls stolperten viele Journalisten darüber – was unserer Sache half.

Etwas hatte sich nicht verändert, seit ich mich 2016 das erste Mal an Zuck und Sheryl wandte: Facebook war weiterhin nicht empfänglich für Kritik und davon, sich etwas zu Herzen zu nehmen, war gleich schon mal gar nicht die Rede. Der erste Instinkt bestand darin, den Überbringer der Botschaft zu ignorieren. Sollte das nicht funktionieren, konnte man vermutlich immer noch die schwere Artillerie auffahren.

Später an diesem Tag leitete Tim Berners-Lee den Essay aus dem *Washington Monthly* an seine Follower weiter. Berners-Lee zählt zu meinen Helden. Dass er den Essay guthieß, bedeutete mir unendlich viel. Schlagartig war mein Text überall und ich erhielt Anfragen von allen möglichen Medien: *CNBC*, Tucker Carlson von *Fox News*, *CBS Morning News*, *NBC Nightly News*, die *Today-Show*, *MSNBC*, *Frontline*, *CNN*, *60 Minutes*, *Bloomberg Technology*, *BBC Radio* und *Bloomberg Radio*. Von Montag bis Donnerstag in jener Woche absolvierten Tristan, Sandy Parakilas und ich eine unglaubliche Menge an Auftritten im Fernsehen und Radio. Dank der Kabelsender konnten wir unsere Botschaft Millionen von Menschen vermitteln. Das Highlight der Woche allerdings kam am Freitag, als ich zum Haus von George Soros in das nördlich von New York City gelegene Bedford fuhr. George Soros war damals 87 Jahre alt und ausgesprochen vital. Als ich eintraf, kam er gerade vom Tennisspielen zurück. Er hieß mich willkommen, stellte mich seiner Frau Tamiko vor und bat mich um etwas Geduld, da er noch schnell duschen wolle, bevor wir uns an die Arbeit machten. Während der kurzen Wartezeit stellte mir Tamiko Fragen zum Artikel im *Washington Monthly*.

Soros' Rede war bereits großartig, als ich sie das erste Mal zu sehen bekam, aber er ist Perfektionist und war der Meinung, sie könne noch viel besser sein. Vier Stunden lang gingen wir sie Zeile für Zeile durch, bis George mit dem Inhalt zufrieden war. Ich hätte gedacht, wir seien nun fertig, aber George fragte mich, ob ich am nächsten Tag, also Samstag, noch einmal kommen könne. Dann wollte er die Rede erneut mit mir durchgehen und sich dann auf eventuelle Nachfragen der Presse vorbereiten. Niemand rechnete damit, dass George Soros vor den Gefahren warnen würde, die von Monopolen bei Internetplattformen ausgehen, und er wollte sich sicher sein, die in einem Essay beschriebenen technischen Aspekte gut genug verstanden zu haben, um Fragen der Journalisten beantworten zu können. Also saßen am Samstagmorgen George, Tamiko, Michael Vachon und ich am Esszimmertisch und beleuchteten jeden Aspekt von mehreren Seiten, bis George das Gefühl hatte, auf alles antworten zu können, was die Journalisten wissen wollten. Das Ganze dauerte mehr als drei Stunden. Die Rede können Sie im Anhang dieses Buchs nachlesen.

Dass sich Soros dermaßen für Demokratie in der Welt starkmacht, barg im Januar 2018 eine ganz besondere Brisanz angesichts des Aufstiegs von Donald Trump und der zunehmenden Stärke der Hypernationalisten in Europa. Soros' Rede befasste sich anfangs mit Geopolitik und wandte sich dann der Bedrohung zu, die Internetmonopole wie Google und Facebook für die Demokratie darstellen. Soros verließ sich auf das, was er am besten kann, und formulierte die Bedrohung in wirtschaftlichen Begrifflichkeiten. Die Internetmonopole seien im Fördergeschäft tätig, ganz wie Erdölunternehmen, aber mit einem besseren Geschäftsmodell. Netzwerkeffekte machen, während die Unternehmen wachsen, immer höhere Gewinne möglich. Wachstum setzt voraus, dass jeder Nutzer jedes Jahr mehr Zeit und Aufmerksamkeit auf die Plattform verwendet. Erreicht wird das durch Überwachung der Nutzer und ein Design, das psychologische Abhängigkeiten begünstigt. Dank ihrer außergewöhnlichen Reichweite können die Monopole als Türhüter fungieren. Medienunternehmen müssen sich nach den Vorgaben der Monopole richten, aber die Internetmonopole lehnen jegliche Verantwortung für die Inhalte auf ihrer Webseite ab, weshalb Desinformationen sich so ungebremst ausbreiten können. Aktive Nutzer büßen die Fähigkeit ein, Fakten und Falschinformationen auseinanderhalten zu können, wodurch sie anfällig für Manipulationen werden. Soros betonte, dass Bündnisse zwischen Autoritären und Internetmonopolen zur Bedrohung für die Demokratie werden könnten. Die Monopole seien anfällig für den Einfluss Chinas und die Konkurrenz durch chinesische Unternehmen, die ihre Variante desselben Spiels spielen. Abschließend lobte Soros die Europäische Union dafür, wie sie die Nutzer von Internetmonopolen schützt. George mag mit meinem Essay für den *Washington Monthly* begonnen haben, aber die endgültige Rede ging viel weiter und verknüpfte die Bedrohung, die von Internetplattformen ausgeht, mit geopolitischen Aspekten. Als ich das Haus der Soros verließ, war ich voller Hoffnung, dass seine Rede etwas bewirken würde.

Das tat sie. Die Rede, die Soros am 25. Januar in Davos hielt, hallte laut wider bei den Regierungen aus Europa und den USA. Die Grenzen der Debatten verschoben sich dadurch – über den vergleichsweise engen Rahmen der Präsidentschaftswahlen in den USA hinaus in den viel umfassenderen Raum der Weltwirtschaft und der Politik an sich. Politische Entscheider nehmen das, was Soros sagt, sehr ernst, und das gilt auch für seine Kritiker. Nur wenige hätten erwartet, dass sich der 87-jährige Milliardär dermaßen durchdacht und leidenschaftlich zum Thema Technologie äußern würde. Für viele war es ein Weckruf.

In den USA war das gewaltige Vertrauen, das politische Entscheider den Technologieplattformen entgegengebracht hatten, bereits drei Monate zuvor durch die Anhörungen im Kongress in Frage gestellt worden. Nun erhöhte Soros den Druck, eine Neubewertung durchzuführen. Für die Nutzer waren die Auswirkungen von Soros' Rede abstrakter. Die meisten Nutzer mögen Facebook sehr. Sie mögen auch Google sehr. Anders lässt sich die hohe Anzahl täglicher Nutzer nicht erklären. Nur wenigen war eine dunkle Seite bewusst, kaum jemand hätte sich vorstellen können, dass Facebook und Google für sie eine tolle Sache sein, aber gleichzeitig der Gesellschaft schaden könnten. Ich weiß nicht, wie viele Nutzer die Rede von George Soros gehört haben – wahrscheinlich waren es weniger als diejenigen, die im Oktober und November die Anhörungen im Kongress verfolgt hatten, und das waren schon nicht viele gewesen, aber sehr viele Menschen sahen die Schlagzeilen. Ich vermute, die Feinheiten von Soros' Argumentation erreichten nicht die gesamte Leserschaft bis ins letzte Detail, aber so kurz nach den Anhörungen mussten die neuerlichen Schlagzeilen einen Eindruck hinterlassen, schließlich ging es um dieselben Unternehmen, nur mit neuen Problemen. Bei immer mehr Nutzern verfestigte sich der Eindruck, dass es Kontroversen rund um Facebook und Google gab. Sie wussten, dass die Unternehmen mit Schwierigkeiten zu kämpfen hatten, auch wenn sie die Details noch nicht kannten oder noch nicht überblicken konnten, inwieweit sie das persönlich betreffen könnte.

9

DER MEINUNGSFORSCHER

Technologie ist cool, aber du musst sie benutzen, anstatt dich von ihr benutzen zu lassen. – Prince

Während ich darauf wartete, dass sich Facebook melden würde, war der Tweet von Andrew Bosworth – „Wer zur Hölle ist Roger McNamee?" – nicht das, was ich im Sinn gehabt hatte.

Schwer vorstellbar, dass Boz mich als Bedrohung ansah, also warum sich überhaupt die Mühe machen, mich zu erwähnen? Zucks Neujahrsvorsätze hatten gezeigt, dass jegliche Reaktion von Facebook die Aufmerksamkeit der Nachrichtenmedien weckte. Die Reaktion verstärkte unser Signal und erhöhte zugleich die Aufmerksamkeit und die Zweifel an Facebooks Geschäftspraktiken im Zusammenhang mit den Wahlen von 2016.

Zucks Neujahrsresolution war nur der Auftakt für eine ganze Serie öffentlicher Bekanntgaben. Zehn Tage später wurden Veränderungen am Newsfeed verkündet. Facebook stufte bei der Gewichtung die Inhalte von Verlegern herunter und die Postings von Freunden, Angehörigen und Gruppen hinauf. Die Veränderungen seien dafür gedacht, Fake News zu reduzieren und dafür stärker Inhalte derjenigen Quellen in den Mittelpunkt zu rücken, denen die Menschen am meisten vertrauen. Skeptiker fragten, ob Facebook die Veränderungen nicht vorgenommen habe, um das Risiko zu reduzieren, von den Kartellbehörden als Medienunternehmen eingestuft zu werden. Weniger Inhalte von Verlagen würde das Unternehmen zudem weniger anfällig für den Vorwurf der redaktionellen Voreingenommenheit machen.

Das Problem dabei: Bei Facebook handelt es sich tatsächlich um ein Medienunternehmen. In vielerlei Hinsicht legt das Unternehmen redaktionelle Beurteilungskriterien an, auch durch seine Algorithmen. Facebook hat stets behauptet, dass Nutzer ihre Freunde selbst aussuchen und auch selbst beschließen, auf welche Links sie klicken, aber tatsächlich wählt Facebook für den Newsfeed jedes einzelnen Nutzers die Inhalte aus und ordnet sie. Dieser redaktionelle Prozess hat schon früher zu Kritik geführt. Konservative warfen dem Unternehmen im Mai 2016 vor, bei der Kategorie Trending Stories voreingenommen zu handeln. Zum damaligen Zeitpunkt wurden die Geschichten noch von Redakteuren ausgewählt. Geschichten mit konservativer Tendenz machten im Frühjahr 2016 etwas weniger als die Hälfte der Geschichten aus, was an diversen Faktoren lag. Dass Facebook auf den Vorwurf reagierte, könnte daran gelegen haben, dass mit Chris Hughes ein Facebook-Gründer 2012 eine wichtige Rolle gespielt hatte, als Präsident Obama zur Wiederwahl antrat. Wie auch immer die Gründe ausgesehen haben mögen, im Mai 2016 beschloss Facebook, menschliche Redakteure durch Algorithmen zu ersetzen – eine Entscheidung, die sich als Katastrophe erweisen sollte. Extrem rechte Stimmen nutzten das System aus und Trending Stories wurde von Desinformationen beherrscht, gerade rechtzeitig, um der Geschichte rund um Hillary Clintons E-Mail-Server eine möglichst große Bühne zu bereiten.

Waren die Veränderungen am Newsfeed ein weiterer Versuch Facebooks, die Verantwortung für Inhalte Dritter auf der Plattform von sich zu weisen? Unabhängig von der Antwort auf diese Frage führten sie dazu, dass die Hauptelemente der Filterblasen gestärkt wurden – Familien, Freunde und Gruppen –, und zwar zulasten derjenigen Inhalte, bei denen die Wahrscheinlichkeit, dass sie eine Filterblase durchdringen können, am höchsten ist, nämlich journalistischer Inhalte. Die Veränderungen wirkten wie ein Schritt zurück. Hätte man sie 2015 umgesetzt, hätten sie die Folgen der russischen Einmischung wahrscheinlich noch verstärkt.

Im Februar 2018 zeigten sich unsere ersten Bemühungen, unserer Initiative auch auf organisatorischer Ebene etwas Durchschlagskraft zu verleihen: Wir riefen das Center for Humane Technology (CHT) ins Leben und veranstalteten die eintägige Konferenz Truth About Tech zum Thema Kinder und soziale Medien. Das CHT ist eine nicht gewinnorientierte Organisation, die Verbrauchern zu einem besseren Umgang mit den Schattenseiten der Technologie verhelfen will. Die *New York Times* schrieb einen Bericht über den Start des CHT und druckte auch eine Liste der Gründer und Berater ab. Darunter waren zwei ehemalige Facebook-Mitarbeiter. Beide erhielten von Facebook böse Anrufe, weil sie sich mit uns eingelassen hatten. Die Mission des CHT war unparteilich und stellte den Nutzer in den Mittelpunkt, aber Zuck und Sheryl fanden es gar nicht lustig, wenn sich ehemalige Kollegen für das Vorhaben einbrachten.

Abgesehen davon, dass Facebook die beiden Ex-Mitarbeiter ärgerte, hatte die Reaktion des Unternehmens keinerlei Einfluss auf das CHT. Das zeigte sich schon am nächsten Tag, als wir in Washington zur Konferenz Truth About Tech eintrafen. Die Veranstaltung war ausdrücklich als gemeinsames Projekt von Common Sense Media und dem Center for Humane Technology propagiert worden. Zu den Rednern gehörten die Senatoren Mark Warner und Edward Markey sowie John Delaney aus dem Repräsentantenhaus, der pädiatrische Endokrinologe Dr. Robert Lustig, der die Suchtfaktoren des Zuckers publik gemacht hatte, der Autor Franklin Foer, Chelsea Clinton sowie Tristan, Randima Fernando und ich aus dem CHT-Team. Randima war vor kurzem zu CHT gestoßen, nachdem sie mit Tristan bei Time Well Spent gearbeitet hatte. Common Sense Media hatte auch Vertreter von Facebook und Google eingeladen, weil man einen konstruktiven Dialog darüber führen wollte, wie man Kinder vor den schädlichen Aspekten der Bildschirmzeit und der Onlineinhalte schützen könne, doch die Unternehmen waren nicht bereit, sich auf dieses Gespräch einzulassen.

Beim Kick-off für die Konferenz kam Nancy Pelosi auf mich zu, die Fraktionsvorsitzende der Demokraten im Repräsentantenhaus. Wir haben einen ähnlichen Musikgeschmack und hatten uns bei Konzerten der Grateful Dead oder von U2 ein paar Mal hinter der Bühne getroffen. Sie nahm mich beiseite, dankte mir für die Arbeit, die unser Team mit dem Geheimdienstausschuss des Repräsentantenhauses geleistet hatte, und fragte, ob wir Hilfe gebrauchen könnten, um andere demokratische Abgeordneter im Repräsentantenhaus zu erreichen. Ich benötigte die kürzeste messbare Zeiteinheit im Universum, um Ja zu sagen. Sie schlug vor, dass ich als ersten Schritt ihren gesamten Stab briefe, was ich einige Wochen später auch tat. Diese flüchtige Begegnung sollte sich später unglaublich bezahlt machen.

Am selben Tag veröffentlichte *The Verge* eine von Casey Newton verfasste Geschichte über Tavis McGinn, der nach sechs Monaten als persönlicher Meinungsforscher für Zuck und Sheryl Facebook wieder verlassen hatte. Die Geschichte schockierte uns. Facebook beschäftigt eine kleine Armee, die die Nutzer zu jedem nur vorstellbaren Thema befragt. Warum sollte das Unternehmen es da nötig haben, jemanden zusätzlich einzustellen, dessen einzige Aufgabe darin besteht, die Beliebtheit der beiden höchsten Führungskräfte abzufragen? Noch erstaunlicher war der Zeitpunkt: Tavis war von April bis September 2017 bei Facebook. Das heißt, der Meinungsforscher war zu einem Zeitpunkt unter Vertrag genommen worden, als das Unternehmen noch jegliche Beteiligung an der russischen Einmischung bestritt.

In dem Artikel beschreibt Tavis, dass seine Erfahrung bei Facebook nicht so verlaufen war, wie er es sich erhofft hatte:

„Ich hatte mich Facebook in der Hoffnung angeschlossen, etwas von innen bewirken zu können", sagt er. „Ich dachte, hier ist diese gewaltige Maschine mit ihrem riesigen Einfluss auf die

Gesellschaft, und ich als Außenstehender kann nichts tun. Aber wenn ich mich dem Unternehmen anschließe und regelmäßig den Amerikanern den Puls nehme, was Mark angeht, vielleicht, ja vielleicht würde ich dann die Art und Weise ändern können, wie das Unternehmen Geschäfte macht. Sechs Monate habe ich dort gearbeitet und mir ist klargeworden, dass ich nicht einmal von innen heraus die Art und Weise würde ändern können, wie das Unternehmen sein Geschäft betreibt. Ich konnte weder die Werte verändern noch die Firmenkultur. Möglicherweise war ich viel zu optimistisch gewesen."

"Facebook ist Mark und Mark ist Facebook", so McGinn. „Mark hält 60 Prozent der Stimmrechte von Facebook. Wir haben also eine einzelne Person, 33 Jahre alt, die im Grunde die volle Kontrolle über die Erfahrungen hat, die zwei Milliarden Menschen aus aller Welt machen. Etwas Vergleichbares gab es noch nie. Selbst der Präsident der Vereinigten Staaten unterliegt Kontrollen. Bei Facebook ist es wirklich nur diese eine Person."

Von unserem Team hatte seit den Wahlen 2016 niemand mehr mit Zuck und Sheryl Kontakt gehabt. Was sie dachten, konnten wir nur raten. Hier war nun jemand, der noch vor wenigen Monaten gewusst hat, was sie dachten. Wir waren sehr begierig darauf, mit ihm in Kontakt zu treten. Eine Reporterin der *Washington Post*, Elizabeth Dwoskin, wusste, wie man Tavis erreichen konnte, und bot uns freiwillig an, den Kontakt herzustellen. Es dauerte einige Tage, dann rief mich Tavis auf dem Handy an, während ich gerade in der New Yorker U-Bahn unterwegs war. Zum Glück erfolgte der Anruf, während die U-Bahn gerade an der Haltestelle an der 28. Straße hielt. Ich stieg aus und sprach, während ich auf dem Bahnsteig stand, fast eine halbe Stunde mit Tavis, immer wieder unterbrochen vom Lärm der vorbeifahrenden Züge.

Tavis änderte meine Sicht darauf, wie Zuck und Sheryl ticken, und machte mir deutlich, wie sich die Unternehmenskultur bei Facebook seit dem Börsengang verändert hatte. Der spektakuläre

Erfolg hatte Zucks Position als unangefochtener Anführer des weltgrößten menschlichen Netzwerks gefestigt. Als Zucks Partnerin stand Sheryl bei der Belegschaft vergleichbar hoch im Ansehen. Intern war immer nur von den „Big Two" die Rede. Dass Zuck und Sheryl der Wert ihrer persönlichen Marke wichtig war, ließ sich allein schon daran ablesen, dass sie Tavis unter Vertrag genommen hatten. Offensichtlich sorgten sie sich, dass negative Kritik an Facebook auch ihr Ansehen in Mitleidenschaft ziehen könnte. Tavis war überzeugt, dass sowohl Zuck als auch Sheryl größere Pläne für die Zeit nach Facebook hatten und dass die wachsende Kritik diese Pläne gefährdete. Tavis war nicht lange im Unternehmen, da wusste er bereits, dass weder Zuck noch Sheryl schlechte Nachrichten hören wollten. Ich hätte gerne noch mehr erfahren, aber Tavis hielt sich, wofür ich ihn respektiere, an die Verschwiegenheitserklärung, die er mit Facebook vereinbart hatte.

Am 16. Februar veröffentlichte der Sonderermittler Robert Mueller eine 37-seitige Anklageschrift gegen 13 russische Staatsbürger und drei Organisationen wegen Einmischung in die Wahlen von 2016, wegen Betrugs unter Einsatz von Kommunikationsmitteln und wegen Bankbetrugs. In der Anklageschrift wurden Facebook, Instagram und Twitter namentlich genannt und sie machte deutlich, wie einfach es den Russen gefallen war, die Architektur und die Algorithmen der sozialen Netzwerke dafür zu missbrauchen, Falschinformationen zu verbreiten und Stimmenabgaben zu unterdrücken. Die Geschichte sorgte für mächtig Wellen. Und dank eines Twitter-Sperrfeuers von Facebooks Vice President of Advertising Rob Goldman erhielt die Welt obendrein noch kostenlos Einblick in Facebooks Unternehmenskultur.

Der Präsident der Vereinigten Staaten leitete Goldmans Tweets weiter und sorgte dadurch für eine Nachrichtengeschichte, auf deren Folgen Facebook nicht im Geringsten eingestellt war.

> Very excited to see the Mueller indictment today. We shared Russian ads with Congress, Mueller and the American people to help the public understand how the Russians abused our system. Still, there are keys facts about the Russian actions that are still not well understood.

Etwa: Sehr aufregend, heute Muellers Anklageschrift zu sehen. Wir haben die russischen Anzeigen mit dem Kongress, Mueller und dem amerikanischen Volk geteilt, damit die Öffentlichkeit besser versteht, wie die Russen unser System missbraucht haben. Dennoch gibt es bei den Handlungen der Russen zentrale Punkte, die sich noch nicht abschließend erklären lassen.

> Most of the coverage of Russian meddling involves their attempt to effect the outcome of the 2016 US election. I have seen all of the Russian ads and I can say very definitively that swaying the election was *NOT* the main goal.

Etwa: Bei der Berichterstattung über die Einmischung Russlands geht es vor allem um die Bemühungen, Einfluss auf den Ausgang der Wahl in den USA 2016 zu nehmen. Ich habe sämtliche russischen Anzeigen gesehen und kann ganz klar sagen, dass Einflussnahme auf die Wahl *NICHT* das Hauptziel war.

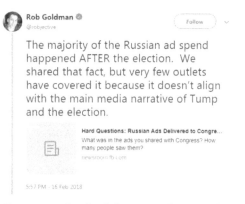

Etwa: Der Großteil des russischen Werbeaufwands fand NACH der Wahl statt. Wir haben das publik gemacht, aber nur sehr wenige Medien haben es aufgegriffen, weil es nicht zum Hauptnarrativ der Medien über T[r]ump und die Wahlen passt.

Etwa: Hauptzweck der russischen Propaganda- und Desinformationsbemühungen ist es, Amerika zu spalten, indem man unsere Institutionen wie Meinungsfreiheit und soziale Medien gegen uns verwendet. Auf diese Weise wurden Angst und Hass unter Amerikanern gesät. Es funktioniert unglaublich gut. Als Nation sind wir stark gespalten.

Rob Goldman
@robjective

The single best demonstration of Russia's true motives is the Houston anti-islamic protest. Americans were literally puppeted into the streets by trolls who organized both the sides of protest.

Russian Trolls Organized Both Sides of an Islam Protest in Texas
Update: Nov. 3 — Houston counter-protesters are alleging that their protest was not connected to the Russian-led group. The story now reflects those...
sacurrent.com

5:57 PM · 16 Feb 2018

Etwa: Bestes Beispiel für Russlands wahre Absichten sind die Anti-Islam-Proteste in Houston. Trolle, die beide Seiten der Proteste organisierten, haben Amerikaner buchstäblich wie Marionetten auf die Straßen gescheucht.

Goldmans Tweets erlaubten einen Blick in die Gedankenwelt der Facebook-Manager. Offensichtlich fühlten sie sich durch Muellers Anklageschrift entlastet. Für sie war es in Ordnung, dass die Russen Facebook und Instagram dafür missbraucht hatten, „Amerika zu spalten", solange sie bloß nicht versuchten, die Wahlen zu beeinflussen. Die Äußerungen sprachen für erstaunliche Defizite bei der Lagebeurteilung durch ein Mitglied des engsten Führungskreises bei Facebook. Journalisten und die Bloggerwelt fielen über Goldman und Facebook her und warfen ihnen Ahnungslosigkeit vor. Goldmans Twittersturm hatte Tavis' Einschätzung der geistigen Haltung bei Facebook bestätigt.

Wenige Tage später traf ich Tavis das erste Mal, und zwar in San Francisco in einem Café auf der Market Street. Er erzählte mir, dass er aus North Carolina stammt und an der Universität von North

Carolina in Chapel Hill studiert hat. Dort habe er seine unternehmerischen Fähigkeiten entdeckt und eine Firma gegründet, die Kühlschränke an Studierende vermietete. Nach dem Studium begann Tavis in der Marktforschung und entwickelte sich zum Experten dafür, Umfragen zu entwerfen und umzusetzen. Er wechselte zum Versicherer GEICO und schließlich zu Google. Dort wurde er wiederholt von Facebook umworben, aber erst Anfang 2017 geriet Tavis in Versuchung, als sich die Möglichkeit ergab, als persönlicher Meinungsforscher von Zuck und Sheryl zu arbeiten.

Vor dem Hintergrund von Muellers Anklageschrift und Goldmans folgendem Twitter-Sturm tauschten Tavis und ich 90 Minuten lang unsere Einsichten aus. Nach seinem Ausstieg bei Facebook hatte er mit Honest Data ein neues Marktforschungsunternehmen ins Leben gerufen, aber er hoffte, in Teilzeit auch für unser Team arbeiten zu können. Sein Ziel war es, seine Bedenken bezüglich Facebook den Regulierungsbehörden näherbringen zu können. Er hatte zu der Verschwiegenheitserklärung recherchiert, die jeder Facebook-Mitarbeiter unterschreiben muss, und war zu dem Schluss gelangt, dass sie vor Gericht, etwa bei einer Untersuchung durch den Generalstaatsanwalt, keinen Bestand haben würde. Nun arbeiteten wir nicht aktiv mit einem Generalstaatsanwalt zusammen, hatten aber ein gutes Verhältnis zum Generalstaatsanwalt von New York und Mitgliedern seines Teams aufgebaut. Ich bot an, eine Verbindung herzustellen. Es war darüber hinaus sinnvoll, Kontakte zu anderen Generalstaatsanwälten zu knüpfen.

Zwei Tage später, an einem Mittwoch, reisten Tristan und ich nach Seattle, wo wir uns mit dem Stabschef des Generalstaatsanwalts für den Bundesstaat Washington trafen, mit dem Team, das sich bei der Gates Foundation mit der mentalen Gesundheit Heranwachsender befasste, und mit dem CEO von Microsoft. Die Interessenlage bei den drei Terminen unterschied sich sehr und alle drei Gesprächspartner kannten uns vorher nicht, insofern war das Beste, was wir uns erhoffen konnten, unseren Gegenübern Denkanstöße mit auf den Weg zu geben. Das gelang uns in den ersten beiden

Treffen, dann ging es zum Microsoft-Hauptquartier, wo wir uns mit Microsoft-CEO Satya Nadella und Peggy Johnson, dem Head of Business Development, trafen.

In seinem Buch *Hit Refresh: Wie Microsoft sich neu erfunden hat und die Zukunft verändert* äußert Nadella eine Philosophie, die zu den Werten passt, die Tristan dem Center for Humane Technology mit auf den Weg gab. Insofern hofften wir, ihn als Unterstützer für unsere Bemühungen gewinnen zu können. Ein Unternehmen wie Microsoft legt sich nicht beim ersten Treffen fest, aber wir führten ein gutes und gedankenreiches Gespräch mit Satya und Peggy. Satya sagte, mit der Xbox und LinkedIn würden zwei Microsoft-Produkte nach Foggs Regeln spielen, aber die meisten Produkte nicht. Tristans Vorstellungen von einem humanen Design in die Windows-Produktpalette zu integrieren, würde sehr von Vorteil sein. Satya bat Tristan, noch einmal wiederzukommen und die Führungsriege von Microsofts Entwicklungsabteilung zu briefen. Als wir aus dem Büro gingen, liefen wir in die Arme von Microsoft-Gründer Bill Gates, der auf dem Weg zu Nadella war. In einem *Axios-Interview* hatte Bill eine Woche zuvor die großen Technologiekonzerne im Silicon Valley für ihre Unbekümmertheit gescholten. Sie würden die staatliche Regulierung riskieren, unter der Microsoft gelitten hatte. „Die Unternehmen müssen aufpassen, dass sie sich nicht für Dinge einsetzen, welche es dem Staat unmöglich machen, nach angemessener Prüfung die Funktionen auszuüben, auf die wir uns mittlerweile verlassen", warnte er.

Auch abseits der Mueller-Anklageschrift und den Goldman-Tweets musste Facebook im Februar einige PR-Niederlagen einstecken. Die beiden Konsumgüter-Riesen Procter & Gamble (P&G) beziehungsweise Unilever kritisierten Facebook (und Google) und drohten damit, keine Anzeigen mehr zu schalten. P&G warf Facebook mangelnde Transparenz und Verantwortlichkeit vor und erklärte, Anzeigenkunden sollten es den größten Internetplattformen nicht durchgehen lassen, dass sie sich nicht an die Offenlegungsstandards der Werbeindustrie halten. Bei der geltenden derzeitigen

Methode musste P&G fragen, ob es das bekam, wofür es bezahlt hatte. Unilever stieß sich an Fake News, extremistischen Inhalten und der Rolle, die die Plattformen dabei gespielt hatten, Zwietracht zu säen.

Tage später enthüllten Journalisten, dass Facebook Marketing-Botschaften an Millionen Telefonnummern verschickt hatte, die die Nutzer des Netzwerks im Rahmen der Zwei-Faktor-Authentifizierung angegeben hatten – dabei hatte das Unternehmen zuvor versprochen, genau das nicht zu tun. Ein Sturm der Kritik brach über Facebook herein und Facebooks Vice President of Security Alex Stamos belegte in einigen Tweets eindrucksvoll, dass legitime Kritik bei Facebook schlicht auf taube Ohren fiel. Und wieder einmal bestätigte eine Enthüllung der Presse Tavis' Theorie zur Unternehmenskultur bei Facebook. Als nächstes urteilte ein Gericht in Belgien, dass Facebook gegen Datenschutzgesetze verstoßen habe. Das Unternehmen wurde angewiesen, in diesem Land keine Nutzerdaten mehr zu sammeln. Und sogar als sich die Berichte um eine andere Technologieplattform drehten – wie nach dem Amoklauf an einer Schule in Parkland, Florida, als Journalisten herausfanden, dass russische Bots via Twitter Falschinformationen verbreiteten –, litt auch darunter das Ansehen von Facebook. Und schließlich war da auch noch auch ein Virtual-Reality-Ballerspiel, das Facebook bei der Conservative Political Action Conference (CPAC) sponserte, was nach dem Amoklauf von Parkland massive Kritik nach sich zog.

Man konnte fast den Eindruck gewinnen, dass Facebook jeden Tag aufs Neue für schlechte Nachrichten sorgte. Im allgemeinen Nachrichtenumfeld bestimmte das beispiellose Auftreten der Regierung Trump das Geschehen, aber das Thema Facebook brach dennoch immer wieder an die Oberfläche durch. Auf die Details achtete der Großteil der Welt dabei kaum, aber die Geschichte an sich entwickelte eine erstaunliche Lebensdauer.

Facebook selbst verteidigte weiterhin sein Geschäftsmodell. In der Vergangenheit hatten Entschuldigungen stets ausgereicht, um der Kritik den Stachel zu nehmen. Dieses Mal nicht. Kritik über ein

Jahr lang zu ignorieren, hatte nicht funktioniert. Zucks gute Vorsätze für 2018 und die Tweets von Managern aus dem engsten Führungskreis waren nach hinten losgegangen, aber wenigstens hatte Facebook mit diesen Reaktionen die Kritik erstmals offiziell zur Kenntnis genommen. Der öffentliche Druck hatte etwas bewirkt.

MEINE URSPRÜNGLICHE FURCHT WAR gewesen, Facebooks Probleme könnten systemischer Natur sein. Diese Furcht war nun durch Journalisten, politische Entscheider und die Mueller-Untersuchung wiederholt bestätigt worden. Facebook-Manager hatten begonnen, sich mit dem Thema auseinanderzusetzen, aber es wirkte, als würde das restliche Unternehmen einfach weitermachen wie bisher. Uns kamen Gerüchte über interne Unzufriedenheit zu Ohren, aber möglicherweise war das auch bloß Wunschdenken. Es hatten sich keine neuen Whistleblower zu Wort gemeldet und niemand aus dem Unternehmen ließ Daten durchsickern, die den Untersuchungen hätten weiterhelfen können. Doch der Druck auf Facebook sollte weiter zunehmen.

10

CAMBRIDGE ANALYTICA VERÄNDERT ALLES

Ist man nicht Teil der Dampfwalze, wenn eine neue Technologie heranrollt, ist man Teil der Straße. – Stewart Brand

März 2018. Fast täglich erschienen nun Meldungen über Schäden, den soziale Medien unbeabsichtigt angerichtet hatten. Das Magazin *Science* veröffentlichte die Ergebnisse einer Studie, bei der Professoren vom MIT alle kontroversen englischsprachigen Geschichten auf Twitter untersucht hatten. Das Ergebnis: Fehlinformationen und Fake News wurden zu 70 Prozent häufiger geteilt als sachliche Geschichten und sie wurden etwa sechs Mal schneller veröffentlicht. Der Studie zufolge verteilen Bots Fakten und Desinformationen zu etwa gleichen Teilen, was dafürspricht, dass es Menschen sind, die lieber Unwahrheiten verbreiten. Niemand behauptete, dass das Problem auf Twitter beschränkt sein könnte, und die Studie lieferte weitere Hinweise dafür, dass die dunkle Seite der sozialen Netzwerke möglicherweise systembedingt ist und von Designentscheidungen befördert wird, die einige der schlimmsten Seiten des menschlichen Verhaltens begünstigen.

Dazu passend erreichten Fehlinformationen, die die Webseite Infowars über vermeintliche Bombenleger im texanischen Austin verbreitete, die Spitze der YouTube-Charts. YouTube reagierte, indem es versuchte, Wikipedia den Schwarzen Peter zuzuschieben, denn dort sei man doch dafür zuständig, Desinformationen aufzudecken. Als ich am selben Tag mit Wikipedias Geschäftsführerin Katherine Maher sprach, erfuhr ich, dass YouTube diese Behauptungen einfach die Welt hinausposaunt hatte, ohne vorher mit Wikipedia zu sprechen oder dem gemeinnützigen Unternehmen mit seinen vergleichsweise wenigen Mitarbeitern eine finanzielle Vergütung anzubieten. Als Wikipedia sich sperrte, wirkten die Leute bei YouTube verblüfft: Warum hatte Wikipedia mit seinem begrenzten Budget denn keine Lust, für YouTube Fakten zu checken?!

Über Facebook brach unterdessen ein Sturzbach schlechter Nachrichten von außerhalb der USA herein. Sri Lankas Regierung wies Anfang März die Internetprovider des Landes an, Facebook, Instagram und WhatsApp vorübergehend zu sperren. Vorausgegangen war eine Explosion der Gewalt gegen die muslimische Minderheit des Landes, angefacht von Hassreden im Internet. Die Regierung warf Facebook und seinen Tochterunternehmen vor, nichts getan zu haben, was auf ihren Plattformen Hassreden eindämmte – eine Kritik, die noch aus vielen weiteren Ecken der Welt erhoben werden sollte. Facebooks Reaktion war ein Klassiker: Das Unternehmen verwies darauf, dass es die Nutzungsbedingungen untersagten, zur Gewalt aufzurufen. Die Seite ist so angelegt, dass praktisch niemand die Nutzungsbedingungen liest, aber irgendwo darin versteckt ist auch ein Passus, der Hassreden verbietet. Das Unternehmen versprach, gemeinsam mit der Regierung von Sri Lanka an einer Lösung für das Problem zu arbeiten, ein Versprechen, das durchsichtig und hohl wirkte. Facebook ist gewaltig und was die wirtschaftliche Leistung angeht, ist es Sri Lanka im Vergleich dazu nicht. Würde es Facebook zulassen, sein Wachstum von Sri Lanka ausbremsen zu lassen? Reines Wunschdenken.

Tage später kritisierten die Vereinten Nationen Facebook dafür, in Myanmar die religiös motivierte Verfolgung und ethnische Säuberung der Rohingya-Minderheit ermöglicht zu haben. Wie auch in Sri Lanka führten Hassreden auf Facebook zu körperlicher Gewalt gegen unschuldige Opfer. Laut „Ärzte ohne Grenzen" starben von August 2017 bis Dezember 2017 mindestens 9.000 Menschen. In einem Land wie Myanmar, in dem Facebook die sozialen Medien komplett dominiert, spielt die Plattform bei der Kommunikation eine zentrale Rolle. Die britische Tageszeitung *The Guardian* schrieb:

Facebook sei ein gewaltiger Teil des öffentlichen, bürgerlichen und privaten Lebens und die Regierung habe Facebook genutzt, um die Öffentlichkeit zu informieren, so die Ermittlerin der Vereinten Nationen zu Myanmar, Yanghee Lee.
„In Myanmar läuft alles über Facebook", sagte sie gegenüber der Presse. Facebook sei dem verarmten Land von Nutzen gewesen, sei aber auch genutzt worden, um Hassreden zu verbreiten.
„Es wurde genutzt, um öffentliche Botschaften zu verbreiten, aber wir wissen, dass die ultranationalistischen Buddhisten ihr eigenes Facebook haben und dass sie in Wirklichkeit zu viel Gewalt und viel Hass gegen die Rohingya oder andere ethnische Minderheiten aufstacheln", sagte sie.
„Ich fürchte, Facebook hat sich zu einem Ungeheuer verwandelt und ist nicht mehr das, was es ursprünglich beabsichtigte."

Die Nachrichten-Webseite *Slate* zitierte den Facebook-Manager Adam Mosseri mit den Worten, die Situation in Myanmar sei „zutiefst beunruhigend" und „aus einer Reihe von Gründen schwierig für uns". In Myanmar sei Facebook nicht in der Lage gewesen, wie sonst üblich mit externen Faktencheckern zu arbeiten. Stattdessen versuchte das Unternehmen, Hassreden durch seine Nutzungsbedingungen und Gemeinschaftsstandards in den Griff zu bekommen, wobei diese für Nutzer in Ländern wie Myanmar vermutlich genauso undurchsichtig sein dürften wie für Nutzer in den USA.

Tatsächlich ist die Situation noch viel schlimmer. Facebook hat ein Programm namens Free Basics, das für Länder gedacht ist, in denen es zwar Mobilfunkangebote gibt, diese aber zu kostspielig sind, um eine weitverbreitete Nutzung der Internetdienste zu ermöglichen. Free Basics verfügt über eine eingeschränkte Funktionalität; es soll in Entwicklungsländern erste Samen säen und dem Unternehmen gleichzeitig eine positive Presse einbringen. 60 Schwellenländer aus aller Welt arbeiten mit Free Basics, allesamt Länder mit minimaler Erfahrung im Umgang mit Telekommunikation und Medien, und manche Länder haben dadurch Schaden genommen. In Myanmar hat Free Basics den Internetzugang grundlegend verändert, weil auf einmal jedermann online gehen konnte. Das gilt auch für die meisten anderen Länder, die den Dienst übernommen haben. Die Menschen in diesen Ländern sind es nicht gewohnt, Informationen aus den Medien zu erhalten. Vor Free Basics hatten sie wenig (wenn überhaupt) Umgang mit Journalismus und waren auf soziale Netzwerke überhaupt nicht vorbereitet. Die Bürger hatten keinerlei Filter für die Art von Desinformation, die auf Internetplattformen verbreitet wird. Für die Menschen in den USA klang Free Basics wie eine lohnenswerte Idee, aber es war gefährlicher, als es sich die Erschaffer wohl jemals hätten vorstellen können.

Politischer Wandel sorgte in Myanmar dafür, dass die Nutzung von Mobilfunkgeräten explosionsartig zunahm. Facebook stieg zur wichtigsten Kommunikationsplattform im Land auf. Verbündete der herrschenden Partei nutzten die Plattform, um zur Gewalt gegen die Minderheit der Rohingya aufzurufen, woraufhin Facebook zur üblichen Strategie griff: eine Entschuldigung und das Versprechen, sich zu bessern. Länder wie Myanmar sind strategisch wichtig für Facebook, aber auch nur so lange, wie die Geschäftskosten niedrig bleiben. Facebook hatte nicht ausreichend Mitarbeiter mit den erforderlichen Sprachkenntnissen und dem nötigen kulturellen Verständnis angestellt, um Störungen in Ländern wie Myanmar oder Sri Lanka vermeiden zu können. Das Unternehmen zeigte bei der Bearbeitung dieses Themas keine Eile. Es handele sich eher um ein Prozessproblem als um eine humanitäre Krise, hieß es.

Am 16. März brach die Hölle los.

Es begann damit, dass Facebook mitteilte, das politische Beraterunternehmen Cambridge Analytica und dessen Mutter SCL Group von der Plattform auszuschließen. Wie sich zeigen sollte, war dies der Versuch, einer gewaltigen Story zuvorzukommen, die am nächsten Tag in zwei britischen Tageszeitungen erschien, dem *Observer* und dem *Guardian*, dazu zeitgleich in der *New York Times*. Die Geschichte im *Guardian* begann mit einem Knall:

> *Das Datenanalyseunternehmen, das mit Donald Trumps Wahlkampfteam und mit dem Lager zusammengearbeitet hat, das erfolgreich für einen Brexit warb, hat Millionen Profile amerikanischer Facebook-Nutzer abgefischt. Es ist eine der bislang größten Datenschutzverletzungen des Technologie-Riesen. Das Unternehmen hat auf der Grundlage dieser Datensätze eine sehr leistungsstarke Software entwickelt, die Wahlentscheidungen vorhersagen und beeinflussen kann. Ein Whistleblower enthüllte gegenüber dem Observer, wie Cambridge Analytica – ein Unternehmen des Hedgefonds-Milliardärs Robert Mercer, das zum relevanten Zeitpunkt von Trumps Chefberater Steve Bannon geleitet wurde – Anfang 2014 persönliche und ohne Genehmigung eingeholte Informationen für den Aufbau eines Systems nutzte, mit dem sich Profile individueller amerikanischer Wähler erstellen ließen. Die Wähler wurden dann mit personalisierten politischen Werbebotschaften ins Visier genommen. Christopher Wylie, der sich gemeinsam mit einem Akademiker der Universität Cambridge die Daten verschafft hatte, sagte dem Observer: „Wir haben auf Facebook Millionen Profile abgefischt. Wir haben Modelle entwickelt, wie wir aus unserem Wissen über diese Menschen Nutzen ziehen und ihre inneren Dämonen ansprechen können. Das war die Grundlage, auf der das gesamte Unternehmen basierte."*

Der Story zufolge hatte Cambridge Analytica Aleksandr Kogan, einen Wissenschaftler der Universität Cambridge, dazu gebracht, 50 Millionen Nutzerprofile von Facebook zusammenzutragen. Kogan, der zuvor einer Universität im russischen Sankt Petersburg angehört hatte, hatte bei Forschungsprojekten mit Facebook gearbeitet. Ursprünglich hatte die Uni Cambridge Kogans Antrag abgelehnt, auf ihre Daten zugreifen zu dürfen. Kogan und sein Partner Joseph Chancellor gründeten daraufhin mit Unterstützung von Cambridge Analytica ein Unternehmen, das neue Datensätze über amerikanische Wähler erstellen würde. Sie bauten einen Persönlichkeitstest, der auf Facebook-Nutzer abzielte, und rekrutierten bei einem Amazon-Dienst, bei dem man günstig Arbeitskräfte für sich wiederholende IT-Projekte anwerben konnte, Probanden. 270.000 Personen bekamen 1 bis 2 Dollar dafür, an dem Test teilzunehmen, der dafür gedacht war, die Charaktereigenschaften der Teilnehmer zu erfassen und Daten über die Freunde der Teilnehmer und über die Facebook-Aktivitäten der Teilnehmer zu erheben. Die Teilnehmenden mussten Amerikaner sein und wie sich herausstellte, hatten sie viele Freunde: mehr als 49 Millionen.

Cambridge Analytica wurde 2014 als Tochterunternehmen der SCL Group gegründet, einem britischen Unternehmen, dessen Spezialität auf Psychographie basierende Marktforschung ist. Psychographie dient dazu, Verbraucher nach Persönlichkeitstypen zu kategorisieren, die im Zusammenhang mit Wahlen dann zu Prognosezwecken herangezogen werden. In der Welt der Marktforschung gibt es beträchtliche Zweifel daran, wie gut Psychographie in ihrer derzeitigen Form funktioniert, aber das hinderte Cambridge Analytica nicht daran, Kunden zu finden, und zwar vor allem im extrem rechten politischen Spektrum.

Um auf dem amerikanischen Markt arbeiten zu können, musste SCL die Bundeswahlgesetze einhalten. Das Unternehmen gründete einen amerikanischen Ableger, der amerikanische Staatsbürger und Personen mit Wohnsitz in den USA beschäftigte. Berichten zufolge pflegte Cambridge Analytica einen eher laxen Umgang mit den Vorschriften. Das Team von Robert Mercer und Steve Bannon finanzierte und organisierte Cambridge Analytica, Alexander Nix wurde als CEO installiert. Ziel war es, innerhalb weniger Monate am Markt zu sein, bei den amerikanischen Zwischenwahlen 2014 die eigenen Fähigkeiten zu testen und wenn alles gut lief, 2016 die amerikanische Politik grundlegend zu verändern. Um sichergehen zu können, dass ihre Modelle in der Praxis funktionieren, benötigten Nix und sein Team gewaltige Mengen an Daten. Sie mussten innerhalb weniger Monate eine riesige Datenbank amerikanischer Wähler aus dem Boden stampfen, also wandten sie sich an Kogan, um eine zu bekommen. Wie Wylie sagt, bildeten Kogans Daten das Grundgerüst für Cambridge Analyticas Geschäft. Dass der Schwerpunkt auf Wahlen lag, verstieß ganz offensichtlich gegen die Nutzungsbedingungen von Facebook, denn danach ist eine kommerzielle Nutzung von Kogans Daten nicht erlaubt. Aber wie Wylie sagt, unternahm Facebook keinerlei Versuch zu überprüfen, ob Kogan sich daran hielt.

Zu dem Zeitpunkt, als Kogan und Cambridge Analytica 50 Millionen Nutzerprofile zweckentfremdeten, agierte Facebook unter einer Vereinbarung, die 2011 mit der FTC getroffen worden war und derzufolge Facebook beim Datenschutz keinerlei irreführenden Praktiken verfolgen durfte. Die Vereinbarung legte fest, dass Facebook die ausdrückliche Zustimmung seiner Nutzer einholen musste, bevor das Unternehmen Daten weitergeben durfte. Allem Anschein nach hat Facebook keinerlei Maßnahmen ergriffen, um von den Freunden der 270.000 Testteilnehmer, also etwa 49,7 Millionen Facebook-Nutzern, die Zustimmung zur Nutzung ihrer Daten einzuholen. Nun ist die Sprachregelung der Vereinbarung nicht völlig klar, die Absicht hingegen schon: Facebook war in der Pflicht, die Privatsphäre seiner Nutzer und ihre Daten zu schützen. Fast wie eine Schockwelle breitete sich bei den Menschen die Erkenntnis aus, mit welcher Leichtigkeit Kogan 50 Millionen Profile eingesammelt hatte. Facebook hatte es ihm leicht gemacht.

Auf Twitter spekulierten die Journalisten und Experten darüber, welche rechtlichen Folgen die Cambridge-Analytica-Story für Facebook haben könnte. Rechtsexperten konzentrierten sich auf die Möglichkeit einer Datenschutzverletzung, bei der Facebook gegen Landesrecht und gegen Bestimmungen der FTC verstoßen haben könnte. Ein Verstoß gegen die Vereinbarung mit der FTC kann ein Bußgeld von bis zu 40.000 Dollar pro Fall nach sich ziehen. Im Fall Cambridge Analytica wäre somit eine Strafe von mehreren tausend Milliarden Dollar denkbar, was den Gesamtwert Facebooks deutlich überstieg. Cambridge Analytica wiederum drohten Anklagen wegen Betrugs und Verstößen gegen die Gesetze zur Wahlkampffinanzierung.

Die Cambridge-Analytica-Geschichte veränderte den Tonfall in den Facebook-Diskussionen nachhaltig. Nun hatte praktisch jeder einen Grund, sich Sorgen zu machen. Wer beunruhigt gewesen war, welche Rolle Facebook bei den Präsidentschaftswahlen von 2016 gespielt hatte, konnte sich nun in die Vorstellung hineinsteigern, Facebook habe unerlaubten Zugang zu Nutzerprofilen gewährt, und er konnte sich überlegen, was das wohl für das Wahlergebnis bedeutet hatte. Wer wegen Facebooks Umgang mit Datenschutzfragen beunruhigt gewesen war, sah nun seine schlimmsten Sorgen bestätigt. Kogan hatte 50 Millionen Nutzerprofile mit einem Facebook-Programm abgefischt, das ausdrücklich dafür gedacht war, Dritten Zugang zu Freundeslisten zu verschaffen. Wie viele Drittanbieter von Anwendungen hatten dieses Programm genutzt und für welche Zwecke? Nur ein Bruchteil der betroffenen Nutzer wusste, dass ihr Profil betroffen war. Die Daten waren weiterhin irgendwo da draußen und aller Wahrscheinlichkeit weiterhin nutzbar. Es war unmöglich, sie zurückzuholen.

Vergeblich versuchte Facebook, die negativen Folgen der Geschichte einzudämmen. Nachdem es am ersten Tag nicht geklappt hatte, probierte Facebook die ganze Angelegenheit so darzustellen, dass die Schuld ausschließlich bei Cambridge Analytica lag. Facebooks erste Reaktion bestand in einer Reihe von Tweets von Alex Stamos, Vice President of Security. Stamos bestritt die Darstellung im *Guardian*, wonach Kogan und Cambridge Analytica eine Datenschutzverletzung begangen hatten. Kogan habe die Erlaubnis gehabt, für Forschungszwecke Freundeslisten zu sammeln, erklärte Stamos. Die Schuldigen hier seien Cambridge Analytica, die die Nutzerprofile missbräuchlich verwendet hatten. Laut Stamos' Tweets war Facebook ein Opfer.

Indem es die ursprüngliche Darstellung als „Datenschutzverletzung" infrage stellte, verschlimmerte Facebook seine PR-Probleme ungewollt noch weiter, und zwar so sehr, dass Stamos seine Tweets schließlich löschte. Durch die Beschreibung von Kogan als legitimen Wissenschaftler gestand Facebook praktisch ein, dass das Einsammeln von Nutzerprofilen durch Dritte an der Tagesordnung war. Unser Team stellte die These auf, dass zum damaligen Zeitpunkt jedes Profil eines Facebook-Nutzers mindestens einmal abgefischt worden war. Facebooks Eingeständnis war ein Schock, aber das hätte es eigentlich nicht sein sollen: Schon bald erfuhren wir, dass eine der Taktiken, die wesentlich zum Erfolg von Facebook beigetragen hatten, darin bestand, private Nutzerdaten mit Dritten zu teilen.

In seiner Frühphase war Facebook viel besser darin gewesen, seine Nutzerzahlen zu steigern, als darin, die Verweildauer der Nutzer auf der Webseite zu verlängern. Das änderte sich durch die Einführung von Spielen, die Drittanbieter entwickelt hatten, insbesondere 2009 durch FarmVille von Zynga. Jetzt wurden soziale Interaktion und das Nutzen der Freundesliste dazu genutzt, die Zahl der Spielenden anzukurbeln. Im März 2010 kam FarmVille auf über 83 Millionen monatliche Nutzer und 34,5 Millionen tägliche Nutzer. Das wirkte sich auf Facebooks wirtschaftliche Situation aus. Zynga nutzte die wachsenden Nutzerzahlen für In-Game-Werbung und die Möglichkeit, sich Dinge zuzukaufen. Rasch erreichte das Unternehmen Umsatzzahlen von mehreren hundert Millionen Dollar. 30 Prozent der Einnahmen, die Zynga auf Facebook mit In-Game-Werbung und Einkäufen erzielte, gingen an Facebook, was Zynga zu einer Zeit, als Facebook noch kein skalierbares Modell für sein Anzeigengeschäft besaß, zu einem wichtigen Partner machte. Im Jahr vor Facebooks Börsengang entfielen allein 12 Prozent der Umsätze auf Zynga.

Dass Zynga Kapital aus den Freundeslisten schlagen konnte, führte bei Facebook zu einer Erkenntnis: Räumte man Drittentwicklern Zugang zu Freundeslisten ein, brächte das Facebooks Geschäft enorme Vorteile. Soziale Spiele wie FarmVille verleiteten die Menschen dazu, deutlich mehr Zeit auf Facebook zu verbringen, was bedeutete, sie würden in der Zeit viele Anzeigen sehen. Zynga hatte eine großartige Idee gehabt: Indem man den Spielen eine soziale Komponente verlieh, würde man Facebooks Architektur zum Durchbruch verhelfen und deutlich mehr Umsatz erzielen. Das wiederum war für Facebook ein unwiderstehlicher Anreiz, mit Zynga zusammenzuarbeiten. 2010 führte Facebook ein Werkzeug ein, dass es Drittentwicklern erlaubte, Freundeslisten und Daten von Nutzern zu sammeln. Bei Facebook sah man den positiven Aspekt am Teilen von Freundeslisten. Sollte man negatives Potenzial ausgemacht haben, so wurde deshalb zumindest nichts unternommen. Trotz der Vereinbarung, die 2011 mit der FTC geschlossen worden war, stand das Tool noch mehrere weitere Jahre zur Verfügung.

Zu Kogans Datensätzen gehörten nicht nur die IDs der Facebook-Nutzer, sondern eine ganze Spanne weiterer Daten, unter anderem über Aktivitäten auf der Webseite. Bei einer Verwendung innerhalb Facebooks wäre eine derartige Liste von großem Nutzen, aber Cambridge Analytica verfolgte größere Pläne. Sie verknüpften die Datensätze mit Unterlagen zu amerikanischen Wählern, Unterlagen, die sowohl demografische Informationen als auch Angaben zum Abstimmverhalten enthielten. Wylie zufolge konnte Cambridge Analytica mindestens 30 Millionen Facebook-Profile diesen Wählerdateien zuordnen – das entspricht 13 Prozent aller Wahlberechtigten des ganzen Landes. Bei einer derartigen Größenordnung sind die Datensätze für jedes Wahlkampfteam von enormem Wert. Facebooks Werbeinstrumente erlauben es, Zielgruppen nach demographischen Gesichtspunkten und nach Interessen zuzuschneiden, sind darüber hinaus aber anonym. Durch die Verknüpfung mit den Wählerdateien sollte Cambridge Analytica imstande gewesen sein, innerhalb von Facebook Werbeziele erstaunlich präzise zuzuschneiden

– vor allem dann, wenn eines der Ziele darin bestand, Wahlberechtigte vom Gang an die Urne abzuhalten.

Bei den amerikanischen Präsidentschaftswahlen 2016 erhielt der Kandidat, der sich im Wahlmännerkollegium durchsetzte, nahezu drei Millionen Stimmen weniger von den Wahlberechtigten als seine Gegenkandidatin. Drei Bundesstaaten, in denen Trump mit insgesamt 77.744 Stimmen Vorsprung gewann, reichten für den Sieg im Wahlmännerkollegium aus. Ist es denkbar, dass die Datensätze von Cambridge Analytica das Ergebnis beeinflusst haben? Ja. Es ist praktisch unmöglich, dass dem nicht so gewesen sein sollte.

Menschen auf Facebook ins Visier zu nehmen, war wichtig, denn es funktionierte. Das Team für den Präsidentschaftswahlkampf von Senator Ted Cruz war ursprünglich Kunde Cambridge Analyticas gewesen, beschwerte sich aber, dass die verkauften psychographischen Modelle nicht funktionieren würden. Letzten Endes war das Thema Psychographie für das Trump-Lager möglicherweise nicht wichtig. Dort verfügte man über deutlich wirksamere Waffen, und zwar in Form von 30 Millionen Wählerdateien, die von Cambridge Analytica aufgepeppt worden waren, dazu Facebooks Instrumente zur Zielgruppenanalyse und Facebooks Belegschaft.

Nachdem die Bombe geplatzt war, veröffentlichte der *Guardian* ein Videointerview mit dem Whistleblower Christopher Wylie, dessen rosa gefärbte Haare für einen hohen Wiedererkennungswert sorgten und die online und in den Zeitungen allgegenwärtig waren. Der britische Fernsehsender *ITN Channel 4* legte mit einer Reihe Undercover-Berichten über Cambridge Analytica nach, in denen das Unternehmen sehr schlecht wegkam und damit im weiteren Sinne auch Facebook. In einem Bericht sind ranghohe Manager von Cambridge Analytica zu sehen, die damit prahlen, dass sie Prostituierte einsetzen können, um Politiker in eine Falle zu locken.

Der *Guardian* erinnerte die Leserschaft auch daran, dass er bereits im Dezember 2015 über die Verbindung zwischen Kogan und Cambridge Analytica berichtet hatte. Facebook gab damals zu Protokoll, nicht gewusst zu haben, dass Cambridge Analytica Zugang zu Kogans Datensätzen erlangt hatte. Mit Verweis auf einen Verstoß gegen die Nutzungsbedingungen setzte Facebook Schreiben an Cambridge Analytica und Kogan auf und verlangte die Vernichtung aller Kopien der Datensätze. Indem sie einen Haken in einem Kasten anklickten, sollten sie bestätigen, dass dies geschehen sei. Facebook hat weder Cambridge Analytica noch Kogan je geprüft noch überprüfen lassen, ob die Datensätze tatsächlich vernichtet wurden. Erneut ging es Facebook in erster Linie darum, sich vor rechtlichen Folgen abzusichern, nicht darum, seine Nutzer zu schützen.

Als April Glaser von *Slate* ihre Leserschaft daran erinnerte, dass Facebook Joseph Chancellor unter Vertrag genommen hatte und weiterhin beschäftigte, fiel Facebooks Argumentation, man sei ein Opfer von Cambridge Analytica, in sich zusammen. Chancellor war Aleksandr Kogans Partner bei dem Start-up-Unternehmen gewesen, das im Auftrag von Cambridge Analytica die Nutzerprofile von Facebook eingesammelt hatte. Facebook wusste seit mindestens Dezember 2015 von der Verbindung zwischen Cambridge Analytica und Kogan/Chancellor. Eigentlich hätte das Unternehmen stinksauer auf Kogan und Chancellor sein müssen, weil diese Schindluder mit den Daten getrieben hatten. Warum sollten sie jemanden einstellen, der private Nutzerdaten zweckentfremdet hatte? Dennoch war Chancellor nun bei Facebook beschäftigt. Die Glaser-Geschichte war eine alte Nachricht, die im Kontext der jüngsten Enthüllungen erneut an Brisanz gewann. Über die Verbindung zwischen Facebook, Kogan und Chancellor hatte *The Intercept* im März 2017 berichtet und stellte dabei Verbindungen von Cambridge Analytica über Kogan zu Chancellor und weiter zu Facebook her, bei denen keiner gut dastand. Facebook beurlaubte Chancellor schließlich.

Wenn also die Verbindung zwischen Facebook, Kogan und Cambridge Analytica seit Ende 2015 bekannt war, warum sorgte diese Geschichte dann im zweiten Durchgang für so viel Wirbel? Die kurze Antwort: Beim ersten Mal hatte der Zusammenhang gefehlt. Anders als im Dezember 2015 wussten wir nun, dass die Russen Facebook dazu genutzt hatten, um erst Zwietracht unter den Amerikanern zu säen und dann die Kandidatur von Donald Trump zu unterstützen. Weiter wussten wir, dass Cambridge Analytica der wichtigste Berater des Trump-Lagers für den Digitalbereich war und dass Facebook zur Unterstützung dieser Anstrengungen drei Mitarbeiter für den Trump-Wahlkampf abgestellt hatte. Der Präsidentschaftswahlkampf war besonders knapp verlaufen und wahrscheinlich hatte es einen entscheidenden Unterschied gemacht, dass das Trump-Lager zum Ende des Wahlkampfs hin in zentralen Staaten Wähler ins Visier genommen hatte. Am Wahltag mussten mehrere Voraussetzungen gegeben sein, damit Trump eine Siegeschance hatte, und eine dieser Voraussetzungen war erfolgreiche Facebook-Werbung in entscheidenden Bundesstaaten. Der neue Zusammenhang führte mehr oder weniger zwangsläufig zu der Schlussfolgerung, Cambridge Analytica und das Trump-Lager hätten sich Facebook genauso zu Nutzen gemacht wie die Russen. Nur wenig war bekannt über die Kontakte zwischen Facebook und den russischen Agenten, aber es stand praktisch außer Frage, dass Facebook sich bereitwillig mit Kogan, Cambridge Analytica und dem Trump-Lager eingelassen hatte. Es war durchaus möglich, dass Facebook-Mitarbeiter direkt zum Erfolg von Trumps Digitalstrategie auf Facebook beigetragen hatten.

Die Auswirkungen der Cambridge-Analytica-Story lassen sich kaum hoch genug aufhängen. Im Fahrwasser so vieler anderer negativer Geschichten sahen viele Menschen ihre schlimmsten Befürchtungen in puncto Facebook bestätigt. Das unbeirrbare Streben nach Wachstum hatte Facebook dazu verleitet, moralische Verpflichtungen gegenüber den Nutzern außer Acht zu lassen. Das führte zu möglicherweise entscheidenden Auswirkungen auf eine Präsidentschaftswahl und noch nicht zu überblickende Folgen für die Millionen Nutzer, deren Daten ohne vorherige Zustimmung weitergegeben worden waren. Die landesweiten Debatten, die Tristan und ich elf Monate zuvor hatten anstoßen wollen, hatten ein neues Niveau erreicht. In den nächsten Tagen würde Facebook vor einer echten Bewährungsprobe stehen. Die Cambridge-Analytica-Geschichte ließ sich schlicht nicht schönreden. Wie würde Facebook nun vorgehen?

Auf ein Mitglied unseres Teams wirkte sich die erste Welle von Geschichten über Cambridge Analytica ganz besonders stark aus, nämlich auf Sandy Parakilas. Er hatte sich uns im November 2017 angeschlossen und war seitdem ganz in unserer Sache aufgegangen. Er nutzte seine Erfahrungen bei Facebook dafür, in Gastkommentaren und Interviews die dunkle Seite der sozialen Medien zu beleuchten. Außerdem hatte er seinen Teil zum Start des Center for Humane Technology beigetragen. Über Nacht allerdings veränderte sich seine Rolle dramatisch: Aus einem Aktivisten wurde ein Whistleblower. 2011 bis 2012 war Sandy am Management von Facebook Platform beteiligt gewesen, der Sammelstelle für alle Drittanwendungen auf der Webseite. im Hinblick auf den Datenschutz für die Nutzer besaß Sandy Erkenntnisse von beispiellosem Wert, was Facebooks Politik und Handlungen anging.

Sandy wuchs als Kind von Akademikern in Maine auf und wollte zunächst Jazz-Schlagzeuger werden. Er versuchte sich in diesem Bereich, entschied sich dann aber mit dem Besuch einer Business School für einen stabileren Weg. Er gewann einen landesweiten Wettbewerb für Businesspläne. Dabei ging es darum, das Geschäftsmodell der nicht gewinnorientiert arbeitenden Organisation One Laptop per Child neu auszurichten. Dieser Erfolg brachte Sandy ein Angebot von Facebook ein und er erhielt den neu geschaffenen Posten, bei dem es schwerpunktmäßig um die Privatsphäre der Benutzer ging. Es war die klassische Facebook-Methode: Auf einen Posten mit großer Verantwortung setzt das Unternehmen einen unerfahrenen und unerprobten Kandidaten mit wenig Berufserfahrung. Andere Unternehmen hätten sich für jemanden entschieden, der einiges mehr an relevanter Erfahrung vorzuweisen hätte. Die Stelle trug nicht zum Wachstum bei, was bedeutete, sie würde innerhalb Facebooks keine hohe Priorität genießen. Tatsächlich galt die Aufgabe, die Privatsphäre der Nutzer zu schützen, intern als konfliktreich, was Sandy in eine sehr schwierige Lage brachte. Um überhaupt in irgendeiner Form Erfolg zu haben, musste er gegen ein zentrales Element der Firmenkultur aufbegehren und das Unternehmen dazu bringen, wenigstens einen Reibungspunkt zu akzeptieren (Datenschutz), der sich mit hoher Wahrscheinlichkeit zumindest gering negativ auf das Wachstum auswirken würde. Sandy brauchte nicht lange, um zu erkennen, dass er es bei Facebook sehr schwer haben würde.

Im November 2011, Sandy war noch nicht lange im Unternehmen, ging Facebook die Vereinbarung mit der FTC ein, um acht Klagepunkte aus der Welt zu schaffen, bei denen es um wesentliche Falschdarstellungen gegenüber den Nutzern in Datenschutzfragen ging. Die Klage enthielt eine lange Liste von Facebooks Falschdarstellungen und reichte bis ins Jahr 2009 zurück. In einigen Fällen hatte Facebook eine Sache versprochen und das genaue Gegenteil getan, in anderen gab Facebook gegenüber den Regulierern Versprechungen ab, die es dann nicht einhielt. In der Pressemitteilung der FTC hieß es:

Die vorgeschlagene Einigung untersagt es Facebook, weitere betrügerische Behauptungen zum Datenschutz zu treffen, und legt fest, dass das Unternehmen erst die Zustimmung der Verbraucher einholt, bevor es die Art und Weise ändert, wie es deren Daten teilt. Weiter wird festgelegt, dass das Unternehmen über die nächsten 20 Jahre regelmäßig seine Datenschutzpraktiken von unabhängigen, externen Prüfern begutachten lässt.

Es ist offensichtlich, welche Absicht hinter dieser Vereinbarung stand, und das ursprüngliche Geschäft mit Aleksandr Kogan scheint eines von vielen zu sein, das gegen diese Übereinkunft verstieß.

Was das Teilen von Nutzerdaten angeht, gab die Vereinbarung Facebook offenbar zwei Möglichkeiten an die Hand: Das Unternehmen konnte entweder das Instrument abschaffen, das ein Einsammeln von Freundeslisten möglich machte, und/oder es konnte ein Team abstellen, das dann dafür die Drittentwickler überwachte, überprüfte und auf diese Weise die Einhaltung der Vereinbarung gewährleistete. Facebook habe damals weder das eine noch das andere getan, sagte Sandy. Er habe um die Einhaltung der vereinbarten Entwicklerkapazitäten gebeten, aber sein Antrag wurde abgelehnt. Er solle sich selber etwas überlegen, bekam er zu hören. Letztlich hatte Facebook mit den Bestimmungen der Vereinbarung eine „Du kommst aus dem Gefängnis frei"-Karte erhalten: Die FTC ließ zu, dass Facebook den externen Prüfer auswählte und bezahlte, der zertifizieren würde, dass die Bestimmungen der Vereinbarung eingehalten werden. Facebook musste sich wegen der Einhaltung keine Sorgen machen – das Unternehmen bestand jedes einzelne Mal, auch dann noch, als es gegen den Geist der Vereinbarung verstieß.

Bei Facebook ist es Teil des Way of Life, „sich selbst etwas zu überlegen". Das Unternehmen war das Produkt einer Handvoll junger Harvard-Studenten, die programmieren konnten, aber sonst fast überhaupt keine Erfahrungen vorzuweisen hatten. Sie überlegten sich selbst etwas. Jede Welle neuer Mitarbeiter beschritt den gleichen Weg. Einige benötigten zu lang und wurden hinausgedrängt, der Rest gewöhnte sich an die Vorstellung, dass Erfahrung nicht hilfreich sei. Die Siegertypen bei Facebook waren diejenigen, die jedes Problem lösen konnten, das sich ihnen stellte. Die Schattenseite dieses Modells: Es ermutigt die Mitarbeiter dazu, alles zu umgehen, was unangenehm oder schwierig in Ordnung zu bringen ist.

Im Vorfeld des Börsengangs vom Mai 2012 stellte Facebook jeden einzelnen Aspekt seines Geschäfts auf den Prüfstand. Dabei wurden Datenschutzprobleme zutage gefördert, die mit Facebook Platform zu tun hatten, speziell mit dem Instrument, das es Anwendungen von Drittentwicklern ermöglichte, Daten der Freunde von Nutzern einzusammeln. Sandy sagt: Facebooks mangelnder Einsatz beim Schutz der Privatsphäre der Nutzer warf in Sachen Offenlegung und rechtliche Verantwortung Fragen auf, um die das Unternehmen sich vor der Aktienausgabe hätte kümmern können und müssen. Das geschah nicht. Als ihm klar wurde, dass Facebook keineswegs die Absicht hatte, sich an den Geist der FTC-Vereinbarung zu halten, und dass das Unternehmen ihn zum Sündenbock machen würde, sobald es deswegen schlechte Presse bekam, kündigte Sandy seinen Job.

Die Person, die Sandys Posten im Management von Facebook Platform übernahm, gab zwei Jahre später grünes Licht für das Vorhaben von Aleksandr Kogan, für Forschungszwecke mithilfe eines Persönlichkeitstests Daten über Freunde zu sammeln. 18 Monate später schickte dieselbe Person als Reaktion auf den Artikel im *Guardian* ein Schreiben an Kogan und Cambridge Analytica, in dem diese angewiesen wurden, die Datensätze zu zerstören und zu bestätigen, dass dies geschehen sei. Ich habe keinerlei wie auch immer geartete Beweise dafür, aber ich bin überzeugt, dass 2014 Facebooks Anstrengungen, den Geist der FTC-Vereinbarung durchzusetzen, nicht größer waren als zu der Zeit, als Sandy noch für das Unternehmen arbeitete. Anderenfalls hätte das Unternehmen mit großer Wahrscheinlichkeit sein Recht in Anspruch genommen, Kogan und Cambridge Analytica zu prüfen und zu kontrollieren, ob sie sich an die Bestimmungen hielten.

Die Cambridge-Analytica-Geschichte brachte unser Team dazu, in zwei Punkten alles noch einmal ganz neu zu überdenken: Erstens, was die Zahl der Leute anging, die von Facebooks laxem Umgang mit Datenschutz in Mitleidenschaft gezogen worden waren, und zweitens die Rolle, die das Unternehmen bei den Präsidentschaftswahlen von 2016 gespielt hatte. Beim Datenschutz verfügten wir über eine beunruhigende Information: Als Facebook 2012 an die Börse ging, gab es 9 Millionen Anwendungen auf Facebooks Plattform! Rein theoretisch könnten sie alle versucht haben, das Instrument zum Sammeln von Freundeslisten zu nutzen. Wir wussten, dass das nicht stimmte, denn viele „Anwendungen" waren nichts weiter als einzelne Seiten, die von Dritten entwickelt wurden und nicht zum Sammeln von Daten dienten, sondern dazu, eine Botschaft zu verbreiten. Aber selbst wenn nur ein Prozent der Anwendungen auf Platform Daten aus Freundeslisten sammelte, würden wir immer noch über 90.000 Anwendungen reden. Sandy bestätigte, dass es zu seiner Zeit Zehntausende Anwendungen gewesen seien, die Daten sammelten. Nachdem Sandy Facebook verlassen hatte, lief das Programm noch zwei Jahre weiter, insofern kann die Zahl durchaus gestiegen sein.

Und so schlimm der Cambridge-Analytica-Fall auch war, er war noch nicht einmal ansatzweise der größte. Einige der Anwendungen, die Daten einsammelten, waren gewaltig, wie Sandy sagte. Spiele wie CityVille und Candy Crush wurden zu ihren besten Zeiten von 100 Millionen Menschen weltweit gespielt und davon geschätzt von einem Viertel aller Facebook-Nutzer in den USA. Wenn Spiele wie CityVille und Candy Crush Daten aus Freundeslisten sammelten, dürften sie nahezu jeden einzelnen Nutzer in den Vereinigten Staaten mehrere Male dabeigehabt haben. Es gab viele Anwendungen mit einer Million Nutzer und jede einzelne von ihnen hatte Zugriff auf die Freundeslisten von vier Mal so vielen Facebook-Nutzern wie Cambridge Analytica. Die Wahrscheinlichkeit, dass im Zeitraum 2010 bis 2014 ein Facebook-Nutzer durch die Datenschleppnetze durchgerutscht sein könnte, ist verschwindend gering.

Abgesehen von einer Handvoll Tweets von Managern wie Alex Stamos hüllte sich Facebook auch noch fünf Tage nach Veröffentlichung der Story über Cambridge Analytica in Schweigen. Die einzige Nachricht von Facebook hatte auch mit Stamos zu tun – er kündigte an, das Unternehmen in fünf Monaten verlassen zu wollen. Journalisten und Leute aus der Branche spekulierten, ob er wohl gefeuert worden war oder von sich aus gehe, aber wie auch immer: Stamos verließ Facebook am 17. August und schloss sich der Fakultät der Uni Stanford an. Mehrere Datenpunkte sprechen dafür, dass Stamos sich für mehr Transparenz eingesetzt hatte, was Facebooks Rolle bei den Wahlen von 2016 anbelangte, ihn Sheryl Sandberg und Elliot Schrage aber überstimmten. Einige Journalisten wiesen darauf hin, dass es Stamos eigene Historie war, die ihn weniger sympathisch wirken ließ, als er es hätte sein können. Zum Beispiel war er für das Sicherheitsteam von Yahoo verantwortlich, als das Onlineunternehmen ein Programm entwickelte, mit dem amerikanische Geheimdienste alle eingehenden E-Mails scannen konnten. Zuvor hatte keine Internetplattform einem derart umfassenden Anliegen nachgegeben und Yahoo musste für seine Zugeständnisse heftige Kritik einstecken.

Nach fünf Tagen brach Zuck schließlich sein Schweigen und entschuldigte sich für einen „Vertrauensbruch zwischen Facebook und den Menschen, die ihre Daten mit uns teilen und erwarten, dass wir sie schützen". Der *Guardian* schrieb, Zuck habe reumütig geklungen:

„Wir tragen Verantwortung, eure Daten zu schützen und wenn wir das nicht können, dann verdienen wir es nicht, euch zu dienen", schrieb Zuckerberg. Das Unternehmen habe bereits einige der Regeln geändert, welche die Datenverletzung ermöglicht hatten, aber: „Wir haben auch Fehler gemacht. Es gibt noch viel zu tun. Wir müssen es jetzt angehen und es tun."

Zuck versprach, Facebooks Regeln für die Weitergabe von Daten an Drittentwickler zu ändern. Ein Versprechen, das hohl klang, denn das Unternehmen hatte das Instrument zum Sammeln von Freundesdaten 2014 abgeschaltet und konnte die bereits herausgegebenen Daten nicht wieder einsammeln. Hatte eines der Profile Facebook erst einmal verlassen, konnte es überall gelandet sein. Es konnte immer wieder kopiert worden sein. Und niemand konnte sagen, welche Wege die Datensätze und Kopien genommen hatten. Hatte eine Kopie der Cambridge-Analytica-Datenbank ihren Weg zu russischen Gruppen wie der Internet Research Agency gefunden?

Vor dem Hintergrund der Erfahrungen, die Sandy gemacht hat, kam man um eine Schlussfolgerung nicht umhin: Facebook hatte die Daten seiner Nutzer deshalb nicht geschützt, weil es viel besser für das Geschäft war, die Daten breit zu streuen. Die Anwendungen der Drittanbieter sorgten für eine verstärkte Nutzung von Facebook. Mehr Zeit auf der Webseite ist ein Hauptmotor für Umsätze und Gewinne. Je länger ein Nutzer bei Facebook ist, desto mehr Anzeigen sieht er und desto wertvoller wird er. Aus Sicht Facebooks ist alles gut, was die Nutzung verstärkt. Der Gedanke, ihr Tun könnte schlecht sein, scheint den Leuten bei Facebook nie gekommen zu sein.

Dass Facebook es fünf Tage lang nicht geschafft hatte, offiziell auf den Bericht zu reagieren, brachte Journalisten und politische Entscheider auf die Palme. Aus dem amerikanischen Kongress und dem britischen Parlament wurden Forderungen laut, Zuck unter Eid aussagen zu lassen. Der Analyst in mir kam nicht umhin, ein Muster zu erkennen, wenn es um Facebooks Rolle bei den Wahlen von 2016 ging: Erst bestritt Facebook alles, dann spielte es auf Zeit, dann schob es jemand anderem die Schuld zu und schließlich kamen die Heucheleien. Erst wenn es kein Entkommen mehr vor der Wahrheit gab, räumte Facebook seine Rolle ein und entschuldigte sich. Nun aber wurde vielen Menschen klar, dass seit Zucks Tagen in Harvard Entschuldigungen ihren festen Platz in Facebooks PR-Werkzeugkasten hatten.

Als „14 Jahre währende Entschuldigungstour" fasste die geniale Wissenschaftlerin Zeynep Tufekci von der University of North Carolina Facebooks Geschichte zusammen. Ich dachte darüber nach, ob es nicht Zeit wäre, Facebooks Unternehmensmotto abzuändern:

„Move Fast, Break Things, Apologize, Repeat" – „Schnell handeln, Dinge kaputtmachen, entschuldigen, alles von vorn."

Zuck begab sich auf eine Charmeoffensive, beginnend mit Interviews bei der *New York Times*, *CNN* und dem Technologie-Blog *Recode*. Als ich die Interviews sah beziehungsweise las, wurde mir klar, warum Zuck fünf Tage gewartet hatte, bevor er sich öffentlich äußerte: Er wollte vorbereitet sein. Er muss sich gedacht haben, dass falsche Antworten größeren Schaden anrichten würden als die fünftägige Schweigephase. Das Experiment lässt sich unmöglich wiederholen, aber damals schien es, als ob das fünftägige Abwarten den Marken von Facebook sowie Zuck und Sheryl weiteren Schaden zufügte. Und es war nicht so, als hätte Zucks Auftreten in den Interviews den Druck von Facebook genommen.

Am folgenden Tag ging Sheryl ihrerseits mit Entschuldigungen auf Tour. Als ehemalige Stabschefin des amerikanischen Finanzministers verfügt Sheryl über jahrelange Erfahrung im Umgang mit den allerhöchsten politischen Ebenen. Als Chief Operating Officer von Facebook und Boardmitglied bei der Walt Disney Company hatte sie es mit den unterschiedlichsten Managern und Situationen zu tun gehabt. Als Bestsellerautorin hatte sie sich bei den Verbrauchern einen Namen gemacht, sie war zur Marke geworden. Dabei hatte sie stets außergewöhnliche Kommunikationsfähigkeiten bewiesen. Als Sheryl im Herbst 2017 erstmals zu der Frage interviewt wurde, wie Russland Facebook genutzt hatte, um sich in die Wahlen von 2016 einzumischen, gab sie eine Lehrstunde in Krisenkommunikation. Sie sah aufrichtig aus und wirkte auch so. Zudem trat sie überzeugend auf, aber als ich mir die Abschrift noch einmal vornahm, wurde offensichtlich, dass sie nichts Wesentliches eingestanden hatte oder Facebook zu irgendwelchen nennenswerten Veränderungen verpflichtet hatte.

Umso schockierender war ihr Scheitern bei den ersten Interviews nach Cambridge Analytica. Genauso wie Zuck auch schien sich Sheryl Interviewpartner ausgesucht zu haben, bei denen kein allzu tiefes Nachbohren zu erwarten war. Das brachte aber auch nichts. Sie hinterließ einen schlechten Eindruck. Mehrere Personen, die Sheryl nicht näher kannten, sondern nur um ihren hervorragenden Ruf wussten, zeigten sich überrascht, wie schlecht sie herüberkam, wie wenig aufrichtig. Innerhalb der Branche entfielen die Reaktionen zumeist auf eine von zwei Kategorien: Die meisten wünschten sich, dass das Thema ganz schnell wieder verschwand, damit sie weiter zum Geldverdienen zurückkehren konnten. Es gab aber auch eine verhältnismäßig kleine Gruppe, die von Facebooks Verhalten beunruhigt waren und die sich nun schockiert darüber zeigten, wie wenig überzeugend Sheryl auftrat.

Sheryl Sandberg weiß: Sie ist imstande, jedes Ziel zu erreichen, das sie sich steckt. Wer Sheryl gut kennt, weiß, da gibt es kein Vertun. Sie verfügt über außerordentliche Talente. Seit Beginn ihrer Karriere hat Sheryl sorgfältig ihr öffentliches Image gepflegt und jeden Aspekt kontrolliert, vom Staatsdienst über die Wirtschaft bis hin zur Philanthropie und der Familie. Ihre fantastische Karriere verlief für einige bedauernswerte Personen in ihrem Wirkungskreis nicht ohne Kollateralschäden, aber im Silicon Valley gehört so etwas schlicht zum Leben dazu. Der Trick besteht darin, rechtschaffen zu wirken, während man andere ausnutzt. Hatte Sheryl für die Zeit nach Facebook Pläne, die durch die aus dem Ruder laufende PR-Krise leiden könnten? Eine andere Führungskraft hätte das Problem möglicherweise akzeptiert und in der Hoffnung auf langfristigen Nutzen einen kurzfristigen Rückschlag in Kauf genommen. Sheryl nicht. Als es am meisten darauf ankam, wirkte es, als drücke sie sich vor dem Rampenlicht. Einige Leute aus der Branche und auch einige Journalisten, mit denen ich zu tun hatte, schienen sich einen Augenblick der Schadenfreude nicht verkneifen zu können (zu wollen?).

Obwohl Zuck und Sheryl ihre ersten Presseauftritte absolviert hatten, nahm der Druck auf Facebook weiter zu. Am 21. März reichte ein Facebook-Nutzer im kalifornischen San Jose einen Antrag auf Zulassung einer Sammelklage ein. Am selben Tag erschien dies auf Twitter:

Übersetzung: Mark Zuckerberg ist einer der letzten Menschen, denen Sie trauen sollten. Das meine ich sowohl wörtlich wie auch alphabetisch.

Am 22. März veröffentlichte ein Spieleentwickler namens Ian Bogost im Magazin *The Atlantic* einen Artikel unter der Überschrift „Mein Kuh-Spiel hat Ihre Facebook-Daten abgefischt":

„2010 und 2011 war ich eine Zeitlang auf Facebook als virtueller Farmer mit klickbarem Vieh unterwegs ...
Facebook war noch nicht an die Börse gegangen und den Dienst zu nutzen, machte noch immer Spaß – obwohl er übersät war mit Anfragen und Forderungen von sozialen Spielen wie Farm-Ville und Pet Society.

Mir reichte es – zum einen mit den Klickfarm-Spielen, zum anderen aber auch mit Facebook selbst. Schon 2010 fühlte es sich an wie ein boshafter Aufmerksamkeitsbasar, bei dem die Menschen Freunde als ungenutzte Ressourcen behandelten, die es zu optimieren galt. Nicht die freie Auswahl, sondern die Zwänge fraßen den Menschen die Zeit weg. Apps wie FarmVille verkauften Linderungen für die künstlichen Unannehmlichkeiten, die sie selbst einem auferlegt hatten.

Als Reaktion darauf entwickelte ich ein satirisch gemeintes soziales Spiel namens Cow Clicker. Die Spieler klickten auf eine niedliche Kuh, die dann muhte und einen „Klick" verzeichnete."

Mit Cow Clicker wollte Bogost FarmVille veräppeln und die Kultur, die rundherum entstanden war. Letztlich brachte sein Spiel dieselben gesellschaftlichen Kräfte in Gang, die den Erfolg von FarmVille ermöglicht hatten. Spieler wurden süchtig. Bogost machte sich Sorgen und beschloss, das Spiel in einer „Kuhpokalypse" enden zu lassen. Er kehrte ins echte Leben zurück und verschwendete offenbar nicht mehr viele Gedanken an Cow Clicker, bis der Fall Cambridge Analytica Schlagzeilen machte. Da wurde ihm klar, dass seine App Daten von Nutzern und deren Freunden gesammelt hatte und diese Daten allesamt noch auf seiner Festplatte im Büro lagerten. Er hatte das völlig vergessen. Kaum anzunehmen, dass es sich bei Bogost um einen Einzelfall handelt.

Bogosts Artikel warf ein Schlaglicht auf einen Aspekt rund um Facebooks Probleme mit der Datensicherheit, der bis dahin zu wenig Aufmerksamkeit erhalten hatte: Hatte ein Datensatz Facebook erst einmal verlassen, war es unmöglich, ihn wieder zurückzuholen; er konnte sonst wo weiterleben. Facebook hat keinerlei Möglichkeit, Drittunternehmen, die zwischen 2010 und 2014 Daten abgefischt haben, in irgendeiner wirksamen Form zu kontrollieren. Irgendwo sitzt irgendwer auf diesen Daten. Vielleicht nicht auf allen, aber auf dem Großteil. Warum denn auch nicht? Sie haben noch immer wirtschaftlichen Wert. Datensätze wurden vielleicht verkauft oder verschenkt. Einige wurden möglicherweise vernichtet. Niemand weiß, was mit all diesen privaten Nutzerdaten geschehen ist, und egal, wie alt ein Datensatz auch sein mag: Nutzt man ihn erneut innerhalb von Facebook, wird er dank all der Daten, die Facebook seit dem Zeitpunkt der Erfassung gesammelt hat, an Nutzen gewinnen.

Am darauffolgenden Tag tauchte ein weiterer Whistleblower von Cambridge Analytica in der Öffentlichkeit auf. Christopher Wylie war von Anfang an bei Cambridge Analytica gewesen, hatte das Unternehmen aber 2016 vor den Präsidentschaftswahlen verlassen. Nicht so Brittany Kaiser: Sie hatte als ranghohe Führungskraft sowohl am Thema Brexit als auch an den Präsidentschaftswahlen in den USA gearbeitet. Die Liberale hatte 2008 unter Facebook-Mitgründer Chris Hughes für den Präsidentschaftswahlkampf von Barack Obama gearbeitet und stimmte 2016 bei den Vorwahlen der Demokraten für Bernie Sanders. Kaiser erklärte, sie wolle keine Lügen mehr verbreiten, deshalb trete sie nun als Whistleblower auf. Im *Guardian* wird sie wie folgt zitiert, was ihre Gründe betrifft:

> *„Warum sollten wir Ausflüchte machen für diese Leute? Warum? Ich bin es so dermaßen leid, Ausflüchte für alte weiße Männer zu machen. Verdammte Scheiße."*
> *Sie sagt, ihrer Ansicht nach werde sich das Silicon Valley für eine ganze Menge Dinge rechtfertigen müssen. „Die Geschichte, die meiner Meinung nach darüber erzählt werden muss, wie die Menschen sich und ihre eigenen Daten schützen können, ist viel umfangreicher."*

Eine der wichtigsten Enthüllungen in dem ersten Interview mit Kaiser: Hughes war extrem gut darin gewesen, Facebook zu Änderungen zu bewegen, die dem Team Obama Arbeit abnahmen. Für Obamas Wiederwahl entwickelte Hughes ein Programm, das die Daten von Freunden abfischte. Im Unterschied zu Kogans Anwendung war das Programm hinsichtlich seiner tatsächlichen Absichten ehrlich. Auch das Ziel, Menschen dazu zu bewegen, wählen zu gehen, war ganz im Gegensatz zur Zurückdrängung von Wählern lobenswert, aber ob es nun um das Wahlkampfteam von Obama oder vier Jahre später um Kogan ging: Die Datenerfassung an sich ist in beiden Fällen falsch.

Kaiser arbeitete bei der SCL Group, als Alexander Nix das Tochterunternehmen Cambridge Analytica ins Leben rief. Nix gefiel, dass Kaiser Erfahrung bei Obamas Wahlkampf gemacht hatte, denn seiner Meinung nach bestand die nächste große Geschäftsidee darin, den Republikanern dabei zu helfen, in Sachen Datenanalysen gegenüber den Demokraten aufzuholen. Kaiser wechselte zu Cambridge Analytica und machte sich daran, Kunden an Land zu ziehen. Ihre ersten Kunden kamen aus Afrika, aber 2015 verlegten sie und Nix in Vorbereitung auf den bevorstehenden Wahlkampf in den USA ihr Hauptaugenmerk auf die USA. Nix sei – anders als seine Förderer Robert Mercer und Steve Bannon – kein politischer Ideologe, beteuerte Kaiser. Ihm sei es darum gegangen, „ein auf dem US-Markt berühmtes Unternehmen" aufzubauen. Im Artikel des *Guardian* heißt es:

> „All die großen Konzerne – Unternehmen wie Google, Facebook und Amazon – verdienen Dutzende oder Hunderte Milliarden Dollar damit, die Daten der Menschen zu Kapital zu machen", sagte Kaiser. „Seit Jahren erkläre ich Unternehmen und Regierungen: ‚Daten sind möglicherweise das Wertvollste, was ihr besitzt!' Die Menschen sollten ihre eigenen Daten monetisieren können, das ist ihr eigener menschlicher Wert, an dem sollte kein Raubbau betrieben werden."

Im Interview mit dem *Guardian* widersprach Kaiser den wiederholt von Cambridge Analytica vorgebrachten Beteuerungen, bei der Abstimmung über einen Verbleib Großbritanniens in der Europäischen Union nicht für das „Leave" Lager gearbeitet zu haben. Zwei unterschiedliche Organisationen aus dem „Leave"-Umfeld hätten Datennutzungsvereinbarungen mit Cambridge Analytica abgeschlossen, sagte Kaiser. Geld sei keines geflossen, aber es habe einen Austausch von Werten gegeben. Laut *Guardian* könnte eine derartige Transaktion gegen britisches Wahlrecht verstoßen haben.

Die Cambridge-Analytica-Geschichte entwickelte sich zu einem Tsunami. Brexit hin oder her, die britische Regierung wusste durchaus noch, wie man eine Untersuchung durchführt. Facebook würde es dieses Mal vermutlich nicht ganz so einfach haben wie bei den Anhörungen vor dem US-Kongress im Oktober und November. Schon jetzt tat sich Facebook schwer, mit all den schlechten Nachrichten umzugehen, die auf das Unternehmen einprasselten. Die Bedrohung aus Großbritannien würde diese Aufgabe noch einmal deutlich erschweren.

11

TAGE DER ABRECHNUNG

Facebooks Cambridge-Analytica-Skandal bietet alles: schrullige Milliardäre, ein einstmals bewundertes, inzwischen aber zum Monolithen erstarrtes Start-up, ein politischer Söldner, der einem Bond-Bösewicht ähnelt, seine zwielichtige Firma, die sich mit psychografischen Profilen befasst, ein exzentrischer Whistleblower, ein Datenleck, das Millionenwerte an Facebook-Profilen betrifft, Steve Bannon, die Mercers und – vor allem – Donald Trump und die Ergebnisse der Präsidentschaftswahlen von 2016. – Charlie Warzel

In den Vereinigten Staaten regeln zahlreiche Gesetze und Bestimmungen das Verhalten von Unternehmen. Um diesbezügliche Gesetze zu verabschieden und Bestimmungen zu erlassen, sind enorme Anstrengungen erforderlich, die üblicherweise nur dann unternommen werden, wenn gemeinschaftliche Standards massiv verletzt wurden. So dürfen Unternehmen ohne Genehmigung nicht einfach Giftstoffe in die Landschaft schütten. Denn der Gesellschaft wurde irgendwann bewusst, dass dies die Umwelt verschmutzt, die die öffentliche Gesundheit schädigt und die daraus resultierenden Kosten schlicht inakzeptabel sind. Finanzinstitute dürfen nur auf rechtlich festgelegte Art und Weise mit den Spareinlagen ihrer Kunden arbeiten. Ärzte und Anwälte dürfen persönliche Informationen ihrer Kunden nur in ganz wenigen Ausnahmefällen und unter strikt formulierten Bedingungen weitergeben. Unternehmen schimpfen über die Regulierungen, aber die meisten sehen ein, dass zum Schutz der Gesellschaft Regeln notwendig sind. Die meisten Manager erkennen das Recht der Gesellschaft an, im Namen des öffentlichen Wohls die wirtschaftliche Freiheit einzuschränken, aber dennoch bleiben Spannungen zwischen der unternehmerischen Freiheit und den Rechten der Gesellschaft. Nur wenige begrüßen Einschränkungen für ihr Unternehmen und die meisten großen Konzerne beschäftigen professionelle Lobbyisten und andere Fürsprecher, die sich gegenüber dem Staat und in der Öffentlichkeit für die Belange des Unternehmens stark machen.

Im Kapitalismus sollten Regierung und Wirtschaft eine symbiotische Beziehung eingehen. Für die Unternehmen ist zum Schutz ihrer Vermögenswerte Rechtssicherheit und insbesondere ein verlässliches Eigentumsrecht unerlässlich. Sie müssen darauf vertrauen, dass die Regierung die Regeln vorgibt und durchsetzt. In einer Demokratie besteht die Hauptspannung in der Frage, welche Interessengruppen beim Festlegen der Regeln mitbestimmen dürfen. Sollte es private Verhandlungen zwischen Wirtschaft und politischen Entscheidern geben? Sollte die Belegschaft eine Stimme haben? Was ist mit den Gemeinden, in denen die Unternehmen agieren? Wer schützt die Verbraucher? „Caveat emptor" („Möge der Käufer sich in Acht nehmen") ist hilfreich, aber was geschieht, wenn sich die Handlungen eines Unternehmens auf Personen auswirken, die keine Kunden sind? Für derartige Situationen existieren Gesetze und Bestimmungen.

Auf Bundesebene ist es in den USA der Kongress, der Gesetze beschließt, die dann von Gerichten ausgelegt werden. Um die Gesetze umsetzen zu können, erstellen die Einrichtungen der Exekutive Regulierungen. Die Federal Trade Commission beispielsweise reguliert den Verbraucherschutz und Bereiche des Kartellrechts, die sich auf Geschäftsgebaren beziehen. Das Justizministerium befasst sich neben vielen weiteren Vorgängen mit kartellrechtlichen Themen, die mit Fusionen und großflächig wettbewerbsfeindlichem Verhalten zu tun haben. Das Arbeitsministerium befasst sich mit dem Schutz der Arbeitnehmer. Wenn es darum geht, neue Bestimmungen zu erlassen, wird normalerweise die Meinung einer breiten Spanne an Interessengruppen abgefragt, darunter auch der betroffenen Unternehmen. In vielen Fällen gelingt es den Unternehmen, das ursprünglich angedachte Ausmaß der gesetzlichen Bestimmungen zu beschneiden. Wann immer eine Regierungseinrichtung aktiv wird, ist das eine Reaktion auf neu aufgetauchte Themen und regelmäßig überarbeitet das Land seine grundsätzliche Herangehensweise in Regulierungsfragen. Auch die 50 Bundesstaaten spielen eine Rolle, wenn es darum geht, die Regeln festzulegen, nach denen die Unternehmen ihren Geschäften nachgehen. So fällt auf, dass Kalifornien bei den Umweltschutzbestimmungen landesweit führend ist. Als fünftgrößte Volkswirtschaft der Welt verfügt Kalifornien über sehr viel Macht, Abgasvorschriften und andere regulatorische Prioritäten durchzusetzen. Viele Staaten haben eigene Gesetze und Bestimmungen verabschiedet, um auf Bundesebene vermeintlich bestehende Lücken zu schließen.

Geht es um Internetplattformen, klafft bei den Bundesgesetzen und landesweit gültigen Bestimmungen ein auffälliges Loch beim Thema Datenschutz. Es gibt in den USA kein bundesweites Recht auf Privatsphäre. Den Großteil der Landesgeschichte über schien das auch völlig unproblematisch. Einem Schutz der Privatsphäre am nächsten kommt der vierte Verfassungszusatz, der Bürger vor unrechtmäßigen Durchsuchungen und Beschlagnahmen schützt. Weil es keine landesweit einheitliche Regelung zur Privatsphäre und damit zum Datenschutz gibt, haben zahlreiche Bundesstaaten eigene Gesetze und Bestimmungen zum Schutz der Privatsphäre ihrer Bürger erlassen.

Die Phase der Deregulierungspolitik auf Bundesebene dauert schon so lange an, dass es kaum noch Manager gibt, die Erfahrungen mit anderen Zeiten haben. Nur wenige können sich vorstellen, dass Regulierung eine konstruktive Rolle in der Gesellschaft spielen kann, indem sie ein Gleichgewicht zwischen den Interessen der Massen und den Interessen der Reichen und Mächtigen herstellt. Mit den Jahren werden einige Einschränkungen überflüssig, aber die Vorstellung, der Staat sei „das Problem", verdrängt, wie absolut wichtig für den Erfolg des Kapitalismus verlässliche Regeln und eine willkürfreie Umsetzung dieser Regeln sind.

Aktuell gibt es wenige Regeln und Auflagen, die die wirtschaftlichen Aktivitäten von Internetplattformen einschränken. Als jüngste Generation einer Branche, die seit Langem ebenso für anständiges Verhalten ihrer Unternehmen stand wie für Produkte, die das Leben der Verbraucher besser machten, erbten die Plattformen die Vorteile, die im Laufe von 50 Jahren voller Vertrauen und Goodwill aufgelaufen waren. Die heutigen Plattformen tauchten zu einer Zeit auf, als Deregulierung gemäß der in den USA vorherrschenden Wirtschaftsphilosophie als unerlässlich galt. Slogans wie „Regulierung als Jobkiller" hatten in der politischen Welt übernatürliche Kräfte entwickelt, würgten Debatten im Keim ab und führten dazu, dass viele vergaßen, warum es überhaupt Regulierung gab. Keine Regierung, keine Behörde überlegt sich Auflagen in der Absicht, Arbeitsplätze zu vernichten. Sie tun es, um die Arbeitnehmer zu schützen, die Kunden, die Umwelt oder die Gesellschaft als Ganzes. In der Technologiebranche hatten sich die Unternehmen über Generationen hinweg größtenteils korrekt verhalten, insofern rechneten nur wenige politische Entscheider mit einer Bedrohung aus dieser Richtung. Sie konzentrierten sich lieber auf Branchen, die als böse Buben und Regelbrecher bekannt waren. Sie konzentrierten sich auf Bedrohungen, die sie sehen konnten.

Die Verbraucher erwarten von Produkten und Dienstleistungen gute Qualität für ihr Geld, aber grundsätzlich wendet sich die Öffentlichkeit auf der Suche nach moralischer Führung nicht an Unternehmen. Die Menschen erwarten, dass Unternehmen um Gewinne wetteifern und dafür alle zur Verfügung stehenden Mittel nutzen.

Schadet ihnen das Handeln eines Unternehmens, werden die Menschen wütend, aber die meisten stehen Reichtum und Macht mit einem Gefühl der Hilflosigkeit gegenüber. Sie haben das Gefühl, dass die Mächtigen nach anderen Regeln spielen. Das ist nachweislich richtig, aber ein Unternehmen kann nicht unbegrenzt Schaden anrichten, ohne dafür irgendwann zur Rechenschaft gezogen zu werden. Gehen sie zu weit, müssen sich selbst die Reichen und Mächtigen vor Gericht rechtfertigen oder sich regulatorischen Eingriffen unterordnen.

Im Frühjahr 2018 führten Politik und Öffentlichkeit eine lebhafte Debatte über Internetplattformen: Sollten Facebook, Google und anderen Grenzen auferlegt werden? Waren sie zu weit gegangen? Hätten die Daten, die Cambridge Analytica bei Facebook abgefischt hatte, nicht bei den Präsidentschaftswahlen von 2016 eine Rolle gespielt, hätten die politischen Entscheider und die Öffentlichkeit die Geschichte möglicherweise achselzuckend mit dem Hinweis „Business ist nun mal Business" abgetan. Hätten Facebook-Mitarbeiter nicht wenige Monate, nachdem im Dezember 2015 erstmals über den Datenfischzug berichtet worden war, im Trump-Wahlkampfteam mit Cambridge Analytica gearbeitet, hätte Facebook vielleicht ein glaubwürdiges Alibi gehabt. So jedoch warf die ganze Welt einen kurzen Blick auf einen Aspekt von Facebook, den das Unternehmen mühsam vor der Welt zu verbergen versucht hatte.

Die Nachricht traf deshalb viele so hart, weil die meisten Nutzer Facebook lieben. Wir haben uns abhängig von Facebook gemacht. Facebook ist nicht einfach nur eine Technologieplattform, es hat vielmehr einen zentralen Platz in unserem Leben eingenommen. Als Verbraucher haben wir es gerne bequem, wir sind gerne vernetzt, wir sind gerne frei. Facebook bietet alles drei in einem überzeugenden Gesamtpaket, das so viel Überraschendes und Schönes bereithält, das wir täglich oder noch häufiger vorbeischauen. Es macht Geburtstage zu etwas Besonderem, erlaubt uns Zugang zu einer breiten Spanne an Inhalten und ist jederzeit verfügbar. Aktivisten können hier Veranstaltungen organisieren, selbst die Anzeigen auf Facebook können nützlich sein.

Cambridge Analytica hat viel dazu beigetragen, uns die wahren Kosten von Facebook erkennen zu lassen. Dass Facebook so bequem ist und das Vernetzen dank Facebook so einfach vonstattengeht, scheint auf den ersten Blick nichts zu kosten, aber es ist keineswegs kostenlos. Die Folgekosten sind enorm, treten aber erst zutage, wenn etwas schiefläuft – und das war seit der Gründung von Facebook im Jahr 2004 mit alarmierender Regelmäßigkeit der Fall. Sorglos persönliche Daten anderer weiterzugeben, ist als solches schon furchtbar, aber die Geschichte verwies auf ein viel größeres Problem: Nutzerdaten dienen dazu, künstliche Intelligenzen zu füttern, welche die Aufmerksamkeit und das Verhalten von Kunden ohne deren Wissen und ohne deren Zustimmung manipulieren sollen. Facebook hat Drittentwicklern erlaubt, Freundeslisten zu sammeln, es hat Hassreden zugelassen, es war bereit, sich autoritären Mächten zu unterwerfen, und es hat versucht, seine Rolle in der russischen Wahlmanipulation zu vertuschen. All das sind Symptome eines Unternehmens, dem Wachstumskennzahlen wichtiger als alle anderen Faktoren sind.

Aber handelte es sich hier nicht einfach um „Business as usual"? Selbst wenn das Land Facebooks Entscheidungen nicht gutheißt, erreichen die Verstöße dann ein Ausmaß, das ein regulatorisches Eingreifen erforderlich macht? Würde eine Regulierung mehr Schaden anrichten als Gutes bewirken? Bei der Erörterung dieser Fragen arbeiten die Länder ihre Enttäuschung über die Internetplattformen auf. Dass wir niemals damit gerechnet hätten, uns mit derartigen Fragen auseinandersetzen zu müssen, macht sie ganz besonders herausfordernd, aber wenn wir bloß die Hände in den Schoß legen, würden wir die Aufsicht über Demokratie, öffentliche Gesundheit, Privatsphäre und Innovation einem Unternehmen überlassen, noch dazu einem mit einer furchtbaren Bilanz.

Facebook war großartig darin, die virtuelle Welt mit der realen Welt zu verschmelzen, aber auf dem Weg dorthin musste das Unternehmen zentrale Elemente der Gesellschaftsstruktur neu ordnen. Indem es über zwei Milliarden Nutzern zu ihrer eigenen Realität verhalf, nahm es Einfluss darauf, wie die Menschen die Welt sehen. Es hat das Wesen der Gemeinschaft verändert, indem es zuließ, dass sich Menschen mit anderen Gleichgesinnten zu Gruppen zusammenfinden, in denen sie sich niemals mit anderen Gesichtspunkten auseinandersetzen können. Es hat Beziehungen verändert, indem es digitale Interaktion als Alternative zum realen Leben anpries. Es hat die Aufmerksamkeit der Nutzer manipuliert, um sie zu mehr Aktivität zu verleiten. Es hat kriminelle Elemente dazu verleitet, in gewaltigem Rahmen Nutzer zu manipulieren und Unschuldigen Schaden zuzufügen. Es hat sich als Plattform erwiesen, von der aus kriminelle Elemente die Demokratie aushöhlen. Dank Cambridge Analytica bekamen die Nutzer endlich ein Gefühl dafür, wie viel Facebook über sie wusste und was das Unternehmen mit diesem Wissen angestellt hat. Es gefiel den Nutzern nicht, was dabei zutage trat. Facebook behandelte die privaten Nutzerdaten als Pfand, das man zum eigenen Vorteil eintauschen konnte.

Facebook zählt zu den einflussreichsten Unternehmen der Menschheitsgeschichte, das lässt sich wohl ohne Übertreibung sagen. Facebooks Fehler hatten weitreichende Folgen. Hassreden können fatale Folgen haben, wie sich in Myanmar und Sri Lanka gezeigt hat. Wahlmanipulationen können die Demokratie schwächen und den Lauf der Geschichte verändern, wie sich in den Vereinigten Staaten und möglicherweise auch in Großbritannien gezeigt hat. Geschieht etwas Derartiges in der Offline-Welt, informieren wir die Polizei. Wie sieht die richtige Reaktion aus, wenn es online geschieht? Wie lange können wir es uns leisten, darauf zu vertrauen, dass sich Facebook schon selbst regulieren wird?

Journalisten brachten weitere Beispiele dafür, wie Facebook das Vertrauen seiner Nutzer missbrauchte. Eine weitere beunruhigende Geschichte: Menschen, die Facebook auf Android-Geräten nutzten, stellten fest, dass Facebook die Telefondaten heruntergeladen hatte, Anrufe, Kurznachrichten und andere Metadaten. Vermutlich hat Facebook die Daten einfach seinem Berg an Nutzerdaten hinzugefügt. Dass etwas Derartiges geschah, wussten die Nutzer nicht. Nun ist Android kein sicheres Betriebssystem – das ist innerhalb der Branche allgemein bekannt – aber dennoch ist Android mit einem Anteil von über 80 Prozent weltweit zum Marktführer bei Mobilfunkgeräten aufgestiegen. Ähnlich wie die Cambridge-Analytica-Story machte die Nachricht über Facebook und Android für Millionen Nutzer eine Sicherheitsbedrohung plötzlich real.

Nachdem Reporter und Nutzer nun auf Beispiele für schlechtes Verhalten achteten, fanden sie jeden Tag neue Fälle. Ein besonders abstoßender Fall wurde am 29. März in einer Geschichte auf *BuzzFeed* publik. Es ging um ein internes Facebook-Memo, das der Vice President of Advertising Andrew Bosworth im Januar 2016 geschrieben hatte und das den Titel „The Ugly" trug. Einen Tag zuvor hatte ein Facebook-Live-Video gezeigt, wie in Chicago ein Mann erschossen wurde, nun rechtfertigte Bosworth mit düsteren Worten, warum Facebook so unerbittlich auf Wachstum bedacht war:

„Wir verbinden Menschen. Punktum. Deshalb ist all die Arbeit, die wir in das Wachstum stecken, gerechtfertigt. All die fragwürdigen Praktiken zum Importieren der Kontakte. All die subtile Sprache, die den Menschen hilft, von Freunden bei Suchen gefunden werden zu können. All die Arbeit, die wir leisten, um noch mehr Kommunikation heranzuholen. Die Arbeit, die wir wahrscheinlich eines Tages in China werden leisten müssen. All das.", schrieb Andrew „Boz" Bosworth.

Und in einer anderen Passage des Memos hieß es: „Also verbinden wir noch mehr Menschen. Das kann schlecht sein, wenn es schlecht gemacht wird. Vielleicht kostet es jemanden das Leben, weil er ein Mobbing-Opfer wird. [...] Vielleicht stirbt jemand bei einem Terroranschlag, der mit unseren Instrumenten vorbereitet wurde."

Als der Artikel erschien, versuchte sich Boz in Schadenskontrolle:

„Ich stimme dem Beitrag heute nicht mehr zu und ich habe ihm nicht einmal damals, als ich ihn geschrieben habe, zugestimmt. Zweck dieses und vieler anderer Beiträge, die ich intern ge-

schrieben habe, war es, Themen an die Oberfläche zu holen, die meiner Meinung nach stärker innerhalb des Unternehmens insgesamt diskutiert werden sollten. Über schwierige Themen wie diese zu debattieren, ist ein wichtiger Teil unseres Prozesses und um das wirksam tun zu können, müssen wir imstande sein, sogar schlechte Ideen abzuwägen, und sei es nur, um sie zu verwerfen. Es ist schlimm, diesen Beitrag für sich allein genommen zu sehen, denn es wirkt dann so, als sei das eine Haltung, die ich vertrete, oder die das Unternehmen vertritt, dabei ist weder das eine noch das andere der Fall. Mir liegt sehr am Herzen, wie unser Produkt auf Menschen wirkt, und ich nehme meine Pflicht, diese Wirkung positiv zu gestalten, sehr persönlich."

Nach dem Memo war ich sprachlos gewesen. Was hatte er sich nur dabei gedacht? Wie konnte jemand etwas Derartiges sagen? Was für ein Unternehmen hält eine derartige Sprache für akzeptabel? Boz zählt zu den Hütern der Facebook-Kultur, er ist im Unternehmen ein Vordenker, von dem man weiß, dass er sich provokant äußert. Wenn er ein Memo schreibt, wird es von jedem Empfänger sofort gelesen. Und wichtiger noch: Jeder Empfänger nimmt es ernst. Facebook ist vielleicht viel mehr als das Memo und der Tweet von Boz, aber beide zeigen die bei Facebook herrschende Kultur. Die Botschaft war eindeutig: Facebooks Kultur besteht aus einer Handvoll Kennzahlen, der Zahl der täglichen Nutzer, auf der Seite verbrachte Zeit, Umsatz, Gewinn. Alles, was nicht ausdrücklich auf der Liste steht, spielt definitiv keine Rolle.

Niemand im Unternehmen ließ sich von den Folgewirkungen ablenken. Ohnehin fiel es ihnen schwer, sich vorzustellen, warum Folgewirkungen in irgendeiner Form Facebooks Problem sein sollten. Das Memo und der Tweet von Boz versetzten meinem Facebook-Idealismus endgültig den Todesstoß. Das einzige, was mir etwas Hoffnung gab, war, dass jemand das Memo an die Presse gegeben hatte. Wenn es ein Mitarbeiter gewesen war, könnte das dafürsprechen, dass jemand innerhalb des Unternehmens erkannt hatte, dass

Teile von Facebooks Firmenpolitik der Gesellschaft schadeten und dass es die Weigerung der Geschäftsführung, klaren Beweisen zum Trotz eine Zusammenarbeit mit den Behörden zu verweigern, rechtfertigte, als Whistleblower zu agieren. Selbst wenn sich der Whistleblower als ehemaliger Mitarbeiter erweisen sollte, wäre das trotzdem gut. Mir wurde erzählt, dass das Memo tatsächlich von einem Ehemaligen weitergegeben wurde, aber ich konnte diese Angabe nicht bestätigen.

Warum schlagen Facebook-Mitarbeiter bei Falschverhalten ihres Unternehmens nicht Alarm? Warum verlassen die Nutzer nicht scharenweise aus Protest die Plattform? Das Verhalten der Mitarbeiter kann ich nicht erklären, aber die Nutzer verstehe ich: Sie verlangen Komfort und Nutzwert. Sie tun sich schwer mit der Vorstellung, sie könnten jemals Opfer einer Manipulation werden, eines Datenlecks oder einer Wahlmanipulation – und noch weniger können sie sich vorstellen, was dies für sie bedeuten würde. Sie wollen nicht glauben, dass die Mobilfunkgeräte, die sie ihren Kindern gegeben haben, dauerhaft psychische Schäden anrichten. Gewählte Amtsträger mögen die Wahlkampftechnologie und die Spendengelder, die sie aus dem Silicon Valley erhalten. Sie finden es gut, dass Technologie bei den Wählern dermaßen beliebt ist. Da sie überzeugt waren, sie ohnehin nie benötigen zu müssen, haben sich die politischen Entscheider nicht die Kenntnisse angeeignet, die sie für eine wirksame Regulierung der Technologie bräuchten. Dass Landesfeinde Internetplattformen als Waffen zum Schaden der Vereinigten Staaten einsetzen könnten, scheint etwas gewesen zu sein, womit die Geheimdienste nicht rechneten. Deshalb war auch niemand vorbereitet auf die Einmischung in Wahlen, auf Hassreden und auf die Abhängigkeitsfolgen.

Große Technologiekonzerne haben sowohl das Vertrauen der Nutzer als auch die Überzeugungstechnologie ihrer Plattformen dafür genutzt, die politischen Folgen kleinzuhalten und ihr Geschäftsmodell zu schützen. Bis zum Cambridge-Analytica-Skandal gelang das auch.

Während nahezu täglich neue Berichte auftauchten und die Einschätzung verstärkten, Facebook habe bei der Selbstregulierung versagt, sperrte sich Zuck gegen Forderungen, jetzt müssten Köpfe rollen. Er sei die beste Person, das Unternehmen zu führen, und er sei verantwortlich für das, was schiefgelaufen sei, erklärte er. Die *Washington Post* berichtete, Facebook habe eingeräumt, dass „böswillige Akteure" die Suchinstrumente auf der Plattform dazu genutzt hätten, „die Identitäten des Großteils der weltweit zwei Milliarden Nutzer aufzudecken und Informationen über sie zu sammeln". Dann erfuhren wir, dass Facebook etwas daran geändert hatte, wie Programme Dritter mit Facebooks System interagierten, was ungewollt dazu führte, dass sich Leute nicht mehr bei Tinder einwählen konnten. Die Dating-App nutzt Facebook zur Authentifizierung und für andere persönliche Angaben. (Diese Geschichte hatte schon bald etwas Prophetisches, denn einen Monat später kündigte Facebook eine eigene Dating-App an.) Am 4. April kündigte Facebook die erste Änderung seiner Nutzungsbedingungen seit 2015 an. Der Großteil der Änderungen hatte mit Offenlegung im Zusammenhang mit Datenschutz und dem Umgang mit Nutzerdaten zu tun. Winzige Schritte, aber ein Fortschritt. Der öffentliche Druck funktionierte.

Eine besonders merkwürdige Geschichte aus jener Woche: Facebook hatte Botschaften, die Zuck mit dem Messenger verschickt hatte, aus den Postfächern der Empfänger gelöscht – eine technische Möglichkeit, die gewöhnlichen Nutzern nicht zur Verfügung stand. Zunächst erklärte Facebook, die Änderung aus Sicherheitsgründen vorgenommen zu haben, aber das war dermaßen unglaubwürdig, dass das Unternehmen am nächsten Tag mitteilte, man werde die „Unsend"-Funktion zum Löschen versendeter Texte allen Nutzern zur Verfügung stellen. Dann kündigte das Unternehmen mehr Transparenz für politische Werbung an. Es folgte dabei dem Honest Ads Act betitelten Gesetzesvorschlag der Senatoren Mark Warner, Amy Klobuchar und John McCain, ging aber darüber hinaus, indem es die Gültigkeit dieser Regelung von kandidatenbezogener auf themenbezogene Wahlwerbung ausweitete. Unter den Änderungen, die

Facebook zu der Zeit vornahm, stach diese hervor, denn sie wirkte nicht nur richtig, sie war es auch inhaltlich. Bei der Einmischung durch die Russen 2016 spielten unter falscher Flagge geschaltete Anzeigen eine vergleichsweise kleine Rolle, aber sie waren dennoch bedeutsam, lockten sie doch amerikanische Wähler in von Russen organisierte Facebook-Gruppen und diese wiederum waren ein wichtiges Instrument bei der Einmischung. Sollte die neue Facebook-Regel Anzeigen unter falscher Flagge ausmerzen, wäre das eine sehr gute Sache.

Während der Druck weiter zunahm, waren sich Journalisten und Technologen in einem Punkt nahezu vollständig einig: Das technische Verständnis der Kongressabgeordneten reichte für Regulierungsaufgaben nicht aus. Viele erklärten, eine Regulierung der Technologie sei in jedem Fall zum Scheitern verurteilt, denn die Maßnahmen würden den Markt verzerren, weil sie die größten Platzhirsche schützten, während die kleineren Akteure und Start-up-Firmen darunter litten. Eine begründete Sorge, aber eher ein Argument dafür, die Bestimmungen sorgfältig auszuarbeiten, als dafür, einfach die Zügel schießen zu lassen. Fehlende Regulierungserfahrung entbindet den Kongress nicht von seiner Verantwortung, die Amerikaner vor den negativen Folgen des Markts zu schützen. Tatsächlich ist die Technologiebranche weniger komplex als das Gesundheitswesen, der Bankensektor oder die Atomstrombranche. Die Veränderungen laufen halt einfach nur schneller ab. Wann immer es gilt, eine neue Branche zu regulieren, muss der Kongress in die Gänge kommen und sich rasch die erforderlichen Fähigkeiten aneignen. Es wäre nicht das erste Mal, dass der Kongress vor dieser Aufgabe steht.

Der öffentliche Druck sorgte dafür, dass Facebook weitere Zugeständnisse machte. Das Unternehmen kündigte zusätzliche Änderungen seiner Politik und seiner Produkte an, um kooperativ zu wirken und regulatorischen Maßnahmen vorzugreifen. Wie immer gingen diese Ankündigungen nicht ohne Taschenspielertricks vonstatten. Zunächst verbannte Facebook Datenvermittler. Was nach einem Schritt klang, der künftige Cambridge Analyticas verhindern sollte, war in Wahrheit ein Schritt, der das Unternehmen einem Datenmonopol auf seiner Plattform näherbrachte. Werbeunternehmen kaufen bei Datenmaklern Daten ein, um ihre Zielgruppenwerbung verbessern zu können. Mit dem Verbot von Datenmaklern zwang Facebook seine Werbekunden, sich voll und ganz auf Facebooks eigene Daten zu verlassen. Ende März postete Facebook in seinem Blog einen Beitrag, in dem es darum ging, welche Maßnahmen das Unternehmen eingeleitet hatte, die künftig Einmischungen in Wahlen verhindern sollten. Im Mittelpunkt standen dabei Anstrengungen, dafür zu sorgen, dass sich kriminelle Elemente nicht länger hinter falschen Identitäten verstecken konnten. Außerdem sollte eine neue Initiative dazu führen, dass Einmischungsversuche frühzeitig erkannt würden und man nicht länger darauf angewiesen war, dass Nutzer sich mit Beschwerden meldeten. Im Rahmen der Maßnahmen wurde auch ein neues Programm gegen Desinformationen angekündigt, aber die Veränderungen, die im Januar am Newsfeed vorgenommen worden waren, hatten die Gewichtung journalistischer Quellen reduziert und dadurch mit hoher Wahrscheinlichkeit dafür gesorgt, dass eine bestimmte Aufgabe im Kampf gegen Einmischung, nämlich das Durchdringen von Filterblasen, deutlich schwererfallen würde.

Zuck willigte ein, bei zwei Anhörungen vor dem Kongress auszusagen – bei einer gemeinsamen Sitzung der Senatsausschüsse für Justiz und Handel zum einen, zum anderen beim Ausschuss des Repräsentantenhauses für Energie und Handel. Eine Aussage vor dem britischen Parlament verweigerte er.

Die Anhörungen begannen am Nachmittag des 10. April im Senat. Zuck trug einen Anzug, schüttelte viele Hände und bereitete sich auf eine fünfstündige Befragung vor. Insgesamt verfügen die Ausschüsse über 45 Mitglieder. Jeder Senator hatte nur vier Minuten Zeit, was Zuck zugutekam. Er war auf dieses Format vorbereitet. Würde er jede Frage sehr ausführlich beantworten, wären pro Senator möglicherweise nur drei, vier Fragen möglich. Vielleicht noch wichtiger war, dass zunächst die ranghöchsten Mitglieder der Ausschüsse ihre Fragen stellten und sie waren nicht so gut vorbereitet wie Zuck. War es Zufall oder Absicht, jedenfalls erfolgte Facebooks Auftritt am ersten Tag nach einer zweiwöchigen Sitzungspause, sodass die Stabsmitarbeiter nur sehr wenig Zeit gehabt hatten, die Senatoren vorzubereiten. Wie günstig diese zeitlichen Abläufe für Facebook waren, zeigte sich praktisch sofort. Senator Orrin Hatch fragte: „Wie stützen Sie ein Geschäftsmodell, bei dem die Nutzer für Ihren Dienst nichts bezahlen?" und belegte damit seine völlige Ahnungslosigkeit, was das Geschäftsmodell von Facebook anbelangte. Zuck, bewaffnet mit einem Spickzettel voller diplomatischer Antworten, ließ geduldig jeden Senator ins Leere laufen, bis dessen Fragezeit vorüber war. Einige Senatoren versuchten, Zuck in die Enge zu treiben, und in der zweiten Stunde wurden auch einige gezielte Fragen gestellt. Größtenteils wich Zuck aus. Außerdem profitierte er von mangelnder Abstimmung unter den Senatoren. Es wirkte, als würde sich jeder Senator mit einem anderen Thema befassen. Es tauchten vielleicht ein Dutzend unterschiedlicher Probleme auf, von denen jedes seine eigene Anhörung rechtfertigt hätte.

Zu Beginn der dritten Stunde hatte Zuck dann auch noch Glück: Die großen Sender unterbrachen ihre Übertragung, als bekannt wurde, dass das FBI das Haus und die Büroräume von Michael Cohen durchsucht hatte, Donald Trumps persönlichem Anwalt. Die Nachrichtensender stürzten sich sofort auf die Enthüllung, kaum jemand verfolgte noch die Anhörung vor dem Senat oder die Befragung durch den Ausschuss des Repräsentantenhauses zu Energie und Handel am darauffolgenden Tag. Bei der fünfstündigen Anhörung im Repräsentantenhaus setzte Zuck ebenfalls darauf, das Ganze einfach auszusitzen. Ohne großes Fernsehpublikum war es vermutlich nicht von Belang, aber die demokratischen Abgeordneten konnten einige Treffer landen. Mehrere hatten ihre Fragen aufeinander abgestimmt und einige Fragen erwischten Zuck auf dem falschen Fuß. Der Abgeordnete Frank Pallone aus New Jersey bedrängte

Zuck, mit Ja oder Nein zu antworten, ob Facebook seine Standardeinstellungen auf eine nur minimale Erhebung von Daten ändern werde. Zuck antwortete zweideutig und beantwortete Pallones Frage nicht direkt. Das lag vermutlich daran, dass Facebook keineswegs die Absicht hatte, die Erhebung von Daten zu minimieren. Für Zuck verlief die Anhörung ab diesem Punkt immer schlechter.

Der Abgeordnete Mike Doyle aus Pennsylvania konzentrierte sich auf Cambridge Analytica und das Abfischen von Nutzerdaten. Auf eine Frage Doyles hin erklärte Zuck, dass Cambridge Analytica die Datensätze gekauft hatte, habe er erstmals gehört, als der *Guardian* im Dezember 2015 darüber berichtete. Doyle deutete sanft an, dass Facebook derartigen Dingen möglicherweise keine Aufmerksamkeit schenke: „Es scheint, als seien Sie eher damit beschäftigt gewesen, Entwickler für ihre Plattform anzulocken und sie zu halten, als damit, die Sicherheit der Daten von Facebook-Nutzern zu gewährleisten."

Die Abgeordnete Kathy Castor aus Florida nahm Zuck in die Zange, was die Spanne der Datenerhebung sowohl auf der Plattform als auch außerhalb der Plattform anbelangte.

„Trotz allem Nutzen, den Facebook beim Aufbau von Gemeinschaften und dem Zusammenführen von Familien erbracht hat, handelt es sich aus meiner Sicht um einen Pakt mit dem Teufel", sagte sie. *„Und letztlich mögen es Amerikaner nicht, wenn sie manipuliert werden. Sie mögen es nicht, bespitzelt zu werden. Wir mögen es nicht, wenn jemand vor unserem Haus steht und glotzt. Wir mögen es nicht, wenn uns jemand in der Nachbarschaft hinterherläuft oder schlimmer noch, unseren Kindern hinterherläuft oder ihnen nachstellt."*

„Facebook hat sich in einen Ort verwandelt, an dem jeder überwacht wird. Sie sammeln Daten über praktisch jeden. Wir verstehen, dass Facebook-Nutzer, die sich von sich aus einwählen, Teil der Plattform sind, aber Sie verfolgen Facebook-Nutzer sogar dann, wenn sie sich aus der Plattform und dem Programm ausgeloggt haben. Und Sie sammeln persönliche Informationen

über Menschen, die noch nicht einmal Facebook-Konten besitzen. Ist dem nicht so?"

Politico schreibt, bei der Befragung durch Castor habe Zuck „ganz besonders angespannt" gewirkt. Sie konzentrierte sich auf ein grundlegendes Element von Facebooks Geschäft: Geht es um Datenschutz, ist Nutzerfreiheit eine Illusion. Die Nutzungsbedingungen schützen Facebook, nicht den Nutzer. Castors Fragen zeigten, was sie erkannt hatte: Der Kongress hat die Pflicht, sich zum Schutz der Verbraucher mit dem Thema digitale Überwachung zu befassen.

Der Abgeordnete Ben Luján aus New Mexico stieg viel tiefer in das Thema Datensammeln ein. Als Zuck einräumte, er wisse nicht, wie viele Datenpunkte Facebook über den durchschnittlichen Nutzer besitze, sagte Luján es ihm: 29.000. Luján nagelte Zuck zudem bei einem Paradox fest: Facebook sammelt Daten über Menschen, die die Plattform nicht nutzen und die keinerlei Möglichkeit haben, Facebook daran zu hindern, sofern sie nicht selber Facebook beitreten.

Joe Kennedy, Abgeordneter aus Massachusetts, konzentrierte sich auf den Bereich der Metadaten. Seine Fragen spiegelten die Besorgnis wider, dass den Nutzern gar nicht klar ist, wie viele Daten Facebook sammelt und dass sich mithilfe von Metadaten ein detailliertes Bild des Nutzers erstellen lässt. Kennedys Fragen unterstrichen, dass die Nutzer eine gewisse Kontrolle über die Inhalte haben, die sie auf Facebook posten, aber nicht über die Metadaten, die im Zuge ihrer Aktivitäten entstehen und die den Treibstoff für Facebooks Anzeigengeschäft darstellen.

Die Anhörung im Repräsentantenhaus deckte den Umfang von Facebooks Datensammlung auf und wie wenig Rücksicht das Unternehmen auf die Privatsphäre seiner Nutzer nimmt. Wenn man sich die Anhörung ansah, konnte man den Eindruck gewinnen, Facebook habe jede Menge Maßnahmen verabschiedet, die dazu dienten, das Unternehmen vor rechtlichen Problemen zu schützen, aber ansonsten nichts weiter bewirkten. Auf Nachfrage tat Zuck häufig so, als wisse er von nichts. Wiederholt versprach er, dass seine Mitarbeiter eine Antwort nachreichen würden. Er entschuldigte sich für Facebooks Versäumnisse. Es war egal. Das Urteil in der Presse – und an der Wall Street – stand nach der ersten Stunde der Senatsanhörungen fest und es fiel nahezu einstimmig aus: Zuck hatte die Erwartungen übertroffen, der Kongress hatte sie enttäuscht. Viele Beobachter führten die Anhörungen als Beleg dafür an, dass es dem Kongress an den für die Regulierung von Technologieunternehmen erforderlichen Fähigkeiten mangele. In Anschlusstreffen mit Abgeordneten erfuhr ich, dass den Demokraten im Kongress bewusst geworden war, dass Internetplattformen ernsthaft reguliert werden müssen. Um sich darauf vorzubereiten, benötigten sie die konfliktfreie Unterstützung von Experten. Sie fragten, ob unser Team ihnen helfen könne. Die Zeit der Unschuld war vorüber.

12

ERFOLG?

Auf jeden strömen den ganzen Tag über so viele Informationen ein, dass er den gesunden Menschenverstand einbüßt. – Gertrude Stein

Monatelang wurden täglich neue Einzelheiten zu Facebooks Geschäftsmodell und Facebooks Entscheidungen bekannt. Das führte dazu, dass es in den öffentlichen Debatten immer stärker um die dunkle Seite der sozialen Medien ging, aber es bedeutete nicht, dass den Nutzern klarer wurde, warum das Thema auch für sie wichtig sein sollte. Facebook hatte als Reaktion auf den öffentlichen Druck sein Produkt und seine Unternehmenspolitik überarbeitet, aber das änderte nichts daran, dass weiterhin Gefahren für die öffentliche Gesundheit, für die Demokratie, für die Privatsphäre und die Innovation bestanden. Es war weiterhin ein schwerer Kampf, Internetplattformen zu einer weitreichenden Verhaltensänderung zu bewegen. Um es auf die Welt des Bergsteigens zu übertragen: Wir hatten gerade erst das Basislager auf knapp 5.400 Metern erreicht, bis zum Gipfel des Mount Everest war es noch ein langer Weg. Der schwierige Teil stand uns erst noch bevor.

Internetplattformen verfügten bei politischen Entscheidern wie auch der Öffentlichkeit weiterhin über gewaltige Mengen an Vertrauensvorschuss und sie setzten diesen Trumpf ein, wo sie nur konnten. Erleichtert wurde ihnen diese Aufgabe dadurch, dass es dermaßen viele schädliche Folgen gab und es deshalb schwierig war, nicht den Überblick zu verlieren. Cambridge Analytica, Wahleinmischung der Russen, ethnische Säuberungen in Myanmar, steigende Suizidzahlen bei Teenagern ... all diese Themen sorgten für Aufmerksamkeit, aber die meisten Nutzer konnten nicht begreifen, dass Produkte, denen sie doch vertrauten, angeblich dermaßen viel Schaden angerichtet haben sollten. Um zu begreifen, wie die Entscheidungen der Internetplattformen diese Dinge verursacht hatten, müsste man mehr Zeit und Energie aufwenden, als es die meisten Nutzer zu tun bereit waren. Einen Aktionsplan zu entwickeln, würde noch schwieriger werden.

So mächtig war die Technologie geworden, dass die Plattformen die Aufmerksamkeit ihrer Nutzer auf die größten Schwachstellen der menschlichen Psychologie lenken und auf eine Weise manipulieren konnten, die dazu führte, dass die Plattformen gewaltige Profite einstrichen. Unabhängig davon, ob sie nun dazu standen oder nicht: Die Plattformen hatten gezeigt, dass sie imstande waren, große Menschenmengen, ja sogar ganze Nationen zu beeinflussen. Politische Entscheider und die Öffentlichkeit mussten sich nun fragen, ob ein derartiges Geschäftsverhalten noch im Rahmen der gesellschaftlichen Normen war. Forscher besitzen die Fähigkeit, tödliche Viren zu erschaffen, aber die Gesellschaft untersagt es ihnen außerhalb eines strengstens kontrollierten wissenschaftlichen Rahmens. Finanzdienstleister besitzen die Fähigkeit, ihre Kunden zu betrügen, aber auch das lässt die Gesellschaft nicht zu. Wo also sollten die Grenzen für Internetplattformen liegen beziehungsweise sollte es überhaupt Grenzen geben? Im nächsten Schritt der Debatten hatte es um die Rolle der Internetplattformen in der Gesellschaft zu gehen. Wie weit sollten sie menschliche Schwächen ausnutzen dürfen? Wie viel Verantwortung sollten sie für Schäden tragen, die aus ihren Produkten und ihren Geschäftsmodellen resultierten? Hatten Plattformen treuhänderische Verantwortung für die Nutzerdaten in ihrem Besitz? Sollte es bei der kommerziellen Nutzung dieser Daten Grenzen geben?

Diese Themen reichen weit über Facebook hinaus. Googles Überwachungsmaschinerie sammelt mehr Daten über Nutzer als jedes andere Unternehmen. YouTube ist zur ersten Adresse für das Rekrutieren und Ausbilden von Extremisten geworden. Zahllose Verschwörungstheorien haben dort ein Zuhause gefunden und man findet Inhalte, die auf kleine Kinder abzielen, für deren Alter aber völlig unangemessen sind. Instagram und Snapchat verstärken im Großen wie im Kleinen die Ängste und Nöte von Teenagern. Doch als dominantes soziales Netzwerk hat vor allem Facebook davon profitiert, die fehlende Aufmerksamkeit für und die Beaufsichtigung von Internetunternehmen auszunutzen. Seine gewaltige Größe verstärkt die Fehler. Nicht alle der extremsten Probleme sind auf Facebook zu finden, aber aufgrund ihrer Reichweite, der fehlenden Überwachung und der inhärenten Gleichgültigkeit gegenüber den Folgen ihres Handelns ist die Plattform zu einem Magnet für kriminelle Elemente geworden.

Mit 2,2 Milliarden aktiven Nutzern kann es Facebook hinsichtlich seiner Größe mit den Weltreligionen aufnehmen und in diese Zahl sind noch nicht einmal die Nutzer der Tochter-Plattformen eingerechnet. In jedem Land, in dem Facebook aktiv ist, besitzt das Unternehmen auch enormen Einfluss. In einigen Ländern – wie Myanmar – ist Facebook praktisch synonym mit dem Internet. Die Verfolgung der Rohingya-Minderheit dauert an und Facebook ist von Ermittlern der Vereinten Nationen dafür gerügt worden, „ethnische Säuberungen" zu ermöglichen. Im August 2018 veröffentlichte *Reuters* einen Sonderbericht, in dem die Nachrichtenagentur über „1.000 Beispiele für Postings, Kommentare und pornografische Bilder" aufdeckte, die sich gegen „Rohingya und andere Muslime" richteten – obwohl die Plattform doch Schritte unternommen hatte, Hassreden in Myanmar zu verhindern. Noch im selben Monat verbannte Facebook Konten des myanmarischen Militärs von der Webseite. Nun dürfte das Verbot kaum etwas dazu beitragen, Hassreden in Myanmar zu verhindern, aber es ist nichtsdestotrotz ein historischer Schritt: Es ist meines Wissens das erste Mal, dass Facebook im Namen der Machtlosen gegen die Mächtigen gehandelt hat. Solange mir keine gegenteiligen Beweise vorliegen, gehe ich davon aus, dass das Verbot eher mit dem Wunsch nach einem kurzfristigen PR-Erfolg zusammenhängt als mit einem grundlegenden Wandel in Facebooks Politik.

Obwohl Facebook deutlich mehr Aufmerksamkeit und Ressourcen dafür verwendet, Hassreden auf seiner Plattform zu stoppen, gibt es bislang keine Anzeichen dafür, dass dies in Myanmar oder in irgendeinem anderen Land von Erfolg gekrönt war. Infolgedessen leiden und sterben weiterhin Rohingya. In den Vereinigten Staaten ist Facebook die wichtigste Plattform für Nachrichten und Politik geworden. Dank seiner *Truman Shows*, seiner Filterblasen und seinen Methoden, die Aufmerksamkeit zu manipulieren, nimmt Facebook beispiellosen Einfluss auf den öffentlichen Diskurs. Niemand hat die Belegschaft von Facebook gewählt, aber ihre Handlungen können entscheidende Auswirkungen auf unsere Demokratie haben. In nahezu jeder Demokratie ist Facebook zu einer unvorhersehbaren Macht bei Wahlen geworden. Für autoritäre Regime hat sich Facebook zu einem beliebten Werkzeug zur Kontrolle der Bürger entwickelt. Das zeigte sich sowohl in Kambodscha als auch auf den Philippinen. Chinas Regierung hat diese Idee auf die Spitze getrieben und ein soziales Medium erschaffen, das auf „Sozialkredit" basiert. Nutzer werden für Handlungen belohnt, die von der Regierung abgesegnet wurden, unerwünschte Handlungen dagegen werden bestraft. Ziel des chinesischen Projekts scheint es zu sein, auf einer landesweiten Ebene Verhaltensänderungen herbeizuführen.

Als 2017 erstmals darüber debattiert wurde, welche Rolle Internetplattformen einnehmen sollten, schaltete Facebook in den Kampfmodus und entschied sich dagegen, seinen Kritikern zuzuhören. Das Unternehmen versuchte, sich an der Kritik vorbeizubluffen, doch das misslang. Facebooks Marke musste einigen Schaden verkraften, aber das Unternehmen setzte seinen Kurs fort. Der Druck nahm zu und Facebook reagierte, zunächst mit kleinen Veränderungen an seinem Geschäftsgebaren, dann mit größerem Wandel. Ich bin überzeugt, dass Facebook Mitte 2018 sein Bestes tat, viele der ans Tageslicht gekommenen Probleme aus der Welt zu schaffen, doch das Unternehmen hatte dabei ausschließlich den Schutz des Geschäftsmodells und des Wachstums im Blick. Bislang hat es keine der grundlegenden Änderungen vorgenommen, die notwendig wären, um künftige Wahleinmischungen zu unterbinden, um die Manipulation seiner Nutzer durch Dritte einzugrenzen, um Hassreden auszumerzen oder die Nutzer vor den Folgen zu schützen, die Facebooks Bereitschaft, Nutzerdaten zu teilen, mit sich bringt. Diese Themen sind inzwischen bekannt, wenn auch möglicherweise nicht umfassend begriffen. Die Frage ist: Werden politische Entscheider und die Nutzer auf Veränderungen beharren?

Nach Zucks Abschneiden bei den Anhörungen hat man bei Facebook möglicherweise gedacht, dass der Sturm vorübergezogen sei. Die Bestätigung gab es wenige Wochen nach den Anhörungen, als Facebook seine Geschäftszahlen für das erste Quartal 2018 vorlegte: ein Triumph auf allen Ebenen. Die wichtigsten Kennzahlen zeigten allesamt eine deutliche Verbesserung. Der Quartalsumsatz belief sich auf nahezu 12 Milliarden Dollar, eine halbe Milliarde mehr, als die Analysten prognostiziert hatten. Der Gewinn kletterte um 63 Prozent. Die Zahl der monatlich aktiven Nutzer lag bei 2,2 Milliarden, die der täglich aktiven Nutzer bei 1,47 Milliarden, beides ein Plus von 13 Prozent gegenüber dem Vorjahreszeitraum. Das Unternehmen ging mit 44 Milliarden Dollar an Barmitteln und handelbaren Wertpapieren aus dem Quartal. Bei der Telefonkonferenz mit den Investoren ging Zuck knapp auf die Anhörungen und Cambridge Analytica ein, aber falls jemand ein „Mea Culpa" erwartet hatte, sah er seine Erwartungen nun enttäuscht. Zusammen mit den Rückmeldungen, was seine Aussage vor dem Kongress anging, sorgten die Geschäftszahlen dafür, dass für Zuck nun wieder eitel Sonnenschein herrschte. Seine Telefonkonferenz vermittelte eine klare Botschaft: Bei Facebook war man zur Tagesordnung zurückgekehrt. Die Investoren waren überglücklich, die Aktie legte am nächsten Tag neun Prozent zu. Aber es tauchten weitere schlechte

Nachrichten auf, darunter Geschichten über illegalen Elfenbeinhandel auf Facebook und falsche Facebook-Seiten, mit denen Veteranen des Vietnamkriegs betrogen wurden. Als x-tes Beispiel für Fehlverhalten zeigten diese Berichte kaum Wirkung. Begleitet wurden sie von einer zweiten und analytischer gehaltenen Welle von Nachrufen auf die Kongressanhörungen. Diese Bewertungen nahmen, zumindest bei politischen Entscheidern, Zucks Auftritt etwas von seinem Glanz.

Die *Washington Post* veröffentlichte einen längeren Artikel, in dem Zucks Aussage einem Faktencheck unterzogen wurde. Ausführlich wurde dargelegt, wie Zuck wiederholt Fragen so umformulierte, dass die unschönen Seiten von Facebooks Verhalten möglichst nicht ins Auge stachen. Als er beispielsweise gefragt wurde, wie Nutzer auf die Daten zugreifen können, die Facebook über sie gesammelt hat, konzentrierte sich Zuck ausschließlich auf – die allgemein zugänglichen – Daten zu Inhalten. Gleichzeitig bemühte er sich nach Kräften, nicht über die Metadaten zu sprechen, die das Anzeigengeschäft des Unternehmens treiben und generell von den Nutzern nicht eingesehen oder verwaltet werden können. Mit dieser Art des Umformulierens war er, speziell in der Anhörung vor dem Senat, ausgesprochen erfolgreich. Die Öffentlichkeit mag diesen Punkt übersehen haben, aber die für die Aufsicht zuständigen Mitglieder des Kongresses haben es nicht.

Eines begriffen diejenigen von uns, die an Demokratie glauben, die die öffentliche Gesundheit schützen wollen, die für Datenschutz sorgen und zu mehr Innovation ermutigen wollen: Wir hatten einen langen Weg vor uns. Facebook hatte zwei riesige Skandale (die Einmischung der Russen und Cambridge Analytica) und zwei Anhörungen vor dem amerikanischen Kongress bis auf leichte Dellen in seinem Ruf völlig unbeschadet überstanden. Das Geschäft selbst brummte völlig unbehindert von all der Kritik. Es würde schon deutlich mehr als einen Skandal und ein paar Anhörungen brauchen, um Facebook dazu zu bewegen, die grundlegenden Änderungen durchzuführen, die notwendig waren, um die Nutzer zu schützen.

Wie zutreffend diese Erkenntnis war, wurde in der ersten Maiwoche bei F8 deutlich, Facebooks jährlich stattfindender Konferenz für Drittentwickler. Für Zuck und Facebook war F8 ein Triumphzug. Zuck erwähnte auch Cambridge Analytica, aber es nahm in etwa so viel Raum ein wie Wermut in einem sehr trockenen Martini in der Bar eines Clubs. Abgesehen davon war die Veranstaltung durch und durch ein Schmusekurs. Die jüngsten Skandale schienen den Entwicklern nullkommanull Kopfzerbrechen zu bereiten und Facebook legte keinerlei Reue an den Tag. Wenn überhaupt, führte sich das Unternehmen eher auf, als sei es dadurch, dass es die Krise überlebt hatte, stärker geworden. Vielleicht war es das tatsächlich.

Facebook verkündete bei F8 neue Produktinitiativen, darunter einen Datingdienst und Clear History, ein Instrument, mit dessen Hilfe man seine Browserdaten einsehen und löschen konnte, die das Unternehmen über einen gesammelt hatte. Der Datingdienst verfolgte einen neuen Ansatz – mit Schwerpunkt auf Veranstaltungen – und wirkte sich sofort auf den Marktführer Match.com mit dem gleichnamigen Internetauftritt sowie auf Tinder aus. Die Match-Aktie verlor bei Bekanntgabe der Nachricht 22 Prozent an Wert, nicht zuletzt auch deshalb, weil die Internetauftritte des Unternehmens Facebook lange dafür genutzt hatten, ihre Nutzer zu identifizieren und Daten zu sammeln. Sich darauf zu verlassen, dass einem Facebook ein guter Partner sein wird, endet meistens in einer Enttäuschung, das mussten zuvor bereits Musikanwendungen, Spiele und Nachrichtenverlage auf die harte Tour erfahren. Irgendwann zieht einem Facebook den wirtschaftlichen Teppich unter den Füßen weg.

Clear History mag eine tolle Idee sein, aber Facebooks Verhalten in der jüngeren Zeit spricht eher dafür, dass die Ankündigung einfach nur ein weiterer PR-Coup war. Facebook arbeitet mit Trackern (kleinen Softwarecode-Einheiten, die im Browser abgelegt werden), um den Nutzern bei deren Streifzügen durch das Internet folgen zu können. Das geschieht nicht nur von den diversen Plattformen des Unternehmens aus, sondern auch über Facebook Connect, das Instrument zum Einloggen, und die Millionen „Gefällt mir"-Buttons, die über das gesamte World Wide Web verteilt sind. Ein Nutzer, der sich mit seinen Facebook-Daten auf anderen Seiten einloggt und der seine Zustimmung gerne mit „Gefällt mir"-Buttons kundtut, sorgt auf diese Weise für einen gewaltigen Schatz an Browserhistorie und Metadaten, mit deren Hilfe sich ein hochauflösendes Bild des Nutzers erstellen lässt, was wiederum Facebooks Werbung so wertvoll macht. Dass Facebook mit Clear History den Nutzern die Möglichkeit gibt, ihre eigenen Daten zu löschen, spricht für eine von zwei Möglichkeiten: Entweder nimmt das Unternehmen endlich die Bedenken der Nutzer beim Thema Datenschutz ernst oder es benötigt keine Browserhistorien mehr, um Anzeigen zu verkaufen.

Ersteres wäre erstaunlich, aber ich glaube, wir sollten die zweite Variante nicht ausschließen. Wie auch immer: Dass etwas geschehen ist, liegt auch am öffentlichen Druck.

Einige Tage nach der Anhörung vor dem Repräsentantenhaus deutete Zuck in einem Gespräch mit dem Abgeordneten Joe Kennedy an, dass Clear History auch für Metadaten gelten werde und nicht nur für Links. Das wäre eine gewaltige Abweichung von den jüngsten Praktiken und würde für die Nutzer einen echten Zusatznutzen bedeuten. Zweifler verweisen auf eine ominösere Erklärung. Facebook hat seine gewaltigen Berge an Nutzerdaten dafür genutzt, um das Triebwerk seiner künstlichen Intelligenz in Sachen Behavioral Targeting fit zu machen. In der Frühphase benötigt das Triebwerk jedes Fitzelchen an Daten, die Facebook auftreiben kann, aber früher oder später ist die Software dermaßen ausgereift, dass sie das Nutzerverhalten vorwegnehmen kann. Sie kennen bestimmt auch die Anekdoten: Manchmal sagt jemand laut einen Markennamen vor sich hin und schon erscheint auf Facebook eine Anzeige für die Marke. Ganz offensichtlich, so die landläufige Vermutung, nutzt Facebook das Mikrophon des Geräts und hört die Gespräche ab. Etwas Derartiges wäre heutzutage überhaupt nicht praktikabel. Viel wahrscheinlicher ist es, dass das Triebwerk zur Vorhersage des Verhaltens eine gute Prognose zu einem Wunsch des Nutzers abgegeben hat und dass die betreffende Marke auf Facebook Anzeigen schaltet.

Wenn so etwas passiert, ist das zutiefst unheimlich, aber es wird dank immer ausgeklügelterer Technik noch viel unheimlicher werden. Kann das Triebwerk zur Vorhersage des Verhaltens beständig Prognosen abgeben, wird es nicht mehr derart viele Daten benötigen, wie es anfangs erforderlich war. Dann wird ein geringerer Datenfluss, der Großteil davon Metadaten, ausreichen. Wäre das der Stand der Dinge, dann würde das bedeuten, dass man den Nutzern die Illusion von Privatsphäre vermittelt, indem man sie ihre Browserhistorie auf Facebook löschen lässt, ohne dass sich Facebooks Geschäft verändert hätte oder die Nutzer besser geschützt wären.

Schon in den ersten Tagen unserer Zusammenarbeit überzeugte mich Tristan, dass unter den vielen dunklen Seiten der sozialen Medien KI-Triebwerke die möglicherweise größte Bedrohung für die Gesellschaft darstellen. Die künstliche Intelligenz, die Unternehmen wie Facebook und Google einsetzen, verfügt über unschlagbare Vorteile: unbegrenzte Ressourcen und Skalierbarkeit, außergewöhnlich detailreiche Profile von über zwei Milliarden Nutzern (plus im Fall von Facebook ein umfassendes Verständnis emotionaler Anstöße), ein vollständiges Bild vom Standort jedes einzelnen Nutzers, seinen Beziehungen und Aktivitäten, dazu ein wirtschaftlicher Anreiz, ohne Rücksicht auf die Konsequenzen die Aufmerksamkeit der Nutzer zu manipulieren.

Im Grunde kann man sagen, dass die KI eine superschnelle Direktverbindung in das Stammhirn von mehr als zwei Milliarden Menschen besitzt, die keinen blassen Schimmer davon haben, mit wem sie es zu tun haben. Sind bei Facebook und Google die KI-Triebwerke zur Verhaltensprognose ausgereift, kommen die Unternehmen möglicherweise ohne die endlose Anhäufung von Inhaltsdaten und einiger Arten von Metadaten aus, ohne dass sich der Datenschutz der Nutzer dadurch spürbar verbessern würde. Dieser Nebenaspekt des Datenschutzes wurde in der Presse und auch bei den Kongressanhörungen aufgeworfen und es wäre furchtbar, würde dieses Szenario wahr werden. Da sie unter gewaltigem Druck stehen, beim Datenschutz aktiv zu wirken, könnte es sein, dass politische Entscheider auf die Schnelle Änderungen vornehmen, die nur den Anschein erwecken, von Nutzen zu sein. Was die Nutzer benötigen, ist ein Schutz ihrer Privatsphäre, der damit beginnt, dass sie ausführlich und im Vorfeld informiert werden, bevor ihre Daten in irgendeiner Form genutzt werden. Ohne das werden alle Nutzer anfällig sein für negative Elemente, die die Macht des Internets für Rufschädigung nutzen und irreparable Schäden anrichten können.

Die Macht der Technologiemonopole wird nur schwierig einzudämmen sein, sagt Judy Estrin, die als zweite Firmengründerin überhaupt ein Technologieunternehmen in den USA an die Börse brachte. Freie kapitalistische Marktwirtschaft im Zusammenspiel mit Plattform-Monopolen, im Zusammenspiel mit dem Vertrauensvorschuss, den Nutzer und politische Entscheider der Technologie entgegenbringen – diese Konstellation hat dazu geführt, dass wir der Gnade von Technologie-Autokraten ausgeliefert sind. Die nicht gewählten Anführer der größten Technologie-Plattformen, aber insbesondere von Facebook und Google, untergraben rund um die Welt die Grundlagen der liberalen Demokratie, aber trotzdem haben wir ihnen die Informationssicherheit der amerikanischen Zwischenwahlen von 2018 anvertraut. Sie untergraben die öffentliche Gesundheit, definieren die Grenzen der Privatsphäre neu, ordnen die Weltwirtschaft neu und in keinem der Fälle haben die Betroffenen eine Stimme. Jeder, aber ganz besonders die Technologieoptimisten, sollten sich mit der Frage befassen, inwieweit die Interessen der Internet-Riesen denen der Öffentlichkeit zuwiderlaufen.

Politische Entscheider müssen mit heftigem Widerstand der Branche rechnen. Einige werden versucht sein, gegenüber den Lobbyisten einzuknicken. Die Industrie hat Anspruch darauf, in der Politik gehört zu werden, aber die aktuellen Gesetze räumen den Unternehmen im regulatorischen Prozess unverhältnismäßig viel Macht ein. Die Firmen werden versuchen, den Umfang zu verringern und die Auflagen so zu beschränken, dass sie sich geringstmöglich auf sie auswirken. Das ist ihr gutes Recht, aber niemand garantiert ihnen, dass sie das letzte Wort haben. Die Öffentlichkeit kann dafür sorgen, dass ihre Stimme entscheidend ist, und das sollte sie auch. Schon jetzt zeigt der Druck der Öffentlichkeit Auswirkungen und noch mehr Druck kann noch mehr Auswirkungen haben. Zudem können die Nutzer Einfluss auf Internetplattformen nehmen, indem sie ihr Onlineverhalten ändern.

Meiner Auffassung nach ist in einem sich rasch verändernden Umfeld Regulierung ein stumpfes Instrument. Die politischen Entscheider wissen das und das ist auch einer der Gründe dafür, dass sie so sehr zögern, eine Branche wie die Technologieindustrie zu regulieren, deshalb sei noch einmal betont: Ziel ist es, durch eine Verschiebung der Anreize für besseres Verhalten zu sorgen. In einer perfekten Welt würde bereits die Androhung von Regulierung ausreichen, um dieses Ziel zu erreichen. Funktionieren Drohungen nicht, beginnen politische Entscheider zumeist mit ganz leichten und kaum schmerzhaften Auflagen. Bleibt eine Reaktion aus, wird es mit jedem neuen Maßnahmenpaket immer strenger. Diejenige Branche, die sich im Visier der Regulierer wiederfindet, ist meistens clever genug, frühzeitig mitzuwirken, zu kooperieren und sich zu bemühen, die politischen Entscheider zufriedenzustellen, bevor der Preis zu hoch wird. Für Facebook und Google bestand das erste „Angebot" in der Datenschutz-Grundverordnung der Europäischen Union (EU-DSGVO). Hätten sie sich voll und ganz darauf eingelassen, wären ihre politischen Schwierigkeiten und ihre Reputationsprobleme deutlich zurückgegangen, vielleicht sogar völlig weggefallen. Aus mir nicht begreiflichen Gründen beschlossen beide Konzerne, nur das Allernötigste zu unternehmen, um sich an die Bestimmungen der Verordnung zu halten. Gegen den Geist der Verordnung verstießen sie hingegen ganz eindeutig.

2018 erhielt ich eine E-Mail der Kongressabgeordneten Zoe Lofgren. Lofgren stammt aus der Bay Area von San Francisco hat und sich früher sehr stark für die Plattformen eingesetzt. Die Abgeordnete teilte mir mit, dass sie an einer Bill of Rights zum Thema Internet-Privatsphäre arbeite. Sie ging dabei ganz klar vor:

In einer freien Gesellschaft müssen die Menschen auch ein Recht auf Privatsphäre besitzen. Um diese Freiheit und Privatsphäre zu fördern, erklären wir, dass Ihre Daten Ihnen gehören. Dementsprechend besitzen Sie das Recht, auf eine eindeutige und transparente Art und Weise

(1) zuzustimmen oder abzulehnen, wenn persönliche Informationen gesammelt oder mit Dritten geteilt werden, und die Nutzung persönlicher Informationen zu begrenzen, die nicht erforderlich sind, um den gewünschten Dienst anbieten zu können;

(2) persönliche, von einem Unternehmen gespeicherte Daten zu erlangen, zu korrigieren oder zu löschen;

(3) unmittelbar in Kenntnis gesetzt zu werden, wenn ein Datenleck entdeckt wurde;

(4) Daten in einem nutzbaren, maschinenlesbaren Format zu bewegen.

Mir gefiel sehr, wie einfach und direkt diese Bill of Rights gehalten war. Einen von den Zielen und der Herangehensweise ähnlichen Gesetzesentwurf hatten die Senatoren Klobuchar und Kennedy eingereicht und auch die Datenschutz-Grundverordnung in Europa war ähnlich formuliert. Der Vorschlag der Abgeordneten Lofgren könnte sich als wertvoller erster Schritt bei den Bemühungen erweisen, die Plattformen zu regulieren. Eine Bill of Rights zum Datenschutz durch den Kongress zu bekommen, würde im aktuellen Umfeld eine ausgesprochen anspruchsvolle Aufgabe darstellen, und zwar unabhängig vom Inhalt. Noch schwieriger wäre es, ein Gesetz zu verabschieden, das den Besitz der Daten und die Kontrolle über die Daten wieder den Nutzern überträgt. Die Plattformen würden massive Lobbyanstrengungen unternehmen, um auf den Kongress einzuwirken, und sie würden unabhängig von ihrer öffentlichen Haltung alles in ihrer Macht Stehende tun, um einen Gesetzesentwurf, der sie in ihrer Handlungsfreiheit einschränkt, soweit es geht abzuschwächen. Dass die Erfolgsaussichten eher gering sind, soll nicht heißen, dass man es nicht versuchen sollte, ein Gesetz zu verabschieden, sondern sollte vielmehr als Anreiz dafür dienen, keine Energie mit schlechten Gesetzen zu verschwenden. Aktuell machen Facebook und Google genau das – sie drängen den Kongress, Datenschutzbestimmungen zu verabschieden, denen es an Durchschlagskraft fehlt.

In meiner Antwort an die Abgeordnete Lofgren gratulierte ich ihr und gab ihr noch etwas Feedback:

Was Punkt 4 betrifft, halte ich es für wichtig, ausdrücklich das Recht auf sämtliche Metadaten – zusätzlich zu den Namen den kompletten Social Graph inklusive Beziehungen und Handlungen – in portabler Form zu sichern. Ohne das werden Start-up-Unternehmen einen Nachteil erleiden und die Innovation wird zu einem gewissen Grad eingeschränkt.
Egal, was für eine Bill of Rights wir erschaffen, sie muss sich genauso sehr darauf konzentrieren, wie die Daten genutzt werden, wie darauf, wie sie gesammelt werden.

Dieser letzte Punkt war Ausdruck meiner Sorge, dass Facebook, Google und andere zugelassen haben, dass private Nutzerdaten in gewaltigen Mengen aus den Netzwerken abgeflossen sind. Diese Daten lassen sich nicht mehr zurückholen und es lässt sich auch nicht nachvollziehen, wo überall sie liegen könnten. Das Beste, was wir tun können, ist, die Nutzer vor unvorhergesehener und unangemessener Verwendung der Daten zu schützen. Jede Bill of Rights, die mit dem Internet zu tun hat und nicht auf die Verwendung der Daten eingeht, hat für die Nutzer wenig bis gar keinen praktischen Nutzen.

Weiter versuchte ich die Abgeordnete Lofgren davon zu überzeugen, dass Datenschutzbestimmungen, egal wie gut umgesetzt, nur einen Teilbereich der Probleme lösen würden, die von Plattformen aufgeworfen werden. Ich stellte die These auf, dass es weniger Innovationen geben und diese langsamer voranschreiten würden, weil in zentralen Bereichen der sozialen Medien kein Wettbewerb existiert. Es gibt keine Alternative zu Facebook oder YouTube. Wenn einem das Geschäftsgebaren dieser Unternehmen nicht gefällt, hat man ein Problem. Die Plattformen konnten vielversprechende Start-ups aus angrenzenden Bereichen übernehmen, bei Facebook waren das beispielsweise Instagram und WhatsApp. So formten sie mögliche Konkurrenten zu Erweiterungen ihres eigenen Monopols um. Damit nicht genug: Facebook und Google hatten sich in diversen neuen und vielversprechenden Kategorien festgesetzt, die noch nicht marktreif sind, seien es Virtual Reality (VR), künstliche Intelligenz oder selbstfahrende Autos. Facebook hat die VR-Plattform Oculus gekauft und investiert weiter in das Vorhaben. Schwer vorstellbar, dass das nicht dazu geführt haben sollte, dass weniger Geld in alternative Hardwareplattformen floss. Welcher Wagniskapitalgeber würde es schon mit Facebook aufnehmen wollen, noch dazu in einem Bereich, in dem Investitionen in Höhe mehrerer hundert Millionen Dollar erforderlich werden könnten? Ebenfalls schwer vorstellbar ist, dass innerhalb einer gigantischen Plattform Projekte in frühen Stadien mit derselben Dringlichkeit vorangetrieben werden wie bei einem Start-up. Es ist anzunehmen, dass das Innovationstempo leidet.

Von meinem Büro im Silicon Valley aus sehe ich, inwieweit der Erfolg von Google, Amazon und Facebook das Verhalten von Unternehmern und Investoren entstellt hat. Unternehmer stehen vor einer einfachen Entscheidung: „Entweder mache ich einen großen Bogen um die Riesen oder ich baue etwas auf, was sich dann an sie verkaufen lässt." Das Ergebnis war eine Flut von Start-up-Firmen, die Sachen erledigen, die früher unsere Mütter für uns getan haben. Dazu gehören Transport- und Lieferdienste jedweder Art oder Firmen, die beispielsweise die Hinterlassenschaften Ihres Hundes entfernen. Viele neue Produkte scheinen als Kunden Milliardäre ins Visier zu nehmen, beispielsweise Juiceros 700-Dollar-Entsafter. Wenn das Umfeld für Unternehmer und Start-ups ohnehin schon anspruchsvoll ist, müssen politische Entscheider sorgfältig darauf achten, die Bedingungen nicht noch zusätzlich zu erschweren.

Regulierungsansätze wie die EU-DSGVO oder der Gesetzentwurf der Abgeordneten Lofgren bringen Compliance-Kosten mit sich, die vergleichsweise hoch sind und für sämtliche betroffenen Unternehmen gelten, egal wie groß die Unternehmen sind. Werden die Bestimmungen nicht entsprechend angepasst, können die Kosten für Start-ups unverhältnismäßig hoch werden und den Wettbewerbsvorteil der größten Unternehmen noch weiter verstärken. Doch es gibt Wege, das zu kompensieren, ohne dabei sehr wichtige neue Auflagen zu unterlaufen. In meiner Antwort an die Abgeordnete Lofgren empfahl ich ihr, zu mehr Konkurrenz durch Start-ups zu ermuntern, indem sie Artikel 4 dahingehend ändert, dass die Übertragbarkeit des gesamten Social Graphs, also des kompletten Freundesnetzwerks, möglich wird.

Wenn Sie heute gegen Facebook antreten wollen, müssen Sie zwei gewaltige Probleme lösen: Sie müssen Nutzer finden und Sie mussen sie davon überzeugen, das, was sie auf Facebook bereits haben, auf Ihrer Plattform noch einmal (zumindest teilweise) nachzubilden. Eine Übertragbarkeit des Social Graph inklusive der Freunde würde das zweite Problem weniger schwierig und besser handhabbar machen, selbst wenn man berücksichtigt, dass man von jedem einzelnen Freund die Genehmigung dafür einholen müsste. Aber eine Übertragbarkeit des Graphs war nur der erste Schritt. Ich empfahl auch kartellrechtliche Maßnahmen.

In meiner Nachricht an die Abgeordnete Lofgren hatte ich ein klassisches Modell kartellrechtlicher Politik vorgeschlagen, weil es sich um die am wenigsten schädliche und gleichzeitig wachstumsfreundlichste Intervention handelte, die sie vertreten könnte. Ich hatte gerade für die *Financial Times* einen Gastkommentar über die Vereinbarung geschrieben, die die US-Regierung 1956 mit AT&T schloss und die einen Schlussstrich unter den ersten Kartellprozess gegen das Telekommunikationsunternehmen zog. Der Artikel war noch nicht erschienen, also gab ich der Abgeordneten Lofgren meinen Entwurf zu lesen. Die Vereinbarung enthielt zwei zentrale Elemente: AT&T stimmte zu, seine geschäftlichen Aktivitäten auf die bestehenden, regulierten Märkte zu begrenzen, also das Festnetzgeschäft. Außerdem willigte das Unternehmen ein, kostenlose Lizenzen für sein Patentportfolio zu vergeben. Die Einschränkungen bedeuteten, AT&T würde nicht in die junge Computerindustrie einsteigen und dieses Feld stattdessen IBM und anderen überlassen. Das war eine sehr große Sache und stand im Einklang mit früheren Fällen. AT&T verdankte seine Existenz selbst einem Verbot, denn Telegrafenfirmen war es untersagt gewesen, in den Markt für Telefonie zu expandieren. Dass nun der Computerbranche erlaubt wurde, sich eigenständig zu entwickeln, erwies sich in jeder nur denkbaren Hinsicht als gute Entscheidung.

Noch wichtiger erwies sich allerdings die Vereinbarung, wonach AT&T Lizenzen auf seine Patente zu vergeben hatte. Die Bell Labs von AT&T unternahmen gewaltige Forschungsanstrengungen, die in einer breiten Spanne weitreichender Patente resultierten. Eines davon betraf den Transistor. Mit der Freigabe des Transistors zur Lizenzierung erschuf die Vereinbarung von 1956 das Silicon Valley. Und damit meine ich das gesamte Silicon Valley. Halbleiter. Computer. Software. Videospiele. Das Internet. Smartphones. Ist es vorstellbar, dass es der US-Wirtschaft irgendwie hätte besser ergehen können, hätte AT&T nach eigenem Gutdünken mit dem Transistor herumspielen können? Glaubt jemand ernsthaft, AT&T hätte mit dieser Erfindung Besseres leisten können als die Tausende von Start-up-Unternehmen, die dank des Transistors im Silicon Valley das Licht der Welt erblickten? Und hier ist der Knackpunkt: Die Vereinbarung von 1956 hinderte AT&T nicht daran, unglaublich erfolgreich zu sein, so erfolgreich, dass es später zu einer zweiten Kartellklage kam. Letztlich wurde das Unternehmen 1984 zerschlagen, was zu einem weiteren Tsunami des Wachstums führte. Nach der Aufspaltung blühte jeder Teil des alten Monopolunternehmens auf. Die Investoren profitierten. Und mit der Mobilfunktelefonie und der Breitband-Datenkommunikation kamen zwei neue Branchen deutlich eher auf den Markt, als es ansonsten der Fall gewesen wäre.

Überträgt man die Logik der Vereinbarung mit AT&T aus dem Jahr 1956 auf Google, Amazon und Facebook würde das die Marktmöglichkeiten der Unternehmen einschränken und Raum für neue Marktteilnehmer schaffen. Möglicherweise müssten sich die Firmen von Aktivitäten trennen, die nicht zum Kerngeschäft gehören. Die Patentportfolios der Plattform-Riesen enthalten nichts, was der Bedeutung des Transistors entspricht, aber für mich besteht kein Zweifel daran, dass die Riesen Patente als Burggraben nutzen, um die Konkurrenz auf Abstand zu halten. Diese Portfolios zu öffnen würde mit sehr hoher Wahrscheinlichkeit gewaltige Innovationskraft freisetzen, denn Tausende Unternehmer warten auf die Gelegenheit, auf diesen Patenten aufzusetzen und etwas zu erschaffen.

Bei meinem Schreiben an die Abgeordnete Lofgren hatte ich etwas Wichtiges vergessen. Professor Jonathan Zittrain von der Uni Harvard hatte in der *New York Times* in einem Gastkommentar empfohlen, datenintensive Unternehmen denselben Treuhänderregeln zu unterwerfen, die für Berufsstände gelten, die mit vertraulichen persönlichen Daten arbeiten. Ärzte und Anwälte müssen als Treuhänder stets die Bedürfnisse ihrer Kunden an die allererste Stelle stellen und den Datenschutz gewährleisten. Würden für Ärzte und Anwälte dieselben Standards gelten wie für Internetplattformen, könnte Ihr Hausarzt einen Zugang zu Ihrer Krankenakte an jeden verkaufen, der dafür zu zahlen bereit ist. Eine Ausweitung der Regeln auf Unternehmen, die Verbraucherdaten speichern – neben Internetplattformen wären das auch Firmen wie Equifax und Acxiom –, wäre aus zweierlei Gründen positiv. Zum einen würde es den Unternehmen einen zwingenden Anreiz liefern, Datenschutz und Datensicherheit hohe Priorität einzuräumen. Zweitens bekämen Verbraucher (und Unternehmen), die durch Dateninhaber Schaden erlitten haben, auf diese Weise Rechtsmittel an die Hand, die sich von den Unternehmen nicht einseitig durch ihre Nutzungsbedingungen aus der Welt schaffen lassen. Heutzutage ist es Standard, die Nutzer, die glauben, einen Schaden erlitten zu haben, zum Gang vor ein Schiedsgericht zu zwingen – ein Prozess, bei dem traditionell Unternehmen gegenüber ihren Kunden im Vorteil sind. Hätten die Verbraucher die Möglichkeit, die Gerichte anzurufen, würden die Unternehmen vermutlich weniger rücksichtslos vorgehen. Die Treuhänderregelung hätte noch einen weiteren Vorteil – sie wäre sehr einfach. Sie bedürfte keines großen bürokratischen Aufwands, geschweige denn eines komplizierten Gesetzes.

In der letzten Woche des Aprils 2018 kehrte ich für einige Tage nach Washington zurück, um an mehreren Meetings und Veranstaltungen teilzunehmen. Ich traf mich mit diversen Kongressmitgliedern, darunter auch der Abgeordnete Ro Khanna, ein Freund von mir aus dem Silicon Valley, der mit Zoe Lofgren gemeinsame Sache machte bei der Bill of Rights in Sachen Datenschutz. Ro war sehr an der Treuhänderregelung interessiert und wir sprachen darüber, wie man sie mit der Bill of Rights verknüpfen könnte, um den Schutz für Verbraucher zu verbessern und zu mehr Wettbewerb zu ermutigen.

Am selben Tag hatte ich noch eine spontane Unterredung mit Nancy Pelosi, die sicherstellen wollte, dass die Mitglieder ihrer Fraktion nicht nur von Lobbyisten aus der Wirtschaft mit Informationen versorgt werden, sondern auch noch aus anderen Quellen Input erhalten. Wir sprachen über mein Mitwirken an der Bill of Rights zum Datenschutz, an der die Abgeordneten Lofgren und Khanna arbeiteten. Der nächste Schritt würde Pelosi zufolge darin bestehen, sich mit Mitgliedern aus dem Ausschuss für Energie und Handel auszutauschen, da alle diesbezüglichen Gesetze ihren Ursprung in diesem Gremium nehmen müssten. Sie stimmte zu, ein Treffen mit wichtigen Mitgliedern des Gremiums zu organisieren, damit wir uns nicht nur zum Thema Datenschutz austauschen konnten, sondern auch über die Treuhänderregel, über Kartellrecht, über Wahlsicherheit und öffentliche Gesundheit. Weil Pelosi gesagt hatte, man müsse ein Gegengewicht zum Einfluss der Lobbyisten finden, bot ich ihr an, Schulungen zu organisieren, ähnlich wie wir es vor den Anhörungen am 1. November mit dem Stab des Geheimdienstausschusses des Repräsentantenhauses getan hatten. Ziel war es, die Demokraten im Repräsentantenhaus fit für die Zukunft zu machen, für den Tag, an dem sie wieder die Macht in Händen hielten. Pelosis Ziel war es zu gewährleisten, dass ihre Partei bereit für die Aufgabe war, ihren Aufsichtspflichten nachzukommen.

Washington ist nur einer der Orte, an denen Wandel einsetzen kann. Ein weiterer sind die Bundesstaaten. Die Generalstaatsanwälte der einzelnen Bundesstaaten besitzen die Macht, Personen vorzuladen, und sie können Klage erheben, wenn sie Verstöße gegen die Verbraucherschutzbestimmungen oder andere Regelungen erkennen. Wir hatten uns 2017 erstmals mit dem Generalstaatsanwalt von New York und dessen Stab getroffen und weiteten unsere Anstrengungen nun auf die Büros der Generalstaatsanwaltschaft in den Bundesstaaten Massachusetts, Kalifornien, Washington und Maryland aus. Einige dieser Büros stürzten sich auf Facebooks Umgang mit Datenschutz, aber ob die Untersuchungen Konsequenzen haben werden, wird sich erst noch zeigen. Gemeinsam mit unseren Partnern von Common Sense Media arbeiteten wir darüber hinaus mit Mitgliedern der kalifornischen Legislative an Gesetzen zum Schutz der Nutzer und zur Regulierung von Bots. Kalifornien gilt seit Langem als führend bei derartigen Themen und weitete diese Rolle im Juni 2018 auf die Regulierung von Internetplattformen aus, indem der Staat das bislang strengste Gesetz zum Schutz der Privatsphäre im digitalen Raum erließ.

Am Nachmittag des 25. Julis verkündete Facebook seine Geschäftszahlen für das zweite Quartal. Die große Neuigkeit: Die Nutzerzahlen in Nordamerika stagnierten, während sie in Europa rückläufig waren, also auf den beiden rentabelsten Märkten des Unternehmens. Die Nutzung der Webseite Facebook.com war in Nordamerika stark gesunken und konnte auch durch die Zugewinne bei der Handy-App nicht wettgemacht werden. Die Aktie verlor am darauffolgenden Tag rund 20 Prozent, was einem Wertverlust von 120 Milliarden Dollar entspricht, der größte Tagesverlust der Geschichte. Facebooks Geschäftsgebaren war für die Investoren kein Grund zur Sorge, aber für etwas, was möglicherweise nicht mehr als eine Sättigung des Markts war, straften sie das Unternehmen heftig ab; dabei muss eine Marktsättigung für einen Monopolisten nicht unbedingt etwas Schlimmes sein. Die eigentliche Frage aus meiner Sicht lautete: Sorgte der niedrigere Aktienkurs dafür, dass die Belegschaft die Firmenstrategie und ihre eigene Rolle dabei in einem neuen Licht sah? Würde der Wertverfall dazu führen, dass sich Whistleblower zu Wort melden?

Ende Juli gab Facebook bekannt, man habe 32 unrichtige Seiten und Profile geschlossen, die mit denselben Taktiken arbeiteten, mit denen die Russen 2016 in die Wahlen eingegriffen hatten. Die Seiten und Profile hatten koordiniert auf Facebook und Instagram gearbeitet. 290.000 Facebook-Nutzer hatten mit den Seiten interagiert und bei einer Seite bestanden Verbindungen zur russischen Internet Research Agency. Anfang August entfernten Apple, Facebook und YouTube Inhalte und Seiten von Alex Jones und Infowars, weil diese gegen nicht näher ausgeführte Regeln im Zusammenhang mit Hassreden verstoßen hätten. Twitter folgte nicht unmittelbar. Das Vorgehen stellte für Facebook und YouTube eine abrupte Kehrtwende dar. Vor allem Facebook hatte lange den Standpunkt vertreten, dass es als Plattform neutral sei und nicht darüber entscheiden wolle, welche Inhalte angemessen seien. Derartige Entscheidungen überließ das Unternehmen lieber den formlosen „Gemeinschaftsstandards". Abgesehen von einigen wenigen offensichtlichen Kategorien wie Kinderpornografie hatte Facebook es bislang vermieden, Inhalte auf seiner Seite zu bewerten. Das führte dazu, dass Inhalte erfolgreich waren, die zu einem starken Feedback führten, etwa Verschwörungstheorien und Fehlinformationen, was für Facebooks Rentabilität sehr von Vorteil war.

Es kursierte die Theorie, Apples Ankündigung, die einige Stunden eher als die der beiden anderen Unternehmen erfolgte, habe Facebook die notwendige politische Luftsicherung verschafft. Dass Twitter zunächst untätig blieb, versuchte das Unternehmen mit einem Verweis auf die Meinungsfreiheit zu verteidigen, was ihm einen Tsunami an Kritik einbrachte. Twitter reagierte, indem es Jones für eine Woche sperrte. Nachdem Jones einen Reporter von *CNN* bedrängte und beleidigte, der über den Auftritt von Twitter-CEO Jack Dorsey bei einer Kongressanhörung berichtete, wurden Jones und Infowars endgültig gesperrt. Es lässt sich halbwegs überzeugend schlussfolgern, dass die Internetplattformen ihre Geschäftsmodelle nicht dadurch beschädigen wollen, dass sie Verschwörungstheorien, Falschinformationen und Hassreden verbannen ... bis es aus politischen Gründen unmöglich zu umgehen ist.

Ebenfalls im August berichtete die *New York Times*, Facebook habe mehr als 652 falsche Konten und Seiten mit Iran-Verbindungen gelöscht, die in einer konzertierten Aktion versucht hatten, Einfluss auf die amerikanische Politik zu nehmen. Laut *CNN* waren darunter 254 Facebook-Seiten und 116 Instagram-Konten mit über einer Million Follower. Trotz Facebooks Investitionen in Wahlsicherheit hatte das Unternehmen die Seiten und Konten leider nicht selbst entdeckt – das war stattdessen FireEye gelungen, einem auf Onlinesicherheit spezialisierten Unternehmen. So groß, wie Facebook derzeit ist, reicht es meiner Meinung nach nicht aus, sich darauf zu verlassen, dass Dritte die Übeltäter schon identifizieren werden, dafür ist der Schaden schlicht zu groß, der bereits entsteht, bevor die verwaltungstechnischen Abläufe das Problem in den Griff bekommen.

Kurz nach den Löschaktionen vom August veröffentlichte die Webseite Motherboard eine Enthüllungsstory über Facebooks Umgang mit Inhalten. Facebook gewährte Motherboard Zugang zum Moderatorenteam und Motherboard ergänzte die Geschichte um Dokumente, die der Webseite zugespielt worden waren. Es handelte sich möglicherweise um den ersten Fall, bei dem aktuell bei Facebook beschäftigte Mitarbeiter Unterlagen nach draußen gaben. Jason Koebler und Joseph Cox, die Autoren der Geschichte, schreiben: „Zuckerberg sagt, Facebook soll eine einzige globale Gemeinschaft sein. Angesichts der enormen Vielfalt an weltweit bestehenden Gemeinschaften und kulturellen Sitten ist das ein radikales Ideal. Facebook meint, eine differenzierte Moderation könne diese Spannung lösen, aber es ist ein äußerst komplexes logistisches Problem ohne offensichtliche Lösung, das Facebooks Geschäft massiv bedroht und bei dem die Rolle als Hüter der Meinungsfreiheit größtenteils von den Regierungen auf eine private Plattform verlagert wurde."

Facebook sagte den Motherboard-Autoren, dass seine KI-Instrumente nahezu sämtlichen Spam erkennen und von der Seite entfernen, dass sie darüber hinaus verantwortlich waren für 99,5 Prozent aller entfernten Inhalte, die mit Terrorismus zu tun hatten, 98,5 Prozent aller gelöschten falschen Konten, 96 Prozent aller entfernten Inhalte, die mit Nacktheit und Sex zu tun hatten, 86 Prozent aller entfernten Gewaltdarstellungen und 38 Prozent aller entfernten Hassreden. Diese Zahlen klingen beeindruckend, müssen aber in einen Zusammenhang gestellt werden. Zunächst einmal zeigen diese Zahlen nur, inwieweit die künstliche Intelligenz zum Entfernen von Inhalten beiträgt. Wir wissen immer noch nicht, wie viele unangemessene Inhalte Facebook durchrutschen. Und was die Treffergenauigkeit der KI anbelangt: Eine Erfolgsrate von 99,5 Prozent bedeutet, dass bei einer Milliarde Postings 5 Millionen unangemessene Beiträge stehen bleiben. Um das einordnen zu können: Die Menge der täglichen Postings auf Facebook belief sich auf knapp 5 Milliarden … und diese Zahl stammt aus dem Jahr 2013! Und das Ergebnis der künstlichen Intelligenz in Sachen Hassreden (38 Prozent aller entfernten Inhalte) hilft nicht weiter. Menschliche Moderatoren tun sich schwer damit, unangemessene Inhalte zu finden, die von der KI übersehen wurden, aber sie sind auch gezwungen, innerhalb der zwei Einschränkungen zu agieren, die ihnen Facebook auferlegt: Es soll maximal viel erlaubt sein und es gibt für alle Probleme nur allgemeine Lösungen. Das Regelbuch für Moderatoren ist lang und ausführlich, steckt aber auch voller Konflikte und Doppeldeutigkeiten. Die Moderatoren werden sehr rasch verheizt.

Die Schlussfolgerung der Motherboard-Reporter: Facebook ist entschlossen, das Thema Moderation richtig zu machen, wird es aber zu seinen eigenen Bedingungen nicht schaffen. Die in dem Artikel zitierten Akademiker halten es für unmöglich, bei der Größe von Facebook und dem vom Unternehmen verfolgten Ansatz eine wirkungsvolle Moderation hinzubekommen. Dafür ist das Netzwerk zu komplex. Noch hat Facebook diese Realität nicht akzeptiert. Dort hängt man weiter dem Glauben an, dass sich das Problem mit Software lösen lässt und man auch ohne Veränderungen am Geschäftsmodell oder den Wachstumszielen erfolgreich sein kann. Natürlich steht es Facebook frei, das zu glauben, aber sowohl politische Entscheider als auch die Nutzer sollten skeptisch sein.

Zuck und Sheryl ist sicher bewusst, dass das Trommelfeuer schlechter Nachrichten der Marke Facebook Schaden zugefügt hat. Ich wollte mir ein Bild von den Folgen machen, deshalb habe ich Erin McKean, Gründerin von Wordnik und ehemalige Herausgeberin des Oxford Dictionary of American English, gebeten zu untersuchen, inwieweit sich die Hauptwörter und Adjektive verändert haben, die am häufigsten mit den größten Technologiekonzernen in Verbindung gebracht werden, also Apple, Google, Amazon, Facebook und Microsoft sowie zusätzlich Twitter.

Vor den Wahlen von 2016 genossen die Branchenführer einen tadellosen Ruf, es gab keinerlei negative Assoziationen. Für Google, Amazon, Apple und Microsoft gilt das weiterhin. Für Facebook hat sich die Situation dramatisch verändert. Unter den 50 Begriffen, die am häufigsten mit Facebook assoziiert werden, taucht inzwischen „Skandal" auf, „Datenleck" und „Ermittlungen" rangieren in den Top 250. Noch schlimmer stellt sich das Bild bei Adjektiven dar. Als einziges der fünf großen Technologieunternehmen stand bei Facebook für 2015/16 ein negatives Adjektiv unter den Top 100: „kontrovers". 2017 und 2018 rangierte für Facebook „Fake" in den Top 10, gefolgt von „russisch", „angeblich", „kritisch", „Russland-bezogen", „falsch", „durchgesickert" und „rassistisch", die allesamt unter den ersten 100 auftauchten. Zu Apple, Google, Amazon und Microsoft findet sich in den Listen kein einziges negatives Hauptwort oder Adjektiv. In Twitters Liste stehen zwei Begriffe, die auf mögliche Markenprobleme hindeuten könnten: „Trump" und „Bots". Die Studie wurde mithilfe des „News on the web"-Corpus der Brigham Young University durchgeführt. Die zehn führenden amerikanischen Quellen in dem Corpus sind (nach Anzahl der Wörter): *Huffington Post, NPR, CNN, The Atlantic, TIME, Los Angeles Times, Wall Street Journal, Slate, USA Today* und *ABC News.*

Trotz aller politischer Querelen ging Facebook einfach weiter wie bisher seinen Geschäften nach. Anfang August berichtete das *Wall Street Journal*, Facebook habe Großbanken gebeten, im Rahmen seiner Bemühungen, den Nutzern neue Dienste anbieten zu können, „ausführliche Finanzinformationen über ihre Kunden freizugeben, darunter Kartentransaktionen und Kontostände". Unter den Banken waren JPMorgan Chase, Wells Fargo und U.S. Bancorp. Mindestens eine der Banken brach der Zeitung zufolge die Gespräche wegen Datenschutzbedenken ab. Facebook-Sprecherin Elisabeth Diana dementierte den Bericht und sagte: „In einer aktuellen Story des *Wall Street Journal* wird unzutreffend angedeutet, wir würden Finanzdienstleister aktiv um Daten zu finanziellen Transaktionen bitten. Das ist nicht wahr." Facebooks Ziel sei es, Chatbots aus dem Messengerdienst mit Bankdienstleistungen zu verknüpfen, damit Kunden ihre Kontostände und dergleichen überprüfen könnten.

Ebenfalls Anfang August gab Facebook eine Neugründung namens Facebook Connectivity bekannt, die als Dachorganisation die zahlreichen Bemühungen bündeln sollte, die noch fehlenden vier Milliarden Erdenbürger zu Facebook zu holen. Das Free-Basics-Programm inmitten der Schwierigkeiten in Myanmar und Sri Lanka dürfte wohl dazugehören. Ende August begann Facebook in einer Probephase, Nutzern zu zeigen, welche Interessen sie mit Menschen, die zufällig im selben Kommentarstrang auftauchten gemein haben.

Die Aktivisten, die ich getroffen habe, haben recht: Veränderung bewirkt man am besten durch öffentlichen Druck. Als Tristan und ich unsere Kräfte bündelten, hätten wir uns nicht vorstellen können, welche Veränderungen in den folgenden 16 Monaten folgen sollten. Uns war auch nicht klar, dass Druck aufzubauen nur der allererste Schritt war. Millionen Menschen sind sich des Problems bewusst, jedoch weitaus weniger begreifen, inwieweit es sie betrifft, warum die Gefahren für die Gesellschaft zunehmen könnten und warum sie zu ihrem eigenen Schutz handeln sollten.

MEHR ALS ZWEI JAHRE lang habe ich versucht zu begreifen, welche Rolle Facebook bei den Wahlen 2016 und anderen unerwünschten Ereignissen gespielt hat. Dabei habe ich erfahren, wie die Internetplattformen die Gesellschaft und die Wirtschaft darüber hinaus verändert haben. Die Reise war intellektuell stimulierend, aber emotional anstrengend. Ich habe Dinge über Facebook, Google, YouTube und Instagram herausgefunden, die mir Angst machen und mich deprimieren. Diese Geschichte ist noch nicht abgeschlossen. Wie dieses Buch deutlich macht: Ich verfüge noch immer über mehr Theorien als Erkenntnisse. Von einer Sache bin ich dennoch überzeugt: Durch seine Unternehmenskultur, seine Designziele und seine wirtschaftlichen Prioritäten wurde Facebook zu einem einfachen Ziel für negative Elemente und durch seine Algorithmen und seine Moderationspolitik hat das Unternehmen die extremen Stimmen noch verstärkt und die Situation verschärft. Facebooks Architektur und das Geschäftsmodell tragen zum Erfolg bei, machen das Unternehmen aber auch gefährlich. Wirtschaftliche Zwänge treiben Facebook – häufig unbewusst – dazu, sich zulasten der Demokratie mit Extremisten und Autokraten einzulassen.

In nahezu jedem Land, in dem sie aktiv sind, haben sich Facebook, Google und Twitter einen Platz im öffentlichen Raum erkämpft, in vielen Staaten, auch in den USA, dominieren sie ihn sogar. Sie haben eine Rolle übernommen, die in Demokratien normalerweise der Regierung vorbehalten ist. Aber anders als eine demokratisch gewählte Regierung sind Plattformen ihren Nutzern gegenüber nicht rechenschaftspflichtig und schon gar nicht gegenüber den Ländern, in denen ihr Handeln Wirkung zeigt. Bislang haben die Plattformen noch nicht gezeigt, dass sie begriffen haben, welche Verantwortung es für sie bedeutet, den öffentlichen Raum zu dominieren.

Facebooks Fehler waren unvermeidbar, besagt eine Theorie der Technologin Judy Estrin. Als Zuck das erste Mal erklärte, er wolle die Welt miteinander verbinden, da seien Industrienationen mit Breitband-Telekommunikationsinfrastruktur gemeint gewesen, so Estrin. Die betreffende Bevölkerung habe sich auf weniger als 1,5

Milliarden belaufen. Smartphone-Technologie hat Dutzende Schwellenländer geöffnet, das potenzielle Publikum betrug nun rund 4 Milliarden Menschen. Nur wenige Produkte sprechen derart viele Menschen an, aber das Kernprodukt von Facebook zählte dazu. Um 2,2 Milliarden Menschen dazu zu bringen, mindestens einmal im Monat Facebook zu nutzen, musste die Umsetzung schon brillant sein und dazu gehörte es, sämtliche Spannungen zu vermeiden. Um das zu erreichen, konzentrierte sich Facebook darauf, die Geschwindigkeit der Kommunikation zu optimieren und alles über Bord zu werfen, was ein längeres Abwägen erforderte oder einen Nutzer dazu bringen konnte, die Seite wieder zu verlassen. Um die Nutzerbindung zu maximieren, verpackte Facebook seine überzeugende Technik in ein Design, das für Einfachheit und Bequemlichkeit sorgte. Facebooks Design erzog die Nutzer dazu, ihre Emotionen auszuleben und ohne kritische Gedanken zu reagieren. In einem engen Rahmen wäre das normalerweise kein Problem, aber bei der Größe von Facebook ermöglicht es emotionale Ansteckung, bei der Empfindungen die Logik außer Kraft setzen. Emotionale Ansteckung ist wie eine Art Flächenbrand und breitet sich aus, bis ihr der Treibstoff ausgeht. Lässt man ihr ungehindert ihren Lauf, führen Hassreden zu Gewalt und Fehlinformationen untergraben die Demokratie. Wenn man Milliarden Menschen miteinander verbindet, ist es unausweichlich, dass Hassreden geschwungen und Fehlinformationen verbreitet werden. Wer ein großes öffentliches Netzwerk betreibt, muss auf Flächenbrände von Hassreden und Fehlinformationen eingestellt sein.

In der echten Welt bekämpfen Feuerwehrleute Flächenbrände, indem sie versuchen, sie mit Feuerschneisen einzudämmen. Auf ähnliche Weise arbeiten Finanzmärkte mit Schutzschaltern, die bei Paniken den Handel so lange aussetzen, bis gewährleistet ist, dass die Preise ein Gleichgewicht von Fakten und Emotionen wiedergeben. Facebook schwoll auf eine Größe von 2,2 Milliarden monatlichen Nutzern an, ohne sich das Risiko einer emotionalen Ansteckung vorstellen zu können, geschweige denn eine Strategie zu ihrer Eindämmung zu entwickeln. Das Unternehmen hat nicht verstanden, dass Bequemlichkeit das Gegenteil von Spannung ist und dass zu viel Bequemlichkeit und zu viel „Das wollen die Nutzer" eine Umgebung erschaffen, in der ständig eine emotionale Ansteckung droht und dass es dem Unternehmen an Antworten auf diese Gefahr mangelte. In gewisser Hinsicht ist das verständlich. Firmen streben nach Effizienz und Produktivität. Wenn Internetplattformen Bequemlichkeit liefern, verfügen sie in beiden Punkten über einen Vorteil. Aber Unternehmen sind gegenüber ihrer Belegschaft, ihren Gemeinschaften und der Welt verpflichtet und diesen Verpflichtungen sind die Internetplattformen nicht nachgekommen. Dass sich Firmen, die eine Größe wie Facebook, Google oder Twitter erreicht haben, nicht auf emotionale Ansteckung vorbereitet haben, ist unentschuldbar.

Internetplattformen haben von den 50 Jahren Vertrauen und Goodwill profitiert, die ihre Vorgänger angehäuft haben. Sie haben dieses Vertrauen dafür genutzt, jeden einzelnen Schritt zu überwachen, den wir online tun, um die persönlichen Daten zu Geld zu machen. Dabei haben sie Hassreden, Verschwörungstheorien und Fehlinformationen gefördert und es ermöglicht, dass sich Außenstehende in Wahlen einmischen. Sie haben künstlich ihre Gewinne aufgebläht, indem sie sich ihren Bürgerpflichten entzogen. Die Plattformen haben der öffentlichen Gesundheit geschadet, die Demokratie untergraben, die Privatsphäre der Nutzer verletzt und sich – im Fall von Facebook und Google – eine Monopolstellung aufgebaut. All das im Namen des Profits.

Von den Menschen, die bei diesen Internetplattformen gearbeitet haben, hat niemand gegen diese Ergebnisse öffentlich Stellung bezogen. In den abschließenden beiden Kapiteln dieses Buchs möchte ich Ihnen meine Gedanken zu von oben verordneten Lösungen vorstellen, die ein Eingreifen des Staats erfordern, sowie für Lösungen, die von unten nach oben funktionieren und Ihnen dabei helfen sollen, mit den Risiken umzugehen, die Internetplattformen in Ihrem Leben darstellen. Zunächst möchte ich noch einmal zusammenfassen, was ich im bisherigen Verlauf der Ereignisse gelernt habe:

1. Unsere geliebten Internetplattformen schaden unserem Land und der Welt. Diese von uns geliebten Plattformen schaden möglicherweise auch uns, ohne dass wir uns dessen bewusst sind. Darüber hinaus gibt es indirekte Schäden, die uns alle betreffen, weil die öffentliche Gesundheit, die Demokratie, die Privatsphäre und die Wirtschaft angegriffen werden. Ich glaube nicht, dass die Plattformen vorsätzlich Schaden anrichten. Diese Schäden sind ein Nebenprodukt hyperfokussierter Geschäftsstrategien, bei denen nicht mit negativen Nebenwirkungen gerechnet wurde. Wir haben es mit wirklich cleveren Menschen zu tun, die innerhalb einer Kultur agieren, bei der die Welt durch die engen Scheuklappen der Geschäftszahlen und des Softwarecodes betrachtet wird. Sie haben Probleme erschaffen, für die es möglicherweise keine technischen Lösungen gibt.

2. Facebook, Google, YouTube, Instagram und Twitter haben zu viel Einfluss auf unsere Demokratie. Während ich dies schreibe, sind es keine 90 Tage mehr bis zu den 2018er-Zwischenwahlen in den USA, und ich frage mich, welche Auswirkungen diese Plattformen auf das Ergebnis haben werden. Vielleicht haben wir dieses Mal ja Glück, aber zu hoffen, dass man Glück hat, ist keine gute Langzeitstrategie. Immer wieder haben die Internetplattformen unterschätzt und falsch verstanden, welche Bedrohung von negativen Elementen ausgeht, und vielleicht wird es ihnen trotz beträchtlicher Investitionen in die Wahlsicherheit und trotz verstärkter Bemühungen im Kampf gegen Hassreden wieder passieren. Das Land kann es sich nicht länger erlauben, Demokratie als gegeben anzusehen. Gerne möchte ich glauben, dass sich jeder Amerikaner nun die Zeit nimmt, sich über wichtige Themen zu informieren, zur Wahl zu gehen und gewählte Vertreter zur Verantwortung zu ziehen. Das Land braucht so viel kritisches Denken, wie es nur geht. Als Bürger wären wir gut beraten, abschätzen zu können, in welcher Form die Algorithmen von Facebook, Google, Instagram, YouTube und Twitter versuchen, unsere Aufmerksamkeit und unseren Blick auf die Welt zu manipulieren.

3. Nutzer und politische Entscheider vertrauen der Technologie viel zu sehr. Die Annahme, Technologieunternehmer, Firmen und Produkte hätten immer nur unser Bestes im Sinn, ist nicht länger vernünftig. Nicht, weil wir es hier mit schlechten Menschen zu tun hätten, sondern weil ihre Anreize und ihre Kultur sie blind machen für ihre Verantwortung gegenüber der Gesellschaft. Wir wissen heute, dass viele Technologieprodukte unsicher sind. Was sie unsicher macht, ist für ihren wirtschaftlichen Wert wesentlich. Das bedeutet, es muss von außen auf einen Wandel hingearbeitet werden. Die Verbraucher – die im Übrigen niemals vergessen sollten, dass die Branche sie abwertend als „Nutzer" bezeichnet – verfügen sowohl politisch als auch wirtschaftlich über gewaltige Macht. Sie müssen sich nur dafür entscheiden, sie auch tatsächlich zum Einsatz zu bringen.

Kommen neue Produkte oder neue Technologien auf den Markt, sollten wir ihnen mit Skepsis entgegentreten. Es ist wichtig zu verstehen, welche Anreize hinter neuen Produkten stecken, und wir sollten wählerisch dabei sein, was wir davon übernehmen möchten. Bevor wir uns Amazon Echo oder Google Home zulegen, sollten wir uns schlaumachen, was es bedeutet, wenn ein Privatunternehmen aus der Wirtschaft alles hört, was wir in der Nähe seiner Geräte von uns geben. Selbst wenn wir dem Hersteller vertrauen, besteht doch immer noch die Gefahr, dass derartige Geräte gehackt werden. Ist ein Gerät, das für uns die Musik aussucht, es wirklich wert, dafür eine ständige Bespitzelung unseres Lebens in Kauf zu nehmen? Mit der Zeit werden Plattformen unsere Daten auf eine Weise nutzen, die wir uns heute niemals hätten vorstellen können. Bevor wir uns einen Smart TV für Zuhause kaufen, sollten wir begreifen, was der Hersteller mit den gesammelten Daten anstellen wird. Bislang lautet die Antwort: „Alles, was er möchte." Privatsphäre bedeutet unter anderem auch, ohne Angst Entscheidungen selbst treffen zu können.

Besonders skeptisch sollten wir beim Thema künstliche Intelligenz sein. So, wie sie von Internetplattformen eingesetzt wird, ist KI eine Technologie zur Verhaltensänderung, die deutlich mehr negative Aspekte mit sich bringt als positive. Bei viel zu vielen Unternehmen soll KI Aktivitäten übernehmen, die uns als Menschen ausmachen – unsere Jobs, unsere alltäglichen Präferenzen und die Auswahl von Ideen, an die wir glauben. Meiner Meinung nach sollte die Regierung bei der KI-Entwicklung Leitplanken abstecken, auf Lizenzen für KI-Anwendungen bestehen und auf Transparenz und auf der Prüfung KI-basierter Systeme. Ich hätte gerne, dass eine Behörde gegründet wird, die ähnlich wie die FDA bei Lebensmitteln und Medikamenten sicherstellt, dass im Technologiesektor Großprojekte dem öffentlichen Interesse dienen.

4. Am besten lässt sich zwischen Gut und Böse unterscheiden, indem man sich die wirtschaftlichen Anreize vornimmt. Ein Unternehmen, das einem ein greifbares Produkt oder ein Abonnement verkauft, wird mit deutlich geringerer Wahrscheinlichkeit Ihr Vertrauen missbrauchen als ein Unternehmen, das ein kostenloses Produkt vertreibt und davon abhängig ist, sich ein Monopol auf Ihre Aufmerksamkeit zu erarbeiten. Die Plattformen werden von wirklich klugen Menschen mit guten Absichten geleitet, aber ihr Erfolg hat sie an Orte geführt, an denen ihre Fähigkeiten den Aufgaben nicht länger gewachsen sind. Sie haben Probleme erschaffen, die sie nicht mehr lösen können.

5. Kinder sind für bildschirmorientierte Technologie deutlich anfälliger, als ich es mir jemals hätte vorstellen können. Eine Generation lang gingen wir davon aus, dass es eine uneingeschränkt positive Sache sei, Kinder in Kontakt mit Technologie zu bringen. Das trifft nicht zu und die Kosten, die wir dafür bezahlen müssen, sind hoch. Ich werde in Kapitel 14 näher darauf eingehen.

6. Nutzer werden für ihre Daten nicht angemessen entlohnt. Es kann nicht angehen, dass Unternehmen Nutzerdaten sammeln und diese dann als ihr Eigentum deklarieren dürfen. Wir können unsere Daten nicht zurückholen, aber wir sollten kontrollieren können, wie sie verwendet werden. Jede Person sollte ihre eigenen Daten besitzen und diese frei bewegen oder auf einem wettbewerbsorientierten Marktplatz verkaufen können.

7. Bei einer Größe wie der von Facebook oder Google ist es schlichtweg unrealistisch, die Inhalte von der Gemeinschaft kontrollieren zu lassen. Dabei wird zu viel Schaden angerichtet. Moderatoren können helfen, aber bislang hat dieser Ansatz nicht funktioniert, insbesondere nicht bei Hassreden. Das liegt zum Teil auch an Einschränkungen, die andere Prioritäten der Unternehmen mit sich bringen. Wir haben die Plattformen freundlich gebeten, ihre Probleme mit Hassreden und Fehlinformationen in den Griff zu bekommen. Jetzt ist die Zeit für strengere Maßnahmen gekommen. Welche das sind, werde ich ausführlich in Kapitel 13 darlegen.

8. Die Unternehmenskultur, das Geschäftsmodell und die Praktiken, die die Internetplattformen so spektakulär gemacht haben, führen auf globaler Ebene zu inakzeptablen Problemen, die sich nicht von allein lösen. Auch hier sperren sich die Plattformen gegen die notwendigen Veränderungen. Wollen die politischen Entscheider und die Verbraucher, dass die Probleme verschwinden, müssen sie Änderungen am Geschäftsmodell und am Geschäftsgebaren erzwingen.

Was ich gerne unterbinden lassen möchte, ist die Nutzung von Mikrotargeting für politische Werbung. Vor allem Facebook ermöglicht es Anzeigenkunden, bei einzelnen Wählern einen emotionalen „An"-Schalter zu identifizieren, der sich für Wahlzwecke drücken lässt, egal, wie wichtig es für die Wahl ist. Die Kandidaten müssen nicht länger nach Wählern suchen, die ihre Werte teilen, sie können stattdessen das Modell auf den Kopf stellen, per Mikrotargeting herausfinden, welche Motive jeden Wahlberechtigten umtreiben und dann darauf abzielen. Weiß ein Wahlkampfteam, dass sich Wähler XY sehr für Umweltschutz stark macht, kann es eine personalisierte Botschaft erstellen, in der dem Gegenkandidaten unabhängig vom Wahrheitsgehalt unterstellt wird, er mache nicht genug. Theoretisch könnte sich jeder Wähler aus einem unterschiedlichen Grund heraus von einem Kandidaten angesprochen fühlen. In Kombination mit den Überzeugungstechnologien der Plattformen erweist sich Mikrotargeting als weiteres Werkzeug, das dazu dient, uns zu spalten.

Der öffentliche politische Raum verwandelt sich durch Mikrotargeting in die psychologische Geiselnahme jedes einzelnen Wählers.

9. Meiner Meinung nach rechtfertigt die Bedrohung, die von Internetplattformen ausgeht, eine aggressive Regulierung, auch wenn das in der Technologiewelt enorme Schwierigkeiten aufwirft. Ziel muss es sein, die Plattformen zu bremsen und Anreize für einen Kurswechsel zu setzen. Die Plattformen haben wenig Eignung oder Bereitschaft an den Tag gelegt, Reformen selbst durchzuführen, insofern lautet die Alternative: Regulieren. Der Kongress muss viel an Vorarbeiten erbringen, um sich auf seine Aufsichtsrolle vorzubereiten, aber ich denke, die Fähigkeiten und die Einsatzbereitschaft sind gegeben. Regulierungen sind erforderlich, was die öffentliche Gesundheit, die Demokratie, den Datenschutz und das Kartellrecht angeht. Kurzfristig kann Regulierung für entsprechende Spannungen sorgen, die die Internetplattformen verlangsamen, was ein notwendiger erster Schritt wäre. Langfristig kann Regulierung die Anreize so verändern, dass sie zu einer Verhaltensänderung beitragen. Ausführliche Vorschläge stelle ich im nächsten Kapitel vor.

10. Das Land würde von einer aufrichtigen Debatte darüber profitieren, welche Werte wir bei Unternehmen voraussetzen. Der Schwerpunkt sollte dabei auf denjenigen Dingen liegen, die wir im Dienste dieser Werte aufgeben würden. Was würden wir im technischen Bereich aufgeben, um die Demokratie zu schützen? Würden wir beispielsweise eine gewisse Bequemlichkeit aufgeben, um Wahlen zu gewährleisten? Was würden wir aufgeben, um die öffentliche Gesundheit zu schützen? Für den Datenschutz? Für eine lebendige unternehmerische Landschaft? Etwas Spannung in unserer Beziehung zu Technologie kann enorme Vorteile mit sich bringen.

11. Das Potenzial von Technologie ist unbegrenzt, aber das Wohl der Gesellschaft hängt davon ab, dass Unternehmer und Anleger eine Herangehensweise wählen, die die Rechte der Nutzer, der Gemeinschaften und der Demokratien schützt. Wollen das Land und die Welt, dass der ungezwungene Kapitalismus, der den Aufstieg der Internetplattformen ermöglicht hat, fortdauert, dann werden auch

künftig die öffentliche Gesundheit, die Demokratie, die Privatsphäre und die Wirtschaft darunter leiden. Ist es das, was wir wollen? Schlechte Ergebnisse sind nicht unumgänglich, aber um sie abzuwenden, müssen wir unsere Untätigkeit ablegen.

12. Nur sehr widerwillig bin ich zu der Schlussfolgerung gelangt, dass Plattformen wie Facebook, YouTube, Instagram und Twitter derzeit mehr Schaden anrichten als Gutes bewirken. Ich möchte hoffen, dass wir einen Weg aus diesem Schlamassel finden, aber wir müssen den Willen dazu aufbringen.

Die letzten beiden Kapitel blicken nach vorne. In Kapitel 13 beschreibe ich politische Optionen, die künftige Schäden eingrenzen und für eine Technologieindustrie mit mehr Wettbewerb und mehr Innovation sorgen können. In Kapitel 14 liegt der Schwerpunkt auf dem Einzelnen. Hier finden Sie Empfehlungen, wie Sie sich vor den negativen Aspekten der Internetplattformen schützen können.

WIR KÖNNEN WEITERHIN HOFFEN, dass Zuck und Sheryl irgendwann die Verantwortlichkeiten akzeptieren, die damit einhergehen, dass man rund um den Globus einen Industriezweig beherrscht, der Einfluss auf die Demokratie und die bürgerlichen Freiheiten ausüben kann. Facebook hat ihre kühnsten Träume übertroffen und sie haben damit gewaltige Vermögen verdient. Die Zeit ist gekommen, dass sich Facebooks Anführer ihrer staatsbürgerlichen Verantwortung stellen und die Nutzer an die erste Stelle rücken.

Die Demokratien der Welt wollen, dass Facebook verantwortungsbewusst handelt. Früher oder später werden diese Demokratien imstande sein, einen Wandel zu erzwingen. Europa hat den ersten Schritt getan. Für Facebook wäre es klug, sich zu überlegen, wohin das führt, und die nächsten Schritte von sich aus zu tun, um sich so Wert und Goodwill zu bewahren. Lassen sich Zuck und Sheryl nicht von sich aus auf die Reformen ein, melden sich ja möglicherweise die Belegschaft und die Werbekunden zu Wort. Mit seinen Ideen zu humanem Design hat Tristan auch bei Facebook-Mitarbeitern Interesse geweckt, was sehr aufregend ist. Noch jedoch sehen wir keinerlei Anzeichen dafür, dass sie die Macht oder den Willen besitzen, die Änderungen im Geschäftsgebaren oder am Geschäftsmodell herbeizuführen, die es braucht, damit die Nutzer echten Schutz erfahren. Selbst nach den furchtbaren Nachrichten aus Myanmar und Sri Lanka und den wachsenden Beweisen dafür, wie sehr Facebook der Demokratie schadet, hat die Belegschaft bislang gezögert, als Whistleblower an die Öffentlichkeit zu gehen. Das ist unglaublich enttäuschend. Bis es zu einem Wandel von innen heraus kommt, müssen wir den Druck auf die politischen Entscheider und die Öffentlichkeit hochhalten. Wir haben sehr große Fortschritte dabei erzielt, für mehr Aufmerksamkeit zu sorgen, aber es liegt noch ein langer, steiniger Weg vor uns. Die wichtigste Stimme kann und sollte die der Menschen sein, die Facebook nutzen. Sie werden entscheiden müssen, was ihnen wichtiger ist: Dass die Internetplattformen so angenehm bequem sind oder ihr eigenes Wohlergehen, das ihrer Kinder und der Gesellschaft. Die Entscheidung sollte eigentlich leichtfallen. Dass sie es dennoch nicht ist, sagt viel darüber aus, wie abhängig wir von Internetplattformen geworden sind.

13

DIE ZUKUNFT DER GESELLSCHAFT

Das Problem mit Facebook ist Facebook.
– Siva Vaidhyanathan

Google und Facebook begannen ohne Bescheidenheit oder ironische Note. Googles Mission Statement von 1998 besagt: „Die Informationen dieser Welt organisieren und allgemein zugänglich und nutzbar machen." Dahinter wollte Facebook nicht zurückstehen, dort hieß es bei der Firmengründung: „Den Menschen die Fähigkeit zum Teilen zu geben und die Welt zu einem offeneren und besser vernetzten Ort zu machen." Es ist unzweifelhaft wahr, dass beide Unternehmen zu ihren eigenen Bedingungen erfolgreich waren. Leider wurde in den Mission Statements „Erfolg" eng definiert, in Begriffen, die den Unternehmensgründern gewaltigen Wohlstand beschert haben, die aber viel zu viele Nutzer negativen Folgeerscheinungen aussetzten.

Indem sie globale Dominanz anstrebten, trugen Google und Facebook in doppelter Hinsicht Laster in eine Welt hinaus, die nur schlecht darauf eingestellt war. Ich rede von einem Konsumdenken, bei dem das Ich im Mittelpunkt steht, und einem Rückzug aus der Gesellschaft. Instrumente, die es den Nutzern erlauben, Antworten zu erhalten und Ideen zu teilen, sind im Idealfall eine wunderbare Sache, doch so, wie es Google und Facebook umgesetzt haben, nämlich mit massiver Automatisierung und künstlicher Intelligenz, erwiesen sich diese Instrumente als zu leicht manipulierbar.

Googles Fähigkeit, innerhalb von Millisekunden Antworten zu liefern, verleiht eine Illusion von Autorität, die von den Nutzern falsch interpretiert wurde. Sie verwechseln Geschwindigkeit und Vollständigkeit mit Genauigkeit. Ihnen ist dabei nicht klar, dass Google die Suchergebnisse jeweils an das anpasst, was es über die Präferenzen des jeweiligen Nutzers weiß. Dass sie imstande sind, auf jede Frage eine Antwort zu erhalten, werten die Nutzer irrtümlich als Beleg dafür, dass sie jetzt Experten seien und nicht mehr auf Menschen angewiesen seien, die tatsächlich wissen, wovon sie sprechen. Das würde funktionieren, wenn Google es nicht wie die Politiker machte und den Nutzern die Antworten gäbe, die sie hören wollen, sondern die Antworten, die sie benötigen. Die Google-Tochter YouTube macht bei Videos gelegentlich etwas Ähnliches, wenn auch Extremeres. Es mag als Witz in der Branche begonnen haben, aber „In drei Schritten zu Alex Jones" ist eine von der Richtung her korrekte Darstellung dessen, wie YouTube Verschwörungstheorien empfiehlt. Das Vertrauen, das wir unseren Familien und Freunden entgegenbringen, hat Facebook genutzt, um eines der wertvollsten Geschäfte der Welt aufzubauen, aber auf dem Weg dorthin hat es die Defizite in unserer Demokratie – und den Demokratien unserer Verbündeten – vergrößert und dafür gesorgt, dass unsere Bürger immer weniger imstande sind, für sich selbst zu denken, nicht mehr wissen, wem sie trauen können, und nicht mehr im eigenen Interesse handeln. Für negative Elemente war es ein Fest, Google und Facebook auszunutzen und das Vertrauen der Nutzer dafür zu missbrauchen, Fehlinformationen und Hassreden unters Volk zu bringen, Menschen vom Wahlgang abzuhalten und in vielen Ländern die Gesellschaft zu spalten. Sie werden diesen Kurs fortsetzen, bis wir uns in unserer Rolle als Bürger das Recht auf Selbstbestimmung zurückerobern.

Man sollte glauben, dass die Facebook-Nutzer mit Empörung darauf reagieren würden, wie die Plattform missbraucht wurde, um die

Demokratie, die Menschenrechte, den Datenschutz, die öffentliche Gesundheit und die Innovationskraft zu untergraben. Einige haben tatsächlich so reagiert, aber die meisten Nutzer lieben das, was sie von Facebook bekommen. Sie finden es toll, mit (räumlich) entfernten Verwandten und Freunden in Kontakt bleiben zu können. Sie lieben es, ihre Fotos und ihre Gedanken mit anderen zu teilen und wollen nicht glauben, dass dieselbe Plattform, an die sie sich so gewöhnt haben, gleichzeitig auch für dermaßen viel Schaden verantwortlich sein soll. Deshalb habe ich mich mit Tristan, Renée, Sandy und unserem Team zusammengetan, um Nutzern und politischen Entscheidern die Zusammenhänge aufzuzeigen.

Facebook ist weiterhin eine Bedrohung für die Demokratie. Demokratie benötigt gemeinsame Fakten und Werte, sie benötigt Kommunikation und Abwägen. Sie benötigt eine freie Presse und andere Gegengewichte, die die Mächtigen zur Verantwortung ziehen. Facebook hat (neben Google und Twitter) von zwei Seiten aus die freie Presse untergraben – das Unternehmen hat die wirtschaftliche Grundlage des Journalismus geschwächt und ihn dann mit Fehlinformationen überwältigt. Bei Facebook sehen Informationen und Fehlinformationen identisch aus, der einzige Unterschied ist der, dass Fehlinformationen mehr Umsatz generieren und deshalb deutlich besser behandelt werden. Für Facebook sind Fakten kein Muss, sondern eine Wahl, die anfangs den Nutzern und deren Freunden überlassen wird und die dann durch Algorithmen in der Absicht, die Nutzerbindung zu intensivieren, verstärkt werden. Auf dieselbe Weise fördern Facebooks Algorithmen extreme Botschaften stärker als neutrale, Fehlinformationen stärker als Informationen, Verschwörungstheorien stärker als Fakten. Jeder Nutzer besitzt einen individuellen Newsfeed und damit theoretisch einen individuellen Satz an „Fakten". Personen mit ähnlicher Gesinnung können ihre Meinungen austauschen, aber sie können auch alle Fakten oder Perspektiven, mit denen sie nicht übereinstimmen, ausblenden.

Kommunikation ist wichtig, aber das gilt auch für das durchdachte Abwägen von Fakten, Kandidaten und politischen Möglichkeiten.

Nichts davon ist auf Facebook einfach. Beim Thema Demokratie macht Facebook einiges sehr gut. So ermöglicht es das Kommunizieren von Ideen und das Organisieren von Veranstaltungen. Wir haben miterlebt, wie Black Lives Matter, der Women's March, Indivisible und der March for Our Lives Facebook dafür genutzt haben, die Menschen zusammenzubringen. Dasselbe geschah in Tunesien und Ägypten zu Beginn des Arabischen Frühlings. Leider ist das, was Facebook gut kann, nur ein kleiner Teil dessen, was das Gleichgewicht in der Demokratie ausmacht.

Laut Professor Larry Diamond von der Uni Stanford ruht Demokratie auf vier Eckpfeilern:

1. gerechte und freie Wahlen,
2. aktive Volksbeteiligung, als Bürger und am kommunalen Leben,
3. Schutz der Menschenrechte aller Bürger und
4. Rechtsstaatlichkeit, was bedeutet, alle Gesetze und Prozeduren treffen gleichermaßen auf alle Menschen zu.

Was freie und gerechte Wahlen angeht, kennen wir inzwischen die traurige Wahrheit. 2016 missbrauchten die Russen Facebook, Google und Twitter dafür, sich in die Präsidentschaftswahlen in den USA einzumischen. Außerdem versuchten sie, bei mehreren europäischen Wahlen Einfluss auf den Wahlausgang zu nehmen, unter anderem bei Großbritanniens Volksabstimmung zum Brexit. Die Plattformen haben Veränderungen bewirkt, aber die Elemente, die die Einmischung möglich machten, existieren weiter und könnten von jedem zweckentfremdet werden.

Wenn es um die aktive Beteiligung der Menschen als Bürger geht, sind drei Faktoren von ganz besonderer Bedeutung: die Bereitschaft, den Standpunkt anderer zu respektieren, sich auf sie einzulassen und zu Kompromissen bereit zu sein. Sind diese drei Faktoren gegeben, können demokratische Gesellschaften durch vernünftige Abwägung Meinungsverschiedenheiten in den Griff bekommen, einen gemeinsamen Nenner finden und gemeinsam voranschreiten. Leider untergräbt Facebooks gesamte Architektur und Design den Abwägungsprozess des Abwägens. Der Newsfeed ist eine endlose Reihe durchlaufender, identisch formatierter Beiträge. Die Kommentarsektion ist selbst eine Art Newsfeed, es fehlt eine „Allen antworten"-Funktion, die eine Debatte ermöglichen würde. Facebooks Architektur und Werbeinstrumente geben negativen Elementen die Möglichkeit an die Hand, Zwietracht zu säen. Negative Elemente haben darüber hinaus YouTube, Twitter und Google dafür genutzt, der Demokratie zu schaden. Es ist das Design dieser Plattformen, das sie so anfällig für eine missbräuchliche Nutzung macht. Diese Designfehler lassen sich nur durch einen radikalen Wandel des Geschäftsmodells beheben, aber diesen Weg werden die Plattformen nicht gehen, sofern sie nicht jemand dazu zwingt.

Der dritte Pfeiler – gleiche Rechte für alle – liegt außerhalb der Macht von Internetplattformen wie Facebook, aber das heißt nicht, dass sie nicht beträchtlichen Einfluss ausüben. In vielen Ländern kommt Facebook einem öffentlichen Forum am nächsten, es hat sich zum größten Forum entwickelt, in dem die Menschen ihre Ansichten austauschen, und einem der wichtigsten obendrein. Und jede Interaktion dort unterliegt den Nutzungsbedingungen eines privatwirtschaftlichen Unternehmens, dessen Priorität die Gewinnmaximierung ist. In jedem Land wendet Facebook Gemeinschaftsstandards an, aber in den meisten Ländern spiegeln diese Standards die Interessen der Mächtigen wider. Die Umsetzung der Gemeinschaftsstandards ist automatisiert und von Regeln bestimmt, die manipuliert werden können, was deutlich stärker jene begünstigt, die an der Macht sind. Das hat zur Folge, dass Facebook die Falschen aussperrt und dass viel zu häufig Stimmen der Vernunft und entsprechende Inhalte blockiert werden. Nur die gut Vernetzten oder die sehr Populären können sich von diesen Fehlern erholen. Und dann sind da noch die Folgen der *Truman Shows* und der Filterblasen, die in erster Linie zur Polarisierung zu führen scheinen. Als Verstärker für Fehlinformationen und Hassreden haben Facebook, Google und Twitter im Grunde die Rechte der

Friedlichen hinter den Nutzen der Wütenden zurückgestellt. Die Verfolgung der Rohingya in Myanmar ist bislang das extremste Beispiel, aber keineswegs das einzige. Die Vorteile, die die extremsten Stimmen auf Facebook genießen, können dauerhafte Folgen mit sich bringen, was man nicht nur bei Wahlen sieht, sondern in vielen anderen Bereichen des Lebens.

Der vierte und letzte Eckpfeiler der Demokratie ist die Rechtsstaatlichkeit. Hier wirkt sich Facebook indirekt aus. Auf seiner eigenen Plattform ist Facebook selbst das Gesetz und es wendet diese Gesetze selektiv an, was Auswirkungen auf die reale Welt haben kann. So zeigte ProPublica, dass Facebook widerrechtlich dazu genutzt werden konnte, bei der Wohnungspolitik zu diskriminieren, obwohl Facebook lange zuvor behauptet hatte, diese Praxis unterbunden zu haben. Das Ergebnis der Präsidentschaftswahlen von 2016 – den Wahlen, in die sich die Russen über Facebook eingemischt haben – hat zu einem umfassenden Angriff auf die Rechtsstaatlichkeit geführt.

Bei einer Größenordnung wie der von Facebook – oder Google – ist es unausweichlich, dass das Leben von Nutzern und die Zukunft von Nationen beeinflusst werden. Die jüngere Geschichte lässt vermuten, dass die Bedrohung für die Demokratie real ist. Was Facebook, Google und Twitter bislang an Anstrengungen unternommen haben, um künftige Wahlen zu schützen, mag aufrichtig gemeint sein, aber es spricht nichts dafür, dass sie mehr tun werden, als zu reagieren, nachdem jemand begonnen hat, sich einzumischen.

Facebook ist weiterhin für die Machtlosen rund um den Globus eine Bedrohung. Mit dem Dienst Free Basic hat Facebook 60 Schwellenländer ins Internetzeitalter geführt, aber um den Preis massiver sozialer Brüche. Kulturelle Gefühllosigkeit und mangelnde Sprachkenntnisse haben Facebook blind werden lassen dafür, wie sich die Plattform dazu nutzen lässt, wehrlosen Minderheiten Schaden zuzufügen. In Sri Lanka und Myanmar hatte das bereits tödliche Folgen. Aufgrund mangelnder Empathie ist Facebook selbstgefällig untätig geblieben, während autoritäre Kräfte die Plattform nutzten, ihre Bevölkerung zu kontrollieren – so geschehen auf den Philippinen und in Kambodscha.

Facebook ist weiterhin eine Bedrohung für die öffentliche Gesundheit. Nutzer werden abhängig. Sie werden eifersüchtig, wenn ihre Freunde zur Schau stellen, wie großartig ihr Leben ist. Sie verfangen sich in Filterblasen und in einigen Fällen auch in Präferenzblasen. Facebook treibt sie in diesen Zustand, kann sie dort aber nicht herausholen. Präferenzblasen führen dazu, dass jemand seine Identität neu definiert. Um sie zu durchbrechen, ist mit hoher Wahrscheinlichkeit eine menschliche Intervention erforderlich, Technik kann hier nichts bewirken. Und Facebook ist kein Einzelfall, wenn es darum geht, dass die öffentliche Gesundheit Schaden nimmt. YouTube, Instagram, Snapchat, Kurznachrichtendienste und einige Videospiele wirken Tag für Tag ganz ähnlich.

Facebook ist weiterhin eine Bedrohung für den Datenschutz und die Privatsphäre. Mit welcher Entschlossenheit sich das Unternehmen der Überwachung verschreibt, würde so manchen Geheimdienst stolz machen, beim Umgang mit Daten sieht es dann aber schon wieder ganz anders aus. Facebook muss sich den Vorwurf gefallen lassen, persönliche Informationen mit einer Vielzahl Dritter geteilt und diese Daten als Verhandlungsmasse genutzt zu haben. Die genaue Bedeutung der Einigung mit der Federal Trade Commission wird noch diskutiert, aber es steht außer Zweifel, dass Facebook gegen den Geist der Vereinbarung verstoßen hat. Die zunehmende Einbindung von Instagram und Veränderungen am Geschäftsmodell von WhatsApp zeigen, dass Facebook keineswegs den Kurs geändert hat, obwohl das Unternehmen diesbezüglich von außen stark unter Druck gesetzt wurde. Auch Google hat sich in Sachen Datenschutz schwere Verstöße zuschulden kommen lassen. Beide, Google und Facebook, stellen die Absicht hinter Datenschutzbemühungen wie der EU-DSGVO auf den Kopf, indem sie ihren Nutzern Dialogfelder vorsetzen, die in der Absicht entworfen wurden, die Nutzer an der Inanspruchnahme ihrer neuen Rechte zu hindern.

Facebook ist weiterhin eine Bedrohung für die Innovation. Das Unternehmen genießt sämtliche Privilegien eines Monopols. Es verfügt über Netzwerkeffekte an der Spitze von Netzwerkeffekten, über Burggräben zum Schutz der Burggräben, und über Größenvorteile, die Snapchat das Leben zur Qual machen, ganz zu schweigen von allen Start-ups, die im Bereich der sozialen Medien etwas Innovatives auf die Beine stellen wollen. Regulierung kann das Verhalten von Facebook beeinflussen, aber das Problem liegt in Teilen von Facebooks Geschäftsmodell begründet und lässt sich möglicherweise nur mithilfe allerstrengster Regulierung angehen. Auch Google und Amazon genießen Monopolstatus, allerdings mit anderen Begleitsymptomen als Facebook. Selbst in einer perfekten Welt würde es Jahre dauern, das Spielfeld so zu ordnen, dass es für alle Teilnehmer gerecht ist.

Einer der wirklich wichtigen Schritte, die unerlässlich sind: Facebooks Newsfeed und Googles Suchergebnisse müssen ungefiltert sein. Mir schwebt ein Schalter vor, mit dem die Nutzer zwischen den unterschiedlichen Ansichten wechseln können. Was die Daten angeht, möchte ich, dass die Nutzer ihre eigenen Daten besitzen und die absolute Kontrolle über ihre Nutzung haben. Nutzer sollten das Recht haben, den Namen jeder Organisation und jeder Person zu erfahren, die ihre Daten besitzen. Das würde nicht nur für die Plattformen gelten, sondern auch für Dritte, die Zugriff auf ihre Daten erhalten. Unternehmen, die Verbraucherdaten speichern, müssen treuhänderisch handeln und die Interessen der Verbraucher an allererste Stelle stellen.

Eine weitere wichtige regulatorische Gelegenheit ergibt sich bei der Portierbarkeit von Daten. Nutzer müssen ihren Social Graph von einer Plattform zu einer anderen mitnehmen können. Auf diese Weise könnten Start-up-Unternehmen die ansonsten unüberwindbaren Hürden nehmen, vor denen sie bei Markteintritt stehen. Ich würde zudem von den Plattformen Transparenz gegenüber Nutzern, Werbetreibenden und Regulierern verlangen. Ich möchte monopolhaften Akteuren wie Facebook, Google und Amazon Grenzen hinsichtlich der Märkte auferlegen, auf denen sie aktiv werden dürfen. Die Wirtschaft würde von einer Zerschlagung dieser Monopole profitieren. Ein erster Schritt wäre es, Zukäufe zu untersagen, ebenso Quersubventionierungen und den Datenaustausch zwischen Produkten innerhalb jeder Plattform. Ich befürworte Regulierung und glaube, dass sich ein Teil der Bedrohung, die Google und Amazon darstellen, dadurch auffangen ließe.

Bei Facebook gibt es leider keine bestehenden Regulierungsmodelle, mit denen man zum Kern des Problems vorstoßen kann, also zum Design der Plattform und dem Geschäftsmodell. Es ist an der Zeit zu akzeptieren, dass bei Facebook, so wie das Unternehmen hier und heute agiert, die Fehler die beträchtlichen Vorteile überwiegen. Belgien und Sri Lanka hatten die richtige Idee: Ersteres verhängte tägliche Bußgelder wegen Verstößen gegen die Privatsphäre von Nicht-Nutzern, Letzteres verbot Facebook vorübergehend wegen der Förderung von Hassreden. Solch aggressive Taktiken scheinen der einzige Weg zu sein, wie man Facebook dazu bringen kann, zu handeln. Leider stellt Facebook weiterhin sein Geschäftsmodell über seine bürgerlichen Pflichten. Zuck und das Facebook-Team wissen, dass die Menschen sie kritisieren. Das gefällt ihnen nicht, aber sie sind überzeugt, dass die Kritiker die Dinge schlicht falsch verstehen. 2,2 Milliarden Menschen innerhalb eines einzigen Netzwerks zusammenzubringen – das ist aus ihrer Sicht eine so offenkundig gute Sache, dass wir aufhören sollten, mit ihnen herumzudiskutieren, und sie einfach ihre Arbeit machen lassen sollten. Sie erkennen nicht, dass es Stammesdenken befördert, wenn man so viele Menschen in einem einzigen Netzwerk zusammenbringt und dass das Fehlen effektiver Schutzschalter und Eindämmungsstrategien negativen Elementen gefährlich viel Macht eingeräumt hat. Die Abkürzungen, die Facebook genommen hat, haben es ermöglicht und ermöglichen es weiterhin, dass sehr viel Schaden angerichtet wird. Die Verantwortung dafür, Schäden zu erkennen, wird beim derzeitigen Geschäftsmodell den Nutzern aufgebürdet, was zur Folge hat, dass Facebooks Antwort fast immer zu spät kommt und nicht ausreicht.

Aus technologischer Sicht ist es am aussichtsreichsten, auf Innovation zu setzen, doch in diesem Bereich haben die Plattformen heutzutage zu großen Einfluss. Deshalb rege ich an, dass das Silicon Valley die menschliche Technologie als Next Big Thing ansieht. Wenn man in Amerika Problemlösung betreiben möchte, hilft es, das Profitmotiv zu integrieren. Das können wir tun, indem wir den Fokus der Technologie anders ausrichten – fort davon, die Schwachstellen der menschlichen Psychologie auszuschlachten, und hin dazu, die wichtigsten Bedürfnisse der Nutzer zu bedienen. Wenn sie zusammenarbeiten, verfügen das Silicon Valley und die Nutzer über ausreichend Macht, Technologie wieder zum Fahrrad für den Geist zu machen. Menschenfreundliche Technologie würde die Bedürfnisse ihrer Nutzer bedienen, und zwar nicht nur, indem sie Antworten liefert oder stimuliert, sondern auch in Bezug auf ihr geistiges und körperliches Wohlergehen, ihren Datenschutz und ihre Rechte als Bürger. Nehmen wir als Vorbild den Bereich der erneuerbaren Energien: Dort stemmen wir uns gegen eine von Menschen verursachte Katastrophe, indem wir, unter anderem, rund um Solar- und Windenergie neue Industriezweige erschaffen.

Wie würde menschenfreundliche Technologie als Next Big Thing aussehen? Die Möglichkeiten sind unbegrenzt. Menschenfreundliche soziale Netzwerke würden einen Austausch mit Freunden ermöglichen, dabei aber ohne großflächige Überwachung, ohne Filterblasen und ohne Datenunsicherheit auskommen. Es wäre ein anderes Geschäftsmodell erforderlich, möglicherweise ein Abo-Modell. Angesichts der Allgegenwärtigkeit der sozialen Medien und der Bedrohungen, die von Facebook und Instagram ausgehen, halte ich es für angezeigt, über aggressivere Strategien nachzudenken. Dazu gehören für mich auch staatliche Subventionen. Schon heute fördert der Staat die Suche nach Energiequellen, die Landwirtschaft und andere wirtschaftliche Aktivitäten, denen das Land Priorität einräumt. Insofern ist es nicht völlig abwegig, sich vorzustellen, dass soziale Medien, die gesellschaftlich verantwortlich handeln, für die Zukunft des Landes als sehr wichtig erachtet werden könnten. Die Subventionen könnten beispielsweise in Form von Forschungsmitteln, Anschubfinanzierung für Start-ups oder Steuervorteilen daherkommen.

Das Next Big Thing eröffnet Möglichkeiten, die Architektur des Internets neu zu denken und verstärkt Rechenkapazitäten und Datenspeicherung aus der Cloud auf Geräte am Rand des Netzwerks umzuschichten. So würde ich beispielsweise das Thema mit einem neuen Modell der Authentifizierung für den Webseiten-Zugang angehen. Heute benötigen Nutzer für jede Webseite, die sie besuchen, ein eigenes, gut geschütztes Passwort. Passwortmanager wie 1Password können diese Arbeit etwas erleichtern, aber sie sind zeitaufwändig zu erstellen und zu nutzen. Außerdem speichern sie sämtliche Passwörter in einem zentralen Server, was sie zu einem attraktiven Ziel für Hacker macht. Zu viele Nutzer verlassen sich auf Facebook Connect oder auf unsichere Passwörter als bequemere Alternativen. Eine bessere Methode wäre es, vorzuschreiben, dass jede Seite und jeder Browser eine private Authentifizierungsmöglichkeit unterstützt. Das würde ähnlich wie ein Passwortmanager funktionieren, aber mit einigen wichtigen Unterschieden: Es würde über das Speichern von Passworten hinaus zum Durchführen von Anmeldungen dienen und die privaten Daten würden auf dem Gerät gespeichert, nicht in der Cloud. Meine persönliche Anmeldeanfrage würde nur die für den Nachweis der Identität mindestens erforderlichen Daten weitergeben, möglicherweise würden dazu nicht einmal der Name oder andere persönliche Informationen gehören. Der Dienst könnte beispielsweise die Anmeldung bei einer Medienseite ermöglichen, die, ohne die Identität zu enthüllen, bestätigt, dass der Nutzer Abonnent ist. Das Programm könnte unterschiedliche Dienste anbieten, von einem anonymen Log-in, wie es bei Seiten mit Inhalten möglicherweise angezeigt wäre, bis hin zu einer Variante für wichtige Daten, um etwa finanzielle Transaktionen abwickeln zu können. Wie würde der anonyme Log-In funktionieren? Eine Möglichkeit ist ein Zufallsgenerator, der an beiden Enden koordiniert ist und sich mit jeder Transaktion verändert. Ziel ist es, Datenschutz zur Standardeinstellung zu machen und dem Nutzer die vollständige Kontrolle über sämtliche Datentransfers zu geben. Möglicherweise ließen sich sogar Bezahldienste wie Apple Pay, Paypal oder eine Kreditkarte mit denselben Vorteilen integrieren. Die Daten würden nur an die Personen gehen, die sie zwingend benötigen. Plattformen und Händler werden unglücklich sein, dass sie bei den Nutzern, die einen privaten Log-in wählen, den Zugang zu den Daten verlieren, aber daran tragen sie selbst Schuld. Sie hätten das Vertrauen der Verbraucher nicht missbrauchen sollen.

Zum Next Big Thing würden auch Smartphones gehören, die weniger süchtig machen und keine persönlichen Daten mitteilen. Es wären Geräte im Internet der Dinge, die den Datenschutz respektieren, mit Anwendungen, die nützlich sind und/oder Vergnügen bereiten, aber keinen Schaden anrichten. Ein Weg, über die Möglichkeiten der menschlichen Technologie nachzudenken, ist das Thema Dezentralisierung. Falls kartellrechtliches Eingreifen Raum für mehr Wettbewerb schafft, könnte das Next Big Thing dafür sorgen, dass das Pendel der Innovation weg von zentralisierten Cloud-Systemen hin zu Geräten am Netzwerkrand schwingt. Für jedes Produkt, dass es heute auf dem Markt gibt, existiert eine Alternative, bei der der Mensch im Vordergrund steht und dazu viele weitere, noch nicht entwickelte Alternativen. Die Marktmöglichkeiten sind gewaltig, die dazu nötige Technologie ist nah. Was fehlt, ist nur der Wille, es anzugehen.

Leider kann uns Technologie nur einen Teil der Lösung bieten. Amerika ist ein gespaltenes Land mit wirklich schlechtem staatsbürgerlichem Engagement. Mindestens ein Drittel der amerikanischen Bevölkerung hängt Ideen an, die nachweislich unwahr sind, ein viel größerer Anteil pflegt keinen regelmäßigen Umgang mit Menschen, die anderer Meinung sind oder eine radikal andere Lebenserfahrung haben. Ich wüsste nicht, wie Technologie das korrigieren kann. Sofern Black Lives Matter, der Women's March, Indivisible und der March for our Lives Rückschlüsse zulassen, ist dieser Prozess bereits in Gang geraten. Doch so wichtig diese Bürgerinitiativen sein mögen, so decken sie doch nur einen Teil des politischen Spektrums ab und ihre bisherigen Erfolge haben dazu geführt, dass sich die Gegenseite noch tiefer eingräbt.

SOBALD DIE TECHNOLOGIEINDUSTRIE ÜBER ausreichend Rechenkapazität, Speicherplatz, Arbeitsspeicher und Bandbreite verfügte, um einwandfrei und in Echtzeit Bild, Ton und Text zu übertragen, veränderte sich das Wesen der digitalen Erfahrung. Alles funktionierte sofort und sorgte gleichermaßen für Überraschung und Entzücken.

So wirksam fügten sich die Technologieplattformen in die Realwelt ein, dass die Nutzer schon bald Abhängigkeiten entwickelten, die zuvor unvorstellbar gewesen wären. So komfortabel waren die neuen Funktionen, dass Hürden, die traditionell eine Annahme blockiert hätten, schlicht pulverisiert wurden. Gleichzeitig verlagerte sich das Machtgleichgewicht zwischen Plattformen und Nutzern auf dramatische Weise zugunsten der Plattformen. Sie waren imstande, gewaltige KI-Triebwerke zu erschaffen und mit endlosen Datenströmen zu füttern, mit deren Hilfe die künstliche Intelligenz das Nutzerverhalten vorhersagen sollte. Eine clevere Umsetzung überzeugungskräftiger Technologie erschuf die Illusion, Nutzer würden ihre Entscheidungen selbst treffen. Dadurch wurden die Nutzer Komplizen bei einer breiten Spanne von Aktivitäten, die einzig zum Nutzen der Plattformen existieren. Einige Plattformen, darunter auch Facebook, ermöglichen es Dritten, die Nutzer nahezu beliebig auszubeuten, was manchmal bis hin zu Manipulationen geht.

In diesem Buch ging es hauptsächlich um Facebook, weil dieses Unternehmen im Mittelpunkt stand, als die Russen sich 2016 in die Wahlen einmischten, und weil ich zufällig relativ frühzeitig über diese Geschichte gestolpert bin. Was Wahlen in den USA angeht, bereiten mir Facebook und sein Tochterunternehmen Instagram weiterhin mehr Sorgen als andere Plattformen. Die Details, wie die Russen 2016 vorgegangen sind, liegen offen, jeder kann die Methoden überall bei jeder Wahl auf jedem Niveau verwenden. Die Datensätze von Cambridge Analytica und möglicherweise diverse ähnliche kursieren da draußen. Jeder kann sich im Dark Web Zugang erkaufen. Aber man muss gar nicht ins Dark Web abtauchen, um sich detaillierte Informationen über amerikanische Wähler zu beschaffen. Auch so stehen gewaltige Datenmengen bereit. Wahlkampfteams können von einem legalen Datenhändler eine Liste mit den Namen von 200 Millionen Amerikanern im wahlfähigen Alter kaufen, die 1.500 Datenpunkte pro Person enthält. Kostenpunkt: 75.000 Dollar. Kommerzielle Nutzer zahlen einen nicht sehr viel höheren Preis. Lassen Sie sich das einmal durch den Kopf gehen. Kommerzielle Datenhändler verkaufen keine Listen, die mit Wählerdateien verknüpft wurden, es wären also einige Anstrengungen nötig, um die Datensätze von Cambridge Analytica nachzubauen, aber mit ausreichend Motivation wäre es für jeden möglich. Ein Datensatz, der die IDs von Facebook-Nutzern enthält, bekommt Zugang zu den aktuellsten Nutzerdaten, wann immer er innerhalb von Facebook eingesetzt wird.

Die Plattformen haben Änderungen vorgenommen, die die Integrität von Wahlen verbessern sollen, behandeln damit aber nur einen Teil des Problems. Was es kostet, sich in Wahlen einzumischen, ist kein Vergleich zu dem Nutzen, den es bringen kann. Wir sollten nicht davon ausgehen, dass die Vorgehensweise die gleiche bleiben wird. Sie wird vielmehr auf die Änderungen auf den Plattformen eingehen sowie auf Erfahrungen aus früheren Wahlen reagieren. Instagrams Marktanteil bei den Millennials beispielsweise macht diese Plattform ideal, um bei dieser demografischen Gruppe Wahlunterdrückung zu betreiben. Clint Watts, der das FBI zu Fragen der nationalen Sicherheit berät, hat es in einer E-Mail an mich so formuliert:

„Viele werden die Vergangenheit auf die Zukunft übertragen und davon ausgehen, dass mit russischen Fehlinformationen erneut versucht werden wird, Einfluss auf Wahlen in den USA zu nehmen. Der Kreml ist nicht weltweit dominierend, wenn es um das Manipulieren sozialer Medien geht, sondern einer von vielen Akteuren, die heimlich versuchen werden, mithilfe sozialer Medien ihr Zielpublikum zu einer bestimmten Haltung zu bewegen. Künftige politische Manipulatoren werden die Methoden des Kremls beim Informationskrieg kopieren, werden aber fortschrittlichere Technik anwenden und künstliche Intelligenz, um durch rasche Angriffe in sozialen Medien Einfluss auf ihr Publikum zu

nehmen. Gefahr für die Demokratie wird nicht nur von autoritären Kräften ausgehen, sondern von allen politischen Kampagnen und PR-Unternehmen, die auf sozialen Medien Einfluss in der Absicht ausüben, das Onlinepublikum und Wählergruppen an den Wahlurnen zu spalten."

Zeynep Tufekci von der University of North Carolina gehört zu den führenden Fachleuten weltweit, wenn es darum geht, wie sich neue Technologien auf die Politik auswirken. Sie hat beobachtet, dass Internetplattformen den Mächtigen ein neues Zensurwerkzeug an die Hand geben. Anstatt den Zugang zu Kommunikation und Informationen zu verwehren, können negative Elemente Internetplattformen nun dazu nutzen, eine Bevölkerung zu verwirren und sie mit Unsinn zu überschwemmen. In ihrem Buch *Twitter and Tear Gas: The Power and Fragility of Networked Protest* schreibt sie davon, „das Publikum mit Informationen zu überfluten, Ablenkungen zu produzieren, um Aufmerksamkeit und Fokussierung aufzuweichen, Medien zu delegitimieren, die zutreffende Informationen liefern (glaubwürdige Massenmedien genauso wie Onlinemedien), vorsätzlich für Verwirrung, Angst und Zweifel zu sorgen, indem man aggressiv die Glaubwürdigkeit hinterfragt (mit oder ohne Beweise, denn es geht nicht darum, etwas zu beweisen, es geht darum, Zweifel zu säen), Falschmeldungen zu streuen oder Meldungen für falsch zu erklären und Belästigungskampagnen zu generieren, die es glaubwürdigen Informationsvermittlern schwerer machen zu agieren, vor allem auf sozialen Medien, die für eine Regierung zumeist schwieriger zu kontrollieren sind als Massenmedien". Wer Internetplattformen auf diese Weise nutzt, untergräbt die Demokratie auf eine Weise, die sich nicht von Moderatoren reparieren lässt, die nach Falschmeldungen oder Hassreden suchen.

Wahlen sind nur ein Teil des Problems, das durch Smartphones und Internetplattformen entstand. Es geht auch um Themen der öffentlichen Gesundheit wie Abhängigkeit, Datenschutz und die Unterdrückung von Wettbewerb und Innovation. Diese vier Bereiche hängen miteinander zusammen, sie berühren gleichermaßen Internetplattformen und Smartphonehersteller. Von den Netzwerkeffekten hat das Silicon Valley profitiert, aber die Folgewirkungen hat es ignoriert. Internetplattformen streben nach uneingeschränkter Größe, verfügen dabei aber über keinerlei Verständnis für unbeabsichtigte Konsequenzen (geschweige denn, dass sie sich dafür wappnen). Die Handvoll Unternehmen, die das Spiel gewonnen haben, schufen unfassbaren Wohlstand, aber verbunden mit gewaltigen Kosten für die Gesellschaft und der fällt nun die Aufgabe zu, mit diesem Chaos aufzuräumen – ein Chaos im Übrigen, das sich nicht allein durch Technologie aus der Welt schaffen lässt.

Google sammelt mehr Daten als jeder andere. Das Unternehmen erhält Daten aus Ihren Suchanfragen, von Gmail, Google Maps, YouTube und allen anderen Anwendungen, die es anbietet. Es kauft Ihre Kreditkartendaten und Daten von anderen Onlinequellen. Es nutzt künstliche Intelligenz, um in den Ergebnissen zu Ihren Suchanfragen eine Filterblase der Dinge, die Sie mögen, zu erschaffen. Mit seinem Berg an Daten erdrückt das Unternehmen die Konkurrenz. Die offenkundigsten Probleme hat Google bei YouTube, wo gleich an drei Fronten Schaden angerichtet wird: Beim Kids Channel, beim Verbreiten von Fehlinformationen und beim Rekrutieren/Ausbilden von Extremisten. Google hat es bislang nicht geschafft, eines dieser Probleme aus der Welt zu schaffen, woran auch immer das liegen mag. Wäre da nicht Facebook, würden wir uns jetzt über Google und YouTube unterhalten. Twitter wird ständig missbräuchlich von Trollen genutzt, seien sie aus Russland oder anderswo her. Das ist insofern wichtig, als Twitter einen überproportional großen Einfluss auf Nachrichten, Politik und Popkultur ausübt. Snapchat arbeitet mit Streaks, fördert damit eine künstliche Maßeinheit für Freundschaft und bekräftigt sehr stark Ängste, etwas zu verpassen („Fear of missing out", FOMO). Die Facebook-Tochter Instagram fördert Abhängigkeiten, ermöglicht FOMO und ist bei Mobbern beliebt, die präpubertäre Kinder bodyshamen. Instagram tut so, als sei es eigenständig, tauscht seine Daten aber mit Facebook und arbeitet mit Nutzungsbedingungen, die im Grunde identisch zu denen von Facebook sind. Facebook Messenger Kids ist dafür gedacht, Grundschulkinder an das Thema Kurznachrichtendienste heranzuführen. Das Produkt bietet Facebook offensichtlichen Nutzen, den Nutzern dagegen keinen. Je besser die Videospiel-Technologie wird, desto mehr Spieler werden abhängig. Auch bei Kurznachrichten hat man Suchtpotenzial nachgewiesen, außerdem untergraben sie persönliche Beziehungen, indem sie es ermöglichen, emotional zu interagieren, ohne dass es dabei zu einem unmittelbaren Feedback von Angesicht zu Angesicht kommt.

Bei meiner Suche nach Lösungen stehen zwei Themen für mich an erster Stelle – faire Wahlen und Schutz der Kinder.

Ein wachsender Prozentsatz der Kinder zieht die Überstimulierung durch virtuelle Erfahrungen der echten Welt vor. Schwer zu sagen, wohin das führen wird, aber medizinische Forscher schlagen Alarm und erklären, wir hätten zugelassen, dass an Millionen Menschen unbeaufsichtigt psychologische Experimente durchgeführt werden. Die Forschungsergebnisse stärken den Ruf nach Regulierung, etwa in Form von Altersbegrenzungen bei der Nutzung von Smartphones und Tablets, in Form von Zeitbegrenzungen, die Menschen überhaupt auf Internetplattformen verbringen sollten, und in Form von Einschränkungen, was die Funktionalität der Plattformen selbst angeht. Im Vergleich zu den heutigen Standards sind die Empfehlungen extrem, aber möglicherweise gibt es keinen anderen Weg, Kinder, Erwachsene, die Demokratie und die Wirtschaft zu schützen.

Diese Schlussfolgerungen sind mir nicht leichtgefallen. Das Silicon Valley ist meine Welt. Technologie war mein Lebenswerk. 34 Jahre meines Lebens war ich hauptberuflich Technologieoptimist. Dann kamen die Wahlen von 2016. Plötzlich sah ich Dinge, die nicht zu der rosaroten Brille passten, durch die ich in der Vergangenheit die Welt der Technologie betrachtet hatte. Je mehr ich lernte, desto schlimmer sah es aus, bis mir schließlich klar wurde: Die Internetplattformen hatten die zentrale Direktive der Technologie vergessen, nämlich den Bedürfnissen der Menschen gerecht zu werden. Sie starteten zu einer Zeit, als bisherige technische Einschränkungen wegfielen, weshalb die Plattformen einfache Erfolge mit Verdiensten verwechselten, gute Absichten mit Tugend, rasche Fortschritte mit Werten und Wohlstand mit Weisheit. Über die Möglichkeit eines Scheiterns haben sie nie nachgedacht und auch keinerlei Vorbereitungen für einen derartigen Fall getroffen. Die Konsequenzen waren weitreichend. Für die Rohingya in Myanmar und die Muslime in Sri Lanka sind sie sogar tödlich.

Für die Bürger in den Vereinigten Staaten und in Großbritannien waren die Folgen am offenkundigsten bei den Wahlen zu beobachten, aber die sozialen Medien durchdringen auch die nationale Kultur und könnten die Entwicklung der Kinder gefährden. Es ist nur schwer zu akzeptieren, dass von Produkten, die wir lieben – und von denen wir uns abhängig gemacht haben –, großer Schaden ausgehen kann, aber an genau diesem Punkt stehen wir. Unsere Eltern und Großeltern waren in einer ähnlichen Situation, aber damals ging es um die Gefährlichkeit von Tabak. Jetzt sind wir dran, dieses Mal bei Internetplattformen und Smartphones. Internetplattformen haben sich durch eine Mischung aus Verlockungen und cleverem Spiel mit der Psyche der Nutzer in unserem Leben – und dem öffentlichen Raum – festgesetzt. In weniger als einer Generation haben sich diese Plattformen unersetzlich gemacht, aber mit unbeabsichtigten Folgen, die so ernst und so allgegenwärtig sind, dass politische Entscheider und die Öffentlichkeit in aller Welt davon Notiz nahmen und nun nach Antworten suchen. Das Thema reicht über Internetplattformen hinaus und erstreckt sich genauso auf Smartphones, Kurznachrichten, Videospiele und andere Produkte, die menschliche Interaktion durch virtuelle Alternativen ersetzen. Eine schnelle Lösung wäre großartig, aber es gibt keinen Lösungsansatz, der es uns erlaubt, mit diesen Produkten in ihrer derartigen Form nebeneinander zu bestehen.

Wir haben die Technologie auf ein Podest gestellt. Das war ein Fehler. Wir haben zugelassen, dass die Branche eigene Regeln aufstellt und durchsetzt. Auch das war ein Fehler. Wir haben darauf vertraut, dass die Unternehmen Nutzern oder der Demokratie schon keinen Schaden zufügen würden. Das war ein katastrophaler Fehler, den wir noch nicht korrigiert haben. Ohne eine Änderung bei den Anreizen sollten wir damit rechnen, dass die Plattformen neue Technologien einführen, die ihre ohnehin bereits allgegenwärtigen Überwachungsfähigkeiten noch verbessern. Diese neuen Technologien werden den Nutzern Komfort und möglicherweise weiteren Nutzen bieten, aber nach den jüngsten Erfahrungen sollten wir nicht davon ausgehen, dass es diese Technologien gut mit uns meinen. Für den weiteren Verlauf der technologischen Entwicklung sollten wir damit rechnen, dass die Risiken und möglicherweise auch die Schäden zunehmen.

Das Problem ist metastasiert und hat ein Ausmaß erreicht, bei dem Facebook allein es nicht beheben kann. Ein schockierend großer Anteil der Bevölkerung unseres Landes steckt in Präferenzblasen, die sie für Fakten blind machen. Deshalb müssen wir darüber nachdenken, wie wir die Menschen in der realen Welt wieder miteinander verbinden können, wie wir dazu zurückfinden, dass man auch Menschen, die anders leben und anderer Ansicht sind, die Hand schüttelt und ihnen in die Augen schauen kann. Die Plattformen sind damit aber nicht aus dem Schneider. Sie haben enorm dazu beigetragen, die öffentliche Gesundheit und die Demokratie zu untergraben. Wenn sie ausgestoßen werden wollen, müssen sie einfach nur den eingeschlagenen Weg fortsetzen. Wollen sie aber das Vertrauen der Nutzer und der politischen Entscheider zurückerlangen, sollten sie anfangen, ihren Ansatz und ihre gesamte Mission zu überdenken. Sie müssen begreifen, welche Auswirkungen sie auf Gesellschaften in aller Welt haben, und sie müssen alles in ihren Kräften Stehende tun, um dafür zu sorgen, dass Schluss ist mit den Schäden. Sie müssen sich mit Regierungen, Universitäten und Nutzern für Langzeitprogramme zusammenschließen, die eine gesunde Beziehung zu Technologie fördern, und Technologie erschaffen, die die besten und nicht die schlechtesten Eigenschaften des Menschen in den Vordergrund stellt.

Denken sie langfristig, erkennen die Plattformen möglicherweise die aufziehenden Veränderungen und sorgen für Vertrauen, indem sie sich an die Spitze des Wandels stellen. Facebook hat den Anschein erweckt, die Regeln einzuhalten, doch in Wahrheit sperrt sich das Unternehmen gegen Veränderungen. Klug wäre es, sich ein Verhalten anzugewöhnen, das alle Interessengruppen zufriedenstellt, echte Sensibilität für die Bedürfnisse der Nutzer zeigt und das Vertrauen wiederherstellt, das nach den Wahlen von 2016 verloren gegangen ist.

Solange Facebook Wachstum die höchste Priorität einräumt, solange es Eigenschaften beibehält, die negativen Elementen in die Karten spielen, und solange es keine Schutzschalter zum Verhindern emotionaler Flächenbrände einbaut, wird das Unternehmen auf der falschen Seite der Geschichte stehen. Falls es so etwas wie Gerechtigkeit auf der Welt gibt, werden die Zeiten bald vorbei sein, in denen politische Entscheider und Bürger die Geschäftsmodelle der Internetplattformen als unantastbar ansehen. In gewisser Weise stehen die Internetplattformen vor einer ähnlichen Entscheidung wie Länder, die darüber nachdenken, in den Krieg zu ziehen. Die Geschichte zeigt, dass die Völker, die Kriege begannen, grundsätzlich die Vorteile meist überschätzten, während sie die Kosten unterschätzten. Hätten sie vorher gewusst, wie die Ergebnisse aussehen würden, hätten sich viele stattdessen für eine friedlichere Alternative entschieden. Was die Plattformen anbelangt, kommt möglicherweise noch ein zweiter Anreiz zum Tragen. Facebook, Twitter und Google müssen sich angesichts der großen Schäden, die Demokratien in Europa und Nordamerika durch die Instrumentalisierung der Plattformen erlitten haben, fragen: Wie lange wollen wir noch das Land untergraben, in dem wir leben?

Unter den Gefahren, die den Nutzern drohen, stehen jene im Mittelpunkt, die die öffentliche Gesundheit betreffen. Sämtliche Gefahren, die von Internetplattformen für die öffentliche Gesundheit ausgehen, haben ihren Ursprung in Entscheidungen beim Design. Technologie besitzt die Macht zu überzeugen, und die finanziellen

Anreize beim Anzeigengeschäft garantieren, dass bei jedem Design Überzeugung immer das Hauptziel sein wird. Die Softwareentwickler sind Fachleute darin, mithilfe von Technologie zu überzeugen. Bei jeder Internetanwendung ist jeder Pixel auf jedem Bildschirm so optimiert, dass er maximale Überzeugungskraft entfaltet. Nicht alle Nutzer lassen sich immer überzeugen, aber nahezu alle Nutzer können manchmal überzeugt werden. In den extremsten Fällen entwickeln Nutzer Verhaltensabhängigkeiten, die sich negativ auf ihre Lebensqualität und die ihrer Angehörigen, Arbeitskollegen und engen Freunde auswirken. Die Verbreitung von Technologieabhängigkeit ist uns nicht bekannt, aber glaubt man den Einzelberichten, scheint sie weitverbreitet. Millionen Menschen stehen morgens auf und kontrollieren als erstes ihr Telefon. Für die meisten ist die entscheidende Frage in diesem Zusammenhang: Vorher noch auf die Toilette oder nehme ich das Gerät gleich mit? Viel zu viele Menschen berichten von Schlafproblemen, die damit zusammenhängen, dass sie ihr Handy oder ihr Tablet nicht aus der Hand legen können. Es ist nicht völlig aus der Luft gegriffen zu vermuten, dass die Hälfte der Menschen, die Facebook täglich nutzen, in irgendeiner Form verhaltensgestört sind. Das Problem mit Abhängigkeiten ist, dass sie ihr Opfer in seiner Handlungsfähigkeit beschneiden. Selbst wenn ein Abhängiger begreift, welche Schäden möglich sind, kann er nicht anders, er muss diese Aktivität fortsetzen. Um das zu ändern, reicht bloße Regulierung nicht aus, man wird in Forschung und Angebote zur öffentlichen Gesundheit investieren müssen, um der Internetabhängigkeit Herr zu werden.

Dass die Demokratie anfällig für Bedrohungen ist, die von Internetplattformen kommen, liegt unter anderem daran, dass zuvor andere Kräfte bereits das Fundament geschwächt hatten. Jahrelang wurde in den Vereinigten Staaten zu wenig in die öffentliche Bildung investiert. Das Resultat ist mindestens eine Wählergeneration, die wenig über die Arbeitsweise unserer Regierung weiß und davon, wie diese eigentlich arbeiten sollte. Selbst wenn Facebook sein Geschäftsmodell so abändert, dass das Entstehen neuer Filterblasen erschwert wird, was geschieht dann mit den bereits existierenden Filterblasen? Was kann Facebook an der Tatsache ändern, dass Menschen Fehlinformationen Informationen vorziehen? Was kann das Unternehmen am beklagenswerten Zustand der staatsbürgerlichen Bildung ändern? Facebook kann nicht all diese Probleme lösen, aber es kann ihre Folgen abmildern. Wir als Land müssen diese Probleme auf die althergebrachte Weise angehen, indem wir miteinander sprechen und eine gemeinsame Basis finden.

Die Technologie wird sich weiterentwickeln, ebenso die Taktiken, mit denen negative Elemente arbeiten, um die Technologie zu instrumentalisieren. Sorge bereitet mir insbesondere die Verbreitung von Desinformationsvideos und speziell Deep Fakes. Sorge bereitet mir zudem, dass über Instagram gegen Millennials gerichtete Wählerunterdrückung stattfindet. Verstärkt wird diese Sorge durch die weitverbreitete falsche Wahrnehmung, wonach Instagram nicht für politische Einmischung anfällig sein soll.

Die Leute bei Facebook sind wirklich clever und ich möchte meinen, wenn sie denn wollten, könnten sie sich Methoden einfallen lassen, die unsere demokratischen Prozesse verbessern und nicht untergraben. Ein wichtiger erster Schritt bestand darin zu zeigen, wer politische Anzeigen gesponsert hat. Diesen Schritt hat Facebook getan. Dann entfernte Facebook Fehlinformationsseiten, die anscheinend aus Russland und dem Iran finanziert wurden. Das Unternehmen hat Sicherheitsexperten unter Vertrag genommen. Doch grundlegendem Wandel hat sich Facebook bislang entzogen. Auf das Unternehmen wartet auf der Ebene der Algorithmen viel Arbeit, will es sicherstellen, dass Fehlinformationen und Fake News nicht so dominieren wie 2016. Facebook ist es der Welt schuldig, sein Bestes zu geben und dafür zu sorgen, dass Fakten wichtiger als Fehlinformationen sind und dass Filterblasen voller Unsinn zum Platzen gebracht werden. Das ist keine aus einer Laune heraus gestellte Bitte. Facebook hat sich nicht gefragt, wie es sich möglicherweise auf die Demokratie auswirken könnte, und hat dadurch in bislang beispiellosem Ausmaß Einmischung in Belange der Vereinigten Staaten ermöglicht, möglicherweise auch Großbritanniens. Kein Land sollte Wahleinmischung durch Facebook tolerieren, und das Unternehmen sollte nicht davon ausgehen, dass es irgendein Land hinnehmen wird.

Das Thema Datenschutz ist seit einigen Jahrzehnten auf dem Radarschirm, aber als abstraktes Thema, das nur wenige Menschen begreifen. Wenn die Presse darüber berichtet, dass wichtige Webseiten gehackt wurden, dann geht es in erster Linie um die Anzahl der gefährdeten Personen. Manchmal geht es dabei um Millionen, aber irgendwie scheint es immer die anderen getroffen zu haben. Doch die Datenschutzprobleme bei Facebook gehen weit über Datensicherheit hinaus. Diese Informationen werden dazu verwendet, Nutzer zu überzeugen, zu manipulieren und in ihrer Handlungsfähigkeit einzuschränken. So allumfassend war der Missbrauch von Daten, dass die Folgen davon selbst von Menschen zu spüren sind, deren Daten nicht betroffen waren. Das war beispielsweise bei der Wahleinmischung der Fall. Es ist nicht klar, wie sehr sich Cambridge Analytica langfristig auf die Haltung der Verbraucher in Fragen der Datensicherheit auswirken wird, aber bei den Regierungen könnten die Konsequenzen drastisch ausfallen. Bestehen die politischen Entscheider auf Veränderungen, könnte die Tatsache, dass Cambridge Analytica kein Datenhack war, den Ausschlag geben. Cambridge Analytica konnte nahezu 87 Millionen Facebook-Profile ohne die Zustimmung der Nutzer einsammeln, weil Facebook Drittentwickler dazu ermutigte. Das war gut für Facebooks Geschäft.

Die Verfassung der Vereinten Staaten von Amerika garantiert kein Recht auf Privatsphäre, aber mit ihrer Datenschutz-Grundverordnung ist die Europäische Union in die Bresche gesprungen. Sie drehte die Beziehung zwischen Plattform und Nutzern einmal auf links und garantiert den EU-Bürgern und den auf dem Territorium der Europäischen Union lebenden Menschen den Besitz an ihren eigenen Daten. Für eine breite Spanne an Datennutzungen muss ausdrücklich die Zustimmung der Nutzer eingeholt werden. Die

Regelung schützt EU-Bürger unabhängig davon, wo in der Welt sie sich aufhalten, also auch in den Vereinigten Staaten.

Die zutreffendste Kritik an der Datenschutz-Grundverordnung hat mit ihren Folgen für Start-ups zu tun, denn diese könnten beträchtlich sein. Bei den wirtschaftlichen Vorteilen, die sie genießen, und dem vermeintlichen Vertrauensvorsprung bei der Nutzerschaft sollte man meinen, dass die großen Plattformen die DSGVO begrüßen. Stattdessen tun sie, was sie können, um die Effektivität der Verordnung zu minimieren. Facebook beispielsweise lagerte 1,5 Milliarden Nutzerprofile von seinem Datenzentrum in Irland (also in der EU) in die Vereinigten Staaten aus, wo die Daten größtenteils außerhalb der Reichweite der Regulierung liegen. Facebook und Google haben ihre Designfähigkeiten dafür genutzt, Dialogfelder zu entwickeln, die dafür sorgen, dass die Zahl der Nutzer möglichst gering bleibt, die sich für den Schutz der DSGVO entscheiden.

Wäre ich der Chef von Google, würde ich die DSGVO wie eine Religion behandeln. Ich würde aus dem Rettungsboot fliehen, das sich Google mit Facebook geteilt hat, und so viel Distanz wie möglich zwischen uns aufbauen. Als größte Internetplattform würde Google hinsichtlich der Compliance-Kosten einen gewaltigen relativen Vorteil genießen. Außerdem würde es rund um den Globus sein Ansehen bei Regulierern verbessern. Ich bin überzeugt: Würde Google dem Geist der DSGVO begeistert folgen, würde das Nutzervertrauen ansteigen und das wiederum würde sich mit sehr hoher Wahrscheinlichkeit zu einem späteren Zeitpunkt finanziell bezahlt machen. YouTube würde ich an die Aktionäre ausgliedern, denn das würde einen mächtigeren Anreiz erschaffen, die Bedrohung durch Fehlinformationen und Extremismus zu reduzieren. Google scheint nicht zu verstehen, dass man in erster Linie nur deshalb nicht von den Nutzern und den politischen Entscheidern ins Visier genommen wurde, weil Facebook noch schlimmer ist. Der Wind könnte sich ganz rasch drehen, wenn Facebook sich zusammenreißt, bevor Google es tut. Aktuell steht Google im Rampenlicht der Regulierer, und zwar nicht nur in der Europäischen Union, sondern auch in verschiedenen Teilen der Vereinigten Staaten.

Erschwert wird diese Aufgabe durch die rasche Entwicklung der KI-Triebwerke, die die großen Plattformen antreiben. So, wie die Internetplattformen künstliche Intelligenz einsetzen, bietet sie den Nutzern ein wenig mehr Komfort zu einem außergewöhnlich hohen Preis. KI muss nicht schädlich sein, aber wenn es um die ersten Ergebnisse geht, die die Verwendung von KI auf Internetplattformen gezeitigt haben, gibt es jeden Grund, beunruhigt zu sein. Die Plattformen fokussieren sich ausschließlich darauf, für sich selbst wirtschaftlichen Wert zu erschaffen, was dazu führte, dass sie Entscheidungen trafen, die dem besten Interesse ihrer Nutzer und der Gesellschaft insgesamt zuwiderlaufen. Bevor sich die Technologie weiterentwickelt, müssten erst noch wichtige Fragen zur KI geklärt werden. Modelle zur Verhaltensprognose werden immer ausgereifter, mit jedem neuen Datensatz, mit dem sie gefüttert werden, steigt der Wert ihrer Datensätze und Anwendungsfälle immer weiter. Zum Teil entspringt der Wert Aktivitäten, an die die Nutzer bei der ursprünglichen Transaktion mit der Plattform überhaupt nicht gedacht haben und über die sie keinerlei Kontrolle haben. Können Plattform absehen, wie die Nutzer denken, eröffnen sich Gelegenheiten, den Wert zu steigern, aber auch, Schaden anzurichten. Werden die Plattformen den Nutzern ein Mitspracherecht einräumen? Wenn es um die Verwendung ihrer Daten geht, sollten die Nutzer die entscheidende Stimme haben.

Es klingt vernünftig, die Treuhänderregel auf Datendienste auszuweiten. Die Nutzer haben stillschweigend akzeptiert, dass Plattformen ihre heiklen persönlichen Informationen für Zwecke nutzen, denen sie nie zugestimmt haben. Sie verdienen Besseres. Datenintensive Unternehmen aller Art sollten gesetzlich verpflichtet werden, persönliche Daten ihrer Nutzer genauso zu schützen, wie es Ärzte und Anwälte tun. Das ist nichts anderes, als würde ein Geistlicher im Beichtstuhl erhaltene Informationen gewinnbringend nutzen. Für die Nutzer hätte die Treuhänderregel vor allem den Vorteil, dass sie vor Gericht ziehen können, sollte Schindluder mit ihren Daten getrieben werden.

Kommen wir zur letzten Kategorie von Problemen, die es rund um Internetplattformen gibt: wie sie sich auf die unternehmerische Ökonomie auswirken. Google, Amazon und Facebook haben sich an das Regelbuch der Monopolisten gehalten und rund um ihre Kernaktivitäten „Sperrgebietszonen" gezogen. Ihr Erfolg macht Start-ups den Markteintritt schwer und verringert die Möglichkeiten für übergroße Erfolge. Unternehmer sind gezwungen, frühzeitig zu verkaufen oder Geschäftsmöglichkeiten mit weniger Potenzial nachzujagen. Durch Übernahmen haben sie weitere Schutzwände eingezogen. Sowohl Google als auch Facebook haben Start-up-Firmen übernommen, die sich zu einer Konkurrenz hätten entwickeln können. Googles wichtigster Zukauf war YouTube, für Facebook waren die zentralen Übernahmen Instagram, WhatsApp und Oculus. Google hat viele seiner Unternehmungen aus dem Stand aufgebaut, auch Gmail. Das Unternehmen besitzt einen sehr großen Wagniskapitalfonds mit 2 Milliarden Dollar an verwaltetem Kapital und einem enormen Portfolio. Google tritt als Dienstleister für die Firmen in seinem Portfolio auf und verschafft sich auf diese Weise einen Überblick über deren Aktivitäten. Unter anderem ist das deshalb so wichtig, weil der Markt für das größte Produkt in der Geschichte der Technologie – das Smartphone – inzwischen gesättigt ist und wir in den Bereich eingetreten sind, indem es darum geht, das Next Big Thing zu entwickeln, den nächsten ganz großen Wurf. Was wird das sein? Virtuelle Realität (VR)? Facebook hat sich frühzeitig den ersten Marktführer für VR-Plattformen gekauft und damit die Kapitalströme abgewürgt, die ansonsten alternative Start-up-Plattformen hätten ermöglichen können. Oculus macht Fortschritte, aber eine Massenproduktion scheint noch immer Jahre entfernt.

Oder wird sich künstliche Intelligenz als das Next Big Thing erweisen? Im Bereich der KI tummeln sich Start-up-Unternehmen neben Riesen wie IBM und Microsoft, aber gegenüber dem Staat beteuern Google und Facebook, sie seien führend. Der Vorsprung, den sich Google und Facebook bei KI zur Verhaltensänderung aufgebaut haben, ist möglicherweise nicht mehr aufzuholen, aber ich habe für mich die Frage, ob es sich bei KI um eine einzelne Sache handelt oder um eine Kategorie mit mehreren Marktnischen, noch nicht abschließend beantwortet. Falls Letzteres zutrifft, besteht möglicherweise für Start-up-Unternehmen noch Hoffnung.

Oder wird sich die nächste Mobilfunkgeneration, 5G genannt, als das Next Big Thing erweisen? Das Magische an 5G besteht nicht darin, dass sie einfach mehr Bandbreite ermöglicht, sondern vielmehr darin, dass dadurch flächendeckendes 4G zu einem Zehntel der Kosten realistisch wird. 5G wird das Internet der Dinge antreiben. Der Standard ist festgelegt und wir können mit jeder Menge Aktivitäten seitens der Start-ups rechnen. Doch das Internet der Dinge existiert bereits und die ersten Produkte werfen diverse Fragen auf, mit denen man sich befassen muss, unter anderem in Bereichen wie Datenschutz und Datensicherheit. Kritiker zeigten sich besorgt über die Fähigkeit von Amazons Alexa und Google Home, seine Nutzer zu bespitzeln. Mit 5G werden Internetplattformen nicht länger auf PCs und Smartphones beschränkt sein, sie werden Zugang zu – und möglicherweise die Kontrolle über – Geräte, Anwendungen und Fahrzeuge haben, sie werden die Nutzer umgeben und einhüllen. Es gibt keinen Grund zu der Annahme, das Internet der Dinge werde auch dann eine völlig wohlmeinende Angelegenheit sein, wenn es Nutzer und politische Entscheider nicht fordern. Die erste Generation von Geräten – Flachbildschirmfernseher beispielsweise – hatte viel mit Datenschutzproblemen zu kämpfen. Niemand weiß, was die Hersteller mit den gesammelten Daten anstellen. Wir wissen um die Probleme bei Datenschutz und Datensicherheit, wenn es um das Internet der Dinge geht, und um die Vielzahl von Problemen mit Internetplattformen. Es gibt keine Entschuldigung, nicht frühzeitig Schritte zu ergreifen, die mögliche Schäden verhindern, wenn das Internet der Dinge und die Plattformen verschmelzen.

Historisch betrachtet haben sich die USA stärker als andere Volkswirtschaften auf Start-up-Unternehmen verlassen, insbesondere im Technologiebereich. Trifft meine Hypothese zu, hat das Land ein Experiment gestartet und verlässt sich nun in Sachen Innovation, Wirtschaftswachstum und Erschaffung von Arbeitsplätzen auf Monopolisten. Betrachte ich Google, Amazon und Facebook ausschließlich durch die Investmentbrille, muss ich einfach davon beeindruckt sein, wie genial sie ihre Geschäftspläne umgesetzt haben. Das Problem sind die unbeabsichtigten Folgen, die zahlreicher und schwerer ausfielen, als ich es mir vorgestellt hätte. Diese Unternehmen müssten, um erfolgreich zu sein, nicht Start-up-Aktivitäten im Keim ersticken, aber sie können schlicht nicht anders. So handeln Monopolisten. Will das Land dieses Risiko eingehen?

Es liegen schlüssige Beweise für die dunkle Seite der Internetplattformen vor, nun ist es an der Zeit, etwas dagegen zu unternehmen. Ich als Kapitalist würde es normalerweise den Märkten überlassen, derartige Probleme in den Griff zu bekommen, aber in diesem Fall kann ich das nicht, denn der Markt ist dieser Aufgabe nicht gewachsen. Internetplattformen haben zu Disruptionen auf vielen Märkten geführt, sei es in der Musikindustrie, bei Fotos, Videos oder Nachrichten. Auch die Welt der Technologie-Start-ups haben sie gestört. Ihren Investoren haben sie gewaltige Vermögen beschert, aber der traditionelle wirtschaftliche Wert, gemessen in Arbeitsplätzen und Infrastruktur, ist gering.

Ich möchte Erfolg nicht bestrafen, aber wenn das der einzige Weg ist, die Demokratie und die öffentliche Gesundheit zu schützen, dann sei dem so. Es ist nicht im nationalen Interesse, zuzulassen, dass die Internetplattformen jeden Industriezweig in Mitleidenschaft ziehen. Die Menschen brauchen Arbeitsplätze und davon erschaffen die Technologieunternehmen nicht genügend. Schlimmer noch: Von der aktuellen Generation der Technologiefirmen beziehen zu viele ihren Wert daraus, in anderen Bereichen der Wirtschaft für weniger Beschäftigung zu sorgen.

Zudem bin ich überzeugt davon, dass das Silicon Valley Geld verdienen kann, ohne in anderen Industriezweigen Millionen Jobs zu vernichten. Mitte der 1970er-Jahre und in den 1980er-Jahren stellte sich die amerikanische Wirtschaft neu auf und rückte die Informationstechnologie in den Mittelpunkt. Damals ermöglichte es die Technologie den Unternehmen, mittlere Hierarchieebenen zu streichen, aber die betroffenen Personen wurden rasch von attraktiveren Wirtschaftszweigen aufgefangen. Das trifft heutzutage nicht mehr zu. Die Wirtschaft erschafft Teilzeitbeschäftigungen ohne Sozialleistungen und Sicherheit (beispielsweise als Fahrer für Uber oder Lyft), aber keine Anstellungen, die ein Mittelklasseleben ermöglichen. Das liegt teilweise daran, dass dieser Punkt keine Priorität hatte. Die Regierung könnte für Unternehmen aus dem Technologiesektor (und anderen Industriezweigen) Steueranreize erschaffen, Arbeitnehmer, die durch die jüngsten Veränderungen in der Wirtschaft von negativen Auswirkungen bedroht sind, umschulen und für diesen Personenkreis Stellen erschaffen. Alle im Programmieren auszubilden, ist nicht die Antwort, denn das Programmieren dürfte einer der Bereiche sein, der durch künstliche Intelligenz frühzeitig automatisiert werden wird.

Für die Probleme, die von Facebook und anderen Internetplattformen ausgehen, sehe ich keine einfache Lösung. Sie sind tief mit den Nutzern verbunden. Die Nutzer vertrauen den Plattformen, obwohl sie im Rahmen dieser Beziehung ausgebeutet werden. Um das Problem irgendwo auf dem aktuellen Niveau einzudämmen, müsste im ersten Schritt eine Kombination aus kartellrechtlicher Durchsetzung und neuen Regeln erfolgen, die die Privatsphäre schützen und das Ausmaß an Datenerhebung und künstlicher Intelligenz eingrenzen. Ich würde für aggressives kartellrechtliches Vorgehen plädieren, bis hin zur Zerschlagung von Facebook und Google, denn ich glaube, mehrere kleinere Einheiten würden für mehr Konkurrenz sorgen und für die meisten Menschen den größten wirtschaftlichen Nutzen produzieren.

Nutzer sollten immer all ihre persönlichen Daten und Metadaten besitzen. Niemand sollte die Daten eines Nutzers ohne dessen ausdrückliche und im Vorfeld gegebene Zustimmung nutzen dürfen. Kann ein Nutzer seinen Social Graph von einem sozialen Netzwerk zu einem anderen mitnehmen, verschiebt sich die Macht zu seinen Gunsten und es fördert die Konkurrenzsituation.

Würden Algorithmen von dritter Seite geprüft – ähnlich wie es heutzutage für Finanzberichte der Fall ist –, brächte das die Transparenz, die es braucht, um unerwünschte Folgen einzudämmen. Es sollte Grenzen geben, welche Art Daten erhoben werden dürfen, und die Grenzen sollten dergestalt sein, dass die Nutzer die Erhebung begrenzen beziehungsweise für vollständige Privatsphäre sorgen können. Das muss sofort erfolgen, bevor das Internet der Dinge massenhafte Verbreitung erfährt. Aktuell ist das Internet der Dinge beim Thema Datenschutz noch eine ungezähmte Grenze mit Potenzial für großflächigen Missbrauch. Und schließlich hätte ich gerne Grenzen bei künstlicher Intelligenz und automatisierten Bots, damit gewährleistet ist, dass sie den Menschen dienen und sie nicht ausbeuten. Erreichen ließe sich dies durch eine Art Food & Drug Administration (FDA) für Technologie.

Bei all diesen Veränderungen muss der Staat aktiv werden, aber das wird nicht geschehen, solange die Öffentlichkeit nicht darauf besteht. Wir brauchen eine politische Bewegung.

Ich hoffe, die Regierung wird ihren Einfluss nutzen, um menschenfreundliche Technologie als Alternative zu ausbeutender Technologie zu bewerben. Gleichzeitig sollte die Regierung Schritte ergreifen und die Schäden reparieren, die die Internetplattformen angerichtet haben. Selbst wenn wir eine Lösung für Facebook finden, wird das nicht ausreichen, um die Demokratie in Ordnung zu bringen. Möglicherweise wird es noch nicht einmal ausreichen, um die Schäden an der öffentlichen Gesundheit und der Privatsphäre wiedergutzumachen. Diese Probleme erfordern Lösungen aus der realen Welt, nicht noch mehr Softwarecode.

Einige Plattformen sind stolz darauf, ihre Wurzeln in der Hackerszene zu haben, aber es ist an der Zeit, dass die größten von ihnen anerkennen, dass übergroßer Erfolg auch große Verantwortung mit sich bringt. Die Geschäftsmodelle und Algorithmen, die für dermaßen viel Gewinn sorgten, können weiterhin von negativen Elementen manipuliert werden. Jeden Tag tauchen weitere Belege dafür auf. Es wird schwierig, die Schäden durch Regulierung einzugrenzen, aber Regulierung – und selbst schon die Androhung von Regulierung – bleibt ein wirksamer Anreiz für Veränderung. Am besten wäre es, wenn die Plattformen sich selbst reparieren, aber ich fürchte, es mangelt ihnen an Willen, Urteilsvermögen und vielleicht sogar der Fähigkeit. Google hat angekündigt, in neuen Smartphones Grundsätze des menschenfreundlichen Designs anzuwenden, Facebook hat Maßnahmen ergriffen, die es ausländischen Akteuren erschweren sollen, politische Anzeigen zu schalten. Facebook und Twitter haben eine Reihe „nicht authentischer" Konten abgeschaltet. Diese Änderungen sind kosmetischer Natur. Keine Plattform hat sich zu den schweren Schritten verpflichtet, die erforderlich wären, um die Demokratie zu schützen, die öffentliche Gesundheit, den Datenschutz oder die unternehmerische Ökonomie.

Zu den schwersten Pannen zählt, dass Facebook in Myanmar ermöglichte, was die Vereinten Nationen als „Paradebeispiel" für ethnische Säuberungen bezeichnet. Doch auch derartige Vorfälle haben bei den Belegschaften der Unternehmen nicht zu der Art Gegenreaktion geführt, die es bräuchte, um von innen heraus Wandel anzustoßen. Trägheit hält die Mitarbeiter in Schach und sorgt dafür, dass die Plattformen sich weiterhin die psychischen Schwachstellen ihrer Nutzer zunutze machen. Vielleicht bringt der dramatische Kurseinbruch, den Facebook im Juli 2018 erlitt, einige Mitarbeiter dazu, ihre Stimme zu erheben. Falls nicht, werden die wirtschaftlichen Anreize so lange zu einer Fortsetzung des Status quo verleiten, bis sich die Anreize ändern. Aktionäre und Drittentwickler bevorzugen den Status quo, insofern ist es unwahrscheinlich, dass sie Veränderungen vorantreiben werden. Nur eine sehr öffentliche und konzertierte Anstrengung der obersten Geschäftsführung wird das Verhalten dieser Unternehmen verändern können. Und dazu wird es nur kommen, wenn politische Entscheider und die Nutzer darauf bestehen.

14

DIE ZUKUNFT DES EINZELNEN

Die Zukunft ist bereits hier – sie ist nur noch nicht gleichmäßig verteilt. – William Gibson

Eine dystopische Technologiezukunft überrannte uns, bevor wir dafür gewappnet waren. Die Folge: Wir haben es nun mit Themen zu tun, für die es keine einfachen Antworten gibt, aber viel Zeit zum Handeln bleibt uns auch nicht mehr. Wir haben das Smartphone als Teil unseres Körpers akzeptiert, ohne zu verstehen, dass es auch Nachteile mit sich bringt. Wir vertrauten darauf, dass die Internetplattformen es gut meinen. Auf Warnsignale haben wir zu spät reagiert. In den 1980er- und 1990er-Jahren warnte uns der Philosoph Neil Postman, dass das Fernsehen die „Schöne Neue Welt" des Aldous Huxley eingeläutet habe. Während Orwell sich wegen des Verbrennens von Büchern Sorgen machte, argumentierte Huxley, das größere Risiko sei es, wenn die Bürger gar nicht mehr lesen wollten. Postman sagte voraus, dass uns das Fernsehen zu Tode unterhalten würde. Er erlebte es nicht mehr, dass das Smartphone seine These massiv stützt.

Technologiehersteller genießen gegenüber den Nutzern zu viele Vorteile. Dem Reiz des Smartphones können wir nicht widerstehen. Um unsere Aufmerksamkeit zu erlangen und zu fesseln, setzen Internetplattformen ihre Netzwerke ein, ihre Designfähigkeiten, ihre künstliche Intelligenz und ihr Maschinelles Lernen. Sie nutzen Schwachstellen der menschlichen Psychologie aus, um Abhängigkeiten und Suchtverhalten zu erschaffen. Große Dosierungen Spaß und Dopamin halten uns gefangen und machen uns verletzlich. So ist es bei Kleinkindern, Grundschülern, Teenagern und Erwachsenen. Nicht jeder Mensch, der online geht, wird abhängig. Nicht jeder wurde manipuliert. Aber niemand kann den Konsequenzen dieser Abhängigkeiten und Manipulationen entgehen, denn sie betreffen so viele Menschen, dass selbst die erfolgreichsten Länder darunter leiden. Wollen wir eine funktionierende Demokratie sein, können wir nicht zulassen, dass die derzeitigen Zustände weiterhin Bestand haben. Wollen wir, dass unsere Kinder zu funktionierenden Erwachsenen heranwachsen, müssen wir einen Wandel erzwingen. Wenn wir Erwachsenen unser Leben auch künftig noch selbst bestimmen wollen, müssen wir uns erheben. Wenn wir jetzt nicht handeln, wird die Technologie der nächsten Generation mit dem Internet der Dinge und künstlicher Intelligenz die derzeitigen Probleme noch erschweren.

Als Nutzer verfügen wir über mehr Macht, als es uns bewusst ist. Die Internetplattformen brauchen uns. Sie brauchen unsere Aufmerksamkeit. Schenken wir sie ihnen, dann haben sie gewaltigen – manchmal entscheidenden – Einfluss auf unser Leben. Die Reichweite der heutigen Plattformen ist größtenteils auf Smartphones begrenzt. Amazons Alexa und Google Home erweitern die Spanne, gefolgt von Autos, Fernsehern, Kühlschränken, Spielzeug und anderen Geräten. Wir werden immer stärker von Geräten umgeben sein, die uns ständig zuhören, uns ständig zusehen und die alles aufzeichnen, was wir tun. Die dabei anfallenden Daten werden dann von künstlicher Intelligenz und von Algorithmen verarbeitet, die unsere Aufmerksamkeit und unser Verhalten so verändern, dass wirtschaftlicher Nutzen für die Besitzer der Plattform entsteht. Heute besitzen wir etwas Kontrolle über das Ausmaß, in dem Geräte aus dem Internet der Dinge unser Leben beeinflussen, denn die meisten von uns benutzen sie noch nicht. Bevor Sie einer neuen Technologie erliegen, weil sie so herrlich bequem ist, nehmen Sie sich die Zeit, über die dunklen Seiten dieser Technologie nachzudenken. Unsere Stimme und unsere Wahl werden entscheidend sein.

Wir können wie die Schafe hinterherlaufen oder wir können auf einem neuen Modell bestehen – menschenfreundlicher Technologie. Wir als Einzelne tun uns schwer mit dem Widersetzen, aber kollektiv besitzen wir große Macht. Um diese Macht auszuüben, müssen wir unseren digitalen Kokon verlassen und mit Freunden, Nachbarn und völlig Fremden interagieren.

Für eine Demokratie ist es unerlässlich, sich mit einem breiten Meinungsspektrum auseinanderzusetzen. Die USA haben vergessen, wie wichtig es ist, Kompromisse zu schließen. Das beginnt damit, dass man sich andere Meinungen anhört und sie als legitim zulässt.

Egal ob online oder in der realen Welt: Wollen wir aus Filterblasen und Präferenzblasen ausbrechen, müssen wir die Zeit investieren, die es braucht, um besser informiert zu sein. Wir müssen dem, was wir lesen, sehen und hören mit angemessener Skepsis entgegentreten und bei Inhalten aus sämtlichen Quellen kritisch denken. Wir müssen unterschiedliche Perspektiven einnehmen und den Wahrheitsgehalt von Inhalten überprüfen, bevor wir sie teilen. Am Ende dieses Buchs finden Sie eine Abhandlung zu Quellen, die Ihnen helfen können, die Qualität von Verlagen und den Wahrheitsgehalt von Inhalten zu ermitteln.

Dem Silicon Valley menschenfreundliche Technologie aufzuzwingen, würde der Gesellschaft gewaltigen Nutzen verschaffen, könnte aber Anstrengungen erfordern, die dem langen Kampf gegen das Rauchen gleichkommen. Wir denken nur ausgesprochen ungern über den Schaden nach, den Internetplattformen bei uns anrichten. Es wird ein hartes Stück Arbeit sein, die Veränderungen vorzunehmen, die erforderlich sind, um der Onlinesucht, der Wahleinmischung und den Verstößen gegen die Privatsphäre einen Riegel vorzuschieben. Da ist es doch viel angenehmer, eine weitere Runde Candy Crush zu spielen oder nachzusehen, was auf Instagram so los ist. Das weiß ich auch. Meine eigene Reise vom Cheerleader zum

Aktivisten verlief keineswegs glatt. Ich musste mich unangenehmen Tatsachen über Plattformen stellen, in die ich investiert habe oder denen ich beratend zur Seite stand, ebenso Tatsachen, was meine eigene Nutzung dieser Technologien angeht. Meiner Beliebtheit im Silicon Valley war das nicht zuträglich, aber das ließ sich halt nicht ändern. Irgendwann kommt der Zeitpunkt, an dem wir das Richtige tun müssen, unabhängig von den Kosten. Für mich ist das einer dieser Zeitpunkte.

Und was ist mit Ihnen? Haben Sie Sorge, Kinder könnten abhängig von Kurznachrichtendiensten oder Videospielen werden? Bereiten Ihnen all die Kinder, die ihre Smartphones oder Videospiele nicht aus der Hand legen können, Unbehagen? Kennen Sie ein kleines Mädchen, das im Internet Bodyshaming ausgesetzt war, oder einen Teenager, der stark unter dem Gefühl litt, etwas zu verpassen? Sorgen Sie sich, welche Folgen es haben könnte, wenn sich ausländische Nationen in unsere Wahlen einmischen? Ist es moralisch für Sie unbedenklich, wenn amerikanische Produkte in anderen Ländern dafür genutzt werden, ethnische Säuberungen zu propagieren? Halten Sie es für unbedenklich, ständiger Überwachung ausgesetzt zu sein? Fürchten Sie sich davor, von künstlicher Intelligenz manipuliert zu werden? Das sind keine hypothetischen Fragen.

Aber es gibt auch gute Nachrichten: Internetplattformen reagieren auf Druck. Das wissen wir seit Kurzem. Kollektiv haben wir für so viel Druck gesorgt, dass Facebook deutlich bessere Regeln für Wahlwerbung einführte und Google für sein neues Smartphone ankündigte, auf menschenfreundliches Design zu setzen. Ohne öffentlichen Druck wären diese ersten Schritte niemals erfolgt. Und jeder von uns kann mindestens zwei Arten Druck ausüben – wir können unser Onlineverhalten verändern und wir können verlangen, dass Politiker aktiv werden.

Überlegen Sie sich, wie Sie Facebook und andere Plattformen nutzen. Was posten Sie? Wie oft? Ist irgendetwas davon hetzerisch? Versuchen Sie, andere Menschen zu überzeugen? Sind Sie Gruppen beigetreten, in denen es um politische Themen geht? Geraten Sie auf sozialen Medien wegen Ansichten mit anderen in Streit? Gibt es Menschen, von deren Postings Sie sich ständig provoziert fühlen? Haben Sie je Menschen geblockt, deren Ansichten Sie nicht teilen konnten? Grämen Sie sich nicht, wenn Sie eine oder mehrere dieser Fragen mit Ja beantwortet haben. Die meisten Facebook-Nutzer haben dies schon einmal oder mehrfach getan, denn die Algorithmen sind darauf ausgelegt, derartige Aktivitäten zu fördern.

Da wir nun wissen, wie die Dinge laufen, stellt sich die Frage: Was unternehmen wir deswegen? Erster Schritt beim Ändern des Verhaltens ist, zu überdenken, wie es um das eigene Verhältnis zu den Internetplattformen bestellt ist. Das habe ich getan, insbesondere mit Blick auf Facebook und Google. Facebook und Twitter nutzte ich weiterhin, aber ich habe mein Verhalten verändert, insbesondere auf Facebook. Ich lasse es nicht länger zu, dass Facebook meine emotionalen Knöpfe drückt. Ich wünschte, es wäre nicht erforderlich, aber ich poste nichts Politisches mehr und reagiere auch nicht mehr auf irgendwelchen politischen Postings. Es dauerte sechs Monate, aber mittlerweile wird mein Newsfeed vom musikalischen Teil meines Lebens, von Geburtstagen und von Hundebabys dominiert. Das kann auch bei Ihnen funktionieren.

Darüber hinaus habe ich den Großteil meiner Facebook-Historie gelöscht. Facebook scheint von Haus aus eine Tendenz zu Fehlinformationen und Fake News zu haben, insofern bin ich extrem vorsichtig, was Informationsquellen auf Facebook und überhaupt im Internet anbelangt. Um meine Privatsphäre zu schützen, nutze ich Facebook Connect nicht, um mich auf anderen Seiten anzumelden, und ich drücke keine „Gefällt mir"-Buttons, die mir beim Surfen im Internet unterkommen. Wegen meiner Bedenken, was Facebook mit diesen Plattformen macht, nutze ich weder Instagram noch WhatsApp. Wegen seiner Haltung in Sachen Datenerhebung vermeide ich, sofern möglich, die Nutzung von Google. Es ist unbequem, auf Google zu verzichten, also habe ich es für mich in ein Spiel verwandelt. Als Suchmaschine nutze ich DuckDuckGo, da es keine Suchdaten sammelt. Für Kurznachrichten arbeite ich mit Signal. Ich nutze weder

Gmail noch Google Maps. Ich verwende ein Programm namens Ghostery, das verhindert, dass Google, Facebook und andere mir durch das Internet folgen. Ich bin alles andere als unsichtbar, wenn ich online bin, aber mein Schatten ist kleiner geworden.

Außerdem habe ich bei meinen Geräten Veränderungen vorgenommen. Ich nutze Apple-Produkte, weil das Unternehmen die Privatsphäre meiner Daten respektiert, ganz im Gegensatz zu Android. Ich sehe noch immer viel zu oft auf mein Telefon, aber ich habe für praktisch alles die Benachrichtigungen abgestellt. Ich lasse nur noch Benachrichtigungen für Kurznachrichten zu und auch die nur als Vibration. Bücher lese ich auf meinem iPad, weshalb ich das Gerät im „Night Shift"-Modus lasse. Dadurch werden alle Blautöne vom Bildschirm entfernt, was die Belastung für das Auge verringert und das nächtliche Einschlafen deutlich erleichtert. Um die optische Intensität – und damit die Dopaminproduktion – zu verringern, stelle ich mein iPhone häufig auf Schwarzweißmodus. Ich lade meine Geräte nicht im Schlafzimmer auf.

Am Tag der Markteinführung habe ich mir Amazons Alexa gekauft, den smarten Lautsprecher. Das Gerät stand etwa eine Stunde in der Küche, als im Fernsehen Werbung für Alexa lief und meine Alexa darauf antwortete. Mir wurde schlagartig klar, dass Alexa immer zuhören würde und dass sich niemand darauf verlassen kann, dass seine Privatsphäre geschützt bleibt. Meine brandneue Alexa wanderte also auf Nimmerwiedersehen in einen Vorratsbehälter. Leider ist die ganze Welt internetfähiger Fernseher, Anwendungen und anderer Geräte – kurzum, das Internet der Dinge – ähnlich neugierig wie Alexa. Rücksichtslose Hersteller können das Internet der Dinge zur Überwachung nutzen. Unfähige Hersteller machen die Kunden möglicherweise anfällig für Hackerangriffe durch negative Elemente. Sämtliche Hersteller werden Berge an Daten sammeln und niemand weiß, was sie damit anstellen. Mein Ratschlag: Vermeiden Sie die Geräte aus dem Internet der Dinge oder lassen Sie diese Geräte erst dann in Ihr Netzwerk, wenn sich die Hersteller zu strengen Datenschutzbestimmungen verpflichtet haben.

Als Thema ist Datenschutz so abstrakt, dass nur wenige Leute Schritte zu ihrem Schutz ergreifen. Ich empfehle, einen Passwortmanager wie 1Password zu nutzen, damit ein sicherer Zugriff auf Webseiten gewährleistet ist. Im Laufe der Zeit wurden viele Daten von Servern gestohlen und es wurden in großem Stil die Daten von Freunden auf Facebook abgefischt. Dennoch haben wenige von uns größeren Schaden erleiden müssen, jedenfalls keinen, den wir tatsächlich wahrgenommen haben. Nur die wenigsten machen sich dabei jedoch klar, dass unsere Daten dazu genutzt werden, künstliche Intelligenz für die Aufgabe zu trainieren, unser Verhalten zu prognostizieren. Kombiniert man diese Prognosefähigkeiten einer KI mit der manipulativen Technologie von Internetplattformen, führt das zu schlimmen Ergebnissen. Was unheimlich anfängt, kann rasch ungesund, wenn nicht gar gefährlich werden. Solange die Internetplattformen und die Hersteller von Hardware für das Internet der Dinge nicht schlüssig unter Beweis stellen, dass sie ein Interesse daran haben, die Nutzer zu schützen, ergibt es wenig Sinn, ihnen Ihre Daten oder sonst etwas anzuvertrauen.

Haben Sie minderjährige Kinder? Dann sollten Sie darüber nachdenken, inwieweit Sie beim Umgang mit digitalen Medien ein gutes Vorbild abgeben. Wie oft greifen Sie in Anwesenheit Ihrer Kinder zu Mobilfunkgeräten? Wie gut wissen Sie darüber Bescheid, was Ihre Kinder online treiben? Wie ist in Ihrer Familie das Verhältnis zwischen Onlineaktivität und Spielen an der frischen Luft? Wie oft gehen Sie gemeinsam mit Ihren Kindern ins Internet? Wie stark nutzt die Schule Ihrer Kinder Computer und Tablets? In welchem Alter haben die Kinder damit angefangen? Wie oft ist in den Klassen Ihrer Kinder traditionelles Gruppenlernen angesagt, bei dem die Schüler dazu ermuntert werden, sich mit Klassenkameraden auszutauschen, anstatt still vor sich hin zu lernen?

Um besser zu verstehen, wie sehr die Abhängigkeit von Bildschirmgeräten, Spielen und Internetplattformen uns in Mitleidenschaft zieht, sollten Sie *Unwiderstehlich: Der Aufstieg suchterzeugender Technologien und das Geschäft mit unserer Abhängigkeit* lesen, ein Buch von Adam Alter, Professor an der New York University. Und wenn Sie eine wirklich gut durchdachte Erklärung darüber lesen wollen, wie sich die süchtig machenden Eigenschaften der Technologie auf Kinder auswirken, lege ich Ihnen von Nicholas Kardaras *Glow Kids: How Screen Addiction is Hijacking Our Kids – And How to Break the Trance* ans Herz. Gute Onlinequellen sind unter anderem die Webseiten des Center for Humane Technology und von Common Sense Media.

Die Mediziner haben eine Botschaft für alle Eltern: Smartphones, Tablets und die Anwendungen, die darauf laufen, sind für Kinder nicht gut. Wenn es darum geht, Kinder zu schützen, sprechen immer mehr Beweise dafür, dass Kinder mit Smartphones nur eine einzige Sache machen sollten – Telefonate führen. Praktisch alles andere, was Kinder mit dem Smartphone machen, stellt auf die eine oder andere Weise eine Gefahr für sie dar. Wir haben gedacht, für Kinder sei es sicherer, mit Technologie zu spielen als draußen im Freien. Wir haben uns geirrt.

Zurückhaltender Umgang mit Mobilfunkgeräten und Anwendungen ist Forschern zufolge wohl für alle Altersstufen gut, aber wichtig ist es insbesondere für kleine Kinder. Die American Academy of Pediatrics empfiehlt Eltern, Kinder unter zwei ganz von Mobilfunkgeräten fernzuhalten. Immer mehr Forschungsergebnisse sprechen dafür, dass Eltern die Bildschirmzeit von Kindern unter zwölf weit unter das derzeitige Mittelmaß reduzieren sollten. Es gibt die These, für Kinder sei es gut, sie frühzeitig auf das Leben in der digitalen Welt vorzubereiten, aber vieles spricht dafür, dass die Zeit vor dem Bildschirm die Entwicklung der Kinder deutlich stärker bremst als beschleunigt.

Bedenkt man, wie sehr Smartphones, Tablets und PCs Bestandteil des Alltags geworden sind, ist es leichter gesagt als getan, die Zeit vor dem Bildschirm zu reduzieren. Viele Schulen beispielsweise bestehen darauf, im Klassenzimmer mit PCs oder Tablets zu arbeiten, obwohl es Beweise dafür gibt, dass diese Geräte in diesem Umfeld wegen der negativen Folgen der Dopaminstimulation und der reduzierten sozialen Interaktion kontraproduktiv sein könnten. Es muss nicht viel Bildschirmzeit erforderlich sein, um bei Kindern einen Überschuss an Dopamin auszulösen. Ärzte haben beobachtet, dass Kinder, die zu viel Zeit vor einem Bildschirm verbringen, unter einer ganzen Reihe von Entwicklungsproblemen leiden, beispielsweise sind sie unfähig, sich zu konzentrieren, oder sie bekommen Depressionen. Bei präpubertären Kindern und Teenagern ist eine Überproduktion von Dopamin ein Thema, aber hinzu kommt das Problem, dass über soziale Medien gemobbt wird. Selbst Kinder im Teenageralter sind nicht gegen die süchtig machenden Eigenschaften von Internetplattformen auf Mobilfunkgeräten gefeit.

Eltern stehen hier vor einer schwierigen Aufgabe. Selbst wenn sie in den eigenen vier Wänden die Technologie kontrollieren, wie wollen sie ihre Kinder schützen, wenn diese außer Haus sind? Mobilfunkgeräte sind allgegenwärtig und zu viele Menschen sind sich der Gefahren nicht bewusst und entsprechend auch gerne bereit, die Geräte mit anderen zu teilen. Ein möglicher erster Schritt könnte darin bestehen, kleine Gruppen von Eltern nach Art eines Buchclubs zu organisieren. Ziel wäre es, Ideen zu teilen, für die Kinder Spielverabredungen zu vereinbaren, bei denen die Mobilfunkgeräte abgeschaltet bleiben, und sich gegenseitig beim Streben nach einem Ziel zu unterstützen, das sich nur durch gemeinschaftliches Handeln erreichen lässt. Es ist ein langwieriges Unterfangen, den kulturellen Zeitgeist zu verändern. Kleine Grüppchen können hier ein wirksamer erster Schritt sein.

Erwachsene sind weniger anfällig für Technologie als Kinder, aber in Sicherheit wiegen sollten sie sich keineswegs. Smartphones und Internetplattformen sind dafür ausgelegt, ihre Aufmerksamkeit zu erregen und sie zu fesseln. Facebook, YouTube und andere Plattformen sind voll von Verschwörungstheorien, Fehlinformationen und als Fakten verkleideten Fake News. Facebook und YouTube profitieren von Empörung und ihre Algorithmen sind sehr gut darin, diese anzufachen. Selbst wenn die Wut-Trigger bei Ihnen nicht funktionieren, funktionieren sie doch immer noch bei zig Millionen Menschen, deren Handlungen sich auf Sie auswirken. Wahlen sind ein Beispiel dafür. Speziell Facebook hat davon profitiert, allen Nutzern ihre eigene Realität zu geben und dadurch zur politischen Polarisierung beizutragen. Facebook hat es geschafft, 2,2 Milliarden Menschen miteinander zu verbinden und sie gleichzeitig auseinanderzutreiben.

Ein Weg, wie wir uns verteidigen können: Wir ändern die Art und Weise, wie wir Technologie nutzen. Es gibt Belege dafür, dass Internetplattformen während der ersten rund zehn Minuten Glücksgefühle produzieren, aber darüber hinaus führt eine längerfristige Nutzung zu stetig zunehmender Unzufriedenheit. Die in die Plattformen eingearbeiteten Überzeugungstechnologien sorgen für Nutzerbindung. Wir können nicht anders, als noch ein klein wenig weiterzuscrollen in der Hoffnung, gleich würde noch etwas wirklich Großartiges kommen. Die dunklen Seiten der Internetplattformen waren uns nicht klar, als wir abhängig wurden, aber jetzt können wir unser Verhalten ändern. Mit Apps wie Moment können wir unsere Nutzung erfassen und Zeiten oder Orte ohne Mobilfunkgeräte in unseren Tag integrieren. Wir können beschließen, keine neuen Technologien in unser Leben zu lassen, die uns nicht respektieren. Und wir können sogar einige Apps löschen.

Ich hege die Hoffnung, dass sich die Hersteller von Smartphones und Internetplattformen der Aufgabe widmen werden, die schädlichen Aspekte ihrer Produkte zu eliminieren. Sie haben erste Schritte ergriffen, aber es wartet noch jede Menge harter Arbeit auf sie. Politische Entscheider in Washington und den Bundesstaaten können Anreize erschaffen, die es für die Internet-Riesen interessanter machen, ihre Nutzer nicht aus den Augen zu verlieren. Manager im Silicon Valley sollten mit dem, was wir heute wissen, ihre Geschäftspläne noch einmal auf den Prüfstand stellen. Leider ist das Silicon Valley jedoch wie ein Club und selbst für die CEOs großer Technologieunternehmen ist es schwierig, Unternehmen zu kritisieren, die so mächtig wie die Internetplattformen sind.

Die Plattformen führen sich auf, als ob die Nutzer zu sehr mit sich beschäftigt seien, um sich um ihre Eigeninteressen zu kümmern und auf radikale Veränderungen zu drängen. Belehren wir sie eines Besseren. Eltern, Nutzer und besorgte Bürger können dafür sorgen, dass ihre Stimmen gehört werden. Wir leben in Zeiten, in denen Bürger zusammenkommen, um einen Wandel herbeizuführen. Es sollte uns inspirieren, was das gemeinsame Handeln von Black Lives Matter, dem March for Our Lives, dem Woman's March oder Indivisible bewirkt hat. Sie alle nutzen Facebook zum Organisieren von Veranstaltungen, was in diesem Fall etwas von ausgleichender Gerechtigkeit hätte. Menschen in der echten Welt zusammenzubringen ist das perfekte Mittel gegen die Abhängigkeit von Internetplattformen. Wenn uns das gelingt, wird die Welt ein besserer Ort werden.

EPILOG

Wir müssen uns die Demokratie zurückholen. Wir können sie nicht Facebook oder Snapchat oder jemand anderem überlassen. Wir müssen uns die Demokratie zurückholen und sie erneuern. Bei der Gesellschaft geht es um Menschen und nicht um Technologie. – Margrethe Vestager

Freiheit ist eine fragile Sache und nie mehr als eine Generation von ihrer Auslöschung entfernt.
– Ronald Reagan

Fast drei Jahre sind ins Land gegangen, seit ich das erste Mal beobachtete, dass negative Elemente die Algorithmen und das Geschäftsmodell von Facebook zweckentfremdeten, um Unschuldigen Schaden zuzufügen. Ich hätte mir damals nicht vorstellen können, wie groß der Schaden ist, den die von mir einst so geliebten Internetplattformen der Demokratie, der öffentlichen Gesundheit, der Privatsphäre und dem Wettbewerb zufügen. Leben Sie in den Vereinigten Staaten, in Großbritannien oder Brasilien? Dort hat sich die Landespolitik auf eine Art und Weise verändert, deren Folgen möglicherweise noch in Generationen zu spüren sein werden. In Myanmar oder Sri Lanka war möglicherweise Ihr Leben in Gefahr. In jedem Land mit Internetzugang haben die Plattformen die Gesellschaft zum Schlechteren verändert. Wir führen ein unkontrolliertes Evolutionsexperiment durch und die bisherigen Ergebnisse sind furchteinflößend.

Als Menschen und als Bürger waren wir nicht auf die gesellschaftlichen Umwälzungen und die politischen Tumulte eingestellt, die die Internetplattformen in Gang setzten. Sie tauchten so rasch auf und ihr Einfluss auf Mensch und Handel breitete sich dermaßen rasant aus, dass gesellschaftliche, politische und rechtliche Institutionen überrannt wurden. Inzwischen haben in den USA die Zwischenwahlen von 2018 stattgefunden und es gab keine offenkundigen Einmischungsversuche aus dem Ausland. Der eine oder andere wird nun versucht sein, sich zu entspannen. Verantwortungsbewusste Bürger machen sich möglicherweise ebenfalls keine Sorgen mehr, denn inzwischen kümmern sich ja die politischen Entscheider um die Sache. Ich hoffe jedoch, dass Sie erkennen, dass es nur ein Symptom eines deutlich größeren Problems darstellt, wenn ausländische Elemente versuchen, sich in Wahlkämpfe einzumischen. Und für dieses große Problem müssen die Internetplattformen selbst zur Rechenschaft gezogen werden – nur sie, niemand sonst, niemand innerhalb oder außerhalb des Staatsapparats.

In seinem großartigen Buch *Der Weg in die Unfreiheit: Russland, Europa, Amerika* argumentiert Professor Timothy Snyder von der Uni Yale überzeugend, dass die Welt in ein Zeitalter des Autoritarismus schlafwandelt. Die liberalen Demokratien wie auch die Schwellenländer gleichermaßen haben die Lektionen des 20. Jahrhunderts vergessen und kapitulieren vor den autokratischen Appellen an Furcht und Wut. Facebook, Google und Twitter sind für die derzeitigen Veränderungen in der Weltpolitik nicht verantwortlich, aber sie haben sie ermöglicht, sie beschleunigt und sorgten dafür, dass diese Veränderungen gleichzeitig in alle Ecken der Welt getragen werden. Designentscheidungen, die sie beim Streben nach weltweitem Einfluss und gewaltigen Gewinnen getroffen haben, haben die Demokratie und die Bürgerrechte untergraben.

Eines möchte ich ganz deutlich sagen: Ich glaube nicht, dass die Mitarbeiter von Google, Facebook oder Twitter sich jemals hätten vorstellen können, dass ihre Produkte der Demokratie in den USA oder anderswo Schaden zufügen könnten. Aber die von ihnen gebauten Systeme tun genau das. Sie manipulieren die Aufmerksamkeit, sie isolieren Nutzer in Filterblasen und Präferenzblasen und sie machen sie anfällig für Datenschutzverstöße, für den Verlust der Handlungsfähigkeit und für Verhaltensänderungen. Dadurch haben die Internetplattformen ungewollt eine Waffe erschaffen, die jenen dient, die den Machtlosen ihren Willen aufzwingen wollen. Die Auswirkungen, die Facebook auf die amerikanischen Präsidentschaftswahlen von 2016 hatte und auf das Schicksal der Rohingya in Myanmar, sind keine isolierten Ereignisse, vielmehr handelt es sich um eklatante Auswüchse eines globalen Problems, für das wir bislang keine Lösung haben. Dasselbe lässt sich sagen über die rasche Ausbreitung von Verschwörungstheorien auf YouTube und wie dort Extremismus befördert wird. Wenn Unternehmen als einziges Ziel Wachstum im Blick haben und der Ansicht sind, für die Folgen ihres Handelns keine Verantwortung übernehmen zu müssen, wird das immer zu unerwünschten Nebenwirkungen führen. Bei Unternehmen in der Größenordnung von Facebook oder Google können diese Nebenwirkungen die Politik und die öffentliche Gesundheit deutlich verschlimmern.

Es wäre nicht übertrieben zu sagen, dass die größten Bedrohungen, die die Weltordnung zu meinen Lebzeiten gesehen hat, durch Internetplattformen ermöglicht wurden. Wollen wir eine autoritäre Zukunft vermeiden, müssen wir den Einfluss der Plattformen reduzieren, die es den autoritären Kräften ermöglichen, anderen ihren Willen aufzuzwingen. Was auch immer Facebook, Google und ihre Tochterunternehmen an Gutem bewirken, es rechtfertigt nicht den Schaden, den Milliarden Menschen nehmen, und es rechtfertigt nicht, dass wichtige Institutionen wie die Presse, das Wahlsystem und internationale Verwaltungssysteme, die die Unschuldigen schützen, destabilisiert werden. Auf die sanfte Tour hat es mit den Internetplattformen nicht funktioniert, jetzt ist es an der Zeit, die Gangart zu verschärfen. Als Heimat der Internetplattformen kommt den

Vereinigten Staaten die Verantwortung zu, die Unternehmen an die Leine zu nehmen. Einfach wird das nicht, aber es gibt wenigstens zwei Ansätze.

Am effektivsten wäre es, wenn die Nutzer einen Wandel erzwingen würden. Sie haben Einfluss, denn ohne ihre Aufmerksamkeit können die Internetplattformen nicht überleben. In einer perfekten Welt würden die Nutzer den Filterblasen entkommen, nicht zulassen, dass Technologie als Mittler für ihre Beziehungen agiert, und aktiv als mündige Bürger auftreten. Die Zwischenwahlen zeigten, dass in den Vereinigten Staaten eine wachsende Zahl an Nutzern bereit ist, diese Veränderungen vorzunehmen. Gleichzeitig zeigten die Wahlen aber auch, dass sich Demokratie nicht innerhalb eines einzigen Wahlzyklusses wiederherstellen lässt. Eine große Minderheit der Amerikaner lebt weiterhin gemütlich in einer alternativen Realität, die ihnen von Internetplattformen ermöglicht wird.

Der zweite Ansatz wäre eine Intervention des Staats. Normalerweise würde ich an das Thema Regulierung extrem zögerlich herangehen, aber der fortwährende Schaden, den Demokratie, öffentliche Gesundheit, Privatsphäre, Datenschutz und Wettbewerb nehmen, rechtfertigt außergewöhnliche Maßnahmen. Schritt eins bestünde darin, sich um die Fehler in Design und Geschäftsmodell zu kümmern, die Internetplattformen dermaßen missbrauchsanfällig machen. Ein Eingreifen des Staats sollte sich zudem mit allen bekannten Nachteilen befassen, die aus der Nutzung von Internetplattformen erwachsen: Mit Technologie überflutete Kinder entwickeln keine normalen sozialen Fähigkeiten. Teenager nutzen die Technologie der sozialen Medien dafür, sich gegenseitig zu mobben. Erwachsene streben in die warme Umarmung von Filterblasen, die es erschweren, kritisch zu denken. Verführt davon, dass alles so schön einfach ist, geben Nutzer persönliche Daten für immer geringeren Nutzen weg. Die Plattformen selbst haben es nicht hinbekommen, persönliche Daten zu schützen oder ihren Nutzern in vernünftigem Maß Privatsphäre und Sicherheit zu liefern. Den Verbrauchern stehen keine vergleichbare Alternativen zu Facebook und Google offen und die

Unternehmen nutzen ihre außergewöhnliche Marktmacht dafür, die Konkurrenz zu eliminieren, während sie gleichzeitig das Geschäftsmodell der journalistischen Stimmen untergraben, die ihnen gefährlich werden könnten. Mehr als zwei Jahre, nachdem ich Zuck und Sheryl erstmals von meinen Bedenken berichtete, hat sich Facebook entschuldigt und versprochen, sich künftig besser zu verhalten. Grundlegende Veränderungen hat das Unternehmen bis zum heutigen Tag nur wenige vorgenommen.

Ich würde wirklich gerne das, was ich an den Internetplattformen mag, beschützen, aber ich bin willens, das Gute aufzugeben, um das Schädliche aus der Welt zu schaffen. Wir müssen alle uns zur Verfügung stehenden Werkzeuge nutzen. Politische Entscheider haben sich schwergetan, hart gegen Firmen durchzugreifen, die noch 2016 überall geliebt wurden, doch inzwischen intensivieren sie ihre Anstrengungen. Sie müssen alle Instrumente zum Einsatz bringen, die ihnen in Sachen Regulierung zur Verfügung stehen. Uns bleibt nicht viel Zeit.

Facebook und Google haben es nicht hinbekommen, sich selbst zu regulieren. Kaum ein Tag vergeht ohne weitere Enthüllungen. Facebook hat gemeldet, dass Hacker in das System eingedrungen und Angaben zur Identität von 29 Millionen Nutzern gestohlen haben. Von 14 Millionen Nutzern sammelten sie umfangreiche persönliche Informationen und können sich dadurch unerkannt auf anderen Internetplattformen als diese Nutzer ausgeben. Das macht das Ganze zur schwersten Sicherheitspanne, die Facebook bislang öffentlich gemacht hat. Wie Facebook mitteilte, handelte es sich bei den Hackern möglicherweise um Betrüger, was die Gefahr noch verstärken würde. Der Facebook-Tochter WhatsApp werden in vielen Ländern Hassreden und Wahleinmischung vorgeworfen und der Dienst könnte eine überragende Rolle gespielt haben, als Brasilien einen rechtsgerichteten Präsidenten wählte, der ein Ende der Demokratie versprach. Wie die *Washington Post* berichtete, hat ein Unternehmen namens GIPEC auf Instagram zahlreiche Anzeigen für illegale Medikamente entdeckt. Dann brachte Facebook in einem Moment extrem schlechten Timings Portal auf den Markt, ein Heimgerät für Videobotschaften, das mit der Stimmerkennungstechnologie von Amazons Alexa und mit anderen Überwachungsinstrumenten arbeitet, die für Zielgruppenwerbung genutzt werden. Portal wird das Vertrauen der Käufer in Facebook auf eine harte Probe stellen.

In den zwei Monaten vor den Zwischenwahlen intensivierte Facebook die Bemühungen, die Auswirkungen von ausländischer Einmischung, Fehlinformationen und anderen Formen von Tricksereien auf ein Minimum zu begrenzen. Das Unternehmen rief einen „War Room" ins Leben, um Entschlossenheit zu demonstrieren, und führte Werkzeuge ein, die die jeweiligen Wahlkampflager und deren Personal vor Hackerangriffen schützen sollen. Diese Handlungen zeigen, dass das Unternehmen seine Verantwortung anerkennt, die Demokratie zu schützen. Bedauerlicherweise scheint Facebook eine Liste früherer Fehler erstellt zu haben und diese nun der Reihe nach abzuarbeiten, anstatt die Wurzel des Übels anzupacken – sein Geschäftsmodell und seine Algorithmen – oder neue Bedrohungen vorwegzunehmen. Facebook steht vor einem wirklich großen Problem, einer Sisyphusarbeit, muss aber die Schuld dafür ganz allein bei sich selbst suchen. Das zeigte sich auch im Oktober 2018, als das Magazin *Vice* versuchte, im Namen aller 100 US-Senatoren, des Vizepräsidenten der USA und des „Islamischen Staats" Anzeigen zu platzieren … und Facebook sie allesamt durchwinkte.

Die traurige Wahrheit: Selbst wenn Facebook imstande sein sollte, politische Manipulationen auf seinen Plattformen einzugrenzen, würde es weiterhin eine Bedrohung der Demokratie darstellen. Solange nicht etwas die Nutzer aus ihren Filter- und Präferenzblasen befreit, werden diese Blasen auch weiterhin demokratische Prozesse wie das Abwägen und das Eingehen von Kompromissen untergraben. Und da wären noch immer die Abhängigkeiten, das Mobben und die anderen Probleme rund um die öffentliche Gesundheit. Wir würden zudem noch immer mit einem weitreichenden Verlust an Privatsphäre und Onlinesicherheit zu kämpfen haben. Die Wirtschaft würde noch immer unter dem wettbewerbsfeindlichen Verhalten der Monopolisten leiden.

Facebook hat als Reaktion auf den politischen Druck hin einige Zugeständnisse gemacht, während sich Google weiterhin größtenteils trotzig gibt. In Europa ließ das Unternehmen mehrere Gelegenheiten verstreichen, mit den Behörden zusammenzuarbeiten, was zu immer strenger werdenden Bestrafungen führte. Die jüngste ist ein Vorschlag für eine Urheberrechtsänderung, die, wenn der Vorschlag angenommen wird, YouTube praktisch zerstören würde. Google stellt sich auf den Standpunkt, den Behörden in Europa keinerlei Rechenschaft schuldig zu sein, und zwingt die EU damit, den Einsatz immer weiter zu erhöhen. Im September 2018 weigerte sich der Google-CEO, an einer Anhörung des amerikanischen Senats zu ausländischer Einmischung in Wahlen teilzunehmen – eine Anhörung, bei der Google im Vergleich zu Facebook und Twitter vergleichsweise gut dagestanden hätte. Der leere Stuhl bei der Anhörung sprach Bände über Googles Arroganz. Das Echo schien bei Google ein Umdenken zu bewirken, jedenfalls kündigte das Unternehmen kurz darauf an, sich an das zweite Kartellrechtsurteil der EU zu halten. Im Rahmen dieses Urteils wurde Google aufgefordert, seine Softwaredienste vom Android-Betriebssystem abzukoppeln.

Wirklich bedrohlich wurde es für Google im Oktober 2018, als das Unternehmen die Schließung seines erfolglosen sozialen Netzwerks Google+ verkündete. Wie sich herausstellte, hatte es bei Google+ einen massiven Datendiebstahl gegeben, den das Unternehmen monatelang unter den Tisch kehrte. Dann berichtete die *New York Times*, Google habe Andy Rubin, dem Mitgründer von Android, 90 Millionen Dollar Abfindung gezahlt, obwohl glaubwürdige Beweise vorlagen, wonach Rubin sich sexuell unangemessen verhalten hat. In Verbindung mit der Nachricht, andere männliche Google-Manager seien einer Bestrafung wegen unangemessenen Verhaltens entgangen, führte das dazu, dass geschätzt 20.000 Mitarbeiter des Konzerns weltweit die Arbeit niederlegten. Zuvor hatte es bereits kleinere Protestaktionen dagegen gegeben, dass Google sich um

Rüstungsaufträge bemühte, insofern lässt die Arbeitsniederlegung hoffen, dass die Belegschaften von Internetplattformen sich irgendwann ihrer Möglichkeiten besinnen, einen Wandel zu bewirken.

Aus meiner Sicht lässt sich sehr überzeugend darstellen, inwiefern Facebook und Google eine Bedrohung der nationalen Sicherheit darstellen, aber in Washington argumentiert niemand so. In den Jahrzehnten nach dem Zweiten Weltkrieg bevorzugten die Bürger Kollektivmaßnahmen. Damals hätte das Land eine Bedrohung wie die durch die Internetplattformen möglicherweise unter dem Aspekt der nationalen Sicherheit bewertet: Technologie, die der Demokratie schadet, der öffentlichen Gesundheit, dem Datenschutz und dem Wettbewerb – das hätte sicherlich eine aggressive Regulierung, wenn nicht noch härtere Maßnahmen nach sich gezogen.

Wie gesagt: Ich bin überzeugt, dass die Selbstregulierung gescheitert ist; insofern arbeite ich mittlerweile weniger daran, das Thema in die Öffentlichkeit zu bringen, sondern schwerpunktmäßig daran, dem Staat das Eingreifen zu erleichtern. Innerhalb unseres Teams habe ich das beste Hintergrundwissen in Sachen Wirtschaftspolitik, insofern hat das für mich Priorität. Projekt Nummer eins widmet sich der Frage der Anwendung von Kartellrecht auf Internetplattformen.

Der geballte Schaden, den Facebook, Google und – aus anderen Gründen – Amazon anrichten, hat sich auf die Regulierungspolitik in den Vereinigten Staaten ausgewirkt. Immer mehr politische Entscheider haben ihre Bereitschaft zum Ausdruck gebracht, tätig zu werden. In einer perfekten Welt würden politische Entscheider Regulierungen zum Schutz der öffentlichen Gesundheit, der Demokratie, der Privatsphäre und des Wettbewerbs erlassen. In dieser unvollkommenen Welt scheint das Kartellrecht den besten Ausgangspunkt zu bieten. Ende September und Anfang Oktober 2018 habe ich damit verbracht, politischen Entscheidern, darunter auch den Schlüsselfiguren aus der Regierung Trump, ein neues Grundgerüst für Kartellverordnungen vorzustellen.

Erschwert wird die Situation für politische Entscheider dadurch, dass Facebook und Google einen neuen Marktplatz erschaffen haben, der aus Nutzern, Inhaltserstellern und Werbetreibenden besteht. Indem sie den Nutzern im Austausch gegen Daten bequeme Online-Dienstleistungen boten, überzeugten die Konzerne die absolute Mehrheit der Nutzer und zwangen sowohl die Ersteller von Inhalten als auch die Werbetreibenden, mit den Konzernen zu deren Konditionen zu verhandeln. Und diese Konditionen waren außerordentlich günstig für Facebook und Google.

Nachrichten, Musik, Video ... Ersteller von Inhalten plagen sich seit über einer Generation mit rückläufigen Geschäftsmodellen herum. Facebook, Google und Twitter nutzten das aus und boten gewaltige Vertriebskanäle und vage Versprechungen hinsichtlich der Geschäftsmöglichkeiten. Mangels Alternativen ließen sich die Ersteller von Inhalten auf die Internetplattformen ein. Sie hofften, auf diese Weise Mehrwert zu erschaffen und den Kuchen größer für alle zu machen. Es blieb bei der Hoffnung. Stattdessen zogen Facebook und Google den Konsum von Inhalten auf ihre Plattformen, was dazu führte, dass die Werbedollars folgten. Dann sackten Facebook und Google den Löwenanteil der Vorteile ein. Inhalteanbieter, die sich auf Facebook-Anwendungen wie Instant Stories und auf Videos einließen, standen im Anschluss deutlich schlechter da. Aus wirtschaftlicher Sicht nutzten Facebook und Google ihre wirtschaftliche Schlagkraft dazu, ihren Lieferanten Schaden zuzufügen.

Was für die Anbieter von Inhalten gilt, gilt genauso für die Werbetreibenden: Sie müssen dort sein, wo das Publikum ist. In Googles Frühphase bezahlten die Anzeigenkunden, die mit AdWords arbeiteten, nur, wenn tatsächlich Nutzer auf die Anzeigen klickten. Das war eine faire Vereinbarung. Als die Nutzerzahlen bei Facebook und YouTube explodierten, konnten die Unternehmen das traditionelle Bezahlmodell hervorholen, wonach nach Publikumsgröße bezahlt wird und nicht nach realen Handlungen. Bei Facebook hat dieses Modell für viele Anzeigenkunden enttäuschende Ergebnisse mit sich gebracht. Anfangs war das Problem der schlechte Zuschnitt der Zielgruppen. Das wurde besser, als Facebook Metadaten von Nutzeraktivitäten im Netz integrierte; dafür tauchten andere Probleme auf. Im Gegensatz zu Radio und Fernsehen garantierten Internetplattformen weder Publikumsgrößen, noch lieferten sie befriedigende Zahlen zur Reichweite. Werbekunden werfen dem Unternehmen vor, bei Reichweite und Kundenbindung übertrieben zu haben. Rechtliche Auseinandersetzungen und wachsender Argwohn waren die Folge. Weil Facebook und Google die größten Publikumsgruppen kontrollieren, konnte man sie deswegen nicht zur Verantwortung ziehen. Aus wirtschaftlicher Sicht nutzten Facebook und Google ihre wirtschaftliche Schlagkraft dazu, Werbekunden Schaden zuzufügen.

Wer darüber nachdenkt, mit den Internetplattformen zu konkurrieren, lässt sich auf ein nahezu hoffnungsloses Unterfangen ein. Facebook, Google und Amazon haben Schutzgräben rund um ihre Geschäftsfelder gezogen, machen sich Netzwerkeffekte zunutze und setzen das Urheberrecht dazu ein, einzugrenzen, wie neue Marktteilnehmer Nutzer gewinnen und wie sie aus dem Anzeigengeschäft Wert ziehen können. Die Plattformen haben darüber hinaus unterschiedliche Methoden eingesetzt, den Möchtegern-Konkurrenten den Zugang zu Kapital zu erschweren. Aus wirtschaftlicher Sicht nutzten Facebook, Google und Amazon ihre wirtschaftliche Schlagkraft dazu, den Wettbewerb zu verringern.

Die Regulierer denken darüber nach, ihre bisherige Politik der langen Leine aufzugeben. Auch frühere Prahlereien der Internetplattformen („Software verschlingt die Welt" und „Daten sind das neue Öl") haben dazu geführt, dass heute genauer hingeschaut wird. Auch wenn es die Nutzer selbst nicht verstehen – Nutzerdaten haben Wert. Das wissen wir, weil Facebook und Google zwei der wertvollsten Unternehmen sind, die je erschaffen wurden, und weil ihr Geschäft darauf basiert, aus Nutzerdaten Kapital zu schlagen. Der Schaden tritt immer deutlicher zutage und das registrieren politische Entscheider und Regulierer. Die Herausforderung besteht darin, bestehende regulatorische Grundlagen auf eine vergleichsweise junge Branche zu übertragen. Ein offensichtlicher erster Schritt wäre es, Internetplattformen wie Medienunternehmen zu behandeln (und der

Aufsicht der Federal Communications Commission zu unterstellen), aber das würde nur einen kleinen Teil des Problems abdecken.

Missbraucht ein Unternehmen seine wirtschaftliche Macht, wird normalerweise das Kartellrecht angewendet, aber wie in Kapitel 7 dargelegt, hat die Chicagoer Schule das Kartellrecht neu definiert und bemisst nun das Wohlergehen der Verbraucher anhand einer einzigen Größe – dem Preis. Nach aktueller Auffassung ist geballte Wirtschaftsmacht nur dann problematisch, wenn die Verbraucherpreise deswegen steigen. Internetplattformen konnten mit dem Vorschlaghammer auf Zulieferer, Werbekunden und Möchtegern-Konkurrenz losgehen, weil ihr Angebot für die Verbraucher theoretisch kostenlos ist. Präziser wäre es wohl zu sagen, dass die Verbraucher für die Dienste der Internetplattformen nicht mit Geld bezahlen, sondern dass es sich vielmehr um ein Tauschgeschäft handelt – Dienstleistungen gegen Daten.

Während ich über kartellrechtliche Ansätze nachdachte, erinnerte mich Barry Lynn vom Open Markets Institute daran, dass wir einen Weg finden müssten, die wahren Kosten der „kostenlosen" Internetdienste für die Nutzer zu berechnen. Die Antwort sprang uns geradezu an: Daten sind die Währung der Onlinewelt. Wenn wir Daten als Währung betrachten, wie ist es dann um den Wertfluss zwischen Internetplattformen und ihren Nutzern bestellt? Sofort kam mir das Beispiel mit Google in den Sinn, das ich in Kapitel 3 zitiert habe: 2003 suchte ein Nutzer nach einem Hammer, klickte auf eine AdWords-Anzeige und kaufte den Hammer. Der Verkäufer erzielte einen Abschluss und Google wurde für die Anzeige bezahlt. Alle gewannen, aber Google gewann am meisten, denn es sackte die gesammelten Nutzerdaten ein und baute sich damit einen Datensatz auf, um damit Kaufabsichten besser prognostizierbar zu machen. Als Google Gmail einführte, baute es einen Identitätsdatensatz. Die beiden Datensätze wurden miteinander kombiniert, was den Wert exponentiell steigerte, denn künftige AdWords-Werbung würde für den Anzeigenkunden wertvoller sein und damit auch für Google. Dasselbe geschah mit Google Maps, denn nun konnte Google Identität und Kaufabsicht mit dem Standort in Zusammenhang bringen.

Wann immer Google einen neuen Dienst einführte, erhielten die Verbraucher einen schrittweisen Anstieg des Werts, aber mehr nicht. Jede neue Suche, E-Mail oder Kartensuche erzeugt für den Nutzer in etwa denselben Wert. Google dagegen erzielt mindestens drei Formen von Wert: den Werbenutzen, den das Unternehmen aus dem Datensatz ziehen kann, den exponentiell steigenden Werbewert, der aus dem Kombinieren von Datensätzen entsteht, und neue Anwendungsfälle, die sich aus dem Kombinieren der Datensätze ableiten lassen. Zu den wertvollsten Anwendungsfällen, die beim Kombinieren von Datensätzen entstanden, zählte die anhand einer detaillierten Historie abgeleitete Absehbarkeit künftiger Käufe. Erhalten Nutzer Anzeigen für Gegenstände, über die sie gerade gesprochen haben, liegt das in erster Linie an Verhaltensprognosen, die auf kombinierten Datensätzen beruhen.

Die daraus resultierende These lautete: Verbraucher geben mehr Wert an Daten auf, als sie durch Dienstleistungen erhalten. Das scheint sowohl im Moment als auch langfristig betrachtet der Fall zu sein, selbst wenn die Verbraucher sich dessen nicht bewusst sein sollten oder es sie nicht stört. Trifft die These zu, steigt der Preis, den die Nutzer für die Dienste der Internetplattformen bezahlen, seit über einem Jahrzehnt. Vor dem Hintergrund des wettbewerbsfeindlichen Verhaltens gegenüber Zulieferern, Werbetreibenden und Konkurrenten käme die Chicagoer Schule zu dem Schluss, dass diese Situation gegen ihre Kartellphilosophie verstößt.

Macht es einen Unterschied, dass die Nutzer sich nicht über den „Preis" ihrer Daten beschweren? Möglicherweise, aber nicht zwingend. Kartellrecht ist ein Werkzeug der Wirtschaftspolitik, das die Interessen unterschiedlicher Interessengruppen miteinander vereinbaren soll, und die Nutzer sind nur eine dieser Gruppen. Im Kartellrechtsfall gegen Microsoft beispielsweise wurde das Justizministerium tätig, ohne dass die Nutzer Druck ausgeübt hätten. Ziel war es, wettbewerbsfeindliches Verhalten einzudämmen.

Kurz nach meinem Gespräch mit Barry besuchte ich die Federal Trade Commission und die Kartellabteilung im Justizministerium. Sowohl bei der FTC als auch bei der Kartellabteilung wurde die Hypothese offen aufgenommen und ich wurde ermutigt, sie weiterzuentwickeln. Sie baten mich, in Zusammenarbeit mit Ökonomen eine Formel zu erarbeiten, die mithilfe von Daten überprüft werden kann.

Und wieder einmal spielte mir eine glückliche Fügung in die Karten. Ich hatte zuvor bereits einen Termin für ein Arbeitsfrühstück mit dem Präsidenten der Uni Yale vereinbart, ein Treffen, bei dem wir über die dunkle Seite von Internetplattformen sprechen wollten. Als ich auf die Kartelltheorie zu sprechen kam, bot er mir an, Treffen mit geeigneten Wirtschaftsprofessoren seiner Universität zu arrangieren. Die Fakultät hatte beträchtliche Erfahrung darin, Preismodelle für währungslose Transaktionen zu entwickeln. (Eine Woche später erhielt ein Yale-Ökonom den Nobelpreis für seine Pionierarbeit über CO_2-Zertifikate.) In Yale lernte ich fünf Wirtschaftswissenschaftler kennen, einen Politologen und einen Juraprofessor. Alle zeigten sie Interesse. Aktuell haben die schwierigen Arbeiten an einem Modell begonnen, das den Werttransfer auf den von Internetplattformen erschaffenen Märkten abbildet. Eine Seite davon sind Tauschgeschäfte, bei denen kein Geld fließt.

Meine Hypothese ist ein Ausgangspunkt, der dazu dienen kann, die großen Internetplattformen mithilfe des Kartellrechts einzuhegen – und sie idealerweise umzustrukturieren. Lässt man den Dingen einfach ihren Lauf, werden die Plattformen tun, was sie halt tun. Die unerwünschten Nebenwirkungen ihres Erfolgs werden weiterhin Tag für Tag über zwei Milliarden Menschen schaden und rund um den Globus die Gesellschaft schwächen. Wir sollten uns zwar alle Regulierungsmöglichkeiten ansehen, aber das Kartellrecht könnte sich als der Weg erweisen, auf dem die politischen Hürden am niedrigsten sind.

Die Reise, die zu diesem Buch geführt hat, dauert an. Ich habe keine Ahnung, wie sie enden wird. In meinen Träumen rebellieren Milliarden Nutzer und verändern ihren Umgang mit Internetplattformen so drastisch, dass umfassende Veränderungen nötig werden. Vielleicht hilft dieses Buch dabei. In einem anderen Traum geht der Wandel von den Mitarbeitern bei Facebook und Google aus. Im echten Leben müssen sich in der ganzen Welt die politischen Entscheider ihrer Verantwortung stellen und ihre Wähler schützen. Mehr könnte nicht auf dem Spiel stehen.

DANKSAGUNG

Ich habe dieses Buch geschrieben, um die Sache voranzubringen, für die Tristan Harris und ich im April 2017 unsere Kräfte gebündelt hatten. Seit damals haben Dutzende Menschen freiwillig ihre Zeit, ihre Energie und ihren Ruf eingebracht, um das öffentliche Bewusstsein für die von Internetplattformen ausgehenden Gefahren zu schärfen. Es begann mit meiner unglaublichen Frau Ann, die mich vor der Wahl 2016 ermutigte, Kontakt zu Zuck und Sheryl aufzunehmen, und die den weiteren Ablauf auf Schritt und Tritt unterstützte.

Ich möchte Rana Foroohar von der *Financial Times* dafür danken, dass sie mich dazu ermunterte, ein Buch zu schreiben, und dass sie mir meinen Agenten Andrew Wylie vorstellte. Andrew wiederum machte mich mit Ann Godoff und meinem Lektor Scott Moyers bei Penguin Random House bekannt. Das Penguin-Team war großartig, allen voran Sarah Hutson, Matt Boyd, Elisabeth Calamari, Caitlin O'Shaughnessy, Christopher Richards und Mia Council.

Viele Personen haben wertvolles Feedback zu diesem Manuskript beigesteuert. Mein Dank gilt Ann McNamee, Judy Estrin, Carol Weston, Joanne Lipman, Barry Lynn, Gilad Edelman, Tristan Harris, Renée DiResta, Sandy Parakilas, Chris Kelly, Jon Lazarus, Kevin Delaney, Rana Foroohar, Diane Steinberg, Lizza Dwoskin, Andrew Shapiro, Franklin Foer, Jerry Jones und James Jacoby.

Mein Dank und meine Wertschätzung gebührt auch dem Team, das das Center for Human Technology aufbaute: Tristan Harris,

Renée DiResta, Lynn Fox, Sandy Parakilas, Tavis McGinn, Randima Fernando, Aza Raskin, Max Stossel, Guillaume Chaslot, Cathy O'Neil, Cailleach Dé Weingart-Ryan, Pam Miller und Sam Perry. Eure Energie und euer Einsatz sind ein ständiger Quell der Inspiration für mich.

Ein besonderer Dank geht an Judy Estrin, die mir über den Großteil eines Jahrs hinweg mehrere Stunden pro Woche dabei half, die Ideen zu sortieren, die die Grundlage dieses Buchs bilden. Buck's of Woodside war der Rahmen für all diese Treffen und spielte damit erneut seine Rolle als ein Ort, an dem Ideen wahr werden. Vielen Dank an den Inhaber, Jamis MacNiven.

Ein verlegener Dank geht an meine beiden lieben Freunde Paul Kranhold und Lindsay Andrews. Als Elevation seine erfolgreiche Reise beendet hatte, habe ich vergessen, ihre Kontaktinformationen von der Webseite zu nehmen, was zur Folge hatte, dass sie, ohne dafür vergütet zu werden, Ende 2017 und Anfang 2018 Dutzende Anfragen der Presse bearbeiten mussten.

Jonathan Taplin schrieb das Buch, das mir geholfen hat, die wirtschaftlichen und politischen Aspekte dessen, was ich 2016 beobachtet hatte, zu verstehen. Andy Bast von *60 Minutes* schuf das Originalinterview mit Tristan Harris. Brenda Rippee hat Tristans Maske für *60 Minutes* und *Real Time with Bill Maher* verantwortet, sie hat Tristan Ariana Huffington vorgestellt und dann mein Make-up für *Real Time with Bill Maher* gemacht. *Bloomberg Tech*, das normalerweise von Emily Chang moderiert wird, brachte Tristan und mich zusammen. Vielen Dank Candy Cheng, Arianna Huffington, Ben Wizner von der American Civil Liberties Union. Rafi Martina aus dem Stab des US-Senats unterstützte Tristan und mich in der Frühphase. Vielen Dank dafür. Chris Anderson und Cyndi Stiver von TED gaben Tristan eine Bühne und ermutigten uns. Eli Pariser war nicht nur eine Inspiration, er gab uns auch materielle Unterstützung, als wir sie benötigten. John Borthwick hat viele Stunden lang Tristan und mir dabei geholfen, die Auswirkungen unserer Theorien abzuschätzen.

Sehr früh haben sich zwei Organisationen unserer Sache angeschlossen. Barry Lynn, Sarah Miller, Matt Stoller und das Team beim Open Markets Institute (OMI) haben uns im Sommer und Herbst 2017 durch die Hallen des Kongresses geleitet und viele wichtige Kontakte für uns hergestellt. Danke auch an die erweiterte OMI-Familie, insbesondere Tim Wu, Franklin Foer, Zephyr Teachout und Senator Al Franken. Mein alter Freund Jim Steyer gründete Common Sense Media in der Absicht, Eltern und Kindern zu einem besseren Umgang mit ihrem Medienkonsum zu verhelfen. Das führte dazu, dass er schon frühzeitig zu einem Kritiker der Internetplattformen wurde. Jim und seine Kollegen boten dem Center for Humane Technology ein erstes Zuhause und organisierten die Veranstaltungen, die das Center bekannt machten. Common Sense war auch federführend bei den Bestimmungen, die die Legislative in Kalifornien zum Datenschutz und zur Bekämpfung von Bots verabschiedete. Bruce Reeds Ratschläge halfen uns, in Washington erfolgreich zu sein. Dank auch an Ellen Pack, Elizabeth Galicia, Lisa Cohen, Liz Hegarty, Colby Zintl, Jeff Gabriel, Tessa Lim, Liz Klein, Ariel Fox Johnson und Jad Dunning.

Senator Mark Warner hat als erstes Mitglied des Kongresses unsere Sorgen geteilt. Wir können ihm nicht genug für seine Führungsarbeit beim Schutz der Demokratie danken. Senatorin Elizabeth Warren war die erste, die eine traditionelle, gegen Monopole gerichtete Regulierung der Technologiebranche unterstützte. Federal Trade Commissioner Terrell McSweeny half uns besser zu verstehen, welche Rolle die FTC bei Regulierungen spielt.

Meine ersten öffentlichen Äußerungen zu meinen Sorgen in Bezug auf Facebook erschienen in der *USA Today*, weil die Chefredakteurin Joanne Lipman mich um einen Beitrag gebeten hatte. *USA Today* hat über einen Zeitraum von vier Monaten hinweg drei meiner Gastkommentare veröffentlicht, was mir dabei half, meine Stimme zu finden. Bei *Squawk Alley* von *CNBC* steuere ich regelmäßig Beiträge bei, dort wurde über den ersten Artikel in der *USA Today* berichtet und im Anschluss verfolgte man die weitere Entwicklung gewissenhaft. Ben Thompson, Carl Quintanilla, Jon Fortt, Morgan Brennan und das restliche Team bei *Squawk Alley*: Vielen Dank!

Ali Velshi habe ich im Mai 2017 auf dem Parkett der New Yorker Börse kennengelernt, als ich gerade einen Auftritt bei *Squawk Alley* hinter mich gebracht hatte. Es war die erste New-York-Reise von Tristan und mir und Ali wollte unsere Einschätzung zu den Ereignissen hören. Kurz darauf erhielt Ali seine eigene Sendung bei *MSNBC* und berichtete ab Oktober über unsere Geschichte. Er begreift das Thema und seine Zuschauer profitieren davon. Lily Corvo, Sarah Suminski und die fantastischen Make-up- und Produktionsteams bei *MSNBC* sind schlicht großartig. Wann immer ich den Green Room bei *30 Rock* besuchte, habe ich dank eines unerschöpflichen Reservoirs an klugen, informierten Menschen neue Erkenntnisse mitgenommen. Vielen Dank Ari Melber, der sein Rechtswissen in die Facebook-Geschichte mit einbrachte, und an Lawrence O'Donnell, der die Geschichte durch die Brille seines umfassenden Wissens über Geschichte, Politik und Regierung hindurch analysierte. Katy Tur ist eine fantastische Journalistin und war das erste Ziel von Trumps Angriffen auf die Pressefreiheit. Sie ist außerdem ein echter Phish-Fan, wodurch man bei mir automatisch einen Stein im Brett hat. Andere Gäste bei *MSNBC* vermittelten mir wichtige Erkenntnisse. Mein besonderer Dank gilt Clint Watts, Joyce Vance und Eddie Glaude Jr. Vielen Dank auch an Chris Jansing, David Gura, Joanne Denyeau, Justin Oliver und Michael Weiss.

Ohne Paul Glastris und Gilad Edelman wäre dieses Buch niemals zustande gekommen. Sie gaben einen Essay für *Washington Monthly* in Auftrag, führten mich durch den Prozess des Schreibens und halfen mir zu erkennen, dass ich so weit war, ein Buch zu schreiben. Dieser Essay brachte viel mehr in Gang, als wir alle uns das vorgestellt hatten. Vielen Dank, meine Freunde.

Ein gewaltiges Dankeschön geht an Jeff Orlowski, Lissa Rhodes, Laurie David und Heather Reisman, die einen Dokumentarfilm über die Abhängigkeit von Internetplattformen und die Auswirkungen dieser Sucht drehen. Tiefe Wertschätzung empfinde ich auch für

James Jacoby, Anya Bourg, Raney Aronson, Dana Priest und den Rest des großartigen Teams bei *Frontline*, weil sie dokumentiert haben, inwieweit die sozialen Medien die Wahlen von 2016 beeinflussten. Zusätzlich danken möchte ich Geralyn White Dreyfous, Karim Armer und ihrem Dokumentarteam, weil sie sich so tief in das Thema der russischen Wahleinmischung eingegraben haben.

Glückliche Zufälle brachten unser Team auf den Radar des *Guardian* und der *Washington Post*. Gemeinsam mit dem britischen *Observer* machte der *Guardian* die Cambridge-Analytica-Story pu-blik. Wir arbeiteten mit Paul Lewis, Olivia Solon, Julia Carrie Wong und Amana Fontanella-Khan. Vielen Dank an Sie alle! Bei der *Washington Post* arbeiteten wir vor allem mit Elizabeth Dwoskin und Ruth Marcus zusammen. Auch Ihnen beiden vielen Dank! Danke auch an Betsy Morris für eine wunderbare Kurzbiografie im *Wall Street Journal*.

Bei *CBS This Morning* stürzten sich Gayle King, Norah O'Donnell und John Dickerson auf die Geschichte und vermittelten sie einem enorm großen Publikum sehr gut. Vielen Dank! Danke auch an Chitra Wadhwani. Das Team von Jo Ling Kent und Chiara Sottile enthüllte auf *NBC* erstmals wichtige Geschichten über Facebook. Vielen Dank! Ein großes Dankeschön an meine alte Freundin Maria Bartiromo und ihren Booker Eric Spinato bei *Fox Business*. Tucker Carlson bei *Fox* fokussierte sich auf die Bedrohung, die soziale Medien für Kinder und Teenager darstellen. Bei *Fox & Friends* konzentrierte sich Steve Doocy auf das Thema Datenschutz. Vielen Dank an Alexander McCaskill und Andrew Murray. Dankeschön, Hari Sreenivasan und das Team von *PBS NewsHour*, dass sie mir Gelegenheit gegeben haben, die Geschichte mit ihrem Publikum zu teilen. Der britische, ITN gehörende Fernsehsender *Channel 4* strahlte gewaltige Geschichten über Cambridge Analytica und Facebook aus. Vielen Dank an alle Teams, die diese Storys produzierten.

Ein riesengroßes Dankeschön an alle Radiosender, die die Facebook-Geschichte aufgegriffen haben. Vor allem danken möchte ich *CBC Radio* in Kanada, dem *BBC Radio* in Großbritannien, der *Morning Edition* von NPR, der *Weekend Edition* von NPR und

Bloomberg Radio. Vielen Dank auch an Sarah Frier und Selina Wang bei Bloomberg.

Meinen Hut ziehe ich vor David Kirkpatrick, der unmittelbar nach der Wahl von 2016 das Interview mit Zuck führte, das auf die Frage, ob Facebook die Wahl beeinflusst habe, die Reaktion „Das ist doch verrückt" brachte. Ein Jahr später widmete er einen Großteil seiner Konferenz den Problemen mit Internetplattformen. Davids Ermutigungen haben mir ausgesprochen viel bedeutet.

Vielen Dank an die vielen Journalisten und Kommentarschreiber, deren Arbeit in meine eigene eingeflossen ist. Ganz besonderer Dank gebührt Zeynep Tufekci, Kara Swisher, Donie O'Sullivan, Charlie Wartzel, Casey Newton, April Glaser, Will Oremus, Franklin Foer, Tim Wu, Noam Cohen, Farhad Manjoo, Matt Rosenberg, Nick Bilton, Kurt Wagner, Dan Frommer, Julia Ioffe, Betsy Woodruff, Charles Pierce, Josh Marshall, Ben Smith, Brittany Kaiser, Niall Ferguson, Norm Eisen und Fred Wertheimer (der mich auch bei meinem Vorgehen in Washington beraten hat).

Mein Dank geht an alle Kongressabgeordneten auf dem Capitol Hill und ihre Mitarbeiter, die sich mit mir getroffen haben. Vielen Dank an die Senatoren Richard Blumenthal, Cory Booker, Sherrod Brown, Al Franken, Orrin Hatch, Doug Jones, Tim Kaine, John Kennedy, Amy Klobuchar, Edward Markey, Jeff Merkley, Gary Peters, Tina Smith, Jon Tester, Mark Warner und Elizabeth Warren. Vielen Dank an die Stabsmitarbeiter Elizabeth Falcone, Joel Kelsey, Sam Simon, Collin Anderson, Eric Feldman, Caitlyn Stephenson, Leslie Hylton, Bakari Middleton, Jeff Long, Joseph Wender, Stephanie Akpa, Brittany Sadler, Lauren Oppenheimer und Laura Updegrove, um nur einige zu nennen. Vielen Dank auch an die wunderbare Diane Blagman.

Die Kongressabgeordneten Nancy Pelosi und Adam Schiff nahmen sich der Themen an und haben unserem Team dabei geholfen, seine Botschaft breit im Repräsentantenhaus zu streuen. Vielen Dank, Ihnen beiden! Danke auch an die Abgeordneten Kathy Castor, David Cicilline, Mike Doyle, Anna Eshoo, Brian Fitzgerald, Josh Gottheimer, Joe Kennedy, Ro Khanna, Barbara Lee, Zoe Lofgren,

Seth Moulton, Frank Pallone, Jackie Speier und Eric Swalwell. Stabsmitarbeiter wie Kenneth DeGraff, Z.J. Hull, Linda Cohen, Thomas Eager, Maher Bitar, Angela Valles und Slade Bond haben sich meine unendliche Dankbarkeit verdient. Luther Lowe half mir, mich in der politischen Landschaft Washingtons zurechtzufinden. Larry Irving und John Battelle steuerten großartige Ideen bei und halfen mir, Procter & Gamble die Botschaft zu vermitteln.

New Yorks ehemaliger Generalstaatsanwalt Eric Schneiderman war der erste Generalstaatsanwalt eines Bundesstaats, der einem Treffen mit mir zustimmte, und der erste, der erkannte, dass Internetplattformen möglicherweise gegen Verbraucherschutzgesetze verstießen. Mein Dank geht an Noah Stein und seine fantastischen Kollegen.

Vielen Dank an William Schultz und Andrew Goldfarb für ihre großartige Rechtsberatung. Vielen Dank an Erin McKean, die mir zeigte, wie sich die veränderte Wahrnehmung von Facebook in der Sprache niederschlägt.

Enorm viel verdanke ich George und Tamiko Soros. Georges Rede auf dem Weltwirtschaftsforum in Davos basiert auf meinem Essay für *Washington Monthly* und er stellte mir eine faszinierende Auswahl an Ideen und Personen vor. Insbesondere Michael Vacon gebührt mein Dank.

Zu den beeindruckendsten Menschen, die ich auf dieser Reise kennengelernt habe, gehört Marietje Schaake, Europaparlamentarierin aus den Niederlanden. Marietje zählt zu den weltweit führenden Vordenkern, wenn es darum geht, die Bedürfnisse der Gesellschaft mit denen der Technologieplattformen zu vereinbaren. Andrew Rasiej und Micah Sifry von Civic Hall stellten mir Marietje vor und führten mich dann durch die idealistische und hochgradig engagierte Welt der Civic Technology. Vielen Dank!

Viele Menschen kamen praktisch aus dem Nichts und halfen mir dabei, zentrale Themen zu begreifen: Ashkan Soltani, Wael Ghonim, Lawrence Lessig, Laurence Tribe, Larry Kramer, Michael Hawley, Jon Vein, Dr. Robert Lustig, Scott Galloway, Chris Hughes, Laura Rosenberger, Karen Kornbluh, Sally Hubbard, T Bone Burnett, Callie Khouri, Daniel Jones, Glenn Simpson, Justin Hendrix, Ryan Goodman, Siva Vaidhyanathan, B.J. Fogg sowie Rob und Michele Reiner. Meine tiefste Wertschätzung geht an Marc Benioff, weil er die Sache schon frühzeitig unterstützte. Vielen Dank an Tim Berners-Lee dafür, dass er meinen Essay aus *Washington Monthly* verbreitet hat. Ein großes Danke geht an Gail Barnes, die für mich ihre Augen und Ohren in den sozialen Medien offenhielt. Vielen Dank an Alex Knight, Bobby Goodlatte, David Cardinal, Charles Grinstead, Jon Luini, Michael Tchao, Bill Joy, Bill Atkinson, Garrett Gruener und Andrew Shapiro für ihre Ideen, ihre Ermutigung und ihre Fragen, die zum Nachdenken anregten. Vielen Dank an Satya Nadella, Peggy Johnson und Bill Gates dafür, dass sie die Themen ernst genommen haben. Vielen Dank an Tim Cook und alle bei Apple, dass sie die Privatsphäre und die Freiheit der Verbraucher mit so viel Einsatz schützen.

In der Frühphase der Arbeit, die zu diesem Buch führte, leistete Bono einen unschätzbaren Beitrag als Berater.

Mein Dank geht an Herb Sandler, Angelo Carusone, Melissa Ryan, Rebecca Lenn, Eric Feinberg und Gentry Lane.

Danke an das Omidyar Network, die Knight Foundation, die Hewlett Foundation und die Ford Foundation dafür, dass sie das Center for Humane Technology unterstützen.

Vielen Dank an Moonalice – Barry Sless, Pete Sears, John Molo und manchmal Jason Crosby und Katie Skene: Ihr sorgt dafür, dass ich nicht irre werde. Ein ganz besonderer Dank an unsere gesamte Crew: Dan English, Jenna Lebowitz, Tim Stiegler, Derek Walls, Arthur Rosato, Patrick Spohrer, Joe Tang, Danny Schow, Chris Shaw, Alexandra Fischer, Nick Cernak, Bob Minkin, Rupert Coles, Jamie Soja, Michael Weinstein und Gail Barnes. Bedanken möchte ich mich auch bei den wunderbaren Fans von Moonalice. Ihr wisst, wie wichtig ihr seid. Danke auch an Lebo, Jay Lane, Melvin Seals, Lester Chambers, Dylan Chambers, Darby Gould, Lesley Grant, RonKat Spearman, James Nash, Greg Loiacono, Pete Lavezzoli, Stu Allen,

Jeff Pehrson, Dawn Holliday, Grahame Lesh, Alex Jordan, Elliott Peck, Connor O'Sullivan, Bill und Lori Walton, Bob Weir, Mickey Hart, Jeff Chimenti, Rose Solomon, Scott Guberman, die Brothers Comatose [eine Band] und Karin Conn.

Höchste Wertschätzung empfinde ich gegenüber Rory Lenny, Robin Gascon, Dawn Lafond, Gitte Dunn, Diarmuid Harrington, Peter McQuaid, Todd Shipley, Sixto Mendez, Bob Linzy, Fran Mottie, Nick Meriwether, Tim McQuaid und Jeff Idelson.

Bedanken möchte ich mich beim Team von Other World, angeführt von Ann McNamee, Hunter Bell, Jeff Bowen, Rebekah Tisch und Sir Richard Taylor. Eure unerschütterliche Unterstützung hat mich getragen.

All diese Menschen und viele weitere haben geholfen, dieses Buch zum Leben zu erwecken. Sollte ich jemanden vergessen haben, bitte ich um Entschuldigung. Für die Fehler in diesem Buch bin ich ganz allein verantwortlich.

ANHANG 1

MEMO AN ZUCK UND SHERYL: ENTWURF GASTBEITRAG FÜR *RECODE*

Das ist der Essay, den ich Zuck und Sheryl im Oktober 2016, also kurz vor den Präsidentschaftswahlen, geschickt habe.

Facebook macht mich wirklich traurig. Ich habe seit über einem Jahrzehnt mit dem Unternehmen zu tun und war immer sehr stolz und erfreut über den Erfolg des Unternehmens … bis vor einigen Monaten. Jetzt bin ich enttäuscht. Ich bin verlegen. Ich bin beschämt.

Mit über 1,7 Milliarden Mitgliedern zählt Facebook zu den einflussreichsten Unternehmen der Welt. Egal ob es einem gefällt – und ob man Facebook als Technologieunternehmen oder als Medienunternehmen einstuft: Das Unternehmen hat gewaltigen Einfluss auf die Politik und die soziale Sicherheit. Jede Entscheidung des Managements kann für das Leben realer Menschen bedeutsam sein. Das Management trägt die Verantwortung für alle Handlungen. So wie es für jeden Erfolg den Ruhm erhält, muss es für Fehler zur Verantwortung gezogen werden. In jüngster Vergangenheit hat Facebook einige Dinge getan, die wirklich schrecklich sind. Ich kann Facebooks Verhalten nicht länger entschuldigen.

Hier eine Auswahl jüngster Aktionen, die dafür sorgten, dass ich so unglücklich über Facebook bin:

- Facebook bietet Werbekunden die Möglichkeit, Zielgruppenwerbung zu betreiben und dabei demographische Gruppen wie Schwarze und Muslime auszuschließen. Bei Kategorien wie Wohnimmobilien verstößt es gegen das Gesetz, indem es ermöglicht, aufgrund rassistischer Gesichtspunkte zu diskriminieren. In der Politik würde eine derartige Möglichkeit Rassisten stärken.
- Eine Drittpartei nutzte Facebooks öffentliche Programmierschnittstellen dafür, Black Lives Matter zu bespitzeln. Die Reaktion des Managements? „Hey, das sind öffentliche Schnittstellen, jeder kann das." Die Antwort ist unaufrichtig und lässt die Tatsache außer Acht, dass Facebook die Nutzungsbedingungen für jeden Aspekt seiner Webseite vorgegeben hat, auch die für die Programmierstellen. Das Unternehmen könnte die Bedingungen problemlos so ändern, dass Bespitzeln untersagt wäre.
- Facebooks Gesichtserkennungssoftware wird dazu genutzt, auch Personen zu identifizieren, die eine entsprechende Einwilligung nicht gegeben haben. Da Facebook offenbar bereit ist zuzulassen, dass Drittparteien die Webseite zum Bespitzeln nutzen, weckt die Gesichtserkennung im Hinblick auf den vierten Verfassungszusatz Probleme Orwell'schen Ausmaßes.
- Facebooks Algorithmen haben in diesem Wahlzyklus eine enorme Rolle gespielt, da sie den Newsfeed jedes Mitglieds auf Dinge einschränken, die diese mögen. Das verhindert, dass die Nutzer Postings zu sehen bekommen, die ihren vorgefassten Meinungen zuwiderlaufen. Trolle auf beiden Seiten haben diesen Programmierfehler dazu genutzt, Unwahrheiten zu verbreiten und Emotionen zu entfachen.
- Facebook hat die menschlichen Redakteure von seinen Trend-Storys abgezogen, einer der wenigen Möglichkeiten für die Verbraucher auf FB, neue Geschichten kennenzulernen.

Unmittelbare Folge war eine explosionsartige Zunahme der Spam-Geschichten.
- Facebook zählt zu den vielen Silicon-Valley-Firmen, deren Belegschaft überwiegend männlich und weiß ist. Bei Facebook ist zwar das Amt des Präsidenten von einer Frau besetzt, aber das Unternehmen hat in Sachen Vielfalt nicht so große Fortschritte gemacht wie einige andere Silicon-Valley-Firmen.
- Facebook hat öffentlich einem Boardmitglied den Rücken gestärkt, das sich schriftlich und mündlich öffentlich gegen den 19. Verfassungszusatz und Vielfalt am Arbeitsplatz ausgesprochen hat.

Bevor der Eindruck entsteht, diese Fehler seien unterbewusst erfolgt, bitte ich, das Folgende zu bedenken:

- Facebook zensiert Fotos auf eine Art und Weise, die sich als puritanisch beschreiben ließe. Aktuelle Beispiele für Zensur sind das mit einem Pulitzer-Preis ausgezeichnete Foto des von Napalm getroffenen Mädchens in Vietnam und praktisch jedes Foto stillender Frauen. Facebook hat Fotos weiblicher Brustwarzen verboten, zensiert Fotos männlicher Brustwarzen aber nicht.
- Facebook erlaubt kalifornischen Vertriebsstellen medizinischen Marihuanas nicht den Betrieb von Webseiten, nicht einmal dann, wenn die Stellen im Rahmen der bundesstaatlichen Gesetze agieren.
- Facebook hat einige gesponserte Beiträge verboten, die mit Kaliforniens Gesetzesvorschlag 64 (Nutzung von Marihuana durch Erwachsene) zu tun hatten. Die Anzeigen würden etwas Illegales verbieten, so die Begründung, dabei handelte es sich um politische Werbung für einen Volksentscheid, der dieses Jahr zur Abstimmung kam.

Diese Beispiele sind nicht alle gleich bedeutsam, zeigen als Liste aber etwas Wichtiges: Facebook ist nicht entspannt, wenn es darum geht, was auf seiner Seite geschieht. Ganz im Gegenteil. Es bleiben nur solche Inhalte online, die im Einklang mit Facebooks Bestimmungen stehen. Über lange Zeit hinweg hat Facebooks Politik keinen Schaden angerichtet, selbst dann nicht, wenn sie schwer zu rechtfertigen war. Das trifft nicht mehr zu. Facebook ermöglicht es Menschen, Schaden anzurichten. Das Unternehmen verfügt über die Macht, das zu unterbinden. Was ihm momentan dafür fehlt, ist ein Anreiz. All diese Schritte erfolgten vor dem Hintergrund außerordentlichen Wachstums, was Facebooks Nutzerzahlen, Umsätze und Gewinne angeht. Facebook zählt zu den Wall-Street-Aktien mit der besten Kursentwicklung und ist eines der einflussreichsten Unternehmen der Welt. Viele Menschen nehmen das zum Anlass, über Fehler hinwegzusehen, außerdem reduziert es die Zahl derer, die bereit sind, konstruktive Kritik zu üben. Ich habe mich wegen einiger dieser Themen direkt an die Geschäftsführung gewandt, bei anderen an Vertreter der Presse. Der Großteil meiner Anfragen wurde ignoriert und die wenigen Antworten, die ich erhielt, waren unbefriedigend.

Dass ich diese Dinge über *Recode* thematisiere, geschieht nur ausgesprochen zurückhaltend. Ich möchte Facebook dazu bringen, die Fehler einzugestehen, die das Unternehmen macht, die Verantwortung dafür zu übernehmen und ein besseres Geschäftsgebaren an den Tag zu legen. Facebook kann dadurch erfolgreich sein, ohne gesellschaftlich unverantwortlich zu agieren. Wir wissen das, denn Facebook hat in China gewaltige wirtschaftliche Möglichkeiten verstreichen lassen, weil sich das Unternehmen um das Wohlergehen der Mitglieder sorgte, die es in diesem Land haben würde.

Was wird nötig sein, damit Facebook sich verändert? Facebooks Management ist ein Team. Um Führungskräfte zu ermächtigen und zu konstruktiven abweichenden Meinungen zu ermutigen, gilt die Politik: „Wir halten zusammen, komme, was da wolle." Diese Art von Teamwork hat es möglich gemacht, dass Facebook rasch wächst und ein gewaltiges Ausmaß erreicht, aber es bringt eine hässliche Seite mit sich: Einzelne Mitglieder der Facebook-Führungsebene werden für Fehler nicht bestraft, nicht einmal dann, wenn es sich um große Fehler handelt. Als vor einigen Jahren etwas Verstörendes geschah, erklärte man mir, dass bei Facebook die Rechenschaftspflicht auf Teamebene bleibe. Dieses Modell hat erstaunliche Ergebnisse gebracht – und sehr viel verbessert –, aber es bedeutet letztlich auch, dass es keine Rechenschaftspflicht gibt, sofern ein Problem nicht ein Ausmaß erreicht, bei dem das Board beschließen würde, das gesamte Managementteam auszutauschen. Ich kann mir kein realistisches Szenario vorstellen, bei dem es soweit kommen könnte. Also stehen wir nun da und Woche für Woche werden immer verstörendere Tatsachen bekannt. Ich suche nach einem Weg, wie ich Facebooks Geschäftsführung dazu ermutigen kann, mehr Verantwortung gegenüber der Gesellschaft an den Tag zu legen.

Die Rolle, die Facebook in unserer Kultur und der Politik spielt, lässt sich nicht hoch genug hängen. Beim derzeitigen Kurs und Tempo kann Facebook innerhalb weniger Monate mehr Schaden anrichten, als wir innerhalb eines Jahres reparieren könnten. Ich möchte mich mit Personen zusammenschließen, die meine Sorgen teilen, die bereit sind, das Gespräch mit Facebook zu suchen, die dem Unternehmen unsere Bedenken vermitteln und mit ihm daran arbeiten, die Probleme aus der Welt zu schaffen. Als Einzelner verfügen wir nicht über ausreichend Macht, Facebooks Verhalten zu ändern, aber vielleicht können wir eine Koalition erschaffen, die so groß ist, dass wir etwas bewirken.

ANHANG 2

„ZUM JETZIGEN ZEITPUNKT IN DER GESCHICHTE"

*Rede von George Soros,
Davos, Schweiz, 25. Januar 2018*

Zum jetzigen Zeitpunkt in der Geschichte

Guten Abend. Es ist eine Art jährliche Davos-Tradition für mich geworden, einen Überblick über den aktuellen Zustand der Welt zu geben. Ich hatte eine halbe Stunde für meine Äußerungen und eine halbe Stunde für Fragen geplant, aber meine Rede wird nun doch eher fast eine Stunde Zeit in Anspruch nehmen. Ich führe das darauf zurück, mit welch schweren Problemen wir es zu tun haben. Im Anschluss an meine Rede nehme ich Ihre Kommentare und Fragen entgegen, also seien Sie bereit.

Die aktuellen Zeiten empfinde ich als ziemlich schmerzhaft. Offene Gesellschaften stecken in der Krise und unterschiedliche Formen von Diktaturen und Mafia-Staaten, versinnbildlicht durch Putins Russland, sind auf dem Vormarsch. In den Vereinigten Staaten würde Präsident Trump gerne einen Mafia-Staat einführen, aber das kann er nicht, weil die Verfassung, andere Einrichtungen und eine lebendige Zivilgesellschaft das nicht zulassen werden.

Ob wir es nun mögen oder nicht, aber meine Stiftungen, die meisten unserer Stipendiaten und auch ich persönlich haben einen harten Kampf zu führen in dem Bemühen, die demokratischen Errungenschaften der Vergangenheit zu schützen. Meine Stiftungen konzentrierten sich auf die sogenannten Entwicklungsländer, aber nachdem nun auch in den Vereinigten Staaten und Europa die offene Gesellschaft gefährdet ist, geben wir mehr als die Hälfte unseres Budgets näher an unserem Zuhause aus, denn was hier geschieht, wirkt sich negativ auf die gesamte Welt aus.

Doch es reicht nicht, die demokratischen Errungenschaften der Vergangenheit zu schützen, wir müssen darüber hinaus die Werte der offenen Gesellschaft sichern, damit sie besser gegen künftige Angriffe gewappnet sind. Die offene Gesellschaft wird immer ihre Gegner haben und damit sie überlebt, muss jede Generation aufs Neue unter Beweis stellen, dass sie sich der offenen Gesellschaft verpflichtet fühlt.

Die beste Verteidigung ist ein prinzipientreuer Gegenangriff. Die Widersacher der offenen Gesellschaft fühlen sich siegesgewiss und das verleitet sie dazu, ihre repressiven Anstrengungen zu übertreiben. Das sorgt für Ressentiments und eröffnet Möglichkeiten, dagegenzuhalten. Das geschieht heute an Orten wie Ungarn.

„Offene Gesellschaften vor ihren Feinden zu schützen, Regierungen rechenschaftspflichtig zu machen und kritisches Denken zu fördern" – so habe ich früher die Ziele meiner Stiftungen definiert. Aber die Situation hat sich verschlimmert. Nicht nur das Überleben der offenen Gesellschaft steht auf dem Spiel, sondern das Überleben unserer gesamten Zivilisation. Das hat viel mit dem Aufstieg von Anführern wie Kim Jong-Un in Nordkorea und Donald Trump in den USA zu tun. Beide scheinen willens, einen Atomkrieg zu riskieren, um sich an der Macht zu halten. Aber die eigentliche Ursache liegt noch tiefer.

Die Fähigkeit des Menschen, sowohl für konstruktive wie auch destruktive Zwecke die Kräfte der Natur zu nutzen, wächst weiter, während unsere Fähigkeit, uns selbst anständig zu regieren, Schwankungen unterliegt. Momentan ist sie auf einem Tiefstand.

Die Bedrohung eines Atomkriegs ist dermaßen furchteinflößend, dass wir dazu neigen, sie zu ignorieren. Doch sie ist real. Tatsächlich steuern die Vereinigten Staaten auf einen Atomkrieg zu, indem sie sich weigern zu akzeptieren, dass Nordkorea eine Atommacht geworden ist. Für Nordkorea bildet das einen starken Anreiz, seine atomaren Fähigkeiten mit höchster Geschwindigkeit auszubauen. Das wiederum könnte die Vereinigten Staaten dazu verleiten, ihre nukleare Überlegenheit vorbeugend zum Einsatz zu bringen, also einen Atomkrieg zu starten, um einen Atomkrieg zu vermeiden – eine offensichtlich widersprüchliche Strategie.

Tatsache ist, dass Nordkorea Atommacht geworden ist und es keinen militärischen Ansatz gibt, der verhindern könnte, was bereits geschehen ist. Die einzig vernünftige Strategie besteht darin, die Realität zu akzeptieren, mag sie auch noch so unangenehm sein, und sich damit abzufinden, dass Nordkorea eine Atommacht ist. Das erfordert von den Vereinigten Staaten eine Kooperation mit sämtlichen interessierten Beteiligten, allen voran China. Peking hält die meisten Machthebel gegen Nordkorea in Händen, zögert aber, sie anzuwenden. Bedrängt man Pjöngjang zu sehr, könnte das Regime in sich zusammenfallen und China würde von nordkoreanischen Flüchtlingen überrannt. Mehr noch: Peking zögert, den Vereinigten Staaten, Südkorea oder Japan irgendwelche Gefälligkeiten zu leisten – gegen einige dieser Staaten hegt das Land unterschiedliche Ressentiments.

Für eine Zusammenarbeit wären umfangreiche Verhandlungen erforderlich, aber ist eine Zusammenarbeit erst einmal vereinbart, könnte das Bündnis Nordkorea gleichermaßen mit Zuckerbrot und Peitsche entgegentreten. Mit der Peitsche könnte man das Land dazu zwingen, sich auf Verhandlungen in gutem Glauben einzulassen, das Zuckerbrot dafür, das Land zu belohnen, wenn es nachweislich die weitere Entwicklung von Atomwaffen ausgesetzt hat. Je eher sich ein »Freeze for Freeze«-Abkommen[*] vereinbaren lässt, desto erfolgreicher wird die Politik sein. Erfolg lässt sich danach bemessen, wie lange es dauern würde, bis Nordkorea sein Atomwaffenarsenal vollständig einsatzbereit hat. Ich möchte Ihre Aufmerksamkeit auf zwei

---

[*] Anm. d. Übers.: Nordkorea friert seine Arbeit an Atomwaffen ein (ein „freeze"), dafür setzen die USA ihre Truppenübungen in Südkorea aus (der andere „freeze").

grundlegende Berichte lenken, die die Crisis Group gerade zu der Frage veröffentlicht hat, wie wahrscheinlich ein Atomkrieg in Nordkorea ist.

Die andere große Bedrohung für das Überleben unserer Zivilisation ist der Klimawandel, der zugleich immer stärker zur Zwangsmigration beiträgt. Ich habe mich an anderer Stelle sehr ausführlich mit den Problemen der Migration befasst, muss aber betonen, wie ernst und hartnäckig diese Probleme sind. Auch auf Einzelheiten zum Klimawandel möchte ich nicht eingehen, denn es ist allgemein bekannt, was getan werden muss. Wir haben das wissenschaftliche Wissen; was fehlt, ist der politische Willen, vor allem in der Regierung Trump.

Natürlich sehe ich die Regierung Trump als Gefahr für die Welt an, aber ich erachte sie als ein definitiv zeitlich begrenztes Phänomen, das 2020 oder vielleicht noch eher verschwinden wird. Ich zolle Präsident Trump Respekt dafür, wie brillant er den Kern seiner Anhängerschaft motiviert hat, aber für jeden unerschütterlichen Anhänger hat er eine größere Zahl unerschütterlicher Widersacher erschaffen, die genauso stark motiviert sind. Deshalb rechne ich 2018 mit einem erdrutschartigen Sieg der Demokraten.

Was die Vereinigten Staaten anbelangt, ist es mein persönliches Ziel, dafür zu sorgen, dass es wieder ein funktionierendes Zwei-Parteien-System gibt. Dazu wird nicht nur ein Erdrutschsieg im Jahr 2018 erforderlich sein, sondern auch eine Demokratische Partei, die auf eine überparteiliche Neuordnung der Wahlbezirke hinarbeitet, auf die Ernennung gut qualifizierter Richter, auf eine ordentlich durchgeführte Volkszählung und andere Maßnahmen, die für ein funktionierendes Zwei-Parteien-System erforderlich sind.

Die IT-Monopole

Ich möchte den Großteil der restlichen Zeit auf ein anderes globales Problem eingehen – den Aufstieg und das monopolistische Verhalten der riesigen IT-Plattform-Unternehmen. Diese Unternehmen spielten häufig eine innovative und befreiende Rolle, aber während Facebook und Google zu immer mächtigeren Monopolen heranwuchsen, entwickelten sie sich zu Innovationshindernissen, außerdem haben sie eine Vielzahl Probleme verursacht, derer wir uns jetzt erst bewusst werden.

Unternehmen erzielen Gewinne, indem sie ihre Umwelt ausbeuten. Bergbau- und Ölunternehmen beuten die reale Umwelt aus, soziale Medien beuten die soziale Umwelt aus. Das ist ganz besonders schädlich, weil soziale Medien unbemerkt von den Menschen Einfluss darauf haben, wie die Menschen denken und wie sie sich verhalten. Das hat weitreichende negative Auswirkungen auf das Funktionieren der Demokratie, speziell auf die Integrität von Wahlen.

Herausragendes Kennzeichen der Internetplattform-Unternehmen ist, dass sie Netzwerke sind und von Mindestrenditen profitieren. Das ist die Ursache ihres phänomenalen Wachstums. Der Netzwerkeffekt ist beispiellos und transformativ, aber er ist auch nicht nachhaltig. Facebook hat 8,5 Jahre benötigt, um auf eine Milliarde Nutzer zu kommen, und die Hälfte der Zeit, um die zweite Milliarde zu erreichen. Bei dieser Geschwindigkeit werden Facebook in weniger als drei Jahren die Neukunden ausgehen.

Facebook und Google kontrollieren praktisch mehr als die Hälfte aller Online-Anzeigenumsätze. Um ihre Dominanz zu wahren, müssen sie ihre Netzwerke ausweiten und ihren Anteil an der Aufmerksamkeit der Nutzer erhöhen. Aktuell tun sie das, indem sie den Nutzern eine bequem zu nutzende Plattform bieten. Je mehr Zeit die Nutzer auf der Plattform verbringen, desto wertvoller werden sie für die Unternehmen.

Anbieter von Inhalten tragen zur Rentabilität der Social-Media-Unternehmen bei, denn sie können es nicht vermeiden, die Plattformen zu verwenden, und sie müssen die Bedingungen akzeptieren, die ihnen gestellt werden.

Die außergewöhnliche Rentabilität dieser Unternehmen hängt größtenteils damit zusammen, dass sie es vermeiden, für die Inhalte auf ihren Plattformen Verantwortung zu übernehmen – und dass sie es vermeiden, dafür zu zahlen.

Sie behaupten, sie würden nur Informationen verbreiten. Aber die Tatsache, dass sie dies nahezu monopolartig tun, macht sie zu Versorgungsbetrieben, weshalb sie einer strengeren Regulierung unterworfen werden sollten, die zum Ziel haben sollte, Wettbewerb, Innovation und gerechten und offenen universellen Zugang zu gewährleisten.

Das Geschäftsmodell der Social-Media-Unternehmen basiert auf Anzeigen. Ihre wahre Kundschaft sind die Anzeigenkunden. Allerdings entsteht schrittweise ein neues Geschäftsmodell, das nicht nur auf Anzeigen basiert, sondern auch auf dem Direktverkauf von Produkten und Dienstleistungen an die Nutzer. Sie schlachten die kontrollierten Daten aus, bündeln ihre angebotenen Dienstleistungen und arbeiten mit diskriminierender Preisbildung, um von den Vorteilen, die sie ansonsten mit den Verbrauchern teilen müssten, mehr einzubehalten. Dadurch wird ihre Rentabilität noch zusätzlich gesteigert – aber das Bündeln von Diensten und die diskriminierende Preisbildung untergraben die Effizienz der Marktwirtschaft.

Social-Media-Unternehmen betrügen ihre Nutzer, indem sie ihre Aufmerksamkeit manipulieren und in Richtung ihrer eigenen kommerziellen Zwecke steuern. Vorsätzlich sorgen sie dafür, dass die von ihnen angebotenen Dienste abhängig machen. Das kann sehr schädlich sein, insbesondere für Heranwachsende. Es gibt Ähnlichkeiten zwischen Internetplattformen und Glücksspielunternehmen. Kasinos haben Techniken entwickelt, Spieler so zu fesseln, dass diese all ihr Geld verspielen und sogar noch Geld, das sie gar nicht besitzen.

In unserem digitalen Zeitalter geschieht etwas sehr Schädliches und möglicherweise Unumkehrbares mit der Aufmerksamkeitsspanne der Menschen. Es geht nicht um Ablenkung oder Abhängigkeit – Social-Media-Unternehmen verleiten Menschen dazu, ihre Autonomie aufzugeben. Die Macht, die Aufmerksamkeit der Menschen zu prägen, konzentriert sich immer stärker in den Händen einiger weniger Unternehmen. Es bedarf echter Anstrengung, um das, was

John Stuart Mill als „Freiheit des Geistes" bezeichnete, zu behaupten und zu bewahren. Ist diese Möglichkeit erst einmal verloren, könnte es sein, dass Menschen, die im digitalen Zeitalter aufgewachsen sind, sie nur schwer wieder zurückerlangen. Die politischen Folgen könnten weitreichend sein. Menschen, die nicht über die Freiheit des Geistes verfügen, sind leicht zu manipulieren. Diese Gefahr droht nicht allein in der Zukunft – bei den amerikanischen Präsidentschaftswahlen von 2016 spielte sie bereits eine wichtige Rolle.

Doch am Horizont zeichnet sich ein sogar noch beunruhigenderes Szenario ab. Ein Bündnis zwischen autoritären Staaten und diesen großen, datenreichen IT-Monopolen würde aufkeimende kommerzielle Überwachungssysteme mit einem bereits hoch entwickelten System staatlich geförderter Überwachung kombinieren. Das Resultat könnte durchaus ein Netz totalitärer Kontrolle sein, wie es sich nicht einmal Aldous Huxley oder George Orwell hätten vorstellen können.

Die Länder, in denen diese unheiligen Ehen voraussichtlich als erstes Realität werden könnten, sind Russland und China. Vor allem die chinesischen IT-Unternehmen stehen den amerikanischen in nichts nach. Zudem genießen sie die uneingeschränkte Unterstützung und den Schutz des Xi-Jinping-Regimes. Chinas Regierung ist stark genug, ihre nationalen Champions – zumindest innerhalb der eigenen Grenzen – verteidigen zu können.

Schon heute sind die IT-Monopole mit Sitz in den USA versucht, Kompromisse einzugehen, um Zugang zu diesen gewaltigen und rasch wachsenden Märkten zu erhalten. Die diktatorischen Anführer dieser Länder sind vermutlich nur zu gerne zu einer Zusammenarbeit bereit, da sie ihre eigene Bevölkerung besser kontrollieren wollen und ihre Machtposition und ihren Einfluss in den Vereinigten Staaten und dem Rest der Welt ausweiten wollen.

Die Eigentümer der Plattform-Riesen halten sich selbst für die Herren des Universums, tatsächlich sind sie Sklaven der Notwendigkeit, ihre dominante Position bewahren zu müssen. Es ist nur eine Frage der Zeit, bevor die globale Dominanz der amerikanischen

IT-Monopole zerschlagen wird. Davos ist als Ort gut geeignet, um zu verkünden, dass ihre Tage gezählt sind. Regulierung und Besteuerung werden sie zu Fall bringen und die EU-Wettbewerbskommissarin Vestager wird ihre Nemesis sein.

Immer deutlicher zutage tritt darüber hinaus die Erkenntnis, dass es zwischen der Dominanz der Plattform-Monopole und dem zunehmenden Maß an Ungleichheit einen Zusammenhang gibt. Dass sich die Anteile in den Händen einiger weniger Einzelner bündeln, ist einer der Faktoren, aber die seltsame Rolle der IT-Riesen ist sogar noch wichtiger. Sie haben Monopolmacht erlangt, stehen aber gleichzeitig miteinander im Wettbewerb. Sie sind groß genug, Start-ups, die zu Konkurrenten heranwachsen können, zu schlucken, aber nur die Riesen verfügen über die Ressourcen, die es braucht, um in das Territorium des jeweils anderen vorzustoßen. Sie sind bereit, die neuen Wachstumsbereiche zu dominieren, die die künstliche Intelligenz eröffnet, beispielsweise fahrerlose Autos.

Wie sehr sich Innovationen auf die Arbeitslosigkeit auswirken, hängt von der jeweiligen Regierungspolitik ab. Die Europäische Union und insbesondere die nordischen Staaten agieren in ihrer Sozialpolitik weitaus weitsichtiger als die Vereinigten Staaten. Sie schützen die Arbeitnehmer, nicht die Jobs. Sie sind bereit, für die Umschulung oder Pensionierung entlassener Arbeitnehmer zu bezahlen. Das verleiht den Arbeitnehmern in den nordischen Ländern ein größeres Gefühl von Sicherheit und sorgt dafür, dass sie technologischen Innovationen positiver gegenüberstehen als Arbeitnehmer in den USA.

Internetmonopole verfügen weder über den Willen noch die Absicht, die Gesellschaft vor den Folgen ihres Handelns zu schützen. Das macht sie zu einer Bedrohung und die Regulierungsstellen haben die Aufgabe, die Gesellschaft vor ihnen zu schützen. In den Vereinigten Staaten sind die Regulierer nicht stark genug, sich gegen ihren politischen Einfluss zur Wehr zu setzen. Die Europäische Union ist besser aufgestellt, denn sie verfügt über keine eigenen Plattform-Riesen.

Monopolmacht wird von der Europäischen Union anders definiert als von den Vereinigten Staaten. Amerikanische Gesetzeshüter konzentrieren sich in erster Linie auf Monopole, die durch Übernahmen entstanden sind, wohingegen die Gesetzgebung in der EU den Missbrauch von Monopolmacht untersagt, und zwar unabhängig davon, wie die Monopolmacht erlangt wurde. Europas Gesetze zum Schutz von Privatsphäre und Daten sind deutlich stärker als die in Amerika. Darüber hinaus haben die USA eine merkwürdige Doktrin übernommen: Schaden wird hier als Anstieg des Preises gemessen, den Verbraucher für empfangene Dienstleistungen bezahlen – und Derartiges ist nahezu unmöglich nachzuweisen, wenn die meisten Dienstleistungen umsonst angeboten werden. Außen vor bleiben hier die wertvollen Daten, die die Plattformunternehmen über ihre Nutzer sammeln.

Kommissarin Vestager ist die Speerspitze beim europäischen Ansatz. Sieben Jahre benötigte die EU, um eine Anklage gegen Google vorzubereiten, aber infolge ihres Erfolgs wurde der Prozess deutlich beschleunigt. Dank ihrer missionarischen Arbeit wirkt sich der europäische Ansatz inzwischen auch auf die Haltung in den Vereinten Staaten aus.

**Der Aufstieg des Nationalismus und
wie er umgekehrt werden kann**

Ich habe einige der dringlichsten und wichtigsten Probleme umrissen, mit denen wir es heutzutage zu tun haben. Lassen Sie mich abschließend darauf hinweisen, dass wir in einer revolutionären Zeit leben. All unsere gewohnten Institutionen befinden sich im Umbruch und unter diesen Umständen laufen Unvermögen und Reflexionsstärke unter Volldampf.

Ich habe im Laufe meines Lebens ähnliche Zustände erlebt, zuletzt vor rund 30 Jahren. Damals baute ich mein Netzwerk an Stiftungen in der ehemaligen Sowjetunion auf. Hauptunterschied zwischen den beiden Phasen ist der, dass vor 30 Jahren internationale Ordnungspolitik und Zusammenarbeit vorherrschten. Die Europäische Union war eine aufstrebende Macht und die Sowjetunion die im Verfall begriffene. Heute dagegen ist der Nationalismus die treibende Kraft. Heute ersteht Russland neu, die Europäische Union dagegen läuft Gefahr, ihre Werte aufzugeben.

Sie erinnern sich gewiss: Die damalige Erfahrung verlief für die Sowjetunion nicht gut. Das Sowjetimperium brach zusammen und Russland hat sich in einen Mafia-Staat verwandelt, der sich eine nationalistische Ideologie zulegte. Meine Stiftungen leisten recht gute Arbeit – die fortschrittlicheren Mitglieder des Sowjetimperiums traten der Europäischen Union bei.

Unser Ziel ist es jetzt, zur Rettung der Europäischen Union beizutragen und sie dann radikal neu zu erfinden. Die Menschen meiner Generation haben die EU einst begeistert unterstützt, aber das änderte sich nach der Finanzkrise von 2008. Die EU kam vom Weg ab, denn sie wurde von veralteten Abkommen und einem fehlgeleiteten Glauben an Sparpolitik dominiert. Was als freiwilliges Bündnis gleichberechtigter Nationen begann, wurde in eine Beziehung zwischen Gläubigern und Schuldnern verwandelt, bei der die Schuldner ihre Verpflichtungen nicht bedienen konnten und die Gläubiger vorgaben, welche Bedingungen die Schuldner zu erfüllen hätten. Dieses Bündnis war weder freiwillig noch gleichberechtigt.

Infolgedessen sieht ein großer Teil der aktuellen Generation die Europäische Union mittlerweile als ihren Feind an. Ein wichtiges Land, Großbritannien, ist dabei, die EU zu verlassen, und mindestens zwei Länder, Polen und Ungarn, werden von Regierungen regiert, die die Werte, auf denen die Europäische Union basiert, vehement ablehnen. Sie tragen scharfe Konflikte mit verschiedenen europäischen Institutionen aus und diese Institutionen versuchen, sie zu disziplinieren. In mehreren anderen Ländern sind europafeindliche Parteien auf dem Vormarsch. In Österreich sind sie Teil der Koalitionsregierung und das Schicksal Italiens wird sich bei den Wahlen im März entscheiden. Wie können wir verhindern, dass die Europäische Union ihre Werte aufgibt? Wir müssen sie auf sämtlichen Ebenen reformieren – auf der Ebene der Union selbst, auf der Ebene der

Mitgliedsstaaten und auf der Ebene der Wählerschaft. Wir befinden uns in einer revolutionären Phase und alles unterliegt einem Wandel. Die jetzt getroffenen Entscheidungen werden bestimmen, wie die Zukunft aussieht.

Auf Ebene der Union lautet die zentrale Frage: Was soll mit dem Euro geschehen? Sollte jeder Mitgliedsstaat gezwungen sein, früher oder später den Euro einzuführen, oder soll die aktuelle Situation unbegrenzt Bestand haben? Der Vertrag von Maastricht schreibt die erste Alternative vor, aber der Euro hat einige Defekte entwickelt, die der Vertrag von Maastricht nicht vorhergesehen hatte und die noch immer ihrer Beseitigung harren.

Sollte man zulassen, dass die Probleme des Euros die Zukunft der Europäischen Union gefährden? Ich wäre unbedingt dagegen. Tatsache ist: Diejenigen Länder, die sich nicht qualifiziert haben, sind stark an einem Beitritt zum Euro interessiert, während – mit der Ausnahme Bulgariens – diejenigen, die sich dagegen entschieden haben, hätten beitreten dürfen. Darüber hinaus würde ich mich freuen, wenn Großbritannien ein Mitglied der EU bliebe oder früher oder später wieder beitritt, aber dazu würde es nicht kommen, wenn es bedeuten würde, den Euro einführen zu müssen. Die Wahl, vor der die EU steht, ließe sich besser formulieren als die Wahl zwischen mehreren Geschwindigkeiten und mehreren Ansätzen. Bei einer EU mit mehreren Geschwindigkeiten müssten sich die Mitglieder im Vorfeld auf das Endergebnis verständigen, das es zu erreichen gilt. Bei der Version mit mehreren Ansätzen können die Mitgliedsländer frei Koalitionen der Willigen vereinbaren, um bestimmte Ziele zu verfolgen, auf die sie sich verständigt haben. Dieser Weg ist natürlich flexibler, aber die europäische Bürokratie bevorzugt die Variante mit mehreren Geschwindigkeiten. Das trug entscheidend zur Starrheit der EU-Struktur bei.

Auf Ebene der Mitgliedsstaaten gilt, dass ihre Parteien größtenteils veraltet sind. Die alte Unterscheidung zwischen links und rechts wird überschattet von der Frage, ob man für oder gegen Europa ist. Das wirkt sich in den jeweiligen Ländern unterschiedlich aus.

In Deutschland geriet die bisher siamesischen Zwillingen gleichende Verbindung zwischen CDU und CSU nach den Ergebnissen der jüngsten Wahlen unter nahezu unerträgliche Spannung. Dann gibt es noch eine weitere Partei, die AfD, die noch weiter rechts steht als die CSU in Bayern. Mit Blick auf die Kommunalwahlen 2020 war die CSU deswegen gezwungen, weiter nach rechts zu rücken, wodurch die Kluft zwischen CSU und CDU sehr groß geworden ist. Das hat dazu geführt, dass das deutsche Parteiensystem so lange weitgehend dysfunktional bleibt, bis CDU und CSU sich trennen.

In Großbritannien sind ganz klar die Konservativen die rechte Partei und Labor die linke, aber beide Parteien sind in ihrer Haltung zum Brexit intern gespalten. Das verkompliziert die Brexit-Verhandlungen enorm und macht es für Großbritannien als Land ausgesprochen schwierig, zu entscheiden und seine Haltung gegenüber Europa anzupassen.

Mit Ausnahme Frankreichs ist damit zu rechnen, dass andere europäische Länder ähnliche Neuausrichtungen durchlaufen werden. Frankreich hat seine interne Revolution bereits hinter sich.

Auf Ebene der Wähler hat die von einer kleinen Gruppe Visionäre um Jean Monnet angestoßene Top-down-Initiative den Integrationsprozess sehr weit vorangetrieben, mittlerweile aber ihren Schwung verloren. Was wir nun benötigen, ist eine Kombination aus dem Top-down-Ansatz der europäischen Behörden und den von einer aktiven Wählerschaft angestoßenen Bürgerinitiativen. Glücklicherweise gibt es viele derartige Initiativen, die mit einem Bottom-up-Konzept arbeiten. Inwieweit die Obrigkeit auf sie reagiert, bleibt abzuwarten. Bislang hat sich vor allem Präsident Macron in dieser Hinsicht offen gezeigt. Er legte während seines Präsidentschaftswahlkampfs eine pro-europäische Haltung an den Tag und seine aktuelle Strategie konzentriert sich auf die Europawahlen von 2019. Dazu ist es nötig, die Wählerschaft einzubinden.

Ich habe Europa ausführlicher analysiert, aber aus historischer Perspektive ist es letztlich viel wichtiger, was in Asien geschieht. China ist die aufstrebende Macht. Während Maos Revolution gab es in China viele leidenschaftliche Befürworter einer offenen Gesellschaft, die zur Umerziehung aufs Land geschickt wurden. Wer überlebte, kehrte auf Machtpositionen innerhalb der Regierung zurück. Insofern war die künftige Ausrichtung Chinas früher offen, aber das gilt nicht mehr.

Die Befürworter einer offenen Gesellschaft sind ins Rentenalter gekommen und Xi Jinping, der mehr mit Putin als dem sogenannten Westen gemein hat, hat begonnen, ein neues System zu etablieren, in dem die Partei die Schirmherrschaft über alles übernimmt. Ich fürchte, die Prognose für die nächsten 20 Jahre fällt eher trüb aus. Dennoch ist es wichtig, China in Institutionen der globalen Ordnungspolitik einzubinden. Dieser Weg trägt vielleicht dazu bei, einen Weltkrieg zu vermeiden, der unsere gesamte Zivilisation vernichtet.

Bleiben noch die lokalen Schlachtfelder in Afrika, im Nahen Osten und Zentralasien. Meine Stiftungen sind an all diesen Orten aktiv involviert. Unser spezielles Augenmerk liegt auf Afrika, wo Möchtegern-Diktatoren in Kenia, Simbabwe und der Demokratischen Republik Kongo Wahlbetrug beispiellosen Ausmaßes begangen haben und die Bürger buchstäblich ihr Leben aufs Spiel setzen, um ein Abrutschen in die Diktatur zu vermeiden. Unser Ziel ist es, die Einheimischen für die Aufgabe zu stärken, ihre Probleme selbst zu lösen, Benachteiligten zu helfen und menschliches Leid soweit es nur irgendwie geht zu reduzieren. Damit werden wir weit über den Tag hinaus, an dem ich nicht mehr auf dieser Erde sein werde, alle Hände voll zu tun haben.

BIBLIOGRAFISCHER ESSAY

Normalerweise lese ich am liebsten Romane. In den zwei Jahren, seit mir das erste Mal klar wurde, dass es bei Facebook ein Problem gibt, habe ich mehrere Romane und zahlreiche Sachbücher gelesen, die mir halfen, das Problem zu begreifen. In diesem Essay möchte ich Sie an meiner intellektuellen Reise teilhaben lassen und Sie auf Bücher und weitere Medien hinweisen, die die Menschen, das Geschäftsgebaren und die Kultur beleuchten, die diese Reise ermöglicht haben.

Begonnen hat meine Ausbildung, was die dunkle Seite der sozialen Medien anbelangt, 2011 mit Eli Parisers bahnbrechendem TED-Vortrag zu Filterblasen. Ich empfehle das Video zu diesem Vortrag sowie Elis Buch *The Filter Bubble: What the Internet Is Hiding from You* (New York: Penguin Press, 2012, deutscher Titel: *Filter Bubble. Wie wir im Internet entmündigt werden*, Carl Hanser Verlag, 2012).

Das Buch, das mich Anfang 2017 in Wallung brachte, war *Move Fast and Break Things: How Facebook, Google, and Amazon Cornered Culture and Undermined Democracy* (New York: Little, Brown & Company, 2017) von Jonathan Taplin. Taplin hatte glänzende Laufbahnen im Rock 'n' Roll und in Hollywood hingelegt, bevor er sich der akademischen Welt zuwandte. Er beschreibt, wie Internetplattformen ein rechtliches Schlupfloch nutzen, um die amerikanische Kultur zu stürmen, und dabei der Demokratie schweren Schaden zuzufügen. Tim Wus *The Attention Merchants: The Epic Scramble to Get Inside Our Heads* (New York: Alfred A. Knopf, 2016) arbeitet historisch auf, wie Unternehmen um der Gewinne willen versuchen, ihre Kunden zu überzeugen, von der Regenbogenpresse bis hin zu sozialen Medien. Das Buch ist Pflichtlektüre! Franklin Foers *World Without Mind: The Existential Threat of Big Tech* (New York: Penguin Press, 2017; deutscher Titel: *Welt ohne Geist: Wie das Silicon Valley freies Denken und Selbstbestimmung bedroht*, Karl Blessing Verlag, 2018) untermauert die Argumente gegen einen ungezügelten Kapitalismus im Internet.

Sowohl Taplin als auch Foer sehnen sich in Bezug auf die Medienlandschaft nach früheren Zeiten, als alles manierlicher und der öffentliche Raum lebendig war, aber das hindert sie nicht daran, ihren Beitrag zu der wichtigen Diskussion zu leisten, was jetzt zu tun ist.

Was Facebook angeht, sollten Sie beginnen mit *The Facebook Effect: The Inside Story of the Company That Is Connecting the World* (New York: Simon & Schuster, 2010; deutscher Titel: *Der Facebook-Effekt. Hinter den Kulissen des Internet-Giganten*, Carl Hanser Verlag, 2011) von David Kirkpatrick. Das Buch entstand in Facebooks Frühphase und strahlt den Optimismus aus, den ich und so viele andere mit Blick auf Facebooks Zukunft empfanden. Gleichzeitig gelingt es Kirkpatrick jedoch, nahezu jedes Problem zu erahnen, das Facebooks Erfolg mit sich bringen sollte. Als Begleitlektüre empfehle ich *Antisocial Media: How Facebook Disconnects Us and Undermines Democracy* (New York: Oxford University Press, 2018) von Siva Vaidhyanathan. *Antisocial Media* lüftet den Vorhang, was Facebooks Technologie angeht und was diese tatsächlich mit den Nutzern anstellt. Muss man gelesen haben!

Als dermaßen unzutreffend, dass es sich im Grunde um reine Fiktion handele, kritisieren Zuck und andere den Film *The Social Network* und das Buch, auf dem der Film basiert, *The Accidental Billionaires: The Founding of Facebook: A Tale of Sex, Money, Genius, and Betrayal* (New York: Anchor, Nachdruck 2010; deutscher Titel:

Milliardär per Zufall: Die Gründung von Facebook, eine Geschichte über Sex, Geld, Freundschaft und Betrug, Redline, 2010) von Ben Mezrich. Das Traurige daran ist, wie sehr die in diesen Geschichten präsentierten Persönlichkeiten und Verhaltensmuster mit denen der Facebook-Personen übereinstimmen, die durch Wahleinmischung und Cambridge Analytica vom Scheinwerferlicht überrascht wurden.

Über die im Silicon Valley herrschende Kultur gibt es mehrere gute Bücher. Ein guter Ausgangspunkt ist Emily Changs *Brotopia: Breaking Up the Boys' Club of Silicon Valley* (New York: Portfolio, 2018). Chang moderiert die Show *Bloomberg Technology*, wo ich im April 2017 Tristan nach seinem Auftritt bei *60 Minutes* interviewte (Emily war damals in Elternzeit!). Die Dominanz junger asiatischer und weißer Männer scheint ein grundlegender Faktor für die Silicon-Valley-Kultur zu sein, die Facebook, YouTube und die anderen groß machte. Chang kommt hier absolut zutreffend auf den Punkt.

Chaos Monkeys: Obscene Fortune and Random Failure in Silicon Valley (New York: Harper, 2016) von Antonio García Martínez ist die Geschichte eines Entwicklers, der ein Unternehmen gründete, dem das Geld ausging, der bei Facebook einen Job in der Anzeigentechnik ergatterte und dort während der Jahre arbeitete, in denen die Geschäftspraktiken Einzug hielten, die Cambridge Analytica ermöglichten. Durch die Brille eines Insiders erhalten Sie ein klares Bild der Unternehmenskultur und der internen Abläufe bei Facebook und anderen Plattformen.

Adam Fishers *Valley of Genius: The Uncensored History of Silicon Valley* (New York: Twelve, 2018) ist eine Sammlung von Interviews und Zitaten von Personen, die an praktisch jeder Entwicklungsphase des Silicon Valleys beteiligt waren. Das Buch setzt in den 1960er-Jahren mit Douglas Engelbart ein und marschiert von dort aus stetig bis in die Gegenwart. Das Interview mit Facebook-Gründern und frühen Mitarbeitern ist Pflichtlektüre. Darüber hinaus gibt es erhellende Interviews mit frühen Angestellten von Google und Twitter.

Zwei fiktive Werke bereiteten mich darauf vor, die beunruhigenden Signale zu deuten, die ich 2016 von Facebook empfing. Das eine ist *The Circle* (New York: Alfred A. Knopf, 2013; deutscher Titel: *Der Circle*, Kiepenheuer & Witsch, 2014) von Dave Eggers und beschreibt ein fiktives Unternehmen, das die Eigenschaften von Facebook und Google in sich vereint. Das Buch war als Science-Fiction gedacht, aber die darin angesprochenen Themen wurden nur wenige Jahre nach der Veröffentlichung Realität. In Rob Reids *After On* (New York: Del Rey, 2017) geht es um ein soziales Netzwerk der nächsten Generation, dessen KI anfängt zu fühlen. Es handelt sich um einen langen, aber unglaublich lustigen Roman, der jeden Augenblick, den Sie mit ihm verbringen, wert ist. Sie werden verstehen, warum Technologen gezwungen werden müssen, sich auf unbeabsichtigte Konsequenzen einzustellen – derartige Folgen wird es nämlich immer geben und ihre Schädlichkeit nimmt immer weiter zu.

Die Art und Weise, wie die *HBO-Fernsehserie Silicon Valley* die Start-up-Kultur veräppelt, enthält stets sehr viel Wahres. Die Handlung ist übertrieben, aber nicht so sehr, wie Sie vielleicht meinen. Die Kultur des Valleys ist merkwürdig. Als ich das Kreativteam kennenlernte, fragte ich den Boss Mike Judge, wie er die Show beschreiben würde. Er sagte: „Es gibt ein episches Ringen zwischen der Hippie-Kultur, wie sie von Menschen wie Steve Jobs verkörpert wurde, und der liberalen Kultur eines Peter Thiel." Ich erwiderte: „Und die Liberalen gewinnen." Er lächelte. Ich sah mich am Tisch um und mir wurde deutlich, warum ich dort war: „Weil ich einer der letzten Hippies bin." Alle lächelten. Um ganz ehrlich zu sein: Seit der zweiten Staffel bin ich als technischer Berater für *Silicon Valley* tätig.

Nachdem ich Tristan Harris kennengelernt hatte, verbrachte ich mehrere Monate damit, so viel über persuasive Technologie zu lernen, wie ich nur konnte. Das reichte von den psychologischen Grundlagen bis hin zu Ansätzen, wie sich diese Technologie in der Software umsetzen lässt. Ich begann mit Tristans vielen Interviews und Blogeinträgen, bevor ich mich an das Lehrbuch *Persuasive Technology: Using Computers to Change What We Think and Do* (San Francisco: Morgan Kaufmann, 2002) von B.J. Fogg machte. Bei dem Autor handelt es sich um den Professor der Uni Stanford, der Tristan und so viele andere unterrichtet hat. Das Lehrbuch ist sehr gut geschrieben, was mir verdeutlichte, wie einfach es für die Studenten gewesen wäre, die Methoden der persuasiven Technologie zu begreifen und ihre Macht zu erkennen. Die Laien-Version von Foggs Buch ist *Hooked: How to Build Habit-Forming Products* (New York: Portfolio, 2016; deutscher Titel: *Hooked: Wie Sie Produkte erschaffen, die süchtig machen*, Redline, 2014) von Nir Eyal. Eyal ist ein kompromissloser Befürworter persuasiver Technologie, der den Suchtfaktor bestreitet und sich ein erfolgreiches Geschäft damit aufgebaut hat, Unternehmer und Entwickler zu lehren, wie man mit Software Kapital aus der menschlichen Psychologie schlägt.

Nachdem ich begriffen hatte, wie persuasive Technologie funktioniert, konsultierte ich zwei fantastische Bücher, die sich damit befassen, wie sich persuasive Technologien, die auf Smartphones, Tablets und Computern zur Anwendung kommen, psychologisch auswirken. Adam Alters *Irresistible: The Rise of Addictive Technology and the Business of Keeping Us Hooked* (New York: Penguin Press, 2017; deutscher Titel: *Unwiderstehlich: Der Aufstieg suchterzeugender Technologien und das Geschäft mit unserer Abhängigkeit*, Berlin, 2018) ist umfassend, gut geschrieben und leicht verständlich. Es handelt eine breite Spanne an Beeinträchtigungen für sämtliche Altersgruppen ab. Das sollten Sie gelesen haben. *Glow Kids: How Screen Addiction Is Hijacking Our Kids – and How to Break the Trance* (New York: St. Martin's Press, 2016) von Nicholas Kardaras befasst sich mit dem Thema Kinder. Ich bin mir sicher: Wenn Sie kleine Kinder haben, wird dieses Buch Sie dazu bringen, die Zeit zu begrenzen, die sie vor dem Bildschirm verbringen, und sie vor diversen Anwendungen zu schützen. Ebenfalls ein wichtiges Buch ist Danah Boyds *It's Complicated: The Social Lives of Networked Teens* (New Haven: Yale University Press, 2014; deutscher Titel: *Es ist kompliziert: Das Leben der Teenager in sozialen Netzwerken*, Redline 2014). Alle Eltern sollten dieses Buch lesen.

In nahezu allen Ländern, in denen Facebook und andere Plattformen aktiv sind, haben die sozialen Medien den öffentlichen Raum übernommen. *Twitter and Tear Gas: The Power and Fragility of Networked Protest* (New Haven: Yale University Press, 2017) von Zeynep Tufekci untersucht, wie Protestgruppen soziale Medien nutzen und wie die Mächtigen zurückschlagen. Tufekci schreibt jeden Monat einen Kommentar für die *New York Times*, der mich jedes Mal schlauer macht. Dieses Buch half mir zu begreifen, was tatsächlich im Arabischen Frühling geschehen ist und warum die derzeitigen Anreizsysteme der Internetplattformen immer diejenigen bevorzugen, die an der Macht sind.

Das beste Buch, das ich darüber finden konnte, wie negative Elemente die sozialen Medien nutzen, ist *Messing with the Enemy: Surviving in a Social Media World of Hackers, Terrorists, Russians, and Fake News* (New York: Harper, 2018) von Clint Watts. Aber nicht nur das, es ist auch ein tolles Buch! Clint hat früher als Agent für das FBI gearbeitet und verbringt seine Zeit nun damit, feindselige Aktivitäten auf den sozialen Netzwerken zu überwachen. Ich habe Clint ein paar Mal bei *MSNBC* getroffen und seine Erkenntnisse haben dieses Buch spürbar verbessert. Niall Fergusons *The Square and the Tower: Networks and Power, from the Freemasons to Facebook* (New York: Penguin Press, 2018; deutscher Titel: *Türme und Plätze: Netzwerke, Hierarchien und der Kampf um die globale Macht*, Propyläen, 2018) stellt die Macht von Facebook und Google in einen historischen Zusammenhang. Unheimlich.

Kurz und schmerzlos ist Jaron Laniers *Ten Arguments for Deleting Your Social Media Accounts Right Now* (New York: Henry Holt & Co., 2018; deutscher Titel: *Zehn Gründe, warum du deine Social Media Accounts sofort löschen musst*, Hoffmann und Campe, 2018). Lanier ist seit drei Jahrzehnten ein Vordenker im Technologiebereich und legte früh seinen Schwerpunkt auf virtuelle Realität. In diesem Buch allerdings spricht er als besorgter Technologe, der gleichzeitig ein Technologiephilosoph ist. Zehn Argumente hätte dieses Buch gar nicht notwendig gehabt, aber ich habe aus jedem einzelnen etwas gelernt. Eine Hauptsorge Laniers ist die unbeschränkte Entwicklung künstlicher Intelligenz, ein Thema, das auch in *Machines of Loving*

Grace (New York: Ecco, 2015) von John Markoff aufgegriffen wird. In dem Buch wird erklärt, wie künstliche Intelligenz Gefahr läuft, die Menschen nicht zu erhöhen, sondern sie zu untergraben.

Wenn es darum geht, die Welt der Big Data und die damit einhergehenden Gefahren für die Gesellschaft zu begreifen, empfehle ich Cathy O'Neils *Weapons of Math Destruction* (New York: Crown, 2016; deutscher Titel: *Angriff der Algorithmen: Wie sie Wahlen manipulieren, Berufschancen zerstören und unsere Gesundheit gefährden*, Carl Hanser Verlag, 2017). Eine bessere Erklärung der guten, der schlechten und der hässlichen Seiten der Algorithmen habe ich noch nicht gelesen. Yuval Harari geht in *21 Lessons for the 21st Century* (New York: Spiegel & Grau, 2018; deutscher Titel: *21 Lektionen für das 21. Jahrhundert*, C.H. Beck, 2019) der Frage nach, wie eine Zukunft aussehen könnte, in der Roboter und künstliche Intelligenz die Relevanz des Faktors Mensch in der Wirtschaft bedrohen.

Ohne die Geschäftsphilosophie zu verstehen, die den Aufstieg der Internetplattformen ermöglichte, ist es schwer, voll und ganz die Bedrohung zu begreifen, die von den Plattformen ausgeht. Eric Ries' Werk *The Lean Startup: How Today's Entrepreneurs Use Continuous Innovation to Create Radically Successful Businesses* (New York: Currency, 2011; deutscher Titel: *Lean Startup: Schnell, risikolos und erfolgreich Unternehmen gründen*, Redline, 2014) entwickelte sich seit 2008, als Ries seine Ideen erstmals öffentlich machte, zur Bibel für Unternehmer und Wagniskapitalgeber. Wer einen Blick in den Kopf des ersten externen Facebook-Investors Peter Thiel werfen möchte, kann das in *Zero to One: Notes on Startups, or How to Build the Future* (New York: Crown Business, 2014; deutscher Titel: *Zero to One: Wie Innovation unsere Gesellschaft rettet*, Campus-Verlag, 2014) tun. Liberales Denken bleibt im Silicon Valley weiter in Mode, auch wenn nicht jeder Thiels Interpretation dieser Philosophie übernommen hat. Ungewöhnlich aufschlussreich ist *The Four: The Hidden DNA of Amazon, Apple, Facebook, and Google* (New York: Portfolio, 2017; deutscher Titel: *The Four: Die geheime DNA von Amazon, Apple, Facebook und Google*, Plassen Verlag, 2017). Der ehemalige Unter-

nehmer Scott Galloway, der heute eine Professur an der NYU Stern School of Business hält, kombiniert darin ein umfassendes Verständnis von Volkswirtschaft und Geschäftswelt mit messerscharfen Analysen von Management und Strategie.
Die Technologiebranche besteht heutzutage aus mehr als nur Internetplattformen. In Unternehmen, die vor 1990 gegründet wurden, herrscht eine vollkommen andere Unternehmenskultur. Microsoft-CEO Satya Nadella schrieb über diese Vision für eine bessere Technologieindustrie in *Hit Refresh: The Quest to Rediscover Microsoft's Soul and Imagine a Better Future for Everyone* (New York: HarperBusiness, 2017; deutscher Titel: *Hit Refresh: Wie Microsoft sich neu erfunden hat und die Zukunft verändert*, Plassen Verlag, 2017). Leider scheint die von ihm vorgestellte Vision die Gründer von Internetplattformen nicht anzusprechen.

NUR WENIGEN MENSCHEN IST bewusst, wie sehr sich das Silicon Valley seit 2000 verändert hat. Die Kultur dort ist überhaupt nicht mehr mit den 1980er- oder 1990er-Jahren vergleichbar. Ich unterteile für mich die Kultur des Silicon Valleys in drei klar voneinander abgetrennte Zeitalter – Apoll, Hippie und liberal. Im Apoll-Zeitalter waren die Entwickler weiße Männer in kurzärmligen weißen Hemden, mit Schlips und einem Kugelschreiberetui aus Plastik. Das Hippie-Zeitalter begann mit Atari, kurz darauf folgte Apple. Damals entstanden Videospiele und Personal Computer. Das Zeitalter verblasste in den 1990er-Jahren, bevor es mit dem Platzen der Internetblase im Jahr 2000 endgültig starb. Während der ersten beiden Phasen kam es zu großartigen Innovationen und gewaltigem Wachstum. Die Branche baute bei Verbrauchern und politischen Entscheidern gleichermaßen ein gewaltiges Reservoir an Goodwill und Vertrauen auf. Das liberale Zeitalter begann kurz nach 2000 und veränderte das Wertesystem, die Kultur und die Geschäftsmodelle im Silicon Valley nachhaltig. Google, Facebook und Amazon konnten auf diese Weise beispiellose Reichtümer anhäufen, indem sie auf globaler Ebene den öffentlichen Raum dominierten. Ich mochte das Apoll- und das Hippie-Zeitalter, denn der Idealismus damals war echt, sogar wenn er in die falsche Richtung führte. Es gibt einige hervorragende Bücher, die Ihnen die Geheimnisse der frühen und mittleren Phase des Silicon Valleys näherbringen können. Bitte lesen Sie sie!

Ein gutes Einstiegsthema in dieser Hinsicht sind Halbleiterprodukte, das ursprüngliche Geschäft des Silicon Valleys. Ich empfehle *The Man Behind the Microchip: Robert Noyce and the Invention of Silicon Valley* (New York: Oxford University Press, 2005) von Leslie Berlin. Noyce ist das Verbindungsstück zwischen Transistor und Intel-Mikroprozessor. In *The Dream Machine: J. C R. Licklider and the Revolution That Made Computing Personal* (New York: Viking, 2001) erklärt M. Mitchell Waldrop, wie es zu der Idee des Personal Computing kam. In *Bootstrapping: Douglas Engelbart, Coevolution, and the Origins of Personal Computing* (Palo Alto: Stanford University Press, 2000) schildert Thierry Bardini die Geschichte des Genies, das die Computermaus erschuf, von einer durch persönliche Computer vernetzten Welt träumte und die Mutter aller Präsentationen ablieferte. *Dealers of Lightning: Xerox PARC and the Dawn of the Computer Age* (New York: HarperBusiness, 1999) von Michael A. Hiltzik entführt die Leserschaft ins Innere des Forschungszentrums von Palo Alto, wo Steve Jobs die Zukunft erkannte.

Troublemakers: Silicon Valley's Coming of Age (New York: Simon & Schuster, 2017) von Leslie Berlin befasst sich mit bekannten und unbekannten Männern und Frauen, die das Silicon Valley aufbauen halfen. In *The Innovators: How a Group of Hackers, Geniuses and Geeks Created the Digital Revolution* (New York: Simon & Schuster, 2014; deutscher Titel: *The Innovators: Die Vordenker der digitalen Revolution von Ada Lovelace bis Steve Jobs*, C. Bertelsmann Verlag, 2018) wirft Walter Isaacson einen Blick zurück auf Menschen, die einen entscheidenden Beitrag zum Silicon Valley leisteten. John Markoff zeigt in *What the Dormouse Said: How the 60s Counterculture Shaped the Personal Computer Industry* (New York: Viking, 2005), wie die Hippie-Kultur die PC-Branche eroberte.

Eine hilfreiche Einführung in die Kultur, der eine zentrale Gruppe im Silicon Valley in einer entscheidenden Phase angehörte, liefert Tom Wolfe mit *The Electric Kool-Aid Acid Test* (New York: Farrar Straus & Giroux, 1968; deutscher Titel: *Unter Strom. Die legendäre Reise von Ken Kesey und den Pranksters*, Eichborn Verlag, 1987). Das beste Buch, das ich über die Frühzeit der PC-Branche kenne, von Computer-Clubs über die Anfänge von Microsoft und Apple bis hin zum folgenden Kampf, ist *Fire in the Valley: The Making of the Personal Computer* (Berkeley: Osborne/McGraw-Hill, 1984) von Paul Freiberger und Michael Swaine. Die überarbeitete Version trägt den Untertitel *The Birth and Death of the Personal Computer* und folgt der Branche in die Jahre des Abstiegs.

Steven Levys *Hackers: Heroes of the Computer Revolution* (New York: Anchor Press/Doubleday, 1984) befasst sich mit einer zentralen Subkultur des Silicon Valleys. Levy schrieb dieses Buch, während die Ereignisse gerade ihren Lauf nahmen, was dieses Buch ähnlich wie *The Facebook Effect* besonders hilfreich macht. Die Geschichte der Hacker wird aufgegriffen und weitererzählt in *Cyberpunk: Outlaws and Hackers on the Computer Frontier* (New York: Simon & Schuster, 1991; deutscher Titel: *Cyberpunk: Die Welt der Hacker*, Econ Verlag, 1993) von Katie Hafner und John Markoff.

ICH MÖCHTE IHNEN EMPFEHLEN, sich auch mit den Entstehungsgeschichten der anderen Internetplattformen zu befassen. Brad Stones *The Everything Store: Jeff Bezos and the Age of Amazon* (New York: Little, Brown & Co., 2013; deutscher Titel: *Der Allesverkäufer: Jeff Bezos und das Imperium von Amazon*, Campus-Verlag, 2013) hat mich umgehauen. Ich erinnere mich noch an den Tag, als Jeff Bezos erstmals vor meinen Partnern von der Wagniskapitalfirma Kleiner Perkins Caulfield & Byers eine Präsentation abhielt. Vieles spricht dafür, dass Amazons Erfolg die größte Leistung darstellt, die seit 1990 einem Start-up-Unternehmen gelungen ist. Bezos ist erstaunlich. Er tritt vergleichsweise wenig in der Öffentlichkeit auf, was vergessen lässt, wie durchdringend der Einfluss seines Unternehmens ist.

Ähnlich wie *The Facebook Effect* geht auch *In the Plex: How Google Thinks, Works, and Shapes Our Lives* (New York: Simon & Schuster, 2011; deutscher Titel: *Google Inside: Wie Google denkt, arbeitet und unser Leben verändert*, mitp-Verlag 2012) von Steven Levy außergewöhnlich freundlich mit seinem Thema um. Das ist der Preis, den man bezahlt, um Zugang zu einem Technologie-Riesen zu erlangen. Solange Sie im Hinterkopf behalten, dass Google seine Suchergebnisse an Ihre vermeintlichen Interessen anpasst und dass die Algorithmen von YouTube die Verbreitung von Verschwörungstheorien befördern, werden Sie aus diesem Buch viel Nutzen ziehen können. Lesenswert ist auch Nick Biltons *Hatching Twitter: A True Story of Money, Power, Friendship, and Betrayal* (New York, Portfolio, 2013; deutscher Titel: *Twitter: Eine wahre Geschichte von Geld, Macht, Freundschaft und Verrat*, Campus-Verlag, 2013), allein schon wegen des übergroßen Einflusses, den Twitter auf Journalisten hat und der in keinerlei Zusammenhang mit den Fähigkeiten der Twitter-Führung steht.

Keine Studie zum Silicon Valley wäre vollständig, ohne sich mit Steve Jobs zu befassen. Walter Isaacsons Biografie *Steve Jobs* (New York: Simon & Schuster, 2011; deutscher Titel: *Steve Jobs. Die autorisierte Biografie des Apple-Gründers*, C. Bertelsmann Verlag, 2011) war ein Bestseller. Ich hatte das Glück, Steve Jobs gekannt zu haben. Wir standen uns nicht nahe, aber ich kannte Steve viele Jahre und hatte mehrfach Gelegenheit, mit ihm zusammenzuarbeiten. Ich habe das Beste und das Schlechteste miterlebt. Vor allem empfinde ich unendlichen Respekt für all die fantastischen Produkte, die unter seiner Ägide entstanden sind.

Dieser Aufsatz behandelt nur diejenigen Bücher, die mir geholfen haben, *Die Facebook-Gefahr* zu schreiben. Es gibt weitere gute Bücher zu diesen Themen.